Eva Weissweiler

LADY LIBERTY

Das Leben der
jüngsten Marx-Tochter Eleanor

Hoffmann und Campe

Basis dieser erweiterten und überarbeiteten Neuausgabe
ist das von Eva Weissweiler 2002 bei Kiepenheuer & Witsch, Köln
erschienene Buch *Tussy Marx. Das Drama der Vatertochter.*

1. Auflage 2018
Copyright © 2002 by Eva Weissweiler
Copyright © 2018 by Hoffmann und Campe Verlag, Hamburg
www.hoca.de
Typografie und Satz: Farnschläder & Mahlstedt, Hamburg
Gesetzt aus der Albertina MT Pro
Druck und Bindung: Friedrich Pustet, Regensburg
Printed in Germany
ISBN 978-3-455-00292-8

HOFFMANN
UND CAMPE

Ein Unternehmen der
GANSKE VERLAGSGRUPPE

Für meinen lieben Mann
Klaus Kammerichs

INHALT

1

KINDBETT UND CHOLERA

1850–1856

Exil in Soho

London, Soho, Dean Street Nr. 28. Seit 1850 Wohnsitz der Familie Marx. Ein typisches Emigrantenviertel ohne jeden Glamour und Chic, die Nachtseite des strahlenden, viktorianischen London mit seinen Parks, Schlössern und Brücken, seinen Alleen, Hafenanlagen und Konzerthallen, die Besucher wie Felix Mendelssohn in Entzücken versetzten. Deutsche, französische, italienische und ostjüdische Emigranten, durch Verfolgung, Armut oder Antisemitismus aus ihren Ländern vertrieben, leben hier auf engstem Raum nebeneinander, in schmalen schwarz geräucherten Ziegelkaten, mit dem Ausblick auf winzige Hinterhöfe und enge, kotige Gassen, in denen Bettler verirrten Reisenden auflauern, Kramhändler Schuhe, Geigen und Töpfe feilbieten und kleine Mädchen schreiende Säuglinge in den Schlaf wiegen.

Viele Männer sind arbeitslos, Trunksucht und Prostitution an der Tagesordnung. Die Kinder- und Müttersterblichkeit ist immens. Ärzte verirren sich nur selten in diese Gegend. Es gibt Straßen, in denen sich die Bewohner von zwanzig Häusern einen Abort teilen. Infektionskrankheiten wie Scharlach und Keuchhusten grassieren, Seuchen wie Tuberkulose, Pocken, Typhus und Cholera. Noch dreißig Jahre später wird die englische Sozialreformerin Octavia Hill in ihrem Buch *Homes of the London Poor* schreiben: »Wer je des Abends … durch die … engen Gassen jener Quartiere gewandert ist, wird mit Schaudern an die vom Geruch von verdorbenem Fett verpestete Luft denken. … In dieser Luft bringen zahllose Kinder lange Jahre ihres Lebens zu. Die Häuser bieten keinen Schutz gegen die Witterung und sind … Seuchenherde, wie sie schlimmer kaum gedacht werden können.«[1]

London hat um diese Zeit zweieinhalb Millionen Einwohner, Tendenz: steigend. Die industrielle Revolution fährt fort, Menschen in die Stadt zu locken, die ihnen trotz ihres Überseehandels, ihrer Textilmanufakturen und ihrer Eisenbahn- und Dockgesellschaften oft weder Arbeit noch Wohnraum bieten kann. Auch die Familie Marx ist, aus Paris kommend, von Logierhaus zu Logierhaus geirrt, ehe sie Ende des Jahres 1850 in der Dean Street Nr. 28 notdürftig untergekommen ist. Ihr Vermieter ist keiner von den klassischen »Ausbeutern«, die Wucherpreise für ein Elendsquartier verlangen, sondern der irische Gelehrte Morgan Kavanagh, Sympathisant sozialistischer Ideen und Autor von Büchern über den Ursprung von Mythos und Sprache.

Doch das nützt den Marxens nicht viel. Denn sie leben mit acht Personen in nur zwei Zimmern: den Eltern Jenny und Karl, den Kindern Jenny (1844), Laura (1846), Edgar (1847), Guido (1849) und Franziska (1851) und dem Dienstmädchen Helene Demuth, genannt »Lehnchen«. Sie kommt aus einer Familie von Tagelöhnern, Bäckern und Bauern im Saarland, eine junge Frau mit strammem Haarknoten und forschem Auftreten, die erst als Erwachsene Lesen und Schreiben gelernt hat und seit ihrem achtzehnten Lebensjahr im Dienst der Familie ist. Mit Humor und Disziplin versucht sie, das häusliche Chaos zu ordnen, das ein im preußischen Auftrag agierender Spitzel so beschreibt:

> In der ganzen Wohnung ist nicht ein reines und gutes Stück Möbel zu finden. Alles ist zerbrochen, zerfetzt und zerlumpt, überall klebt fingerdicker Staub, überall die größte Unordnung. In der Mitte des Salons steht ein altväterlicher großer Tisch, mit Wachsleinwand behangen. Auf diesem liegen seine Manuskripte, Bücher und Zeitungen, dann die Spielsachen der Kinder, das Fetzenwerk des Nähzeugs seiner Frau, dann einige Teetassen mit abgebrochenen Rändern, schmutzige Löffel, Messer, Gabeln, Leuchter, Tintenfass, Trinkgläser, holländische Tonpfeifen, Tabaksache … Alles dies bringt aber Marx und seine Gattin durchaus in keine Verlegenheit. Man empfängt auf das freundlichste, man trägt … was eben da ist mit Herzlichkeit an.

Eine geistreiche angenehme Konversation ersetzt endlich die häuslichen Mängel, macht das Ungemach erst erträglich. Man söhnt sich mit der Gesellschaft sogar aus, findet diesen Zirkel interessant, ja originell. Das ist das getreue Bild von dem Familienleben des Kommunistenchefs Marx.[2]

Jenny Marx, eine geborene von Westphalen, ist eine polyglotte, politisch engagierte Frau, die trotz aller äußeren Not elegant wirkt. Aber eine Hausfrau, eine Organisatorin des täglichen Lebens ist sie nicht. Als Tochter eines Trierer Regierungsrats ist sie von praktischen Arbeiten immer ferngehalten worden. Dafür hatte man Personal, junge Mädchen vom Land wie Helene. Jenny von Westphalen war für Höheres, für die Ehe mit einem Mann ihres Standes bestimmt, nicht dafür, sich die Finger mit Spülwasser zu verderben.

Karl Marx klagt oft über ihre Reizbarkeit, ihre schlechte Laune, den Mangel an innerer Gelassenheit, mit dem sie den chaotischen Verhältnissen begegne, Verhältnissen, die ihm selbst weniger auszumachen scheinen, da für ihn die politische Arbeit an erster Stelle steht. »Sehr oft bleibt er ganze Nächte auf, dann legt er sich wieder mittags, ganz angekleidet, aufs Kanapee und schläft bis abends, unbekümmert um die ganze Welt, die bei ihm frei ein- und ausgeht«, berichtet der preußische Spitzel. Wenn ihm das häusliche Durcheinander zu viel wird, geht er in den Reading Room des British Museum, um sich seinen ökonomischen Studien zu widmen, oder entspannt sich im deutschen Arbeiterbildungsverein in der Great Windmill Street.

Marx' Brotberuf ist der freie Journalismus. Er schreibt hauptsächlich für die *New York Tribune*, ein weltweit gelesenes amerikanisches Journal, und die *Neue Oder-Zeitung* in Breslau. Seine Ehefrau Jenny liest seine Artikel Korrektur, schreibt sie ins Reine, korrespondiert mit den Redakteuren, bezeichnet sich scherzhaft als seinen »Stellvertreter«, seinen »secretaire intime«.[3] Diese Arbeiten bringen ihm zwar passable Honorare ein, ungefähr zweihundert englische Pfund im Jahr, mit denen auszukommen sein müsste, da die Jahresmiete für die kleine Wohnung nur zweiundzwanzig Pfund beträgt und Helene eine gute Wirtschafterin ist, die aus fast nichts moselländische Delikatessen zu zaubern weiß.

Doch da die Eheleute ständig mehr ausgeben, als sie verdienen, steht dauernd der Gerichtsvollzieher vor der Tür, fordern Bäcker, Metzger, Schneider und Ärzte ihre Rechnungen ein, oft mit dramatischen Auftritten vor den Kindern.

Über die Realität dieses täglichen Lebens im Londoner Exil hat Jenny Marx wenige Monate nach der Geburt des kleinen Guido an einen Freund geschrieben:

Da die Ammen hier unerschwinglich sind, entschloss ich mich, trotz beständiger schrecklicher Schmerzen in Brust und Rücken, mein Kind selbst zu nähren. Der arme kleine Engel trank mir aber so viel Sorgen und stillen Kummer ab, dass er beständig kränkelte, Tag und Nacht in heftigen Schmerzen lag. Seit er auf der Welt ist, hat er noch keine Nacht geschlafen, höchstens zwei bis drei Stunden. In der letzten Zeit kamen noch heftige Krämpfe hinzu, sodass das Kind beständig zwischen Tod und elendem Leben schwankte. In diesen Schmerzen sog er so stark, dass meine Brust wund ward und aufbrach; oft strömte das Blut ihm in sein kleines, bebendes Mündchen.[4]

Nachdem sie mehrmals ihres Quartiers verwiesen worden sind, weil sie die Miete nicht zahlen konnten, haben sie endlich die Wohnung in der Dean Street gefunden, deren Besitzer ihnen immer wieder Aufschub gewährt. Doch an der sonstigen »Misère« ändert sich nicht viel. Schulden beim Apotheker, Bäcker oder Fleischer gehören zur Tagesordnung. Jenny Marx weiß sich manchmal nicht anders zu helfen, als ihr gesamtes Bettzeug zu verkaufen, Kissen, Decken, Matratzen, die Spielsachen der Mädchen, die Wiege des jeweils jüngsten Kindes usw. Oder der »Pfänder« kommt und klebt sein Siegel auf alles, was irgendeinen Wert hat.

Jennys Briefe an ihre Freunde in Deutschland sind voll von solchen Geschichten, die aber fast immer ein »happy end« haben. Denn es gibt jemanden, der ihnen zuverlässig Geld schickt, der nicht zulässt, dass sie obdachlos werden oder verhungern: Friedrich Engels, auch »General« genannt, treuer Freund seit 1844, Gesinnungsgenosse und politisches Alter Ego von Karl Marx, Mitinhaber der Baumwollspinnerei »Ermen

Friedrich Engels um 1845

& Engels« in Manchester, die er von seinem Vater übernommen hat. Er ist Kapitalist und Kommunist in Personalunion, Mitverfasser des *Manifests der kommunistischen Partei*, des »meistgedruckten politischen Œuvres in der Geschichte der Menschheit«,[5] das 1848 in London erschienen ist, fast synchron mit dem Ausbruch der Revolution. Es begann mit den epochemachenden Sätzen: »Ein Gespenst geht um in Europa – das Gespenst des Kommunismus. Alle Mächte … haben sich zu einer heiligen Hetzjagd gegen dieses Gespenst verbündet.«

Der gelernte Kaufmann Friedrich Engels hat die Marxens auf allen Stationen ihres politischen Exils finanziell unterstützt, ob in Paris, Brüssel oder London, denn er ist sparsam und diszipliniert, hat den Sinn fürs Praktische, der den Marxens fehlt, stellt seine eigene Karriere als Schriftsteller und politischer Denker zurück, um die Rechnungen seines besten Freundes bezahlen zu können, Jennys Garderobe, die Ärzte, die Lebensmittel, die vielen Reisen. Fast täglich, mindestens wöchentlich, bittet Marx ihn um Hilfe, die er zuverlässig gewährt, obwohl er weiß, dass Jenny ihn nicht mag, sei es aus Eifersucht auf seine symbiotische Freundschaft mit ihrem Karl, oder weil er nicht »anständig« verheiratet ist, sondern mit einem rothaarigen irischen Fabrikmädchen, Mary Burns, in »wilder Ehe« lebt. Es wird ihr immer peinlich sein, ihn um Geld zu bitten, denn »Abhängigkeit« oder »dependence« ist für sie das größte denkbare Unglück.[6]

Auch im August 1850, als sie ihr fünftes Kind erwartet, hat sie das Gefühl, sich nicht von ihm helfen lassen zu dürfen, sondern entschließt sich, lieber zu Lion Philips, einem entfernten Verwandten, nach Holland zu fahren. Er ist der Mann von Karl Marx' Tante Sophie, mit der er neun Kinder hat, sechsundfünfzig Jahre alt, Händler für Tabak, Tee und Kaffee, sehr wohlhabend, gebildet und humorvoll. Jenny hofft, ihn erweichen zu können, will ihm sagen, dass sie wieder schwanger ist, um einen Vorschuss auf Erbschaften bitten, die Karl Marx irgendwann zu erwarten hat. Aber Philips bleibt hart, weil er fürchtet, sonst immer wieder von ihr angepumpt zu werden. Als Jenny ihm droht, dann müssten sie eben nach Amerika auswandern, sagt er, das sei doch eine gute Idee. Jenny ist gekränkt über die Sturheit des »kleinen Mannes«, der bei allem Reden über »Revolution, Communismus, Socialismus u.

dgl. Dinge mehr« doch immer den Juden und die »faule Schellfischseele« durchblicken lasse. Voller Sehnsucht schreibt sie an ihren Karl und »die kleinen Engel«, an die sie nicht denken könne, ohne zu weinen, wenn sie sie auch bei Helene in guter Obhut wisse: »Ich weiß, wie Du u. Lehnchen für sie sorgen werden. Ohne Lehnchen hätt' ich gar keine Ruhe hier. Sie hat es jetzt gar zu schwer – ach wie sehn ich mich in unser kleines Dasein zurück.«[7]

Hiobsbotschaften

Doch auch in London warten Hiobsbotschaften auf Jenny. Guido, der kränkliche Säugling, hat Lungenentzündung, und Helene, das Dienst- und Kindermädchen, ist schwanger – und zwar von Marx, dem das Ganze unsagbar peinlich ist. Niemand weiß, was sich im Einzelnen abgespielt hat. »Ob sie einmal oder mehrmals Sex gehabt haben, er sie gezwungen oder sie ihn verführt hat … spielt dabei keine Rolle«, schreibt der Marx-Biograph Jürgen Neffe. Aber »der Vorgang« erfülle den Tatbestand »sexueller Ausbeutung«,[8] die Marx ansonsten so heftig angeprangert habe, zum Beispiel im »Kommunistischen Manifest«, in dem es heißt, dass es typisch für den »Bourgeois« sei, mit den »Weiber(n) und Töchter(n)« der »Proletarier« zu schlafen oder von »offizieller und nichtoffizieller Prostitution« Gebrauch zu machen. Das alles werde es in einer kommunistischen Gesellschaft nicht mehr geben, da sie das »Weib« aus seiner Stellung als »bloßes Produktionsinstrument« befreien werde.[9]

Marx versucht, die Vaterschaft auf Friedrich Engels zu schieben, denn die »Welt« darf von diesem Skandal nichts erfahren. Engels stimmt zu, allerdings ohne sich als Vater registrieren zu lassen, macht gute Miene zum bösen Spiel und zahlt Alimente, obwohl er Helene noch nie im Leben berührt hat. Was tut man nicht alles für den besten Freund? Außerdem ist es doch vollkommen glaubwürdig. Denn wer mit irischen Fabrikmädchen lebt, dem traut man auch zu, dass er die Magd seines besten Freundes schwängert.

Doch Jenny, die nach außen hin mitspielt, weiß genau, was los ist.

In ihren Erinnerungen wird sie später »ein Ereignis« erwähnen, das sie »nicht näher berühren« wolle, obwohl es »sehr zur Vermehrung« der familiären Sorgen beigetragen habe.[10]

Guido musste in ihrer Abwesenheit abgestillt werden. Wahrscheinlich sein Todesurteil. Denn die Milch, die es in London zu kaufen gibt, ist besonders im Sommer mit Bakterien verseucht und zur Ernährung von Säuglingen völlig ungeeignet. Im November 1850 stirbt das Kind, vermutlich an Lungenentzündung. Nichts Besonderes in der damaligen Zeit, in der die Säuglingssterblichkeit in London bei knapp zwanzig Prozent liegt, obwohl es seit 1816 ein »Royal Hospital for Women and Children« gibt, das aber von der Familie Marx nicht konsultiert wird.

Der Tod ihres Sohnes ist für Jenny weniger ein persönliches Trauerspiel als eine »bürgerliche Misère«, die Schwangerschaft Helenes kein Grund, Marx zu verlassen. Von Streit oder gar Trennung ist nicht die Rede, jedenfalls nicht in Briefen an Freunde und Zeitgenossen, denn beide Partner denken in diesem Punkt durch und durch konservativ und fürchten, zum Gespött ihrer politischen Feinde zu werden. Dennoch muss die Stimmung furchtbar gewesen sein.

»Zu Hause immer alles im Belagerungszustand«, schreibt Marx an Engels. »Tränenbäche ennuyieren mich ganze Nächte und machen mich wütend … Meine Frau tut mir leid. Auf sie fällt der Hauptdruck, und au fond hat sie recht.«[11]

Tag für Tag aus nächster Nähe mit ansehen zu müssen, wie die Schwangerschaft ihres Dienstmädchens fortschreitet: Eine schlimmere Erniedrigung seiner Frau hätte Marx sich kaum ausdenken können, auch wenn es sich nur um die Folge eines kleinen »Unfalls« handelt, der die Beziehung zwischen Jenny und Helene nicht auf Dauer belasten wird. Doch als ihr eigenes Kind, die Tochter Franziska, am 28. März 1851 geboren wird, tut Jenny etwas, was sie mit keinem ihrer älteren Kinder getan hat: Sie gibt es aus dem Haus, will es nicht bei sich behalten. »Das arme kleine Ding ward bei einer Amme untergebracht, da es unmöglich war, das Kind in den drei engen Räumen unterzubringen«, schreibt sie in ihren Erinnerungen.[12] Nicht einmal bei seinem Namen, Franziska, nennt sie das »Ding«. War es wirklich nur die räumliche Enge, die sie zu diesem Schritt bewog? Oder musste das Kind aus dem Haus, weil

Jenny durch seinen Anblick immer wieder daran erinnert wurde, was ihr während dieser Schwangerschaft widerfahren war?

Etwa drei Monate später, am 23. Juni 1851, bringt auch Helene Demuth ein Kind, einen Sohn, zur Welt, der nach seinem vermeintlichen Vater »Frederick« genannt wird. Er hat große Ähnlichkeit mit Marx, dessen olivfarbene Haut, dunkle Augen und schwarze Haare. Marx wird durch diesen Sohn nicht nur an seine Untreue erinnert, sondern auch an seine jüdische Herkunft, die er am liebsten für immer vergessen möchte. Keines seiner anderen Kinder sieht ihm so ähnlich.

Nicht nur Franziska, auch Frederick muss fort. Seine Anwesenheit ist nicht tragbar in der Dean Street, nicht zuletzt, weil Helene für die Hausarbeit gebraucht wird und ihre Zeit nicht mit dem Baby vertun soll. Nach verschiedenen Versuchen werden endlich Pflegeeltern gefunden, die Familie Lewis im Londoner East End, ein Elendsviertel an den berüchtigten Docks, wo die Männer schon im Morgengrauen um Arbeit anstehen, die Frauen für Hungerlöhne in Schneidereien arbeiten und die Kinder häufig sich selbst überlassen bleiben. Ein Wunder, dass Frederick unter diesen Umständen überlebt. Vielleicht, weil er die starke Physis seines Vaters geerbt hat und weil Engels mit regelmäßigen Geldsendungen dafür sorgt, dass er bei der Familie Lewis nicht verhungert. Doch der Junge darf nie nach Soho zu Besuch kommen. Auch nicht zu Engels nach Manchester, der in großzügigen Verhältnissen lebt. Ob man wenigstens seiner Mutter, Helene Demuth, gestattet hat, ihn manchmal zu sehen, ist bislang nicht bekannt, wird aber vielleicht durch neuere biographische Forschungen geklärt werden.[13] Frederick selbst berichtet allerdings im Jahr 1912, dass er niemals mütterliche Fürsorge erfahren habe.[14]

Frederick und sein Vater – das Thema wird noch jahrzehntelang äußerst heikel bleiben, besonders für orthodoxe Marxisten und Leninisten. 1934 wird Stalin persönlich anordnen, dass in der Sowjetunion niemand darüber forschen dürfe. Erst 2011 wird eine von internationalen Experten erstellte Dokumentation erscheinen, in der alle verfügbaren Quellen schonungslos offengelegt werden.[15]

Franziska

Franziska, dem »legalen« Kind der Familie Marx, das nur wenige Monate älter als Frederick ist, geht es schlecht bei der Ziehamme, die wahrscheinlich eine ledige Mutter ist, denn verheiratete Ammen sind unbezahlbar in London.

Es ist kein Geheimnis, dass die Ziehammen sich nicht gut um die Kinder kümmern können. Die meisten von ihnen leben in feuchten Elendsquartieren, leiden selbst bittere Not und nehmen Kinder nur auf, um sich nicht prostituieren zu müssen. Viele sind geschlechtskrank. Fast immer spielt Alkohol eine Rolle, der sich schädigend auf die Qualität der Milch auswirkt und das zu stillende Kind schwächt oder gar süchtig macht. Reicht die Milch nicht aus, werden die Kinder mit Brei vollgestopft. Sind sie unruhig, gibt man ihnen Branntwein oder das opiumhaltige Schlafmittel »Godfrey's Cordial«, das in London überall zu bekommen ist, beim Schuhmacher, beim Lebensmittelhändler und sogar bei Hauswirten, die »Ruhe« in ihren Wohnungen haben wollen.

»Es ist schon genug gesagt worden über die schier ungeheuerliche Verschwendung kindlichen Lebens, die uns in Stadt und Land seit langem umgibt«, wird ein englischer Kinderarzt später schreiben. »Es ist oft genug betont worden, dass nur eine wahre nationale Anstrengung helfen könnte, dieses Stigma von uns zu nehmen, den dauernden Vorwurf unbekümmerten Desinteresses an kindlichem Leben und Leiden.«[16]

Ostern 1852, knapp ein Jahr nach ihrer Geburt, hat sich Franziskas Zustand so dramatisch verschlechtert, dass sie wieder »nach Hause« geholt wird, allerdings nur, um dort an einer schweren Bronchitis zu sterben. »Drei Tage rang das arme Kind mit dem Tode. Es litt so viel. Sein kleiner entseelter Körper ruhte in dem kleinen hinteren Stübchen«, schreibt Jenny in ihren Erinnerungen.[17]

Marx hat kein Geld, einen Sarg zu kaufen. Und auch die Kosten für die Beerdigung kann er nicht aufbringen. Ein französischer Nachbar hat Mitleid und leiht ihm zwei Pfund. »Es hatte keine Wiege, als es zur

Welt kam, und auch die letzte Behausung war ihm lange versagt«, fasst Jenny Franziskas Schicksal zusammen.[18]

Auch Marx fühlt sich von der »Scheiße« bedeutend angegriffen, wie er in seiner ruppigen Art an Engels schreibt.[19] Das klingt schockierend, ja fast brutal. Doch es wäre falsch, daraus zu schließen, dass er seine Kinder nicht geliebt hätte, ganz im Gegenteil. Ihn, der selbst in großbürgerlichen Verhältnissen aufgewachsen ist – sein Vater, Heinrich, eigentlich Hirschel Marx, war »Advokat« und konnte sich ein Haus mit großem Garten in Trier leisten –, quält wohl eher die bedrückende Enge, in der sie aufwachsen müssen, der Kampf um ihr Überleben, der Mangel an Freiheit und Spielmöglichkeiten, an Essen, ärztlicher Versorgung und Zukunftsperspektiven. Oft wird erzählt, Marx sei ein regelrechter Kindernarr gewesen, der im Umgang mit Kindern jede Strenge abgelegt habe. Man müsse »Marx mit seinen Kindern gesehen haben«, schreibt Wilhelm Liebknecht, »um von der Gemütstiefe und Kindlichkeit dieses Helden der Wissenschaft eine volle Vorstellung zu bekommen«.[20] Seine jüngste Tochter Eleanor, genannt »Tussy«, wird ergänzen, dass der »Mohr«, so sein Spitzname in der Familie, ein »prächtiges Pferd« war und klaglos zuließ, dass seine Kinder, hinter ihm auf ein paar Stühlen sitzend, auf ihn eindroschen oder auf seinen Schultern hockten und die Hände in seiner schwarzen Mähne vergruben. Er habe öfter erklärt, man müsse »dem Christentum viel verzeihen«, weil Jesus, der »einfache Zimmermannssohn«, gesagt habe: »Lasset die Kindlein zu mir kommen!« Wo immer er ging, schreibt Tochter Eleanor, sei er von Kindern umringt gewesen, sogar von ganz fremden auf der Straße. Über ihre eigenen Fragen und Unterbrechungen habe er nie geklagt, obwohl es bestimmt sehr anstrengend gewesen sein müsse, ein lebhaftes, »ewig plauschendes Kind um sich zu haben, während er an einem großen Werk arbeitete«.[21]

Der besondere Liebling des Vaters ist Edgar, wegen seiner Zartheit nur »Musch« – von französisch »mouche«, »die Fliege« – genannt, ein begabtes, pfiffiges Kind mit viel Charme, dicken Pausbacken und schönen Gesichtszügen. Doch er kann auch ein Frechdachs sein, jemand, der den Bäcker mit seinen Geldforderungen an der Tür abfängt und die Chance nutzt, ihm schnell drei Brötchen zu stehlen.

Dieses Kind hat fast nie schlechte Laune, nimmt immer Rücksicht auf andere, besonders auf den »Mohr« und die »Möhme«, seine Eltern. Wenn er spürt, dass sie bedrückt sind, singt er mit lauter Stimme die *Marseillaise*, und die gute Laune ist bald wieder da.

Das Cholera-Kind

Im Juni 1854 ist es wieder so weit: Jenny Marx fühlt sich unwohl, weil sie ein Kind erwartet. Sie ist vierzig Jahre alt und freut sich gar nicht, sondern ist ständig schlecht gelaunt, magert ab, streitet mit Marx, den vielen Besuchern, den Kindern, lässt keinen Arzt an sich heran und fühlt sich sogar außerstande, die Artikel ihres Mannes ins Reine zu schreiben, bevor er sie nach Amerika an die *New York Daily Tribune* schickt.

Im Juli 1854 – sie ist im dritten Monat schwanger – entschließt sie sich, zu ihrer Mutter Caroline von Westphalen nach Trier zu reisen, um dem drückenden Londoner Klima zu entkommen. Ihr Vater, Ludwig von Westphalen, preußischer Regierungsrat, Inhaber des roten Adlerordens vierter Klasse, ist vor zwölf Jahren gestorben und hat seine Frau in guten Verhältnissen zurückgelassen. Für diese Reise brauche Jenny »allerlei neue Equipierung«, schreibt Marx an Engels,[22] da sie doch nicht abgerissen nach Trier fahren wolle, wo sie einst als schönstes Mädchen der Stadt galt. Da Marx kein Geld hat, muss Engels wie üblich einspringen. »Beatus ille, der keine Familie hat«, meint Marx noch einmal betonen zu müssen.[23] Engels ist nämlich bis auf den ihm »zugeschriebenen« Sohn Frederick kinderlos und wird die Institution »Ehe« lange aus Überzeugung ablehnen.

Marx ist also mit Edgar oder »Musch« und den beiden »Großen«, Jenny und Laura, allein. Die Mädchen schreiben bewusst lustige Briefe nach Trier, um der Mutter zu verbergen, dass sie Angst um sie haben. Ihre erste Antwort hat nämlich sehr lange auf sich warten lassen. Ist sie vielleicht ins Gefängnis gekommen, was bei der Frau eines polizeilich gesuchten Revolutionärs ja kein Wunder wäre?[24] Ist ihr auf der Reise etwas zugestoßen? Ist die Großmutter in Trier vielleicht krank?

In London ist es zu dieser Zeit glühend heiß, obwohl es zwischendurch immer wieder in Strömen gießt. Marx hat Angst, die Cholera könnte wieder ausbrechen, was bald auch wirklich der Fall sein wird. »Dans ce moment«, schreibt er an Engels, »ist die gänzliche Entblösung von Geld um so ekliger ... als Soho das auserlesne Quartier der Cholera, rechts und links der mob krepiert (z. B. in der Broad Street 3 Leute durchschnittlich auf das Haus) und der Scheiße mit ›Lebensmitteln‹ am besten Widerstand geleistet wird.«[25]

Nach sieben Wochen »Auszeit« in Trier kehrt Jenny Marx wieder nach London zurück. Ein Wunder, dass sie sich nicht infiziert, was das Ende für sie und das Kind bedeutet hätte. Denn die Krankheit überträgt sich durch Darmkeime, das »Bacterium vibrio cholerae«, das erst Jahrzehnte später von Robert Koch entdeckt werden wird, überlebt in Exkrementen, Trinkwasser, Milch, Obst und Gemüse, ruft Taubheit, Erbrechen und Durchfall hervor und lässt seine Opfer unter Qualen sterben. Jenny ist gerade wieder in London angekommen, als die Seuche ein Opfer nach dem anderen fordert, in zehn Tagen etwa fünfhundert Menschen in einer Straße.

»Meine Frau geht mit starken Schritten der Katastrophe entgegen«, schreibt Marx am 12. Januar 1855 an Friedrich Engels.[26] Das ist das einzige Mal, dass er Jennys Schwangerschaft schriftlich erwähnt. Kein Wort über die Lebensgefahr für Mutter und Kind, über die Besuche des »Juden« Dr. Freund in der Dean Street, den Jenny nun doch endlich an sich heranlässt, der aber droht, nicht mehr kommen zu wollen, solange seine Rechnungen unbezahlt bleiben.

Drei Tage später, am 15. Januar, kündigen sich die Wehen an. Es ist ein kalter, grauer Wintermorgen. Draußen schneit es, und das Zimmer der Wöchnerin kann nur mit Mühe beheizt werden. Die Kinder Jenny, Laura und Edgar sind wahrscheinlich weggeschickt worden, damit sie in der winzigen Wohnung nicht stören. Ob der »Jude«, Dr. Freund, gerufen wird, ist nicht bekannt. Vielleicht holt man auch nur eine Hebamme. Diese sogenannten »midwives« sind beinahe genauso schlecht angesehen wie die Ziehammen, sind nirgendwo offiziell registriert und werden miserabel bezahlt. Ihr Gewerbe haben sie meist von den Müttern und Großmüttern übernommen. Bei den Entbindungen tragen sie normale Straßenkleidung, allenfalls eine Schürze darüber.

Ihr Koffer enthält Glasrohr, Katheter, Nabelschnurschere, Nadel, Faden und manchmal auch Chloroform. Da es in der Bibel heißt, dass die Frau »in Schmerzen Kinder gebären« solle, ist dieses Mittel erst nach langen Widerständen der Kirche zugelassen worden, vielleicht, weil auch Königin Viktoria es bei ihren Geburten einsetzen lässt. Wird es allerdings falsch dosiert, können Mutter und Kind daran sterben. Aber auch sonst ist eine Entbindung in dieser Zeit lebensgefährlich. Oft muss die Nachgeburt mit der Schere entfernt werden. Für die Mutter besteht Verblutungsgefahr. Es ist also verständlich, dass Marx von der zu erwartenden Niederkunft als einer »Katastrophe« spricht.

Doch alles geht gut, beinahe ein Wunder. Jenny bringt ein zwar schwächliches, aber gesundes Kind zur Welt. Am 16. Januar 1855 meldet Marx an Engels:

Ich konnte gestern of course nicht an die »Tribune« schreiben und auch heute für einige Zeit à venir nicht, weil gestern zwischen sechs und sieben Uhr morgens meine Frau von einem bona fide traveller – leider of the »sex par excellence« – genesen ist. Wäre es ein männliches Wesen, so ginge die Sache schon eher.[27]

»The sex par excellence«. Das klingt nicht gerade freundlich. Aber vielleicht doch realistisch? Denn die Chancen für Mädchen stehen um diese Zeit denkbar schlecht, ob in England oder in Deutschland. Sie können weder Ärzte noch Rechtsanwälte noch Politiker werden. Der Zutritt zu Universitäten ist ihnen versagt. Töchter der unteren Klassen können wenigstens noch in Fabriken arbeiten. Für eine junge Frau der Gesellschaft ist das unmöglich. Für sie gibt es eigentlich nur zwei Perspektiven: die Ehe oder die Arbeit als Gouvernante.

Bis dahin muss für ihre Erziehung gesorgt werden, muss sie Französisch, Klavierspielen, Tanzen und Handarbeiten lernen. Das kostet Geld, ebenso wie die standesgemäße Kleidung. Natürlich muss auch ein Sohn gut ausgebildet und gekleidet werden, aber er kann später immerhin in die Welt hinaus gehen und etwas verdienen, kann den Familiennamen vererben und dafür sorgen, dass die »Sippe« nicht ausstirbt.

Das Neugeborene wird »Jenny Julia Eleanor« genannt, Rufname:

»Eleanor«. Den Spitz- und Kosenamen »Tussy« wird es erst später bekommen. Über die Wahl des Namens »Eleanor« kann man nur spekulieren. Die einen leiten ihn aus dem Provenzalischen, die anderen aus dem Griechischen, die dritten aus dem Arabischen ab. Der humanistisch gebildete Marx hat wahrscheinlich an das griechische »eleos«: »Erbarmen«, »Barmherzigkeit« gedacht oder an Shakespeares Historiendrama »König Johann«, in dem eine »Eleonore« vorkommt.

Während Jenny sich schnell von den Strapazen der Niederkunft erholt, will das Baby nicht richtig gedeihen. Es schreit viel, hat keinen Appetit und »stört das ganze Haus«, schreibt Marx an Engels.[28] Jenny will oder kann auch dieses Kind nicht stillen. Eine irische Amme wird engagiert, dieses Mal streng beaufsichtigt von den beiden älteren Mädchen, die sich noch immer mit Entsetzen an den Tod von Franziska und Guido erinnern. Jenny schreibt an einen Bekannten, dass sie das Kind »Ellen« oder »Tussychen« nennen und es wie zwei kleine Mütter »ganz und gar« versorgen.[29]

Die häuslichen Verhältnisse in Soho sind immer noch denkbar ungeeignet für ein Baby. Kein ruhiges Zimmer, wo es ungestört schlafen könnte, kein sauberer Platz zum Waschen und Wickeln, statt frischer Luft abgestandener Zigarrenrauch, der sich in Möbeln, Kleidern und Bettwäsche festsetzt. Marx klagt mehrmals über den »sehr bedenklichen Zustand des Babys«. Anfang Februar fürchtet er gar »Schlimmes« für das Kind,[30] seinen Tod also, was ihn diesmal stärker als sonst zu berühren scheint, denn Tussy, wie sie schon bald allgemein genannt wird, nach so vielen Katastrophen und Todesfällen wie durch ein Wunder glücklich zur Welt gekommen, hat vom ersten Tag an sein Herz gewonnen, obwohl sie dem »sex par excellence« angehört und wie Frederick von dunklem, jüdischem Typus ist.

Abschied von Musch

Marx geht es um diese Zeit gesundheitlich miserabel.

Seine Augen sind vom vielen Lesen bei schlechtem Licht chronisch entzündet. Im März stellt sich eine Bronchitis ein, die wegen der anhaltenden Kälte nicht abheilt und ihn zwingt, starke Medikamente zu nehmen. Das Schlimmste aber ist der Zustand des achtjährigen Edgar, genannt »Musch«, der bald nach Tussys Geburt ein »gefährliches gastrisches Fieber« bekommen hat und täglich mehr austrocknet. Gegen Ende des Monats stellt der Arzt »Schwindsucht« fest. Auf eine Genesung sei kaum zu hoffen. Marx lässt alle Arbeiten liegen und wacht Tag und Nacht am Bett seines Sohnes, der niemals klagt, nie seinen »originellen, gutmütigen und zugleich selbständigen Charakter«[31] verliert und sich bis zuletzt bemüht, lieb und artig zu sein, um seine Eltern nur ja nicht zu belasten.

Edgar stirbt am 6. April 1855, einem Karfreitag, knapp drei Monate nach Tussys Geburt, in den Armen seines Vaters, während draußen die Glocken läuten. »Der arme Musch ist nicht mehr«, schreibt Marx an Engels. »Er entschlief (im wörtlichen Sinne) in meinen Armen heute zwischen 5 und 6 Uhr. Ich werde nie vergessen, wie Deine Freundschaft diese schreckliche Zeit uns erleichtert hat.«[32] Marx wird viele Monate lang über kaum etwas anderes sprechen und schreiben als über seinen Schmerz. In einem ihrer Briefe nach Deutschland schreibt Jenny darüber:

Er war die ganze Freude, der ganze Stolz, die ganze Hoffnung meines lieben Karls, an dem das Kind mit besonderer inniger Zärtlichkeit hing, sodass er in seiner Krankheit immer bat, sein Charley … möge immer bei ihm sein, ihn tragen und heben und seine Hände auf seinen Kopf legen. Und wirklich hatte Karl auch die Kraft, während den sechs bangen Wochen ihn nicht zu verlassen und Tag und Nacht bei ihm zu sein. Lehnchen stand treulich zur Seite. Ich selbst war zu angegriffen, um den schwereren Teil der Pflege zu teilen, auch oft meines Schmerzes nicht mächtig genug, sodass ich meine Tränen nicht stets zu unterdrücken vermochte. Er sagte darauf zu Jennychen, seiner kleinen Vertrauten: »Wenn das Möhmchen ans Bett kommt, deck immer meine Hände zu, dass sie nicht sieht, wie mager sie sind.« Selbst die schrecklichste aller Krankheiten vermochte nicht, diese rührende Herzensgüte, diese Zufriedenheit, diese strahlende Heiterkeit des Geistes zu brechen und zu trüben … Unsere kleinen Mädchen sahen nach dem Tode des Brüderchens so blass und elend und abgezehrt aus, dass ihr Anblick jeden erschüt-

terte. Alle ihre lieblichen kleinen Spiele hatten aufgehört, ihre Gesänge waren verstummt ... Die Mädchen erheitern und zerstreuen sich jetzt sehr an ihrem kleinen Schwesterchen Eleanor, kurzweg Ellen, von den Kindern auch Tussychen genannt, das sie mit rührender Liebe hegen und pflegen.[33]

Marx erfährt in dieser Zeit viele Beweise der Freundschaft, besonders von politischen Genossen im Exil, die das Schicksal des kleinen Musch für eine Folge des Flüchtlingslebens halten. »Ich vergesse die Szene nicht«, schreibt Wilhelm Liebknecht, der am Todestag bei den Marxens zu Besuch war:

Die Mutter stumm weinend über das tote Kind gebeugt, Lenchen schluchzend danebenstehend, Marx in schrecklicher Aufregung, jeden Zuspruch heftig, fast zornig zurückweisend ... Und zwei Tage später das Begräbnis ... Ich in dem Wagen mit Marx – er saß stumm da, den Kopf in die Hände gestützt. Ich streichelte ihm die Stirn: ›Mohr, du hast ja deine Frau, die Mädchen und uns – und wir haben dich alle so lieb!‹ – ›Ihr könnt mir den Jungen nicht wiedergeben!‹ stöhnte er – und stumm fuhren wir weiter zum Kirchhof in der Tottenham Court Road ... Als der Sarg in das Grab gesenkt werden sollte, war Marx so aufgeregt, dass ich mich neben ihn stellte, weil ich fürchtete, er werde dem Sarg nach ins Grab springen.[34]

Wenigstens sind die finanziellen Sorgen in diesem Frühjahr 1855 nicht ganz so drückend. Jenny hat eine kleine Erbschaft gemacht. Ihr Onkel Heinrich von Westphalen ist mit neunzig Jahren gestorben und hinterlässt ihr einhundert Pfund, genug, um demnächst einen Umzug ins Auge zu fassen. Marx macht kein Hehl daraus, dass er über den Tod »des alten Hundes ... very happy« ist,[35] denn er wünscht sich dringend eine Ortsveränderung, um Soho und der Erinnerung an Edgars Krankheit und Tod zu entkommen. Auch Jenny ist geschwächt und erholungsbedürftig, so »durchsichtig wie eine Halb-Pence-Kerze und ausgedörrt wie ein Hering«, schreibt ihre älteste Tochter, die ebenfalls Jenny heißt.[36]

Zunächst ist die Familie froh, die Sommermonate des Jahres 1855 in Camberwell, einem dörflichen Vorort von London, verbringen zu können, wo ihnen ein alter Freund, Peter Imandt, sein Cottage zur Verfügung gestellt hat, ein kleines Haus mit Blick auf den Crystal Palace, der, für die Weltausstellung von 1851 errichtet, als Wunderwerk der modernen Architektur gilt. In dieser neuen Umgebung blüht Tussy auf, bekommt rote Backen, findet nachts ihren Schlaf wieder und wird zum erklärten Liebling der ganzen Familie. Die beiden Schwestern bestehen darauf, sie eigenhändig zu baden. Mutter Jenny geht mit ihr zum Daguerreotypisten und schickt die Bilder an die Verwandtschaft in Trier. Sie schreibt aller Welt, wie »wunderniedlich« und »bildhübsch« das neue Baby doch sei, berichtet voller Stolz über dessen erste Laute und Krabbelversuche. Auch Marx ist vernarrt in die Kleine, die ihn mit ihrer guten Laune so für sich einnimmt, dass er seinen Schmerz über Musch manchmal für Stunden vergessen kann. Sie lache und schwatze ihm die ganze Sorge weg, beobachtet Jenny. Eines ihrer ersten Worte ist »Dada«, eine Mixtur aus »Papa« und »Daddy«. Keines der Marx-Kinder ist von den Eltern schon als Kleinkind so sehr beachtet und verwöhnt worden wie Eleanor, genannt »Tussy«, nicht einmal Edgar.

Emanzipation des Proletariats

Ein Jahr nach Edgars Tod, im April 1856, scheint Marx seine schlimmste Verzweiflung überwunden zu haben. Zwar schreibt er seltener für die *New York Daily Tribune* und die *Neue Oder-Zeitung* als früher, dafür wirken seine Artikel konzentrierter und engagierter, nicht mehr wie journalistische Tagesarbeit, sondern wie Grundsatzessays zur politischen und sozialen Lage. Zur Jahresfeier des Londoner *People's Paper* hält er eine kurze, brillante Rede, in der er sich direkt an die englische Arbeiterschaft wendet und kritisch auf die Revolution von 1848 zurückblickt: »Die sogenannten Revolutionen von 1848 waren nur kümmerliche Episoden … kleine Brüche und Risse in der harten Kruste der europäischen Gesellschaft. Sie offenbaren jedoch einen Abgrund … Lärmend und verworren verkündeten sie die Emanzipation des Proletariats, d. h. das Geheimnis des 19. Jahrhunderts.«

England, das Land des Freihandels, der technischen Umwälzungen und der »erstgeborenen Söhne der modernen Industrie«, befinde sich in einer Epoche des Verfalls.

Nach jahrelanger Überproduktion seien die Märkte überfüllt, die Produkte der Kattundrucker, Seidenfabrikanten und Baumwollspinner kaum mehr verkäuflich. Konkurse und Arbeitslosigkeit seien die Folge, dazu die hoffnungslose Verelendung der Arbeiterviertel.

Wir sehen, dass die Maschinerie, die mit der wundervollen Kraft begabt ist, die menschliche Arbeit zu verringern und fruchtbarer zu machen, sie verkümmern lässt und bis zur Erschöpfung auszehrt. Die neuen Quellen des Reichtums verwandeln sich durch einen Zauberbann zu Quellen der Not. Die Siege der Wissenschaft scheinen erkauft durch Verlust an Charakter. In dem Maße, wie der Mensch die Natur bezwingt, scheint der Mensch durch andere Menschen … unterjocht zu werden … Wir für unseren Teil verkennen nicht die Gestalt des arglistigen Geistes, der sich fortwährend in all diesen Widersprüchen offenbart. Wir wissen, dass die neuen Kräfte der Gesellschaft … nur neuer Menschen bedürfen, die ihrer Meister werden – und das sind die Arbeiter.[37]

Auch mit Preußen geht er hart ins Gericht, seiner alten Heimat, die so stolz auf ihre »philosophische Erleuchtung« sei, aber »die hervorragendsten Wissenschaftler von den Universitäten gejagt und die Erziehung der Jugend einer Bande von Dunkelmännern« anvertraut habe. »Krautjunker« regierten das Land, manipulierten den reformfreundlichen König Friedrich Wilhelm IV., versuchten, Einfluss auf die Gerichtsbarkeit zu nehmen, die Gleichstellung der Konfessionen zu verhindern und vor allem: »die arbeitende Klasse« zu unterdrücken, die für Teilnahme an Streiks hart bestraft und vom politischen Leben ferngehalten werde, indem man ihr kein Wahlrecht erteile.[38]

An der Mosel

Während Marx selbst befürchten muss, sofort verhaftet zu werden, wenn er seinen Fuß auf preußischen Boden setzt, kann Jenny im Mai 1856 gefahrlos mit Helene Demuth und den drei Töchtern nach Trier fahren, wahrscheinlich, weil sie die Halbschwester des Innenministers Ferdinand von Westphalen ist. Jenny möchte ihre Mutter Caroline besuchen, möchte Tussy, ihr jüngstes Kind, vorzeigen und vielleicht auch den Trierern, die sie noch kennen, beweisen, dass sie immer noch eine stolze, attraktive Frau ist.

Im Vergleich zu London ist Trier ein winziges Nest. Knapp über 20 000 Einwohner, die meisten streng katholisch, enge Straßen, die in einen großen Bauernmarkt münden, Pferdefuhrwerke, Kopfsteinpflaster, ein jüdisches Getto in der Nähe der Porta Nigra, das noch den Geist des Mittelalters zu atmen scheint. Zwar herrscht in der Stadt ein antipreußischer Geist, die traditionelle rhein-moselländische Opposition gegen die Berliner Fremdherrscher und Bürokraten. Schließlich liegt Frankreich vor der Tür und hat in gut zwanzigjähriger Herrschaft seine Spuren hinterlassen, im Dialekt, in der heiteren Lebensart und der Vorliebe für gute Speisen und Weine. Doch Trier bleibt trotzdem ein Nest. Jeder kennt jeden. Die katholische Kirche hat alles fest im Griff. Die Protestanten sind fast genauso in der Minderheit wie die Juden. Seit dem 16. Jahrhundert wird der Heilige Rock als Reliquie verehrt. Gläubige aus aller Welt pilgern in die Stadt und praktizieren einen atavistisch anmutenden Götzenkult, über den sich die Marxens von Herzen lustig machen.[39] Im Umland gibt es Dörfer, die vom Verkehr abgeschnitten und bitter arm sind, die ganze Eifel, auch »Sibirien des Rheinlands« genannt, ist nahezu unberührt von der Zivilisation. Nur wenige können hier lesen und schreiben. Krankheiten werden noch von »weisen Frauen« behandelt. Sogar an die letzten Hexenverbrennungen meinen sich ältere Leute noch zu erinnern.

Jenny Marx hegt eine ausgesprochene Hassliebe zu diesem Ort. Als junge Frau hat sie hier oft unter Depressionen gelitten, manchmal sogar an Selbstmord gedacht. »Das kleinste, erbärmlichste Nest, voll von

Klatsch und lächerlicher Lokalvergötterung«, hat sie damals an den jungen Marx geschrieben.[40] Und trotzdem üben die Weinberge, die Mosellandschaft, die römischen Ruinen und klassizistischen Stadthäuser einen starken Reiz auf sie aus. In dieser Umgebung ist sie Prinzessin, Exotin gewesen, Tochter eines hohen adeligen Beamten, Ballkönigin, eine stadtbekannte Schönheit. Auch jetzt noch, mit zweiundvierzig Jahren, hat sie für Trierer Verhältnisse etwas ausgesprochen Interessantes, wenn sie, nach der neusten weltstädtischen Mode gekleidet, mit ihren drei hübschen kleinen Mädchen durch die Stadt spaziert.

Um ihren Mann braucht sie sich diesmal keine Sorgen zu machen, denn Lenchen, seine einstige »Affäre«, ist mit ihr gekommen. Er ist also ganz allein in Soho. Obwohl er unter starkem Rückenrheumatismus leidet, scheint die Entfernung erotisierend auf ihn zu wirken. Immer wieder vertieft er sich in Jennys Foto und schreibt ihr glühende Liebesbriefe:

Mein Herzensliebchen … ich habe Dich leibhaftig vor mir, und ich trage Dich auf Händen, und ich küsse Dich von Kopf bis Fuß, und ich falle vor Dir auf die Knie, und ich stöhne: »Madame, ich liebe Sie.« Und ich liebe Sie in der Tat mehr, als der Mohr von Venedig je geliebt hat … Meine Liebe zu Dir, sobald Du entfernt bist, erscheint als was sie ist, als ein Riese, in die sich alle Energie meines Geistes und aller Charakter meines Herzens zusammendrängt. Ich fühle mich wieder als Mann, weil ich eine große Leidenschaft fühle.[41]

Kein Wunder, dass Jenny in Hochstimmung ist. Ihre gute Laune überträgt sich auf Tussy, die für ein anderthalbjähriges Mädchen ungewöhnlich aufgeweckt ist.

So erinnert sie sich noch nach mehreren Wochen an das Baby von Ernestine Liebknecht, das sie in London ein paarmal auf dem Schoß halten durfte. »Bei Ihrem Baby fällt mir eine kleine Anekdote Tussychens ein«, schreibt Jenny an die junge Mutter. »Bei Nennung Ihres Namens sprang es auf, klatschte jubelnd in die Händchen, rief Baby, Baby, setzte sich breit auf der Erde nieder und zeigte auf den Schoß, wo es Ihr Baby gehabt hatte. Sie können sich den Jubel der entzückten Schwesterchen denken, die sich hier durch ihr freundliches, anmutiges Wesen allgemein beliebt machen … denn es laufen stets ganze Scharen hinter ihnen her und begaffen die kleinen, geputzten Engländerinnen.

Sie tummeln sich viel im Freien umher und sind heute früh schon in den Wald gezogen.«[42]

Doch trotz aller Bewunderung, die Tussy in Trier erfährt, hat sie große Sehnsucht nach Karl Marx, ihrem »Dada«. Sie »spricht auffallend oft von ihm«, erzählt Jenny weiter, »ruft ihn, lockt ihn mit den Händchen, und sagt dann traurig ›gone‹, und wenn er nicht zur Tür hereinkommt, fängt es an zu beaten und zu pinchen«, »zu schlagen und zu stampfen« also.[43]

Ihre Großmutter, Caroline von Westphalen, geborene Hebel, lernt Tussy nur noch als alte, kranke Frau kennen, die im Juli 1856 sterben wird. Jenny Marx bleibt in diesen Tagen bei ihr und begleitet sie bis zum letzten Moment. Von einem Besuch bei Henriette, der Mutter von Karl, ist nicht die Rede, obwohl sie ebenfalls in Trier lebt und bei guter Gesundheit ist. Die Beziehung zwischen Schwiegermutter und -tochter scheint sehr gespannt zu sein, und auch Karl Marx hat seine Probleme mit dieser Frau, die aus einer holländisch-ungarischen Familie von Rabbinern, Vorsängern, Textilhändlern und Geldwechslern stammt, ein Gemisch von Niederländisch und Jiddisch spricht, kaum lesen und schreiben kann, in elf Jahren neun Kinder zur Welt gebracht und sich nie von ihren jüdischen Wurzeln gelöst hat. Noch 1853, achtundzwanzig Jahre nach ihrer Taufe, hat sie an ihren niederländischen Schwager Lion Philips geschrieben:

»Und es scheint das es Loos des Volks Israel wieder bey mir in erfülung geht das meine Kinder in alle Welt sollen verstreyt werden.«[44]

Kaum anzunehmen, dass Jenny es unter diesen Umständen für wichtig hält, mit ihren Töchtern den jüdischen Friedhof auf der Gilbertstraße zu besuchen, auf dem die Grabmäler der Vorfahren von Karl Marx stehen, versehen mit langen hebräischen Inschriften. Über Mordechai Halevi, Marx' Großvater väterlicherseits, steht da zum Beispiel:

Hier hat man bestattet den gelehrten und universalen Herrn, unseren Lehrer und Meister, ein verehrter, heiligmäßiger Gelehrter war der Berühmte, ein Priester hoher Abkunft, Mordechai Halevi, der Sohn unseres Lehrers Samuel Postelburg, das Andenken an einen Gerechten gereiche zum Segen. Fünfunddreißig Jahre war er Gerichtsvorsitzender in Trier, und auf den Pfaden der Ewigkeit und einer, der wägt mit den Waagschalen der Gerechtigkeit von seiner Jugend an, und auch seine eigenen Taten von seinem Erwachen an bis zu diesem Tage, da er vollendet wurde nach himmlischem Ratschluss ... hier in Trier.[45]

Grafton Terrace

Mit einem Erbe von 522 Talern und 20 Silbergroschen versehen, reist Jenny mit Lenchen und den drei Mädchen über Paris und die Insel Jersey zurück nach London, wo sie im September 1856 wieder eintrifft, endlich imstande, das finstere Loch in Soho zu verlassen und eine neue Wohnung zu suchen. Gegen Ende des Monats bezieht die Familie einen Neubau im Grünen, ein schmales neugotisches vierstöckiges Reihenhaus in Kentish Town, Grafton Terrace Nr. 9, weit entfernt vom städtischen Zentrum, aber nah am beliebten Ausflugsziel Hampstead Heath, dem großen Heidegebiet am Nordrand Londons.

Alle zeitgenössischen Reiseführer schwärmen von der wilden Schönheit der Heide, in der Berg und Tal miteinander abwechseln und von der man eine herrliche Aussicht hat: Im Süden bis zu den Häusermassen Londons, den grünen Hügeln von Surrey und dem schimmernden Dach des Kristallpalastes, im Osten bei klarem Wetter bis zur Themse und im Westen auf Schloss Windsor.

Die Miete ist relativ niedrig, sechsunddreißig Pfund im Jahr, nicht einmal das Doppelte des Preises für die Absteige in Soho, denn die Gegend ist verkehrsmäßig noch kaum erschlossen, ein einziger Bauplatz ohne Straßenbeleuchtung, Geschäfte und Pubs. Die stadtferne Lage wird sich später als Problem erweisen. Doch zunächst überwiegt die

Freude, der Dean Street entkommen zu sein, besonders bei Jenny, die kurz nach dem Einzug schreibt:

Wir haben endlich, nach langen, mühevollen Entdeckungswanderungen, ein ganz besonders schönes Haus gefunden. Es liegt in der schönsten und gesundesten Gegend von London ... Das Haus hat die vier Eigenschaften, die Engländer an einem Hause lieben, es ist airy, sunny, dry und auf gravely soil gebaut. Es liegt rings von frischen grünen Wiesen und Triften umgeben, auf denen Kühe, Pferde, Schafe, Ziegen und Hühner in gemütlicher Eintracht weiden. Vor uns breitet sich die kolossale Riesenstadt London in nebelhaften Umrissen aus, jedoch können wir bei klarem Licht genau die Kuppel der St.-Pauls-Kirche unterscheiden. Die hinteren Stuben bieten eine wunderbar liebliche Aussicht dar. Ganz hügeliges Terrain bis hinauf zu den waldumkränzten Höhen von Hampstead und dem reizenden Highgate mit seiner sehr hoch auf einem Hügel thronenden Kirche.[46]

Es können Katzen angeschafft werden, die alle so ähnlich heißen wie Tussy, nämlich »Pussy«. Tussy wird später gern mit dieser Ähnlichkeit spielen und ihren Spitz- und Kosenamen darauf zurückführen, dass sie als Kind immer »Tussy« zu den Katzen sagte, weil sie »Pussy« nicht richtig aussprechen konnte. Auch ein »kleiner Wauwau« gehört zum Hausstand. Alle drei Mädchen sind glücklich, und Tussy küsst vor Entzücken die vielen Teppiche und den neuen Hund, der es sich gern auf dem Kaminvorleger gemütlich macht.[47]

2

KAPITÄN TUSSY

1857–1869

Das Ende des Bohème-Lebens

In den ersten Wochen im neuen Haus kommt Jenny sich wie eine Schlossherrin vor. Ein eigener Garten, eine kleine Terrasse, acht helle Räume, einer davon ein »parlour«, ein Empfangsraum, kein Straßenlärm, kein »Mob« rechts und links, keine Cholerakranken, keine schlechte Luft, kein übler Essensgeruch aus den Küchen der Nachbarn. Noch nie, seitdem sie aus ihrem Elternhaus fort ist, hat sie so standesgemäß gewohnt. Nur die nötigen Möbel fehlen, denn das »Loch« in der Dean Street war bis auf Bettzeug, Spielsachen und Geschirr größtenteils mit gemietetem Mobiliar ausgestattet.

Zum Glück hat Peter Imandt, der alte Schulfreund von Marx, ihnen ein paar Tische und Stühle geschenkt, bevor er als Lehrer nach Schottland gegangen ist, »second hand furniture im rococo Styl«.[1] Für eine erste Möblierung reicht das. Jenny hat einen guten Geschmack und fängt an, sich als Innenausstatterin zu betätigen, kauft Vasen für den Kaminsims, weiße Gardinen, ein Dutzend Rohrstühle, Körbe mit Schlingpflanzen und eine blaugraue Decke für den wackligen Teetisch.[2] Es ist der erste Schritt zu einem »honetten« bürgerlichen Ambiente, das ihrer Meinung nach sein muss, wenn ihre Töchter einmal standesgemäß heiraten sollen.

Dazu gehört auch, dass die Mädchen nun endlich eine höhere Schulbildung erhalten. Die beiden Älteren, Jenny und Laura, zwölf und elf Jahre alt, besuchen das Damen-College von South Hampstead und bekommen Privatunterricht in Französisch, Italienisch und Spanisch.

Marx persönlich liest Dante, Goethe und Shakespeare mit ihnen, während die Mutter sie manchmal ins Theater führt.[3] Sie liebt die Bühne, besonders Shakespeare, wäre selbst gern Schauspielerin geworden, was für ein Mädchen der »höheren Stände« aber unmöglich war, träumt aber davon, eines Tages wenigstens Theaterkritiken zu schreiben.

Leider wird die neue Idylle bald getrübt, denn schon kurz nach dem Einzug, im Herbst 1856, wird Jenny wieder schwanger. Es ist jetzt das siebte Mal. Sie ist zweiundvierzig. Schlimme Aussichten, zumal das Geld, das sie von ihrer Mutter geerbt hat, schon fast wieder verbraucht ist. Auch Marx freut sich nicht auf das Kind, selbst wenn es diesmal ein Sohn werden sollte. Dazu kommt der englische Herbst mit Dauerregen, Nebel und Dunkelheit. Der rote Lehm, auf dem das Viertel gebaut ist, verwandelt sich in Schlamm. Überall Pfützen und Schutthaufen, halbfertige Häuser. Kein Kontakt zu den Nachbarn, die sich feindselig gegen die politischen Emigranten abgrenzen.

»La vie de bohème hatte ein Ende«, schreibt Jenny in ihren Erinnerungen. Fast trauert sie der guten, alten Armut wieder nach. »Statt dass man bisher frei und offen den Kampf ... im Exil gekämpft hatte, galt es von neuem, den Schein der Ehrbarkeit wenigstens aufrechtzuerhalten. Wir segelten mit vollen Segeln ins Philistertum hinein.«[4]

Als es mit Beginn des Winters bitterkalt wird und der Kohlenhändler wieder einmal nicht bezahlt werden kann, wird dem Ehepaar klar, dass das neue Haus eine Art Luftschloss ist. Vor lauter Freude über die niedrige Miete haben sie den Faktor der Nebenkosten schlicht vergessen. »Ich sitze vollständig auf dem Sand in einer Wohnung, worin ich mein weniges Bares gesteckt, und worin es unmöglich ist, sich von Tag zu Tag durchzupissen wie in Dean Street«, schreibt Marx an Engels, der entsetzt zurückfragt: »Ich dachte, jetzt sei endlich alles im schönsten Zuge, Dich in einer ordentlichen Wohnung und das business geregelt; und jetzt stellt sich heraus, dass alles infrage steht?«[5]

Zauberer Röckle

Tussy ahnt nichts von den Sorgen ihrer Eltern. Sie hat ein eigenes Zimmer, ein Stück Garten, ihre Katzen, den »Wauwau«. Auch mit den Nachbarn hat sie keine Probleme, denn sie ist *keine* Fremde, *keine* Emigrantin, *keine* Preußin, sondern eine echte, in London geborene Engländerin, deren Sprache man die deutsche Herkunft nicht anmerkt, während die Eltern ihren schweren moselländischen Akzent nie ganz verlieren werden. Schnell knüpft sie Freundschaft mit den Kindern der Nachbarschaft, die nicht von den »Marxens«, sondern von den »Tussies« sprechen, da überhaupt niemand sie »Eleanor« nennt, sondern eben nur »Tussy«.

Bei schönem Wetter lässt sie sich Tee auf der Terrasse servieren, befiehlt den Schwestern, Kastanien für sie zu rösten, kommandiert alle herum, auch Helene, ohne dass man ihr deshalb böse sein könnte, denn sie ist, wie Marx halb besorgt, halb belustigt an Engels berichtet, ein »merkwürdiger Witzbold«, der von sich selber behaupte, »two brains«, zwei Gehirne, zu haben,[6] vielleicht, weil sie jetzt auch ein paar Brocken Deutsch kann und ihr »deutsches« Gehirn von ihrem »englischen« unterscheidet?

Um ihre deutschen Sprachkenntnisse zu fördern, lesen die Eltern ihr immer wieder aus *Grimms Märchen* vor. »Aber wehe uns«, schreibt Mutter Jenny in ihren Erinnerungen, »wenn im Rumpelstilzchen oder im König Drosselbart oder im Schneewittchen auch nur eine Silbe ausgelassen wird. Durch diese Märchen hat das Kind neben dem Englischen, das in der Luft liegt, auch das Deutsche gelernt, das es mit besonderer Regelrichtigkeit … spricht.«[7]

Marx hat für sie eine eigene Geschichte erfunden, die Geschichte von Hans Röckle, einem Zauberer mit einem großen, seltsam bestückten Kaufladen. »Es war eine lange, lange Geschichte und endete nie«, wird Tussy sich später erinnern. »In seinem Laden waren die wunderbarsten Dinge: hölzerne Männer und Frauen, Riesen und Zwerge, Könige und Königinnen, Meister und Gesellen, vierfüßige Tiere und Vögel so zahlreich wie in der Arche Noah, und Tische und Stühle, Equipagen und

Schachteln groß und klein. Aber ach! – trotzdem er ein Zauberer war, stak er doch stets in Geldnöten, und so musste er sehr gegen seinen Willen alle seine hübschen Sachen ... dem Teufel verkaufen. Nach vielen, vielen Abenteuern und Irrwegen kamen aber dann diese Dinge immer wieder in Hans Röckles Laden zurück.«[8]

Die Deutung dieser Geschichte liegt auf der Hand. Hans Röckle ist niemand anders als der Vater selbst, der über großes Genie, große Phantasie verfügt, über ein Imperium voller Zauber- und Lichtgestalten, doch der Teufel, das »Kapital«, versucht immer wieder alles zu zerstören. Ohne Erfolg. Denn die Gedanken und Visionen sind stärker. Die Ideen von Karl Marx werden überleben.

Tussy genießt besonders das Frühjahr, in dem die Stimmung im Haus wieder freundlicher wird. Dann ist Picknickzeit. Dann geht es sonntags hinaus in die Hügel von Highgate. Marx lässt seine Manuskripte liegen und wandert mit. Ein Wunder, dass der Picknickkorb immer gut gefüllt ist, mit Kalbsbraten, Brot, Käse, Shrimps, Bier und Wein, fast wie im Laden des Zauberers Röckle.

»Gewöhnlich wurde ein Lied angestimmt«, erinnert sich Liebknecht, der manchmal mitgehen darf, »meist Volkslieder ... Oder die Kinder sangen Niggerlieder vor und tanzten dazu ... Von Politik durfte auf dem Marsch ebenso wenig gesprochen werden wie von der Flüchtlingsmisere. Dagegen sprach man viel von Literatur und Kunst, und da hatte Marx Gelegenheit, sein riesiges Gedächtnis zu zeigen. Er deklamierte lange Passagen aus der Divina Commedia, die er fast auswendig konnte, und Szenen aus Shakespeare, wobei seine Frau, auch eine vorzügliche Shakespearekennerin, ihn oft ablöste.«[9]

Totgeburt

Irgendetwas stimmt nicht mit Jennys Schwangerschaft. Marx macht Engels gegenüber Andeutungen über unangenehme »circumstances«.[10] Hat sie vorzeitige Wehen? Blutungen? Oder gar versucht, das Kind abtreiben zu lassen, da sie Angst hat, eine siebte Niederkunft nicht zu verkraften? Um ihren Alltag mit Kindern, Gästen und Haustieren besser meistern zu können, nimmt sie »Batterien« von Medikamenten,[11] darunter wohl auch Chloral, ein hypnotisches Sedativum. Über dessen verhängnisvolle Wirkung auf den Fötus weiß man zu dieser Zeit noch nichts.

Am 6. Juli 1857 wird das Kind geboren, diesmal in erträglichen Wohnverhältnissen, vielleicht sogar in einem eigenen Wochenbettzimmer. Doch das Neugeborene, dessen Geschlecht nirgendwo erwähnt wird, ist nicht lebensfähig, kommt nur zur Welt, um einmal zu atmen und dann hinausgetragen zu werden.[12] Alles deutet darauf hin, dass es schwer behindert gewesen ist.

»Dies an und für sich kein Unglück«, schreibt Marx einen Tag später an Engels, »jedoch teils Umstände unmittelbar damit verbunden, die furchtbaren Eindruck auf meine Phantasie gemacht ... Brieflich nicht tubar, auf solche Materie einzugehen.«[13] Worauf Engels befremdet antwortet:

Den Tod des Kindes kannst Du stoisch hinnehmen, Deine Frau schwerlich. Wie es ihr geht, schreibst Du nicht. Ich schließe das Beste daraus, aber lass es mich doch positiv wissen, rechte Ruhe hab' ich darüber sonst nicht. Deine mysteriösen Andeutungen lassen in dieser Beziehung zu vielen Vermutungen Raum.[14]

Um Jenny aufzumuntern, schickt Engels sechs Flaschen Bordeaux, drei Flaschen Portwein und drei Flaschen Sherry. Nicht nur sie selbst, sondern auch ihre Töchter freuen sich darüber. Die Älteren dürfen schon ein Schlückchen mittrinken. Man kommt von der Mosel, wo das so üblich ist. Tussy aber bastelt sich aus dem Weinkorb ein Häuschen und versteckt sich darin.

Dieses Kind wird Jennys letztes gewesen sein. Noch Jahre später wird sie sich mit Schaudern an die »große last instance« ihrer sieben Schwangerschaften erinnern. »Es ist doch immer eine halsbrecherische Affäre, und wohl dem, der der Gefahr nicht mehr ausgesetzt ist«, schreibt sie an Ernestine Liebknecht.[15] Wahrscheinlich ist sie froh, als sie endlich ins Klimakterium kommt und in dieser Hinsicht nichts mehr zu befürchten hat. Von Empfängnisverhütung hält man nämlich nichts im Hause Marx, obwohl es entsprechende Mittel durchaus gibt: Zervixkappen aus Kunstharz, Präservative aus Schafs- oder Fischhaut und vor allem das Wissen über »fakultative Sterilität«, das besonders in England verbreitet ist, während in Deutschland eher mechanische Methoden bevorzugt werden. Marx ist eine Ausnahme unter seinen sozialistischen Freunden, die alle bei weitem nicht so viele Kinder haben wie er: Liebknecht hat aus erster Ehe nur drei, Bebel nur eins, Engels gar keine. Ein Plädoyer *für* Empfängnisverhütung hat allerdings niemand von ihnen gehalten, ganz im Gegenteil, Bebel wird später – 1879 – sagen, dass sie »eine öffentliche Kalamität« sei.[16] Ohne den Namen Marx, der ihm heilig ist, auszusprechen, wird der etwas jüngere Kautsky darauf antworten, dieser »bisher von den Sozialisten … eingenommene Standpunkt« sei ein »jüdisch-christliches Relikt«, das »unsittlich« und »inkonsequent« sei und der Bekämpfung von Hunger, Seuchen und Armut entgegenstehe.[17]

Masterman Ready

Im Januar 1858 wird Tussy drei Jahre alt. Die Schwestern schenken ihr einen silbergrauen Anzug, garniert mit rosa Plüsch, den sie unter Helenes Anleitung genäht haben. Von ihrem »Dada« bekommt sie *Masterman Ready*, ein beliebtes Jugendbuch von Frederick Marryat, aus dem er ihr abends vorliest, denn ständig neue Fortsetzungen zu der Hans-Röckle-Geschichte zu erfinden, wird ihm zu anstrengend. Dass seine Wahl ausgerechnet auf den *Masterman Ready*, eigentlich ein typisches Jungenbuch, fällt, mag mit der aktuellen politischen Situation zu tun haben, der Weltwirtschaftskrise von 1857. Marx hat sie seit langem vorausgesehen, ja prophezeit. Ihre Ursachen: wilde Spekulationen in Amerika, unrentable Investitionen in Eisenbahnen, Fabriken und Landwirtschaft, Pleiten von Banken und Versicherungen, Bankrott kleiner und mittlerer Unternehmen. Auch ein großes, international gelesenes Blatt wie die *New York Daily Tribune* muss nun sparen. Marx darf vorläufig nur noch einmal statt zweimal wöchentlich dafür schreiben. Außerdem sind seine Artikel der Redaktion zu kritisch, vor allem, wenn er sich über Amerika äußert. Seine Texte passieren immer seltener die Zensur. Am besten gefallen noch seine kleinen Berichte, in denen er die sozialen Zustände in England anprangert, die menschenunwürdige Unterbringung der Geisteskranken, den Zusammenhang von Armut und Kriminalität, den britischen Opiumhandel oder die Arbeitsbedingungen in den Fabriken, die zu vielen Unfällen mit zum Teil tödlichen Verletzungen führen.[18]

Frederick Marryat, ein 1848 verstorbener englischer Autor und Marineoffizier, entwirft in *Masterman Ready* ein Gegenstück zur Welt der Banken, Industriellen und Freihändler. Es ist die Geschichte einer australischen Familie, die auf dem Indischen Ozean in Seenot gerät. Der Kapitän kann sich retten und verlässt mit seiner Mannschaft das Schiff, während der alte Steuermann Ready mit der Familie zurückbleibt und vor einer einsamen Koralleninsel ankert. Die Mutter ist meistens leidend, der Vater ein Schwätzer und Gernegroß. So übernimmt William, der zwölfjährige Sohn, die Verantwortung. Er legt Süßwasserquellen frei, baut ein Haus aus Palmenstämmen, fängt Fische, sammelt Pflanzen und Früchte, weidet das aus dem Wrack gerettete Vieh und kämpft gegen die Eingeborenen der Nachbarinsel. Steuermann Ready stirbt bei einer Schießerei. William und seine Familie aber werden von der Crew eines Dampfers gerettet und – sehr zum Leidwesen des Jungen – in die Zivilisation zurückgebracht.

Die Figur des William fasziniert Tussy so sehr, dass sie sich vornimmt, später einmal »Bubenkleider« anzuziehen und auf einem Kriegsschiff anzuheuern. Marx widerspricht ihr nicht, denn er findet ihre Idee zu niedlich und rät ihr »niemandem das geringste [zu] sagen, bis die Pläne ganz ausgereift seien«.[19] Von nun an steht fest, was sie werden will: ein Junge, ein Kämpfer, ein Held, der die Familie rettet. Denn Mädchen sind schwach, rechtlos und nutzlos.

Aus dieser Zeit stammen die ersten überlieferten Fotos von Tussy. Eines von ihnen zeigt sie mit Marx, Engels und den beiden Schwestern, die schon richtige junge Damen sind und mit ihren Blumenhüten und Petticoats ziemlich unglücklich aussehen. Tussy ist zwischen ihnen eingeklemmt, fast wie ein Fremdkörper: dünn, zappelig, unwillig, mit staksigen langen Beinen unter dem Spitzenrock, auf dem Kopf eine riesige Pudelmütze, wie sie die Fischer bei kaltem Wind auf dem Meer tragen. Sie zeigt, dass sie sich nicht verbiegen, in kein Klischee pressen lässt. Alle Versuche, sie fein zu machen, sind offenbar gescheitert. »Grüße und danke gefälligst Deine liebe Eleanor für Ihr photogramme, sie scheint die ganze Welt auszulachen!«, schreibt Onkel Philips aus Holland amüsiert an den stolzen Vater.[20]

Marx und Lassalle

März 1858. Karl Marx erhält einen Brief aus Berlin. Ferdinand Lassalle, der alte Kampfgenosse aus rheinischen Revolutionszeiten, bietet ihm an, sein neues Buch auf den deutschen Markt zu bringen, *Zur Kritik der politischen Ökonomie*, eine Vorstufe zum *Kapital*, an dem er viele Jahre gearbeitet hat, meistens nachts, um am Tag für seine Zeitungen schreiben zu können. Lassalle teilt ihm mit, sein Verleger, Franz Duncker, sei an dem Werk interessiert und wolle einen Vertrag mit ihm machen.[21]

Doch anstatt sich zu freuen, gerät Marx in Panik, leidet an Galle und Leber, muss strenge Diät halten und beauftragt seine Frau, Lassalle zu vertrösten, da er selbst zu hinfällig sei.[22] Erst am 31. Mai, zwei Monate nach Eingang des Angebots, greift Marx selbst wieder zur Feder, vorerst mit Berichten über seinen Gesundheitszustand. Kein Wort zu dem Manuskript, wie weit es gediehen sei, wann er es zu schicken gedenke oder dergleichen. Im Januar 1859 ist es immer noch nicht da. Lassalle wird allmählich »kirschbraun vor Wut«.[23] Erst am 2. Februar 1859 kann Marx vermelden, dass er das Werk endlich abgeschickt habe. Sollte es immer noch nicht angekommen sein, sei die preußische Zensur daran schuld.

Nur wer Marx, wie Engels und Jenny, sehr genau kennt, ahnt, was hinter dieser fast einjährigen Verzögerung steckte: nicht nur Krankheiten, nicht nur äußerer Druck, nicht nur die Zensur, sondern eine äußerst ambivalente Beziehung zu Lassalle, der durch seine Liaison mit der zwanzig Jahre älteren Gräfin Sophie von Hatzfeld zu Geld gekommen ist und in Berlin einen aristokratischen Lebensstil führt. Lassalle ist Jude, Sohn eines Seidenhändlers aus Breslau, nicht getauft und auch

Karl Marx, seine Töchter Jenny, Laura und Eleanor und Friedrich Engels

nicht bereit, sich taufen zu lassen. Zu einer russischen Freundin, Sophie Sontzeff, sagt er klar und deutlich: »Ich bin – ein Jude«,[24] eine Aussage, wie man sie von Karl Marx nie gehört hat.

Marx hält sich selbst für keinen Juden. Er ist getauft und konfirmiert, ist kirchlich mit einer ebenfalls evangelischen Aristokratin verheiratet, hat alles, was er für jüdischen Schachergeist hält, von sich abgeschüttelt, kämpft vehement gegen das vermeintlich »Jüdische« im Kapitalismus. Lassalle sieht die Dinge wesentlich differenzierter. »Mein Vater und meine Mutter sind Juden, und wenn ich auch innerlich ebensowenig Jude bin wie Sie«, erklärt er der russischen Freundin, »so habe ich mich doch nicht von meiner Religion losgesagt, weil ich auch keine andere annehmen wollte.« In Deutschland, meint er etwas euphemistisch, sei es egal, ob man Jude, Protestant oder Katholik sei. Sofern man »einen Ruf von Geist und Talent« habe, könne man beinahe alles erreichen. Anders in Russland, wo man das Judentum als »Nationalität«, nicht als »Religion« ansehe. Sollte sie ihn jemals heiraten wollen, würden ihre Landsleute sie sicher verachten. Er aber sei stolz darauf, von einem Volk abzustammen, »welches älter ist als alle Fürsten und Edelleute«, vom »ersten zivilisatorischen Volk« der Geschichte überhaupt. Er liebe die Juden durchaus nicht, »ja, im allgemeinen verabscheue« er sie. Doch er sehe in ihnen auch die »Söhne einer großen, aber längst entschwundenen Vergangenheit«, die »während der in der Sklaverei verbrachten Jahrhunderte auch die Eigenschaften der Sklaven angenommen« hätten. Außerdem sei er ein Politiker, ein Sozialist. Und gerade als Sozialist müsse er an dem Grundsatz festhalten, sich nie »einem Vorurteil ... zu beugen, da dies nur Feigheit sein würde«.[25]

Lassalle verhält sich Marx gegenüber wie ein verlässlicher Freund, informiert ihn regelmäßig über den Stand der Arbeiterbewegung in Deutschland und teilt viele Neigungen und Interessen mit ihm, die Liebe zur Philosophie, besonders zu Hegel und den alten Griechen, die Begeisterung für Heine und die Revolution. Doch seit Ende der 1850er Jahre nennt Marx ihn im Briefwechsel mit Engels nur noch »den Hund«, »das Vieh«, das »Jüdchen« oder »Jüdel«, »Ephraim Gescheit«, »Itzig« oder »Baron Itzig« und – auf seine krausen Haare anspielend – sogar den »jüdischen Nigger«,[26] wobei er selbst genauso kraushaarig ist wie Lassalle und in seiner Familie deshalb »der Mohr« genannt wird. Jenny teilt seine negativen Gefühle und spricht und schreibt ebenfalls äußerst abfällig über Lassalle.

Marxisten, Judaisten, Marx-Biographen, Historiker, Philosophen und

Psychoanalytiker haben sich über Marx' Verhältnis zum Judentum die Köpfe zerbrochen. Für die einen ist er Antisemit, für die anderen nicht, für wieder andere leidet er unter »jüdischem Selbsthass«, während treue Marx-Jünger seine antisemitischen Äußerungen entweder ignorieren oder als fortschrittlich deuten: Marx habe immer nur die »Finanzjuden« angegriffen, nicht das *jüdische Proletariat*.[27] Tatsächlich spricht er 1859 mit Abscheu von antisemitischen Ausschreitungen in Wien, bei denen man »unglückliche Israeliten« in Teertonnen geworfen habe, nachdem ihnen von »primitiven Grobianen« die Bärte abgeschnitten worden seien.[28]

Sein Verhältnis zum Judentum ist also extrem ambivalent und schwer zu bewerten, zumal seine privaten Äußerungen oft ganz anders klingen als seine offiziellen. Jedenfalls muss Tussy, inzwischen vier Jahre alt, immer wieder das Wort »Jew« oder »Jude« gehört haben, ob es sich nun um den Hausarzt, Dr. Freund, oder um Ferdinand Lassalle handelte. Festgesetzt hat sich bei ihr vermutlich der Eindruck, dass ein Jude etwas Besonderes, nicht sehr Sympathisches sei, jemand, über den man in einer besonderen Tonlage zu sprechen habe.

Zur Kritik der politischen Ökonomie

Kurz vor Weihnachten 1858 ist die Kasse im Hause Marx wieder einmal so leer, dass Jenny keinen Baum, keine Geschenke kaufen kann, eine bittere Enttäuschung für die drei Mädchen, denn auch bei den Marxens pflegt man Weihnachten zu feiern, mit Christbaum, Champagner, festlichem Essen und allem, was dazugehört. Stattdessen sitzt sie bei trübem Kerzenlicht auf ihrem zerschlissenen Secondhand-Rokokostuhl im unbeheizten »Parlour« und kopiert das Manuskript *Zur Kritik der politischen Ökonomie*, das im Januar 1859 endlich an Verleger Duncker nach Berlin geschickt werden soll. »Es ist nicht das Bewusstsein des Menschen, das ihr Sein, sondern umgekehrt ihr gesellschaftliches Sein, das ihr Bewusstsein bestimmt«, lautet die bekannte Kernaussage dieser Schrift,[29] in der sich aber auch die bemerkenswerte Passage findet:

Ein Mann kann nicht wieder zum Kinde werden, oder er wird kindisch. Aber freut ihn die Naivität des Kindes nicht, und muss er nicht selbst wieder auf einer höheren Stufe streben, seine Wahrheit zu reproduzieren? Lebt in der Kindernatur nicht in jeder Epoche ihr eigener Charakter in seiner Naturwahrheit auf? Warum sollte die geschichtliche Kindheit der Menschheit, wo sie sich am schönsten entfaltet, als eine nie wiederkehrende Stufe nicht ewigen Reiz ausüben?[30]

Hier hat Tussy Pate gestanden. Mit ihrer Fröhlichkeit, ihrem naiven Geplapper, ihren witzigen Einwänden und Fragen, die Marx während der Entstehung des Manuskripts begleitet haben. Vermutlich hat sie dabei auch manche politische Idee »aufgeschnappt«, denn das Gedächtnis dieses Kindes sei »ganz fabelhaft«, schreibt Mutter Jenny nach Deutschland, »und die Schwestern müssen sich in acht nehmen, nicht in ihrer Gegenwart etwas auswendig zu lernen oder herzusagen. Gleich plappert der kleine Papagei alles nach.« Dabei unterbreche sie sich selbst mit englischen Kinderliedern wie »Little Jack Horner, sat in a corner« oder »Ding, dong, bell, Pussy's in the well«. Sie sei übrigens ein zierliches braungelocktes Kind, das mit ausgebreiteten Armen auf jeden Menschen zulaufe, der ihm sympathisch sei.[31]

Zur großen Enttäuschung von Karl Marx findet das Buch, das im Sommer 1859 erscheint, in Deutschland nur wenig Beachtung, vielleicht, weil es statt des erwarteten dickleibigen Werkes über das »Kapital« nur ein schmales Heft von zwölf Druckbogen ist, das quantitativ weit hinter den Erwartungen von Lassalle und Duncker zurückbleibt und auch seine Leserschaft zunächst nicht befriedigt. Selbst ein guter Freund wie Liebknecht erklärt, dass »noch nie ein Buch ihn so enttäuscht« habe.[32] Marx gerät nach dem Erscheinen in eine neue Krise, erkrankt nun ebenfalls an »einer Art Cholera«, bei der es sich vermutlich nur um nervöses Erbrechen handelt.[33] Hat man ihn in Deutschland, in Preußen, denn ganz vergessen? Hat Lassalle ihm den Rang abgelaufen, als politischer Theoretiker wie als Literat? Ist das Ganze nicht überhaupt eine Intrige des »Baron Itzig«, der beim Verleger, Franz Duncker, durchgesetzt hat, dass *sein eigenes* jüngstes Werk, ein Drama mit dem Titel *Franz von Sickingen*, noch *vor* der *Kritik der Politischen Ökonomie* erschienen ist, dieser also die Show gestohlen hat? Anstatt das zweite Heft vorzulegen, was er sich für Dezember 1859 vorgenommen hatte, verwickelt Marx sich in einen Streit mit einem gewissen Carl Vogt, Politiker und Professor der Medizin in Bern, der ein bonapartistenfreundliches Traktat verfasst hat und dafür angeblich von Napoleon III. »geschmiert« worden sein soll – mit 30 000 Gulden.[34] Marx hat die Geschichte in Londoner Emigrantenkreisen gehört und spielt sie auf verschlungenen Wegen einem Journalisten, Elard Biskamp, zu, der sie in die deutsche und englische Presse bringt. Vogt klagt exemplarisch gegen die *Allgemeine Zeitung* und attackiert Marx als Betrüger der Arbeiter und Anführer einer »Schwefelbande«, der in London einen aristokratischen Lebensstil pflege und oft betrunken sei. Außerdem sei er ein Spion in österreichischen Diensten. Das alles fasst er in einem Buch, *Mein Prozess gegen die Allgemeine Zeitung*, zusammen, das in Deutschland zum Bestseller wird, was Karl Marx fürchterlich aufregt, zumal seine *Kritik der politischen Ökonomie* kaum beachtet worden ist. Er verfasst nun Artikel um Artikel gegen Carl Vogt, den er einen »billigen Cicero«, »humorlosen Falstaff«, »Hanswurst«, »Windbeutel« und »dressierten Hund« nennt, ein Stinktier, das einen »offensiven Geruch« ausströme.[35] Das Ganze bringt er sogar noch als Buch mit dem Titel *Herr Vogt* heraus, für das er in Deutschland jedoch keinen Verleger findet, sodass er es in London auf eigene Kosten drucken lassen muss, finanziell unterstützt von der Gräfin Hatzfeld und Lassalle, der nun doch plötzlich wieder gut genug ist, um ihm helfen zu dürfen, was er bereitwillig tut, obwohl *Herr Vogt* auch Passagen gegen den Londoner Zeitungsbesitzer Joseph Moses Levy enthält, die nur als übler Antisemitismus gewertet werden können:

So will Levy durchaus zur angelsächsischen Race zählen … Aber was nützt es dem Levy … ein Y für ein I zu machen, da Mutter Natur seinen Stammbaum in tollster Frakturschrift ihm mitten ins Gesicht geschrieben hat … Die große Kunst von Levys Nase besteht … darin, mit Faulgeruch zu kosen, ihn auf hundert Meilen herauszuschnüffeln und heranzuziehn. So dient Levys Nase dem »Daily Telegraph« als Elefantenrüssel, Füllhorn, Leuchtturm und Telegraph.

Man kann daher ohne Übertreibung sagen, dass Levy seine Zeitung mit seiner Nase schreibt.[36]

Jenny hat das Buch mit Begeisterung ins Reine geschrieben. Engels hält es für die »beste polemische Schrift«, die Karl Marx je verfasst habe.[37] Doch die deutsche Presse reagiert entweder gar nicht oder befremdet. Marx bekommt Zahnschmerzen, muss sich von einem »Juden«, Dr. Gabriel, behandeln lassen. Glaubt aber, dass der Schmerz seine »Abstraktionskraft« beflügelt habe,[38] und nimmt unter all diesem Weh und Ach überrascht zur Kenntnis, dass seine Frau im November 1860 an schwarzen Pocken erkrankt.

Schwarze Pocken

Es ist, neben Pest und Cholera die am meisten gefürchtete Seuche dieser Zeit, fordert allein in Europa etwa 400 000 Todesopfer im Jahr und entstellt die Überlebenden für den Rest ihres Lebens. Marx ist sich über die Art von Jennys Krankheit zunächst nicht im Klaren, hält sie für Schwäche und Nervenfieber. Doch Ende November 1860 schreibt er an Engels: »Was meine Frau hat, sind – small pox, und zwar sehr bösartig … Sollte Lenchen angesteckt werden, so schicke ich sie gleich ins Spital. Ich selbst habe Krankenwärterdienste … bis jetzt getan … Meine Frau befand sich seit vielen Wochen in einem außerordentlich nervösen Zustand, da wir viele troubles hatten, und so hatte sie mehr Empfänglichkeit, in einem Omnibus, Laden oder dgl. das Gift to catch.«[39]

Die Kinder werden bei den Liebknechts untergebracht, die aus einer düsteren Mietwohnung in Soho in ein Häuschen nach Roxburgh Terrace gezogen sind, ganz in der Nähe der neuen Wohnung der Marxens. Zwar pflegen Marx und Engels Wilhelm Liebknecht gern als »Vieh«, »Rindvieh« oder »Esel« zu bezeichnen, wahrscheinlich, weil er manchmal gesagt hat, ihre politischen Arbeiten seien ihm zu theoretisch, aber als Pflegevater für die drei Mädchen ist er ihnen gut genug. Sechs Wochen leben Tussy, Laura und Jenny in seinem Haus. Ernestine, seine Frau, ist selber erst sechsundzwanzig und hat eine dreijährige Tochter,

Alice Gertrud. Ihr Sohn Richard, Tussys »Baby«, ist 1857 an »Stimmband-ritzenentzündung«, wahrscheinlich Diphtherie, gestorben.

Tussy fällt es nicht schwer, sich bei den Liebknechts einzugewöhnen. Sie passt sich überall an, findet überall Freunde. Liebknecht und seine Frau mögen sie. Und Alice Gertrud ist begeistert von der neuen Spiel-kameradin. Aber manchmal läuft Tussy fort zu dem Haus, in dem ihre Eltern wohnen, setzt sich vor die Tür oder versucht, einen Blick ins Erd-geschoss zu werfen, wo die Mutter bei geöffnetem Fenster im Bett liegt. Wenn sie den Vater zufällig vorbeigehen sieht, hebt sie die Hand und ruft »Hello, old boy!«.[40]

Es wird Weihnachten, bis Jenny geheilt ist und die Mädchen wieder nach Hause zurückkehren dürfen. Alle drei brechen beim Anblick der Mutter in Tränen aus. Die einst schöne, elegante Frau mit der weißen Alabasterhaut und den grünen Augen ist von dunkelroten Narben ent-stellt, geht nicht mehr aus, empfängt kaum noch Besuch, schreibt aber dafür umso längere Briefe, vor allem an »Herrn« Friedrich Engels, dem sie berichtet, dass sich die Mädchen in ihrem »Exil« musterhaft betragen hätten. Finanziell stehe man aber wieder einmal vor dem Nichts und wisse nicht weiter.

Zurück nach Preußen?

Mit dem Jahr 1861 scheint sich das Schicksal der Marxens zu wenden. König Wilhelm I. von Preußen, seit Januar auf dem Thron, hat Amnes-tie für alle politischen Flüchtlinge angekündigt, vermutlich auf Betrei-ben seiner Frau, Augusta von Sachsen-Weimar, die eine relativ libera-le Haltung einnimmt. Liebknecht denkt schon an eine Rückkehr nach Deutschland, um »vor Ort« besser für die Arbeiterbewegung wirken zu können, und auch Marx kann nun endlich den lange aufgeschobenen Besuch bei der Mutter in Trier machen und um einen Vorschuss auf sein Erbe bitten. Doch zur Sicherheit reist er mit falschem Pass unter dem Namen »Bühring«. Zunächst nach Holland, wo er Lion Philips, die jü-dische »Schellfischseele«, besuchen will, wie Jenny ihn einmal voller Hass genannt hat.

Philips, der Mann von Marx' Tante Sophie, ist 1826 zum Christentum konvertiert, wird aber sein Leben lang von seinen »jüdischen Stammesgenossen« und vom »jüdischen Volk« sprechen, als dessen Angehöriger er sich trotz seines Übertritts fühlt. Er hat neun Kinder, darunter Nanette, eine hübsche junge Frau, schwarzhaarig, dunkeläugig, exotisch, zum Zeitpunkt von Marx' Besuch vierundzwanzig Jahre alt und noch unverheiratet. Sie droht in Zaltbommel, einem holländischen Provinznest, zu verkümmern und ist sehr empfänglich für die Avancen ihres spannenden Cousins, der ihr heftig den Hof macht, am Ufer der Waal mit ihr entlangspaziert und ihr von seiner weiteren Reise lange Briefe schreiben wird.

Meine holde kleine Cousine, ich hoffe, Du hast den Brief bekommen, den ich Dir aus Berlin gesandt habe, obgleich Du grausam genug warst, Deinen Bewunderer ohne ein einziges Wort der Bestätigung zu lassen. Nun, meine grausame kleine Hexe, wie willst Du solch ein Verhalten rechtfertigen?[41]

Jenny dagegen bekommt nur selten Post von ihm. Sie weiß manchmal gar nicht, wo er ist, fürchtet, er säße in einem preußischen Gefängnis. Ganz allein muss sie sich um Helene Demuth kümmern, die nun ebenfalls schwer erkrankt ist – nicht an schwarzen Pocken, sondern an Diphtherie, wie es neuerdings heißt –[42] und auf beängstigende Weise singt, weint und tobt. »Wir haben alle recht sorgenvolle Tage und Nächte durchgemacht, und ich habe doppelte Sorge, da ich auch nicht recht weiß, wie es Karl geht, ob er in Berlin oder wo er ist. Ich habe heute wieder keinen Brief«, schreibt Jenny an Engels.[43]

Auch Tussy, inzwischen sechs Jahre alt, hört monatelang nichts von ihrem »Dada«, bekommt keinen Brief, keine Postkarte, denn Marx will auf keinen Fall zu erkennen geben, dass er bei seiner schönen Cousine in Holland ist, anstatt sich um seine Erbschaft zu kümmern. Als er sich endlich entschließt, nach Berlin weiterzureisen, macht er Station bei der Mutter in Trier. Die Begegnung verläuft freundlich. Dieselbe Frau, die Karl Marx jahrelang nur verächtlich »die Alte« genannt hat, habe ihn durch ihren »sehr feinen esprit« und ihre »unerschütterliche Charaktergleichheit« tief beeindruckt, schreibt er an Lassalle.[44] Zum Dank

Karl Marx 1861

für das Erscheinen ihres »verlorenen Sohnes« zerreißt sie einige seiner alten Schuldscheine. Bares Geld gibt sie ihm allerdings nicht.

Lassalle und dessen Lebensgefährtin, die Gräfin Sophie von Hatzfeld, haben ihre Verstimmung über das Buch *Zur Kritik der politischen Ökonomie* wieder vergessen und brennen schon darauf, Marx in Berlin fürstlich zu empfangen. Lassalle geht mit ihm in die Oper, in die Komödie, mietet eine Loge neben der des Königs von Preußen, gibt große Essen. Die Herausgabe einer politischen Zeitschrift wird geplant. Marx, Engels und Lassalle sollen Chefredakteure werden. Die Gräfin will das Vorhaben finanzieren. Trotz vieler Bedenken gegen das »abscheuliche Berlin«[45] und die Unmengen von Polizisten und Soldaten auf dessen Straßen denkt Marx schon an die Übersiedlung seiner Familie in die preußische Hauptstadt. Der gelernte Jurist Lassalle will sich, obwohl selbst ständig auf Kriegsfuß mit der Justiz stehend, für seine Wiedereinbürgerung in Preußen einsetzen und spricht persönlich beim Polizeipräsidenten vor, versehen mit einer Vollmacht von Marx:

> Ich bevollmächtige hierdurch Herrn Ferdinand Lassalle in Berlin … wegen Anerkennung der mir durch Königliche Amnestie vom 12. Januar d. J. zurückgegebenen Eigenschaft als Preuße, resp. eventueller Erteilung einer neuen Naturalisation und Domizilierung zu Berlin, meine Rechte geltend zu machen, Anträge zu stellen, Rekurse und Beschwerden an das Königliche Preußische Ministerium sowie den Deutschen Bundestag einzureichen und jedes mir zustehende Recht in dem mir selbst zustehenden Umfang wahrzunehmen.[46]

All das geschieht ohne Wissen von Jenny, die erst durch die Presse erfährt, was Marx vorhat. »Was nun die Gerüchte der Zeitungen betrifft, so sind sie … alle falsch«, schreibt sie in höchster Aufregung an Engels, »und Karl hat nicht im Entferntesten an Niederlassen und Übersiedeln der Familie nach Berlin gedacht.« Doch schon im nächsten Satz äußert sie heftige Zweifel an ihrem Mann, dessen Motive ihr völlig unklar sind:

Ich begreife das nicht recht und weiß nicht, weshalb Karl so eilt, wieder ein
königlich-preußischer »Untertan« zu werden. Ich wäre noch lieber ein »lose
Jroschen« … geblieben … Ich selbst habe wenig Sehnsucht nach dem Vater-
land, dem »teuren«, dem lieben treuen Deutschland, dieser mater dolorosa
der Poeten, und die Mädchen gar! Der Gedanke, das Land ihres Shakespeare
zu verlassen, ist ihnen schrecklich; sie sind durch und durch Engländer
geworden, und hängen wie die Kletten am englischen Boden.[47]

Zum letzten Mal Lassalle

Jenny hat den Verdacht, dass »das Itzigelchen« – Lassalle also – dahin-
tersteckt, dass er auf eine sensationelle Zeitungsgründung spekuliert
und ihren Karl als Handlanger dazu benutzen möchte.[48] Kurz entschlossen schreibt sie dem »Itzigelchen« selbst, sie habe Bedenken, nach
Preußen zurückzukehren, weil sie durch ihre Pockennarben »so häss-
lich geworden und so entstellt« sei. Alle alten Freunde würden vor ihr er-
schrecken![49] Auch bringe sie es nicht fertig, »vier Kinder in kalter fremder Erde« zurückzulassen, darunter »das Liebste«, das sie auf der Welt je
gehabt habe, ihren »lieben, einzigen Edgar«. – Das sei »ein Schmerz, der
nie heilt, nie vernarbt – da ist Wunde und Narbe unheilbar.«[50]

Doch Marx' Pläne zerschlagen sich wieder. Für die Zeitung findet
sich kein deutscher Verleger, und der Antrag auf Wiedereinbürgerung
wird abgelehnt: Karl Marx sei schließlich nicht ausgebürgert worden,
sondern habe seine Staatsbürgerschaft 1845 freiwillig aufgegeben und
sei darum auch weiter als Ausländer zu betrachten.[51] Nach letzten Zwi-
schenstationen bei seiner Mutter und Nanette Philips kehrt er nach
London zurück, mit hundertsechzig Pfund von Onkel Philips und einer Schachtel voll zerrissener Schuldscheine seiner Mutter im Gepäck,
sodass die Reise also doch nicht umsonst gewesen ist. Er ist vier Monate fort gewesen. Tussy kann das Glück, ihren »Dada« wiederzuhaben,
kaum fassen.

»Das war ein Jubel, als der Mohr am verflossenen Montag plötzlich
und unerwartet bei uns einsprang«, schreibt Jenny an Lassalle. »Bis spät

in die Nacht hinein wurde geplaudert und ausgekramt und besehen und gejubelt, gelacht, geherzt und geküsst. Mir ist besonders wohl, die interimistischen Zügel der Herrschaft wieder los zu sein und mich von neuem als ›Untertan‹ zu fühlen.«[52]

Lassalle hat sich nicht kleinlich gezeigt und Karl Marx vier elegante Mäntel für die Damen des Hauses mitgegeben, die er im Kaufhaus Gerson am Werderschen Markt in Berlin gekauft hat. Alle passen wie angegossen und sind sehr kleidsam. Jenny kann nicht verbergen, wie sehr sie sich darüber freut. Als sie ihren Mantel anprobiert habe und damit zum ersten Mal durchs Zimmer gegangen sei, habe Tussy ihr nachgerufen: »Just like a peacock!« – »Wie ein Pfau!«[53] Das war keineswegs freundlich gemeint. Denn weibliche Eitelkeit ist ihr zuwider und wird es bleiben.

Sind es die großzügigen Geschenke von »Baron Itzig« oder die sich schnell wieder einstellenden Geldsorgen, die in Jenny den Wunsch wecken, dass Lassalle sie einmal in London besuchen kommen möge, wo er allerdings alles »klein und à la bohème« vorfinden und keinen Rehbraten mit Mayonnaise zu essen bekommen werde wie in Berlin? Wahrscheinlich will Jenny sich nicht nur bei ihm bedanken, sondern ihn auch anpumpen. Es ist Schulgeld für die beiden älteren Mädchen zu bezahlen. Es gibt größere Mietschulden. Wenn der Vermieter kommt, überlässt Marx die Gespräche seiner Frau und versteckt sich in seinem Arbeitszimmer. Immer mehr Möbel müssen ins Pfandhaus gebracht werden. »Meine Frau sagt mir jeden Tag«, schreibt Marx an Engels, »sie wünschte, sie läge mit den Kindern im Grab, und ich kann es ihr wahrlich nicht verdenken, denn die Demütigungen, Qualen und Schrecken … sind in der Tat unbeschreiblich.«[54]

Im Sommer 1862 erfolgt tatsächlich der halb ersehnte, halb gefürchtete Besuch von Lassalle. Er kommt zur zweiten Londoner Weltausstellung, auf der Produkte aus fast allen Bereichen gezeigt werden: moderne Waffen, Kunsthandwerk und »Gegenstände der schönen Künste«. Schon das Ausstellungsgebäude, eine avantgardistische Glas- und Holzkonstruktion, ist ein halbes Weltwunder. Es überragt die Kuppel des Petersdoms um mehrere Meter.

Die Begegnung zwischen Lassalle und den Marxens wird ein Fiasko. Denn Marx, der in Berlin so fürstlich bewirtet worden ist, fühlt sich verpflichtet, seinerseits den generösen Gastgeber zu spielen, lässt teure Speisen und Getränke auffahren, die er sich gerade jetzt gar nicht leisten kann, opfert Zeit, um Lassalle zu weiten Sightseeing-Touren zu begleiten, macht gute Miene zum bösen Spiel, als der Gast sagt, es sei doch vielleicht eine Entlastung für die Familie, wenn eine der beiden älteren Töchter ihm nach Berlin folge, um Gesellschafterin der Gräfin Hatzfeld zu werden? Marx und seine Frau fühlen sich abgestoßen von seiner Lautstärke, seinem Gestikulieren, seinem Temperament, das ihnen wie das eines »Niggers« vorkommt. Und scheuen sich trotzdem nicht, ihn um fünfzehn Pfund anzupumpen, als wieder einmal Gläubiger vor der Tür stehen, die von Marx Geld fordern, und zwar sofort. Eine unsägliche Blamage. Lassalle gibt das Geld, verlangt allerdings eine Bürgschaft von Engels, die Marx einzuholen verspricht, was er aber vergisst, wahrscheinlich, weil er Engels nicht verraten will, dass er sich wieder einmal Geld leihen musste, ausgerechnet vom »jiddischen Nigger«.

Als Lassalle am 4. August 1862 abreist, ist Marx so wütend auf ihn wie nie zuvor. In einem Brief an Engels stellt er seltsame Überlegungen über die ethnische Herkunft des Gastes an:

Es ist mir jetzt völlig klar, dass er, wie auch seine Kopfbildung und sein Haarwuchs beweist, – von den Negern abstammt, die sich dem Zug des Moses aus Ägypten anschlossen (wenn nicht seine Mutter oder Großmutter von väterlicher Seite sich mit einem Nigger kreuzten). Nun, diese Verbindung von Judentum und Germanentum mit der negerhaften Grundsubstanz müssen ein sonderbares Produkt hervorbringen. Die Zudringlichkeit des Burschen ist auch niggerhaft.[55]

Das gepumpte Geld wird Marx nie an Lassalle zurückzahlen. Es war ja nur eine Kleinigkeit, fünfzehn Pfund. Warum großes Aufhebens darum machen? Schließlich hat Lassalle in London damit geprahlt, täglich mehr als ein Pfund nur für Kutschfahrten und Zigarren auszugeben. Doch Marx vergisst, dass die fünfzehn Pfund nicht die erste Leihgabe gewesen sind. Dass Lassalle immer wieder geholfen hat, ob mit Reisegeld oder Druckkostenzuschüssen. Jetzt ist seine Geduld am Ende. Er will seine fünfzehn Pfund wiederhaben, fühlt sich von Marx ausgebeutet und missachtet. In den wenigen noch folgenden Briefen verschärft sich der Dialog immer mehr, bis er schließlich abbricht.

Am 28. August 1864 liefert sich Lassalle in einer Vorstadt von Genf ein Duell mit einem rumänischen Fürsten namens Janko von Rakowitz, dem Verlobten einer neuen Angebeteten, Helene von Dönniges, die er unbedingt heiraten will, ohne an eine Trennung von der Gräfin Hatzfeld zu denken. War es ein bewusst inszeniertes Ende? Ein Suizidversuch? Augenzeugen berichten, er habe nicht einmal seine Pistole gehoben, sondern nur melancholisch gelächelt, als sein Gegner ihm direkt auf den Bauch zielte. Drei Tage später ist er tot. Er ist nur 39 Jahre alt geworden.

Marx reagiert schockiert, ja empört: Es sei schwer zu glauben, dass ein »so geräuschvoller Mensch« plötzlich »mausetot« sei und »das Maul halten« müsse, schreibt er an Engels. Das Duell sei nichts weiter als »eine der vielen Taktlosigkeiten, die er in seinem Leben begangen« habe.[56] Marx kommt in der Folgezeit immer wieder auf Lassalle zu sprechen und wird dabei manchmal recht ordinär. So etwa, wenn er rekapituliert, Lassalle habe den Fehler gemacht, Helene von Dönniges nicht sofort aufs Bett geworfen und »gehörig hergenommen« zu haben, denn sie sei sicher nicht an »seinem schönen Geist, sondern [an] seinem jüdischen Riemen« interessiert gewesen.[57]

Das Kapitel »Marx und Lassalle« wird Tochter Tussy / Eleanor später noch großen Kummer bereiten. Aber auch der Marx-Forschung, die bis heute ihre Probleme damit hat. Denn beide gelten als Begründer der Sozialdemokratie, als Brüder im Geiste, als visionäre, einander ebenbürtige Denker. »Marx und Lassalle – das hätte das Traumpaar der deutschen Linken werden können«, schreibt der Marx-Biograph Jürgen Neffe.[58] Doch sie wurden es nicht. Sie bekämpften einander bis aufs Blut, wobei die Hauptaggression eindeutig von Marx ausging. Konkurrenz, Neid und Eifersucht haben dabei eine große Rolle gespielt. Aber auch die Tatsache, dass sie beide Juden waren und auf höchst unterschiedliche Art damit umgingen. Doch war da wirklich nur Kampf, Hass und Selbsthass? Oder nicht auch ein Stück uneingestandener Liebe, Sympathie und Geistesverwandtschaft? Niemand habe das »Große und Bedeutende« an Lassalle besser erkannt als er, schreibt Marx in sei-

Ferdinand Lassalle

nem Kondolenzbrief an die Gräfin Hatzfeld. »Ich habe ihm stets meine
wärmste Anerkennung über seine Leistungen ausgesprochen, auf der
andern stets rückhaltlos meine kritischen Bedenken … mitgeteilt …
Aber von aller Leistungsfähigkeit abgesehen, liebte ich ihn persönlich.
Das Schlimme ist, dass wir es uns wechselseitig immer verhehlten, als
sollten wir ewig leben.«[59]

Der amerikanische Bürgerkrieg

Das beherrschende Thema des Jahres 1861 ist der amerikanische Bürgerkrieg, der im April zwischen den Süd- und den Nordstaaten ausbricht und mehr Todesopfer fordern wird als jeder andere Krieg, den das Land bisher erlebt hat. Im Prinzip geht es um die »Sklaverei«, die in einigen Bundesstaaten erlaubt ist, in anderen nicht. – Die Frage, ob auch »Schwarze« Menschen seien, die der »Weiße« respektieren müsse, entzweit schon seit Jahren die Nord- und die Südstaaten, wobei nicht nur »Menschlichkeit«, sondern auch »Macht« eine Rolle spielt. Denn je mehr Sklaven ein Staat hat, umso mehr Abgeordnete darf er in das Repräsentantenhaus schicken. Drei Monate, nachdem Abraham Lincoln, der für eine Abschaffung der Sklaverei eintritt, zum Präsidenten gewählt worden ist, sind bereits sechs Südstaaten aus der Union ausgetreten. Fünf weitere folgen kurze Zeit später, darunter Texas, Virginia und Tennessee. Es handelt sich um die typischen »Sklavenhalterstaaten«, in denen der Anbau von Erdnüssen, Zuckerrohr, Tabak und Baumwolle eine zentrale Rolle spielt, Arbeiten, die fast nur von Schwarzen getan werden. In South-Carolina machen sie vier Siebtel der Bevölkerung aus, also die große Mehrheit, der eine kleine Elite von weißen Plantagenbesitzern gegenübersteht. Die 1811 in Connecticut geborene Schriftstellerin Harriet Beecher-Stowe hat in ihrem 1852 erschienenen Roman *Onkel Toms Hütte* bittere Anklage gegen diese Verhältnisse erhoben. Auch Karl Marx liest dieses Buch und diskutiert es mit seinen drei Töchtern. Er nimmt in verschiedenen Artikeln immer wieder zum Bürgerkrieg Stellung, dessen Ursachen und Hintergründe er genau analysiert. Im November 1861 schreibt er:

> Wenn Nord und Süd zwei selbständige Länder bildeten, wie etwa England und Hannover, so wäre ihre Trennung nicht schwieriger, als die Trennung von England und Hannover war. »Der Süden« jedoch ist weder ein geographisch vom Norden fest geschiedenes Gebiet, noch eine moralische Einheit. Er ist überhaupt kein Land, sondern eine Schlachtparole … Der gegenwärtige Kampf zwischen

Süd und Nord ist also nichts als ein Kampf zweier sozialer Systeme, des Systems der Sklaverei und der freien Arbeit. Weil beide Systeme nicht länger friedlich auf dem nordamerikanischen Kontinent nebeneinander hausen können, ist der Kampf ausgebrochen. Er kann nur beendet werden durch den Sieg des einen oder des anderen Systems.[60]

Auch Tussy, die Sechsjährige, ist voller Leidenschaft, voller Feuer. Sie möchte die Sklaven befreien, sich einschiffen, mitkämpfen. Aber da das leider vorerst noch nicht möglich ist, schreibt sie in krakliger Schrift Briefe an Abraham Lincoln, der, so ihre unerschütterliche Überzeugung, unmöglich ohne ihren Rat auskommen könne. Natürlich schickt Marx diese Briefe nicht ab. Aber er hebt sie auf. Später werden sie zusammen darüber lachen.

Auch mit Lion Philips in Holland, den sie noch nie in ihrem Leben gesehen hat, führt sie ernsthafte politische Diskussionen. Am 21. Juni 1864 schreibt sie ihm:

»Mein lieber Onkel, es war sehr freundlich von dir, mir deine Visitenkarte zu schicken. Als Schachspielerin werde ich immer besser. Ich gewinne fast immer und dann ist Papa sehr ärgerlich. Was denkst du über die Angelegenheiten in Amerika? Ich glaube, die Föderalen sind sicher, und obwohl die Konföderierten sie manchmal zurückdrängen, werden sie am Ende siegen.«[61]

Tussy wird mit ihren Prognosen recht behalten. Der amerikanische Bürgerkrieg dauert vier Jahre und endet 1865 mit der Kapitulation des Südens. Über sechshunderttausend Menschen sind getötet, ganze Städte und Landstriche verwüstet worden. Es gibt von nun an offiziell keine »Sklaven« mehr. Doch der Traum von der Gleichbehandlung der Schwarzen in Amerika ist damit noch längst nicht erfüllt worden.

Zu frei erzogen?

Tussys Briefe sind in fast einwandfreier englischer Orthographie geschrieben, kleine Meisterwerke für ein Kind, das noch nie auf einer Schule gewesen ist. Nicht etwa, weil Marx sie nicht hätte hinschicken *wollen*, sondern weil es noch keine öffentlichen Schulen, nicht einmal die allgemeine *Schulpflicht* für Mädchen gibt, nur private »Ladies' Seminaries« oder »Young Ladies' Schools«, wie sie auch Laura und Jenny besuchen. Doch was lernen sie dort? Ein bisschen Handarbeit, ein bisschen gutes Benehmen, ein bisschen Literatur, ein bisschen Mathematik, Geschichte und Erdkunde. Französisch, Kunst und Musik werden nur nebenbei unterrichtet und sind gesondert zu bezahlen.

Kein Wunder, dass Marx nach diesen Erfahrungen keine Lust hat, auch Tussy auf eine solche »Schule« zu schicken, sondern ihren Unterricht lieber selbst übernimmt. In einem Aufsatz über die »Englische Bourgeoisie« kritisiert er, die jungen Engländerinnen würden zwar »oberflächlich mit einigen ›Fertigkeiten‹ ausgestattet«, von einer »wirklichen Bildung des Geistes« könne aber keine Rede sein.[62] Dazu kommt, dass er schon lange ein entschiedener Gegner jeder geregelten »Erziehung« ist. Bereits 1842 wandte er sich gegen alle »Erziehungs- und Bevormundungstheorie«, ganz gleich, ob sie nun in Kindergärten an Kindern oder vom Staat am Volk praktiziert werde.[63] Alles, was sich entwickle, sei unvollkommen. Die Entwicklung des Individuums ende genau genommen mit dessen Tod. »Also bestünde die wahre Konsequenz darin, den Menschen totzuschlagen, um ihn aus diesem Zustande der Unvollkommenheit zu erlösen«, lautet seine verblüffende Konsequenz. Besonders in Preußen sei es das Ziel jeder »wahren Erziehung«, »den Menschen sein ganzes Leben durch in der Wiege eingewickelt zu halten«. Das aber sei wider die Natur. Denn »sobald der Mensch gehen« lerne, müsse er auch Fallen lernen, denn nur durch Fallen lerne er gehen.[64]

So weit es geht, setzt er diese Grundsätze bei seinen Töchtern Jenny, Laura und Eleanor in die Tat um, zum großen Erstaunen vieler Besucher aus Deutschland, die drei sehr ungewöhnliche Kinder bzw. junge

Damen vorfinden: Sie sagen frei heraus ihre Meinung, diskutieren bei Tisch heftig mit, äußern sich freimütig zu religiösen, moralischen und politischen Fragen, was vielen Gästen verwunderlich oder gar anstößig scheint, allerdings nur im ersten Moment. »Einige Äußerungen beleidigten mein christliches Herz«, schreibt die Düsseldorfer Journalistin Betty Lucas. Doch nach längerem Aufenthalt sei sie ganz begeistert von den Mädchen gewesen, von »ihrer Verehrung für ihre Eltern« und ihrer »Bescheidenheit und Sittlichkeit«. Den Schulunterricht hätten sie »nach Willen besuchen können oder nicht« und ihre Zeit »zwanglos ... Lernen und Leben in frischer Luft bei sorgsam gewählter Nahrung« aufgeteilt.[65]

Der Eindruck von Betty Lucas ist sicher nicht ganz realistisch gewesen, denn weder lebten die Kinder ständig »in frischer Luft«, noch war ihre Nahrung »sorgsam gewählt«, da es dazu am nötigen Geld fehlte. Richtig ist, dass ihre Erziehung stark vom gängigen Ideal abwich, ob vom viktorianischen oder preußischen, was Mutter Jenny manchmal mit großer Sorge erfüllte. An Ernestine Liebknecht schrieb sie 1863:

Die Mädchen sind in Ideen und Ansichten aufgebracht, die eine vollständige Scheidewand für die Gesellschaft ... bilden, und andererseits sind sie wieder äußerlich nicht unabhängig, um auf diesen ... Ansichten durchdringen zu können. Wären sie reich, so könnten sie auch ohne »Taufe, Kirche und Religion« durchkommen, so aber werden sie ... noch schwere Kämpfe durchzumachen haben, und ich denke oft, dass, wenn man seinen Kindern kein Vermögen und keine vollständige Unabhängigkeit von Anderen bieten kann, man kaum recht tut, sie in so schroffer Opposition mit der Welt aufzubringen.[66]

Der Tod zweier Mädchen

Trotz aller finanziellen Sorgen hat Jenny Marx bald nach dem Einzug in Grafton Terrace ein zweites Hausmädchen, Marianne Creutz aus St. Wendel, die jüngere Halbschwester von Helene Demuth, eingestellt, die bei der Führung des großen Haushalts mithelfen soll. Sie stammt wie Helene aus bäuerlichen Verhältnissen, versteht kein Englisch, kann kaum lesen und schreiben, leidet unter dem Dauerregen, unter dem Londoner Smog, bekommt Heimweh. Gerüchte besagen, dass Karl Marx versucht habe, sie zu »trösten«, als der Rest der Familie in Ramsgate gewesen sei – vom 19. August bis zum 20. Oktober 1862. Dabei sei sie ungewollt schwanger geworden. Und da ein zweiter »Fall Frederick« keinesfalls habe sein dürfen, sei sie zu einer Abtreibung geschickt worden, nach der sie schwer erkrankt sei, an einer Sepsis wahrscheinlich. »Vermutlich Fantasiegeschichten, die sich nur auf wacklige Indizien stützen«, meint der Marx-Biograph Jürgen Neffe. »Aber auszuschließen? Nein.«[67]

Als sie wenige Tage vor Weihnachten 1862 stirbt, schreibt der Arzt »Herzversagen« in den Totenschein.

Jenny, die nach dem Sommerurlaub in Paris gewesen ist, um sich dort Geld zu leihen, findet bei ihrer Rückkehr drei verstörte Töchter vor: die beiden Älteren bleich und stumm, Tussy bitterlich weinend. »Man musste dem heiteren, harmlosen, dem guten braven Wesen gut sein«, schreibt Jenny an Ernestine Liebknecht. »Am Weihnachtsabend ward sie in den dunklen Sarg gebettet und am Sonnabend darauf von Lenchen, Karl und den lieben Mädchen auf ihrem letzten Gange hinaus … begleitet. In stiller Trauer und Wehmut begingen wir die Festtage … das ganze Haus war still und traurig.«[68] – »Ein schöner Christspektakel für die armen Kinder«, fügt der stark mitgenommene Marx hinzu.[69]

»Die kleine Marianne« wird im Hause Marx nicht vergessen. Noch anderthalb Jahre später denkt Jenny voller Trauer an sie. Trotzdem berührt es merkwürdig, wie leichtfertig man mit der »Krankheit« eines »Dienstmädchens« umging, wie wenig man tat, um das Leben einer jungen Frau zu retten, die bei ihrem Tod gerade einmal siebenundzwanzig Jahre alt war. Bei aller Sympathie blieb sie eben ein »Dienstmädchen«, das vermutlich nur gegen Kost und Logis gearbeitet hatte und um das sich allzu großes Aufhebens nicht lohnte.

Wenig später, am 6. Januar 1863, ein ähnlicher Fall. Völlig unerwartet stirbt Mary Burns, die Lebensgefährtin von Friedrich Engels, die erst einundvierzigjährige Irin, die zwanzig Jahre lang mit ihm zusammengelebt hat, denn Engels ist ein strikter Gegner der Institution »Ehe« und vertritt privat wie in seinen Schriften den Standpunkt, dass »Liebe« eine freiwillige Angelegenheit sei. Mary war eine einfache Arbeiterin, ein lebenslustiges »Fabrikmädchen«, das vermutlich ebenfalls weder lesen noch schreiben konnte. In den ersten Jahren ihrer Beziehung hat Engels manchmal Affären mit anderen Frauen gehabt. Später ist seine Liebe zu Mary immer tiefer geworden. Wahrscheinlich war *sie* es, die ihn für die »irische Frage« begeistert, ihn zu ihren Landsleuten in die Slums von Manchester geführt hat, wo er Vorstudien für sein Buch über die *Lage der arbeitenden Klasse in England* machen konnte:

> *Gebt mir zweimalhunderttausend Irländer, und ich werfe die ganze britische Monarchie über den Haufen. Der Irländer ist ein sorgloses, heiteres, kartoffelessendes Naturkind. Von der Heide, auf der er unter einem schlechten Dach, bei dünnem Tee und schmaler Kost herangewachsen ist, wird er in unsere Zivilisation hineingerissen. Der Hunger treibt ihn nach England. In dem mechanischen, egoistischen, eisig-kalten Getriebe der englischen Fabrikstädte erwachsen seine Leidenschaften.*[70]

Zwischen Mary und Jenny bestand eisige Feindschaft. Jenny verachtete die einfache Arbeiterfrau und missbilligte die Tatsache, dass sie mit Engels in »wilder Ehe« lebte. Nie wurde Engels *mit* Mary zu den Marxens eingeladen. Selbst bei politischen Veranstaltungen hielten sie sich von ihr fern und gingen, wenn möglich, in andere Räume.[71]

Nun ist sie tot. Der ansonsten nicht eben sentimentale Engels ist verzweifelt und sucht Trost bei seinem alten Freund Marx: Sie sei in der Wohnung ihrer Schwester Lizzy gestorben. Ganz plötzlich, ohne jede Vorankündigung, wahrscheinlich an »Herzleiden oder Schlagfluss«. »Ich kann Dir nicht sagen, wie mir zumute ist. Das arme Mädchen hat mich mit ihrem ganzen Herzen geliebt.«[72]

Marx reagiert, wie man es von ihm kennt: burschikos, ruppig und lapidar. »Sie war sehr gutmütig, witzig und hing fest an Dir«, stellt er sachlich fest.[73] Wahrscheinlich meint er, dass Mary ihren Tod selbst verschuldet hätte. Denn in seiner Familie hielt man sie für eine notorische Trinkerin.[74] Nach dieser sehr kühlen Beileidsbekundung geht er wieder zu seinen eigenen Problemen über, schildert seine katastrophale

Finanzlage und seine Vereinsamung in einer angeblich unglücklichen Ehe: Er habe keinen einzigen wirklichen Freund in London und spiele den Schweigsamen, wenn Jenny mit ihren »Ausbrüchen« anfange. Worauf Engels, diesmal ehrlich erbittert, entgegen seiner Gewohnheit fünf Tage wartet, bevor er zurückschreibt:

Du wirst es in der Ordnung finden, dass diesmal mein eignes Pech und Deine frostige Auffassung desselben es mir positiv unmöglich machten, Dir früher zu antworten. Alle meine Freunde, einschließlich Philisterbekannte, haben mir bei dieser Gelegenheit, die mir wahrhaftig nahe genug gehen musste, mehr Teilnahme und Freundschaft erwiesen, als ich erwarten konnte. Du fandest den Moment passend, die Überlegenheit Deiner kühlen Denkungsart geltend zu machen. Soit![75]

Marx spürt zwar, dass er diesmal zu weit gegangen ist, dass er den Freund mit seiner Teilnahmslosigkeit tief verletzt hat. Doch anstatt sich zu entschuldigen, schiebt er die Schuld auf die desparaten Umstände, vor allem auf Jenny, die ihn mit ihrem ewigen Jammern zum Wahnsinn treibe: Der Gerichtsvollzieher sei gerade da gewesen, als Engels' Brief eingetroffen sei. Ebenso der Landlord, der Vermieter also, das Haus wieder einmal unbeheizt gewesen, Tochter Jenny krank, dabei fast nichts zu essen, da die Metzgerrechnungen nicht bezahlt worden seien. Er habe nun seine Frau endlich davon überzeugt, dass es das Beste sei, sich für bankrott zu erklären und die beiden Ältesten als Gouvernanten arbeiten zu lassen, Lenchen aber auf die Straße oder in eine andere Stellung zu schicken. Er selbst wolle mit Tussy und Jenny in ein »City Model Lodging House«, eine billige Absteige, wenn nicht gar in ein Armenhaus ziehen.[76]

Nun lässt sich Engels natürlich erweichen. Das darf er nicht zulassen. Karl Marx im Armenhaus? Lenchen ohne Obdach? Unmöglich! Er versorgt Marx wieder mit Geld und ist froh, außer Mary nicht auch noch seinen besten Freund verloren zu haben. Übrigens beschuldigt Marx seine Frau ganz zu Unrecht, dass sie ihm ständig Vorwürfe mache. Denn sie schreibt um dieselbe Zeit durchaus zufrieden an deutsche Freundinnen, sie hätten in London »einigen Kredit«, wohnten in einem billigen, kleinen Haus und lebten insgesamt sehr viel günstiger als in Deutschland.[77]

Ein einsamer, trostloser Winter

Am 30. November 1863 stirbt Tussys Großmutter Henriette Marx im Alter von fünfundsiebzig Jahren. Niemand im Hause Marx ist sonderlich traurig darüber, weder Karl noch Jenny. Jenny schreibt später an Ernestine Liebknecht, es sei Heuchelei, wenn sie behaupten würde, dass sie »sentimental« auf die Nachricht reagiert habe.[78] Marx reist sofort nach Trier, um sein Erbe in Empfang zu nehmen, allerdings ohne seiner Frau genügend Haushaltsgeld zu geben, sodass sie mit Lenchen und den Kindern buchstäblich im Dunklen sitzt, während es draußen immer kälter und stürmischer wird.

»Es war eine schreckliche Zeit, dieser einsame, trostlose Winter«, schreibt Jenny in ihren Erinnerungen.[79] Engels gegenüber spricht sie von einem »sehr stillen, einsamen und freudarmen Fest«,[80] was wohl heißen soll: kein Weihnachtsbaum, keine Feier, keine Geschenke.

Marx ist wieder nach Zaltbommel zu Nanette Philips gefahren, deren Vater einer der Testamentsvollstrecker seiner Mutter ist. Die Sache hätte sich in ein paar Tagen erledigen lassen, doch Marx bleibt über Weihnachten bei den Philips, wenn auch erkrankt an seiner alten, diesmal gar nicht so lästigen Furunkulose. »Mein Onkel, der ein famoser alter boy ist, legt mir selbst Pflaster und Kataplasmen auf, und meine liebenswürdige, witzige und mit gefährlichen schwarzen Augen versehene Cousine pflegt und hegt mich aufs beste«, schreibt er an Engels.[81]

Jenny nennt ihn zwar immer noch ihren »Herzens-Karl«, macht ihm aber auch bittere Vorwürfe und stellt klar, dass sie ihm die Sache mit der Furunkulose nicht abnimmt. Ob er in »Bummelland« vielleicht eingefroren oder eingeschneit sei? Sogar der Arzt habe Zweifel an seiner Krankheit, er habe doch große Mengen von Eisen geschluckt und sei zu Hause bestens gepflegt worden. Tussy könne übrigens seine Rückkehr kaum erwarten und behaupte täglich, »heute kommt mein Dada«.

Sie versuche trotz allem, die Feiertage zu genießen, und da sie »kein Bäumchen« habe, hätten die Schwestern ihr mehr als zwanzig Puppen in allen möglichen Kostümen gebastelt, darunter ein großer Chinese mit einem langen Zopf, den sie aus Tussys eigenen Haaren geflochten hätten.[82]

Erst drei Monate später, im März 1864, kommt Karl Marx wieder zurück. Die Freude der neunjährigen Tussy soll riesig gewesen sein, wenn seine lange Abwesenheit auch den Grund dafür legte, dass sie später immer wieder in Panik geraten wird, sobald er länger als ein paar Tage verreist ist.

Das neue Zuhause

Durch sein Erbe ist Marx um siebentausend holländische Gulden reicher geworden. Er kann nun wieder einmal umziehen. In ein noch größeres, respektableres Haus: Maitland Park, Modena Villas Nr. 1, nicht weit von Grafton Terrace entfernt, ein Gebäude in der Nachbarschaft von Ärzten und Rechtsanwälten, mit säulengestütztem Portal, einem Wintergarten und einem großzügigen Arbeitszimmer mit Parkblick. Die Miete beträgt allerdings fünfundsechzig Pfund, fast doppelt so viel wie vorher. Wovon das auf Dauer bezahlt werden soll, wird nicht bedacht, denn man hat ja für alle Notfälle Engels, der schon helfen wird.

Jenny ist wie immer schnell zur Versöhnung bereit. Was bleibt ihr auch anderes übrig? Außerdem ist sie wirklich sehr stolz auf das neue Haus, da sie bei allem Geschick, sich widrigen Verhältnissen anzupassen, einen Rest von Standesdünkel niemals ablegen wird.

»Eine breite, elegante Treppe führt, durch einen kleinen Blumengarten hindurch, in das Haus, dessen geräumige, schöne Halle jedem auffällt«, schreibt sie an Ernestine Liebknecht. »Statt das Haus wie früher aufs spärlichste einzurichten, wandten wir diesmal etwas mehr an die Einrichtung und Ausschmückung desselben, sodass wir jetzt ohne Scheu jeden bei uns aufnehmen können.«[83]

Jedes der Mädchen hat sein eigenes Zimmer. Im Garten steht sogar ein Gewächshaus. Mehrere neue Haustiere werden angeschafft, die Hunde Whiskey und Jocko, verschiedene Katzen, Schildkröten und Vögel. Das unerwartete Erbe eines Exilgenossen, der plötzlich gestorben ist,[84] sorgt für weiteres Geld, das die Marxens großzügig ausgeben: für Garderobe, Theater- und Konzertbesuche, Ferien an der See und die Bewirtung von Gästen.[85] Man lädt zu Shakespeare-Abenden und Bällen ein, so etwa zum 21. Geburtstag von Tochter Jenny, wozu ein neuer Gehrock für den Hausherrn genäht wird. Marx wird so übermütig, dass er sogar amerikanische Staatspapiere kauft und damit an die Londoner Börse geht – um den Feinden, den Kapitalisten, zu schaden, schreibt er an Lion Philips.[86]

In diesem Haus wird Tussy die Gründung der Ersten Sozialistischen Internationale erleben, deren prominentester Kopf ihr Vater werden soll. Arbeiterführer aus ganz Europa werden sich hier treffen und diskutieren. Dabei wird es um die Vernichtung der Klassenherrschaft gehen, um Solidarität mit den von Russland unterdrückten Polen und den amerikanischen Nordstaaten, um Abschaffung der Kinderarbeit und bessere Gesundheitsfürsorge für den Arbeiter, vor allem jedoch um die epochemachende Forderung:

»Proletarier aller Länder, vereinigt euch!«

Paul Lafargue

Unter den Gästen ist seit Februar 1865 ein exotisch aussehender junger Mann, der kaum Englisch spricht, ein aus Frankreich angereister Medizinstudent, Mitglied des Generalrates der Internationalen, deren französische Sektion er in London vertritt. Er trägt einen kühn geschwungenen Schnurrbart, hat olivfarbene Haut, einen muskulösen Körperbau und schwarze stark gekräuselte Haare. Alle Frauen sind fasziniert von ihm, sogar die zehnjährige Tussy, die ihn immer wieder ansehen muss: Sieht er nicht aus wie eine Figur von Frederick Marryat oder Harriet Beecher-Stowe, wie eine Mischung aus Indianer, Afrikaner und Spanier? In seinem merkwürdigen Kauderwelsch erzählt er Tussy von der Südsee, von fernen Inseln, von Amerika, liest aus einem Buch mit dem Titel *Lederstrumpf* vor, das von der Freundschaft zwischen einem Weißen und einem Indianer handelt. Der Mississippi, die Adirondack-Mountains, die Winterabende in den Hütten der Eingeborenen, alles das scheint Tussy plötzlich zum Greifen nah, als sei ihr Traum, sich als Junge nach Amerika einzuschiffen, ein Stück näher gerückt.

Der junge Mann heißt Paul Lafargue. Er ist Mitte zwanzig, auf Kuba geboren, hat französische, jüdische, kreolische und indianische Vorfahren. Sein Vater besitzt Weingüter bei Bordeaux, was Karl Marx plötzlich daran erinnert, dass er ja selber aus einer Weingegend stammt, von der Mosel nämlich, wo seine Vorfahren ebenfalls Weinberge hatten. Das schafft Gemeinsamkeiten und macht ihm den Gast sympathisch. Lafargue sei ein »hübscher, intelligenter, energischer und gymnastisch entwickelter Bursche«, schreibt er an Engels.[87] Der nur den Fehler hat: keinen soliden Beruf zu haben. Denn die Sorbonne hat ihn kurz vor dem Doktorexamen wegen seiner Mitgliedschaft in der Internationale exmatrikuliert. Jetzt versucht er, sein Studium in London abzuschließen. Mit welchem Erfolg, steht noch dahin.

Paul Lafargue tobt mit Tussy im Garten herum, baut ihr ein Klettergerüst, hält ihr politische Vorträge. Seine große Liebe aber gilt Laura, ihrer Schwester, die das »Ladies' Seminary« inzwischen verlassen hat und darauf wartet, ihrem Leben einen Sinn zu geben. Sie ist größer als die meisten Mädchen ihres Alters, hat lange blonde sanft gewellte Haare, einen blassen Teint, blaugrüne Augen mit dunklen Brauen und langen Wimpern, eine hübsche Stimme, schreibt Romane, Gedichte und Kurzdramen, die allerdings nur für die Schublade bestimmt sind. Manchmal begleitet sie ihren Vater ins British Museum und hilft ihm, Zeitungen und Dokumente auszuwerten. Doch das ist alles nicht mehr als ein Zeitvertreib. Was liegt näher, als so schnell wie möglich zu heiraten?

Ihr Vater ist strikt dagegen, obwohl er Lafargue eigentlich mag. Er ahnt, dass sich alles, was er in seiner Ehe erlebt hat, wiederholen wird: die vielen Geburten, die drückenden Geldsorgen, die Nachstellungen durch Spitzel, Staatsanwälte und Polizei. »Sie wissen«, schreibt er im August 1866 an den jungen Mann, »dass ich mein ganzes Vermögen dem revolutionären Kampf geopfert habe. Ich bedaure es nicht, im Ge-

Paul Lafargue

genteil. Wenn ich mein Leben noch einmal beginnen müsste, ich täte dasselbe. Nur würde ich nicht heiraten. Soweit es in meiner Macht steht, will ich meine Tochter vor den Klippen bewahren, an denen das Leben ihrer Mutter zerschellt ist.«[88]

Man kann nur hoffen, dass Jenny Marx diese Zeilen nicht gelesen hat. Denn sagen sie im Grunde nicht, dass alles umsonst war, der lange Kampf umeinander, die vielen Schwangerschaften, die politischen Stürme, ihre lebhafte Anteilnahme an seiner Arbeit, die gemeinsame Flucht ins Exil? Sie ist 52, nicht mehr ganz jung also, von Pockennarben gezeichnet, aber geistig hellwach und voll glühenden Interesses für sein Hauptwerk, *Das Kapital*, dessen ersten Band, »Der Produktionsprozess des Kapitals«, er um diese Zeit vollendet, »ein dicker Stapel von tausendeinhundert Seiten in … Kritzelschrift, mit Streichungen und Tin-

Laura Marx mit achtzehn

tenklecksen übersät«.[89] Wie oft hat sie über dieses »unglückselige Buch« gestöhnt, an dem er zwanzig Jahre lang gearbeitet hat, anstatt Geld für die Familie zu verdienen. Doch jetzt, da es fertig ist, kennen ihr Stolz, ihre Bewunderung keine Grenzen mehr.

An Johann Philipp Becker, einen badischen Revolutionär, schreibt sie so begeistert, als ob es sich bei dem Verfasser nicht um ihren Mann, sondern um einen fremden, genialen Autor handle, den sie für seinen politischen Weitblick bewundert:

> Natürlich hat Marx keine spezifischen Heilmittel ... parat, keine Pillen, keine Salben ... um die ... blutenden Wunden unserer Gesellschaft zu heilen; aber es scheint mir, dass er ... die praktischen Resultate ... bis zu den kühnsten Konsequenzen gezogen hat und dass es keine Kleinigkeit war, den erstaunten Philister durch statistische Tatsachen und dialektische Manöver auf die schwingende Höhe folgender Sätze zu bringen: »Die Gewalt ist der Geburtshelfer jeder alten Gesellschaft, die mit einer neuen schwanger geht. Sie ist selbst eine ökonomische Potenz ... Manch Kapital, das heute in den Vereinigten Staaten ohne Geburtsschein auftritt, ist gestern in England kapitalisiertes Kinderblut.[90]

Marx fährt persönlich nach Hamburg, um das Manuskript seinem Verleger, Otto Meissner, zu überreichen. Es wird im September 1867 in einer Auflage von zunächst tausend Stück erscheinen. Doch bei aller Begeisterung über die politische Arbeit ihres Mannes ist Jenny Marx ihm keineswegs sklavisch ergeben, sondern wagt es, ihm manchmal zu widersprechen, besonders im privaten Bereich. Sie persönlich hat nichts gegen eine Ehe zwischen Laura und Paul. Sie ist sogar sehr dafür. Der junge Mann stamme aus wohlhabendem Elternhaus, sei gutherzig, großzügig, Laura treu ergeben und höflich gegenüber der ganzen Familie. Was also spreche gegen die Heirat der beiden? Solle man ihnen etwa eine so lange Wartezeit aufbürden wie seinerzeit ihnen selbst, Jenny und Karl, die sieben Jahre auf ihre Hochzeit warten mussten, weil ihre Eltern immer wieder neue Gegenargumente erfanden?

Es gibt Szenen im Haus. Marx brüllt, Laura weint, die Mutter zieht sich entnervt in ihr Zimmer zurück, Tochter Jenny kann nicht mehr schlafen und essen. Nach fast zwei Jahren, im April 1868, sind sie alle mit ihren Kräften am Ende. Laura und Lafargue dürfen endlich heiraten und gehen auf Hochzeitsreise in ein englisches Strandbad, begleitet von Jenny, die zuvor den Pfandleiher aufgesucht hat, um sich elegant kleiden zu können, denn die Kasse im Haus ist schon wieder leer.

»Dear Miss Lilliput!«

Da die Mutter verreist ist und Schwester Jenny als Gouvernante bei einer schottischen Familie arbeitet, hat Tussy ihren »Dada« nun ganz für sich allein. Der klammert sich an sie. Will das Nesthäkchen, das ihm so ähnlich ist, möglichst nah bei sich haben. »Tussy, that's me«, sagt er zu seinen Freunden. Schon lange haben die beiden eine Art Exklusivbeziehung, die an Nähe alle anderen in der Familie übertrifft. Nach seinen langen Abwesenheiten in den vergangenen Jahren kann sie seine Entfernung kaum noch ertragen, auch wenn sie nur wenige Tage dauert. Ihre Briefe an ihn klingen wie die einer Geliebten:

> *»Ich hoffe, Du wirst Dein Versprechen halten und am Donnerstag kommen. Ganz herzlich auf ein Wiedersehen und glaub mir, ich bin Deine Dich liebende Ellie.«*[91] Oder: *»Ich habe nicht wie früher in den Betten nach Dir gesucht, aber ich singe dauernd: ›Wenn ich ein Vöglein wär, flög' ich zu Dir‹.«*[92]

Kaum ist er mehr als einen Tag aus dem Haus, wird sie krank, hört auf zu essen, wird immer dünner, verliert ihre Fröhlichkeit. Lafargue, der angehende Mediziner, schreibt an Marx, dass er sich Sorgen mache. »Ich weiß nicht, ob man Ihnen gesagt hat, wie sehr wir hier nach Ihnen verlangen, vor allem Tussy, sie braucht Sie offensichtlich, um leben zu können.«[93]

Doch sie schreiben sich nicht nur, wenn er auf Reisen ist. Auch wenn sie beide zu Hause sind, tauschen sie lange Briefe aus, die sie einander unter die Tür schieben oder neben den Teller legen. Niemand darf wissen, was drinsteht. Auch die Mutter nicht. Im Juli 1867 lädt Tussy ihren Vater zu einer Privatparty auf ihr Zimmer ein. Marx antwortet:

Dear Miss Lilliput!
Sie müssen meine »verspätete« Antwort entschuldigen. Ich gehöre zu jener Art
von Leuten, die die Dinge immer zweimal betrachten, ehe sie sich für das eine
oder das andere entscheiden. So war ich ziemlich überrascht, eine Einladung
von einem mir völlig unbekannten vorwitzigen Frauenzimmer zu erhalten.
Wie dem auch sei, nachdem ich mich von Ihrer Achtbarkeit und der unver-
gleichlichen Art, in der Sie Ihre Abmachungen mit Ihren Lieferanten treffen,
überzeugt habe, werde ich mich glücklich schätzen, diese recht seltene Gelegen-
heit zu ergreifen, an Ihre Esswaren und Getränke heranzukommen. Doch
vernachlässigen Sie bitte letztere nicht, wie es die üble Gewohnheit von Jung-
fern zu sein pflegt. Da ich ein wenig von Rheumatismus geplagt bin, hoffe ich,
dass Sie Ihren Empfangsraum vor jeglicher Zugluft schützen werden … Und
da ich auf dem rechten Ohr etwas schwer höre, setzen Sie bitte einen lang-
weiligen Kerl … an meine rechte Seite. Für die linke Seite werden Sie mir,
wie ich hoffe, Ihre weibliche Zierde reservieren, ich meine das bestaussehende
weibliche Wesen unter Ihren Gästen. Ich habe einen gewissen Hang zum
Tabakkauen, halten Sie also das Zeug bereit. Durch meine früheren Begeg-
nungen mit Yankees habe ich mir das Spucken angewöhnt, ich erwarte also,
dass Spucknäpfe nicht fehlen werden. Da ich in meinen Umgangsformen ziem-
lich ungezwungen bin und mir diese erhitzende und stickige englische Atmo-
sphäre widerwärtig ist, müssen Sie sich darauf gefasst machen, mich in einer
Art Adamskostüm zu erblicken. Ich hoffe, Ihre weiblichen Gäste werden
ähnlich erscheinen. Addio, mein liebes unbekanntes Frauenzimmer. Immer
Ihr Dr. Wunderlich.[94]

Solche Briefe zeugen von großer, fast zu großer Nähe. Dafür spricht
auch die Wahl des Theaterstücks, das Tussy 1868 mit Freunden und
Freundinnen aufführt, *The Beauty and the Beast*, der alte, ursprünglich
französische Märchenstoff von der schönen Tochter, die, um den Vater
zu retten, ein Ungeheuer heiratet, welches sich aber als verzauberter
Prinz entpuppt, der nur auf ein gutes, liebendes Wesen gewartet hat,
das ihn erlöst.

Uncle Frederick und die Iren

Es mag eine unbewusste Flucht aus der väterlichen Umklammerung gewesen sein, dass sie gerade jetzt, in den Jahren 1868 und 1869, ihre Beziehung zu Friedrich Engels intensiviert. Bisher hat sie ihn nur »Mister Engels« oder »Dear Frederick« genannt, nun aber avanciert er zu ihrem »uncle«. In seinem Haus in der englischen Industriestadt Manchester hat sie ein eigenes Zimmer, eigenes Spielzeug und eigene Haustiere, sogar einen Igel, der in ihrem Bett schlafen darf. Als sie 1869 in Manchester zu Besuch ist, hat sie schreckliche Zahnschmerzen, die in London nie richtig behandelt worden sind. Marx und seine Frau sehen das gelassen. Die Zähne fallen ja eines Tages sowieso aus. Außerdem seien die meisten Ärzte Ausbeuter und Quacksalber. Anders Engels. Er ist beunruhigt, erträgt es nicht, Tussy leiden zu sehen, und bringt sie ohne Zustimmung von Marx zu einem Spezialisten. Noch am selben Tag schreibt er nach London:

Sie hat die Geschichte bisher mit erstaunlichem Heroismus getragen, aber der verkürzte Schlaf und die lange Anspannung der Nerven tun doch ihre Wirkung, und sie sieht heute etwas angegriffen aus. Sie sagte, Ihr hättet den Zahn nicht heraus haben wollen; indes schickte ich sie heute, da dies doch nicht so vorangehen kann, mit Lizzie zu einem der ersten hiesigen Zahnärzte … Dieser sagte nach längerer Untersuchung, dass er hofft, den Zahn zu retten, wenn aber der Schmerz bis Samstag morgen nicht aufhört, müsse er doch heraus. Jedenfalls kann das Kind nicht alle sechs Monate diesen anhaltenden, nervenzerstörenden Schmerz ertragen; ihre allgemeine Gesundheit leidet weit mehr davon, als der ganze Zahn wert ist.[95]

Engels nimmt sich, wenn Tussy zu Besuch ist, viel Zeit für sie und berichtet ihrem Vater voller Stolz, dass er sie Goethes *Hermann und Dorothea*, *Götz von Berlichingen*, den *Egmont* und die Epen des altiranischen Dichters Firdausi lesen lasse, alles auf Deutsch. Wieder zu Hause, erklärt sie, nicht mehr in London wohnen zu wollen. Sie möchte nach Manchester auswandern, zu Frederick und Lizzy, der Schwester von

Mary Burns, mit der er sich kurz nach deren Tod liiert hat. Diese Idee sorgt für große Missstimmung, besonders bei ihrer Mutter, die sich gefragt haben mag: was haben Engels und Lizzy, was sie *nicht* haben? Was ist so faszinierend im Hause Engels?

Die Umgebung, die Stadt Manchester, bestimmt nicht. Über fünfhunderttausend Menschen leben in kleinen Katen auf engstem Raum. Viele sind arbeitslos. Andere verdienen ein paar Shilling in der Textilindustrie, die billige Kattunkleider für den Überseehandel herstellt. Zwar gibt es die Manchester Library und die Victoria University, ein paar imposante Hauptstraßen mit großen Hotels, Warenhäusern und eleganten Geschäften, doch dahinter verbirgt sich das Arbeiterelend: schwarzgeräucherte Häuschen mit zerbrochenen Fensterscheiben, schmutzige Höfe, enge, ungepflasterte Gassen, auf denen Schweine herumlaufen, keine flächendeckende Kanalisation oder Wasserversorgung. Aus den Wohnhäusern und Fabriken ergießt sich Unrat direkt in den Irk, der das Trink- und Waschwasser für die Armen liefert. Immer wieder wütet die Cholera. Die Arbeiter, hauptsächlich Iren, ernähren sich von schlechten Kartoffeln, verwelktem Gemüse, ranzigem Speck, halbverfaultem Fleisch und dünnem, mit Branntwein vermischten Tee.

Engels ist seit zwanzig Jahren Mitinhaber der Firma »Ermen & Engels«, die in ihren verschiedenen Niederlassungen über achthundert Arbeiter beschäftigt und führend in der Produktion von Näh- und Strickgarnen ist. Zwar hat er sich bemüht, Kinderarbeit abzuschaffen, anständige Wohnungen für seine Arbeiter und sogar werkseigene Schulen zu bauen. Aber sein schlechtes Gewissen, zu den »Ausbeutern« zu gehören, bleibt bestehen, wenn er auch mit einer irischen Arbeiterin liiert ist und fast die Hälfte seiner Einnahmen in den Haushalt seines Freundes Karl Marx steckt. Seit Anfang 1869 zahlt er ihm sogar eine »Rente«, dreißig Pfund im Monat, in der – freilich vergeblichen – Hoffnung, dass damit das Thema »Geld« für den Freund erledigt sei und er künftig ohne Anleihen auskommen werde.

Im Sommer 1869 erlebt Tussy besonders schöne Tage im Hause Engels, denn der »Uncle« ist dabei, sich zur Ruhe zu setzen und seine Anteile an der väterlichen Firma zu verkaufen. Er ist neunundvierzig Jahre alt, also im besten Alter. Er will sich in Zukunft nur noch dem Privatleben und der Politik widmen. Als die Verträge endlich unterzeichnet sind, ist er überglücklich. »Hurra!«, schreibt er an Marx. »Heute ist's mit dem Duo Commerce am Ende, und ich bin ein freier Mann!«[96] Tussy und er machen einen langen Spaziergang durch die Felder. Danach wird heftig gefeiert. Tussy berichtet an Jenny, die Schwester:

Am Samstag war es so heiß, dass wir, das heißt Tantchen, ich und Sarah* uns den ganzen Tag auf den Fußboden legten und Bier, Weißwein usw. tranken. Engels, der arme Kerl, war bei einem Picknick, wo ungefähr dreißig Leute ... waren, und die unglücklichen »Herren der Schöpfung« tanzen mussten ... Als der Onkel am Morgen nach Hause kam, fand er Tantchen, Sarah, mich und Ellen**, die uns irische Geschichten erzählte, alle in voller Länge auf dem Boden liegen, ohne Leibchen, ohne Schuhe, nur in Unterröcken und Baumwollkleidern ... Liebe Jenny, Du wunderst Dich sicher, dass ich von »Tantchen und Onkel« spreche, aber Du musst wissen, dass Frau Burns bis ungefähr vor einem Monat mehr zum Spaß darauf bestand, mich mit »Miss Marx« anzureden. Als ich das schließlich nicht länger wollte, kamen wir zu der Übereinkunft, dass ich sie »Tantchen« nennen sollte ... und sie mich »Tussy«. Wir haben vereinbart, dass jeder, der mich nicht »Tussy« nennt, sich auf einen Stuhl stellen und sechsmal »Tussy« sagen soll.[97]

Durch den Einfluss von Lizzy wird Tussy selbst eine halbe Irin und kehrt als »localised Irish being« zurück. »Formerly I clung to a man, now I cling to a nation«, soll sie zu ihrer Schwester Jenny gesagt haben.[98]

Besonders stark identifiziert sich Tussy mit den »Feniern«, den Vertretern der irischen Freiheitsbewegung, die eine von England unabhängige Regierung, irische Gewerkschaften und die Wiederbelebung der gälischen Sprache fordern, die nur noch in ländlichen Regionen gesprochen wird. Sie sind nicht religiös, teilweise sogar antiklerikal, werden von beiden Kirchen geächtet und gehasst. Seit 1867 machen sie durch Demonstrationen und Aufstände auf sich aufmerksam, zunächst in Irland, dann in London und Manchester, wo sie Gefängnisse

---

* Sarah Parker, ein Hausmädchen
** Mary Ellen, Nichte von Lizzy Burns, auch »Pumps« genannt

bombardieren und Polizeitransporte angreifen. Im November werden drei von ihnen exekutiert, viele andere gefangen genommen. Marx und Engels machen sich sofort zu ihren Fürsprechern:

Die politischen Gefangenen werden von einem Gefängnis ins andere gezerrt, als wären sie wilde Tiere. Man zwingt ihnen die Gesellschaft der übelsten Schurken auf; man zwingt sie, das Geschirr zu reinigen, das diese Elenden benutzen, Hemden und Flanellunterwäsche dieser Verbrecher zu tragen … und sich in dem Wasser zu baden, das diese benutzt haben. Alle diese Kriminellen konnten … mit den Besuchern sprechen. Für die eingekerkerten Fenier wurde ein Besuchskäfig eingerichtet.[99]

Im September 1869 reist Engels mit Lizzy und Tussy nach Irland, um die Bewegung vor Ort zu erleben. Es ist Tussys erster Besuch auf der Insel. Dreißigtausend Freiheitskämpfer demonstrieren in Limerick, zweihunderttausend in Dublin. Die Straßen sind voll von Soldaten und Polizisten, bewaffnet mit Kurzschwertern, Gummiknüppeln und Revolvern. Tussy sieht, dass Demonstranten brutal niedergeschlagen werden, dass ganz Irland wie im Kriegszustand ist. Als sie nach London zurückgekehrt ist, trägt sie am liebsten Grün, die Farbe der irischen Aufständischen, kauft die Widerstandszeitung *The Irishman* und quält ihre Eltern so lange, bis sie zur Fenier-Demonstration im Hyde-Park gehen darf, auf der hunderttausend Menschen gegen die Inhaftierung der Freiheitskämpfer protestieren. Es sind Iren und Engländer darunter, Männer, Frauen und Kinder. Einige klettern auf Bäume und singen die *Marseillaise*. Andere schwenken rote, grüne und weiße Fahnen. Man sieht Jakobiner-Mützen, hört Parolen wie »Ungehorsam gegenüber Tyrannen ist Pflicht gegenüber Gott!«.[100] Es ist der 24. Oktober 1869. Tussy ist vierzehn Jahre alt. Nicht lange mehr, und sie wird selbst als politisch Verdächtige inhaftiert werden.

3

ES LEBE DIE KOMMUNE!

1869–1873

Der »kleine Schnaps« und das Recht auf Faulheit

Im Januar 1869 hat Tussys Schwester Laura, die mit Paul Lafargue nach Paris gezogen ist, ihr erstes Kind zur Welt gebracht, einen kleinen Jungen, Charles-Étienne, wegen seines enormen Durstes bald nur noch »Schnaps« genannt. Der Großvater in London ist begeistert. Endlich ein Junge! Endlich ein Stammhalter, auch wenn er nicht den Namen »Marx« trägt!

»Unser Enkel«, schreibt er nach Ansicht der ersten Fotos an den Vater von Lafargue, »ist ein reizender Junge. Ich habe noch nie einen so schön geformten Kinderkopf gesehen.«[1]

Auch Tussy möchte das neue Kind sofort kennenlernen. Mit eleganter Reisegarderobe und reichlich »pocket-money« ausgestattet, das Engels rechtzeitig geschickt hat, fährt sie gemeinsam mit Schwester Jenny nach Paris. Ein paar Tage später schreibt sie nach Hause:

Liebe Mama, ich hätte gestern oder vorgestern geschrieben, aber dieser kleine Pascha ... lässt einem einfach keine Zeit ... selbst wenn er in seiner Wiege liegt und schläft, muss man ihn doch anschauen und bewundern. Nein wirklich, ich habe noch nie ein so schönes Kind gesehen. Er hat ein süßes Gesichtchen, wunderschöne Augen, einen hübschen Mund, auch die Nase ist nicht so schlimm wie behauptet wird, und er hat eine riesige Stirn. Ganz so wie Papa. Er ist auch immer prächtig aufgelegt und guter Dinge, und wenn er mal zu schreien anfängt, braucht man ihm nur den Finger hinzuhalten und ihn daran lutschen zu lassen oder den kleinen Bauch zu tätscheln, und sofort ist er wieder still. Seine Zähne kommen wirklich schon durch. Man kann sie schon ganz deutlich sehen. Heute morgen habe ich ihn zwei Stunden zu mir ins Bett genommen, und er war ganz brav.[2]

Tussy, die nie jüngere Geschwister gehabt hat, ist verrückt nach dem Kleinen. Am liebsten möchte sie ihn ihrer Schwester entführen. Sie nimmt sich vor, viele kleine »Schnäpse« zur Welt zu bringen, und versäumt beinahe, sich in Paris umzusehen. Sie ist nicht eitel, interessiert sich nicht für die neuste französische Mode, trägt die schicken »outfits«, die die Mutter ihr hat nähen lassen, nur ungern. Auch die Boulevards und Avenuen locken sie nicht, die Theater, Paläste, Museen und Kathedralen. In ihren Briefen steht kein Wort über Notre-Dame, den Louvre, den Jardin du Luxembourg. Am liebsten ist sie in Lauras ärmlicher Wohnung in der Rue du Cherche-Midi, in einem Gewirr enger Gassen, wo es laut und zugig ist und nicht besonders gut riecht, ähnlich wie im Soho ihrer Kindheit. Hier kann sie mit Paul Lafargue über dessen politische Arbeiten diskutieren. Er hat gerade das *Kommunistische Manifest* ins Französische übersetzt und trägt sich mit dem Gedanken, ein großes Buch über das *Recht auf Faulheit* zu schreiben, in dem er nicht nur gegen die bürgerlich-kapitalistische »Arbeitsmoral«, sondern auch gegen die »Arbeitssucht« vieler Proletarier antreten will, die ihrer eigenen Ausbeutung Vorschub leisteten, anstatt sich der freien Liebe und den schönen Künsten zu widmen. Es ist immer noch herrlich, ihm zuzuhören. Tussy ist hingerissen von ihm und er von ihr. Mit ihr kann er viel besser diskutieren als mit Laura, die blond und schön, aber bei weitem nicht so scharfzüngig und temperamentvoll ist. Mag sein, dass sie eifersüchtig wird, dass ihr die Nähe zwischen den beiden zu weit geht. Denn Tussy, jetzt vierzehn, ist nun kein Kind mehr, sondern ein voll erblühtes junges Mädchen, das die Blicke vieler Männer auf sich zieht.

Wenn sie allein durch die engen Gassen des sechsten Arrondissements wandert, spürt sie, dass es gärt in Paris. Die Stadt hat fast zwei Millionen Einwohner und bevölkert sich täglich mehr. Paul Lafargue erzählt von den Rothschilds, die nichts täten, außer ihren Reichtum zu vermehren. Von dem so unfähigen wie autoritären Kaiser Napoleon III., den ihr Vater einmal »ein Würstchen« genannt hat.[3] Von Arbeiteraufständen, die von der Polizei blutig niedergeschlagen werden. Von Massenverhaftungen und Verfolgung der »Internationale«. Die Herausgeber ihres Kampfblattes, der *Marseillaise*, sitzen im Gefängnis. Die Pariser Straßenjungen richten schon die ersten Barrikaden auf.

Sorgen bei den Lafargues

Tussy bleibt sieben Wochen in Paris, um Mitte Mai 1869 wieder zurückzureisen. Bei ihrer Abfahrt weiß sie noch nicht, dass Laura wieder schwanger ist, knapp vier Monate nach der Geburt des kleinen »Schnaps«. Ihren Sohn kann sie unter diesen »Umständen« nicht mehr stillen. Eine Amme muss engagiert werden, Madame Santé. Doch der Kleine bekommt Durchfall, nimmt sichtbar ab. Voller Sorge reist nun auch Großmutter Jenny nach Paris. »Das freundliche Gesichtchen ist so dünn und klein geworden, und die strahlenden Äuglein sehn noch einmal so groß und mächtig aus dem blassen Gesichtchen heraus«, schreibt sie an einen Freund.[4] Im Juli macht sich auch Marx auf den Weg, um seinen Enkel zu sehen, den er bisher nur von Fotos kennt. Er ordnet an, dass die Lafargues mit nach London kommen sollen. Dort habe man mehr Platz. Dort könne Lenchen ihnen helfen. Dort könne Laura sich vielleicht ein wenig erholen. Kaum sind sie da, beginnt das Kind heftig zu zahnen und schreit Tag und Nacht. Die ganze Familie ist in großer Aufregung. Marx, der in verschiedenen politischen Missionen unterwegs ist, lässt sich ständig über den Zustand des Kleinen berichten, der ihn zwangsläufig an das Schicksal seiner eigenen Kinder denken lässt, an Guido, Franziska und Musch. Paul Lafargue will am liebsten schnell nach Frankreich zurückreisen, wo wichtige politische Aufgaben auf ihn warten. Doch Marx ist dagegen. Sie sollen in London bleiben. Dort könne viel mehr für den Kleinen getan werden als in Paris.

»Ich erwarte, dass Du und Lafargue Euch in diesem Falle meiner väterlichen Autorität unterwerfen werdet«, schreibt er an Laura. »Nichts ist schwieriger zu behandeln als ein Baby. In keinem Fall ist sofortiges Handeln so nötig und jeder Aufschub so schädlich.«[5]

Doch die jungen Eltern hören nicht auf ihn und fahren trotzdem. Im

Herbst sind sie wieder in Paris, wo Laura sich auf die nächste Geburt vorbereitet. Das Kind, diesmal ein Mädchen, kommt im Januar 1870 zur Welt. Es wird Jeannie genannt. Man begrüßt es mit deutlich weniger Jubel als ihren Bruder. »Was haben Sie zu dem zweiten Neujahrsgeschenk gesagt, das Laura uns gemacht hat! Ich hoffe, dass das rasche Tempo ein Ende nimmt; sonst könnte man ja bald singen 1, 2, 3, 4, 5 – 6 – 10 little nigger-boys!«, schreibt Großmutter Jenny an Engels.[6]

Jeannie ist mager und schreit viel. Ihr Vater hält das für ein Zeichen von Energie. Diesmal versucht Laura zu stillen. Aber sie ist viel zu schwach. Als Jeannie Ende Februar 1870 stirbt, ist Marx kaum überrascht, wenn auch sehr traurig.

»Ich habe selbst zu sehr unter solchen Verlusten gelitten, um nicht zutiefst mit Euch fühlen zu können«, schreibt er an die Eltern.[7]

Krieg und Kommune

Im Juli 1870 bricht der Krieg zwischen Frankreich und dem norddeutschen Bund unter der Führung Preußens aus. Der Anlass – die Kandidatur eines Hohenzollernprinzen für die spanische Krone – wird allgemein als banal angesehen. In Wirklichkeit geht es um die Vorherrschaft Deutschlands oder Frankreichs in Europa. Schon im September kapituliert Kaiser Napoleon III. und ergibt sich den Preußen. Doch der Krieg ist damit noch längst nicht vorbei. In Paris wird eine »Regierung der nationalen Verteidigung« gebildet, in der Jules Favre für die äußeren und Léon Gambetta für die inneren Angelegenheiten zuständig ist. Die französische Monarchie gilt damit offiziell als erledigt. Aber Marx, Sprecher der Internationale, triumphiert keineswegs, sondern misstraut den neuen Machthabern in Frankreich, die er für ein Zweckbündnis aus Orléanisten, Monarchisten und Jakobinern hält. Schon am 9. September 1870 erklärt er: »Diese Republik hat nicht den Thron umgeworfen, sondern nur seinen leeren Platz eingenommen. Sie ist nicht als soziale Errungenschaft proklamiert worden, sondern als eine nationale Verteidigungsregel.«[8]

Für die Lafargues heißt es: möglichst schnell weg aus Paris, um den preußischen Truppen zu entkommen, die im September 1870 mit der Belagerung von Paris beginnen. Sie fliehen mit dem kleinen Schnaps zu den Schwiegereltern nach Bordeaux, wo sie sich in Sicherheit glauben. Doch es kommt anders. Lafargues Vater stirbt im November 1870. Die Mutter, Ana Virginia, mag Laura nicht, klagt, dass sie ihr nur auf der Tasche liege, verbietet ihr, die Hilfe des Dienstmädchens in Anspruch zu nehmen, und zwingt sie, eigenhändig Betten zu machen und Öfen anzuzünden, was Laura in ihrem Leben noch nie getan hat. Dass Laura wieder einmal schwanger ist, interessiert sie nicht. Unter Protest verlässt sie das Haus, sperrt ihrem Sohn alle Bankkonten, während das junge Paar und der kränkelnde Schnaps in einem kalten Gebäude ohne Licht, Essen und Dienstboten zurückbleiben. Über all das schreibt Laura lange Briefe an Jenny, nicht an Tussy. Tussy ist ihr noch zu jung für solche Probleme, gerade erst sechzehn. Außerdem ist sie der Liebling des Vaters. Das schafft Rivalitäten. Und dann ist da noch Lafargues offenkundige Sympathie für »die Kleine«, die jetzt nicht mehr als so harmlos gelten kann wie vor sechs Jahren. Das Verhältnis zwischen den Schwestern beginnt kühler zu werden, trotz Tussys großer Liebe zu Schnaps, dem sie Briefe schickt, Bilder malt und sogar Jäckchen und Handschuhe häkelt.

In Bordeaux wird es unruhig. Tausende von Parisern strömen in die Stadt, Revolutionäre und Nichtrevolutionäre, Aktivisten der Internationale und Bürger, die schlichtweg Angst vor den Preußen haben. Léon Gambetta hat zum Widerstand gegen die Belagerer aufgerufen und schafft es, ein Heer von sechshunderttausend Mann aufzustellen. Auch Guerillas, die »Franc-tireurs«, mischen sich ein, um Paris von den Feinden zu befreien. Bismarck fordert, die »Freischärler« rücksichtslos totzuschießen, und lässt die Stadt sogar bombardieren.

Unterdessen bricht ein harter Winter herein. Es ist bitterkalt. Die Menschen hungern und frieren. Ein großer, gutaussehender Baske geht durch Paris und macht sich Notizen. Er heißt Hippolyte Prosper-Olivier Lissagaray, ist von Beruf Zeitungsherausgeber und Journalist, zweiunddreißig Jahre alt, ein Mann mit dunklen Haaren, dichten Brauen und schwarzem Schnurrbart. Politisch steht er, wie Paul Lafargue, weit links. In seinen Schriften hat er das Kaiserreich angegriffen, hat gegen die Pressezensur opponiert, hat drei Monate im Gefängnis gesessen, weil er einen Polizistenmörder unterstützt hat, ist nach Brüssel geflohen und wieder zurückgekehrt, da er Paris in dieser Situation nicht allein lassen wollte. Er hat sich in Straßenschlachten eingemischt, hat aktiv unter Léon Gambetta gekämpft, zu dessen persönlichem Vertrauten er wurde. Doch jetzt will er eigentlich nur noch eins: schreiben. Denn was hier geschieht, ist Geschichte, ist Weltgeschichte. Und wer wäre als Chronist besser geeignet als er?[9]

In seinen Notizen, die er später zum Buch verdichten wird,[10] heißt es über diese Wintertage:

> Der Hunger wurde von Stunde zu Stunde größer, Pferdefleisch wurde eine Delikatesse. Man aß Hunde, Katzen, Ratten. Die Frauen standen bei 17 Grad Kälte oder im Schmutz des Tauwetters stundenlang, um eine Kinderportion zu bekommen. Als Brot gab es ein schwarzes Zeug, das die Gedärme peinigte. Die Kleinen starben, weil die Milch der Mutter versiegte.[11]

Laura, inzwischen ebenfalls halb verhungert, bringt in Bordeaux ihr drittes Kind, Marc-Laurent, zur Welt. Er ist so klein, dass die Geburt nicht einmal eine Stunde dauert. Kein Jubel von Großvater Marx. Keine Gratulation von Onkel Engels. Man hat schon zu viel dergleichen gesehen und glaubt nicht, dass dieses Kind überleben wird.

Obwohl kein Geld und fast kein Essen im Haus ist, lässt Lafargue seine Frau mit den beiden Kindern allein und stellt sich der »Pariser Kommune« zur Verfügung, die am 18. März 1871 ausgerufen wird. Es geht ihr nicht nur um Vertreibung der Preußen, sondern auch um Niederschlagung der Regierung von Adolphe Thiers, der im Februar 1871 als provisorischer Präsident der Republik eingesetzt worden ist. Dieser Mann, ein altgedienter Politiker und Jurist, ist den Kommunarden zutiefst verhasst, weil er für Frieden mit Preußen wirbt und die Nationalgarde auffordert, ihre Waffen abzugeben, was große Empörung auslöst. Es kommt zum Krieg in den eigenen Reihen. Franzosen kämpfen gegen Franzosen, Regierungstruppen gegen Kommunarden, unter denen sich nun auch Paul Lafargue befindet. Laura hört wochenlang nichts von ihm, weiß nicht, wo er ist, nicht einmal, ob er noch lebt. Im April 1871 schreibt sie an ihre Schwester Jenny:

Ich habe bis zu diesem Augenblick noch keine Nachricht von Paul. Und um die Sache noch schlimmer zu machen, ist mein armes Baby zu krank gewesen, dass ich acht oder zehn Tage jeden Augenblick erwartete, es sterben zu sehen ... Die letzte Woche lang habe ich es fast den ganzen Tag über im Zimmer auf und ab getragen und die ganze Nacht über gewiegt, sodass ich keine Zeit finden konnte, Dir auch nur ein paar Zeilen zu schreiben. In Bezug auf Paul weiß ich nicht, was ich denken soll. Er ist gewiss nicht mit der Absicht weggefahren, so lange zu bleiben. Aber vielleicht kann er, selbst wenn er es wollte, nicht zurück, oder der Anblick der Barrikaden hat ihn zum Mitkämpfen verlockt. Es würde mich nicht wundern und es würde mir nichts ausmachen, wenn ich mit ihm dort wäre, würde ich auch kämpfen. Ich wollte nach Paris fahren, aber ich kannte hier niemand, dem ich die Kinder anvertrauen konnte, und dann wurde das Baby krank, und von meiner Abreise konnte nicht mehr die Rede sein.[12]

Doch Lafargue *lebt*, abgeschnitten vom Postverkehr, ist dabei gewesen, als die Kommune proklamiert worden ist und die Herrschaft über die Stadt Paris übernommen hat, am legendären 18. März 1871. Lissagaray, der Chronist aus dem Baskenland, wird später beschreiben, wie über zweihunderttausend Männer und Frauen vor das Pariser Hôtel de Ville an der Place de Grève gezogen sind, »mit klingendem Spiel, die phrygische Mütze auf der Fahnenspitze, rote Bänder am Gewehr ... Hundert Bataillone marschieren auf, die Sonne spiegelt sich in ihren Bajonetten ... Vor der Estrade sammeln sich die Fahnen, die meisten rot, manche dreifarbig; Lieder schallen ... ein Mitglied des Zentralkomitees proklamiert die Gewählten ...: ›Im Namen des Volkes, die Kommune ist proklamiert!‹ Ein einziger Schrei antwortet: ›Es lebe die Kommune!‹ Die Mützen tanzen auf den Bajonettspitzen, die Fahnen flattern, aus den Fenstern, von den Dächern winken Tausende von Tüchern ... die Herzen schlagen hoch, in den Augen glitzern Tränen.«[13]

Marx hat wenig Zeit, sich um Laura zu sorgen, die mit zwei kranken Babys allein in Bordeaux ist. Er muss Manifeste verfassen, die Kommune grüßen, der Welt klarmachen, dass dies der Triumph der sozialistischen Internationale sei: »Welche Elastizität, welche historische Initiative, welche Aufopferungsfähigkeit in diesen Parisern! Nach sechsmonatlicher Aushungerung und Verruinierung durch inneren Verrat erheben sie sich unter preußischen Bajonetten. Die Geschichte hat kein ähnliches Beispiel von ähnlicher Größe!«[14]

Die Schwestern Tussy und Jenny haben seit Lauras alarmierendem Brief keine Ruhe mehr. Sie machen sich so schnell wie möglich auf den Weg nach Bordeaux. Der ist bis auf weiteres allerdings versperrt. Auf den Bahnhöfen wimmelt es von Soldaten und Polizei. Es ist kein Fortkommen. Erst am 29. April 1871 können sie ein Schiff in Liverpool nehmen. Sie sind vier Tage auf See, Tussy meistens auf Deck, wo sie sich mit Matrosen unterhält und Zigarren raucht. »Sie war da ganz in ihrem Element«, schreibt Mutter Jenny an einen Freund. »Sturm und Wetter passen für sie, nur kein ruhiges bürgerliches Leben.«[15] Die Vision, dass aus dieser Tochter jemals eine halbwegs normale Ehefrau werden könnte, hat sie längst aufgegeben.

Nach dem vorläufigen Sieg der Kommune über die Regierung Thiers ist Paul Lafargue nach Bordeaux zurückgekehrt. Die Kinder leben. Aber dem Jüngsten, Marc Laurent, geht es schlecht. Laura hat wieder nicht genug Milch. Doch woher eine Amme nehmen? Es ist überall Krieg, Revolution. Ganz Frankreich scheint auf der Flucht, scheint in Aufruhr zu sein. Denn schon in der ersten Maiwoche wird die Kommune wieder gestürzt. Truppen der Regierung Thiers erobern Paris zurück und rächen sich mit Massakern, denen Tausende Unbeteiligter zum Opfer fallen. Die Verfolgungsjagd breitet sich bald auf das ganze Land aus.

»Zwanzigtausend Personen, von denen drei Viertel mindestens am Kampfe nicht teilgenommen hatten, wurden erschossen«, schreibt Lissagaray. »Wilde Jagden auf Männer, Frauen, Kinder, Pariser, Fremde, Unbeteiligte wurden gemacht. Leute jeden Geschlechts, jeden Alters, jeder Parteizugehörigkeit, jeder sozialen Stellung wurden zusammengetrieben ... *Ein* ... Verdacht, *ein* Wort, *eine* missverstandene Geste genügten, um von den Soldaten gepackt zu werden. Vom 21. bis 30. Mai raffte man in dieser Weise vierzigtausend Personen zusammen ... Myriaden von Schmeißfliegen flogen von den sich zersetzenden Leichen auf. Die Toten der blutigen Woche rächten sich, in dem sie die Straßen … verpesteten.«[16]

Lafargue hat Angst, dass die Rächer auch ihn ergreifen könnten, und flieht in Richtung spanische Grenze nach Süden. Die drei Schwestern und die beiden Kinder begleiten ihn bis Bagnères-de-Luchon in den Pyrenäen. Von dort fährt er mit einem gefälschten spanischen Pass weiter nach Bosost, einem kleinen Gebirgsnest, etwa fünfundzwanzig Kilometer von der französischen Grenze entfernt. Für den Moment scheint alles gut zu sein. Lafargue ist in Sicherheit, den Kindern geht es besser, die Schwestern haben ein angenehmes Privatquartier, essen Bohneneintopf, besuchen die Thermalbäder und promenieren abends über die schattige Allee, die von gepflegten Häusern umsäumt ist. Hier sind sie am Ende der Welt. Hier herrscht kein Schlachtenlärm. Sie hören sogar auf, politische Nachrichten zu lesen, und fühlen sich mit ihren englischen Pässen absolut sicher.

Schwestern in Gefahr

Marx dagegen ist unruhig, und zwar mit Recht. Durch seine Grußadressen an die Pariser Kommune hat er die Öffentlichkeit wieder auf sich aufmerksam gemacht. Jahrelang ist es relativ still um ihn gewesen. Einige Zeitungen meldeten sogar schon seinen Tod. Jetzt ist er plötzlich wieder der »gefährliche Revolutionär« von früher. Eine französische Zeitung schreibt, *er* sei es, der den Kommunenaufstand von seiner »Höhle in London« aus organisiert habe, unterstützt von Millionen Sympathisanten. Der deutsche Botschafter in London drängt den englischen Außenminister, ihn nach Preußen auszuliefern. Doch der lehnt ab. Es sei ihm nichts nachzuweisen. Trotzdem nennt ihn die Londoner *Pall Mall Gazette* »einen geborenen Israeliten«, der »eine gewaltige Verschwörung mit dem Ziel des politischen Kommunismus« plane.[17]

Seine Töchter sind in akuter Gefahr. Denn sie heißen Marx. Ohne ihnen seine Befürchtungen mitzuteilen, bittet er sie, »die französische Seite der Pyrenäen mit der spanischen zu vertauschen«, weil, so seine

Begründung, das Klima dort besser sei.[18] Er hätte sie vielleicht deutlicher warnen sollen. Denn Jenny, Tussy und Laura denken nicht daran, Bagnères-de-Luchon zu verlassen. Sie haben genug davon, ständig auf der Flucht zu sein, bleiben lieber in diesem kleinen, angenehmen Ort, wo es gute Ärzte und saubere Zimmer gibt und wo Marc-Laurent vielleicht eine Chance hat, zu überleben. Doch am 26. Juli 1871 stirbt er. Er ist nur sechs Monate alt geworden. Laura lässt sich ein paar Tage Zeit, um im Kreis ihrer Schwestern zu trauern, und verlangt dann energisch, ihren Mann zu sehen. Sie hat schon wieder seit Wochen keinen Kontakt mehr zu ihm. Sie muss ihm den Tod seines Sohnes mitteilen.

Sie machen sich also mit dem kleinen Schnaps auf den Weg nach Bosost, wo Lafargue sich aufhalten soll. Tatsächlich finden sie ihn dort. Es ist ihm nichts zugestoßen. Laura bleibt mit dem Kind bis auf weiteres bei ihm. Tussy und Jenny wollen wieder zurück nach Frankreich. Doch an der Grenze werden sie verhaftet und von vierundzwanzig Polizisten der Regierung Thiers direkt nach Bagnères-de-Luchon gebracht. Vor ihrem Quartier wartet weitere Polizei, die das Haus schon von oben bis unten durchsucht hat. Sind in den Matratzen vielleicht Bomben versteckt? Oder enthält die Lampe, mit der sie Milch für das sterbende Baby gewärmt haben, eine explosive Flüssigkeit? Die Wirtin zittert vor Angst. Das Dienstmädchen ebenfalls. Dann trifft Émile de Kératry ein, der Präfekt von Toulouse persönlich, ein erfahrener »Kriegsheld« und Stratege, der mit allen Wassern der Verhörtechnik gewaschen ist. Zuerst wird Jenny erbarmungslos ausgefragt. Doch sie verrät nichts. Dann kommt Tussy an die Reihe. Kératry versucht, sie in Widersprüche zu verwickeln, doch sie schweigt ebenfalls. Am Abend werden sie auf die Gendarmerie gebracht, wo sie die Nacht verbringen müssen. Am nächsten Morgen lässt man sie zwar wieder frei, fährt aber fort, sie zu observieren. Sie können den Ort nicht verlassen, denn man hat ihnen ihre Pässe abgenommen. Nach ein paar Tagen der Ungewissheit gibt man ihnen die Papiere endlich zurück und lässt sie nach England ausreisen. »Und alles das«, beschließt Tussy einen Brief an Wilhelm Liebknecht, »weil Lafargue Mohrs Schwiegersohn ist, denn Lafargue hat überhaupt nichts getan.«[19]

Marx ist sehr stolz auf seine Töchter. Jetzt sind auch sie richtige Revolutionärinnen. Jetzt muss er ihr Schicksal überall publik machen. »Meine Damen«, schreibt er an die Herausgeberinnen einer Wochenzeitschrift, »ich habe die Ehre, Ihnen … einen kurzen Bericht meiner Tochter Jenny zu übersenden, über die Verfolgungen, denen sie und ihre Schwestern während ihres Aufenthaltes in Bagnères-de-Luchon … ausgesetzt war auf Veranlassung der französischen Regierung. Diese tragikomische Episode scheint mir charakteristisch für die Thiers-Republik … Ich habe die Ehre, meine Damen, als Ihr sehr ergebener Karl Marx zu verbleiben.«[20]

Der »kurze Bericht« von Jenny ist mehr als zehn Seiten lang und schildert den Vorfall so genau wie umständlich, berichtet von Leibesvisitationen, Inspektion ihrer Kleider und Haare, vierzehntägiger Haft mit der Begründung, sie hätten in den Pyrenäen einen Aufstand anzetteln wollen. »Und die Internationale, ist sie mächtig in England?«, habe Monsieur de Kératry sie gefragt. »Ja«, habe sie gesagt, »sehr mächtig, wie in allen anderen Ländern.«[21]

September 1871. Fünf Monate zuvor ist der Deutsch-Französische Krieg mit dem »Frieden von Frankfurt« beendet worden. Rund hundertsiebzigtausend Franzosen sind in Gefangenschaft geraten. Frankreich muss Elsass-Lothringen an Deutschland abtreten und gewaltige Reparationszahlungen leisten, die in Deutschland einen wirtschaftlichen Boom, die sogenannte »Gründerzeit« auslösen. König Wilhelm I. ist im Spiegelsaal von Versailles zum deutschen Kaiser gekrönt worden. Adolphe Thiers bleibt Präsident der Republik Frankreich und wird dieses Amt noch bis 1873 behalten. Die Kommunarden aber werden weiter als Staatsfeinde verfolgt und müssen fliehen.

Kein Kind mehr

Vier Monate ist Tussy nun von zu Hause fort gewesen. Sie hat sich verändert, ist kein Kind mehr, hat den Tod ihres kleinen Neffen miterlebt, psychische Folter und nächtliche Haft, ist sogar, wie es heißt, knapp der Deportation in die berüchtigte Strafkolonie Neu-Kaledonien entgangen. Doch anders als ihre Schwester Jenny macht sie kein Aufhebens von ihrem Schicksal. Sie will keine Märtyrerin sein. Sie will ganz normal weiterleben. Mit ihrer gewohnten Fröhlichkeit kümmert sie sich um ihre Hunde, Katzen und Papageien, zwingt den leberkranken Marx, täglich eine Stunde mit ihr spazieren zu gehen, macht Besuche bei Engels, der seit 1870 nicht mehr in Manchester lebt, sondern in London. Lizzy Burns, Tussys alte Freundin, ist mit ihm gekommen.

Tussy ist jetzt alt genug, um Jenny, ihre Mutter, zu entlasten und einen Teil der Korrespondenz ihres Vaters zu übernehmen. Dabei schlägt sie den besorgten Ton einer Krankenpflegerin an. So schreibt sie an Nikolai Franzewitsch Danielson, den russischen Übersetzer des *Kapital*:

Papa ist im Augenblick so sehr mit Arbeit überlastet, dass er Ihnen nicht selbst schreibt, sondern mich damit beauftragt … Er schreibt bis tief in die Nacht hinein und verlässt den ganzen Tag nicht das Zimmer – ich fürchte sehr, dass das seiner Gesundheit schaden wird … Papa glaubt, Sie würden gut daran tun, die russische Ausgabe in keiner Weise zu verzögern … Ich hoffe sehr, dass, wenn erst eine französische Ausgabe von »Das Kapital« erschienen ist, eine englische bald folgen wird – die Engländer äffen alles nach, was die Franzosen tun; erst wenn etwas aus Paris kommt, hat es hier Erfolg.[22]

Im Hause Marx ist inzwischen der Teufel los. Geschrei, Streit und Gelächter bis tief in die Nacht. Dauernd klingelt es an der Tür. Sämtliche Flüchtlinge der Pariser Kommune scheinen sich nach London unter die Obhut von Marx begeben zu wollen. Er wird die Geister, die er rief, nicht mehr los. Es wird spanisch gesprochen, französisch, englisch, deutsch, italienisch. Lenchen muss kochen und backen, Mutter Jenny den Tee servieren. Zigarren und erlesene Weine werden gereicht. Tussy muss Botengänge erledigen und erobert viele Männerherzen im Sturm.

»Diese junge Dame, fast noch ein Mädchen«, erinnert sich Anselmo Lorenzo, Gründer der spanischen Sektion der Internationale, »so schön, fröhlich und lächelnd wie die wahre Personifikation von Jugend und Glück, konnte kein Spanisch. Sie sprach Englisch und Deutsch sehr gut, Französisch dagegen nicht besonders, die Sprache, in der ich mich verständlich machen konnte … Jedes Mal, wenn einer von uns einen Fehler machte, lachten wir so herzlich, als wären wir unser ganzes Leben Freunde gewesen.«[23]

Marx ist gar nicht begeistert. Das alles passt ihm im Grunde überhaupt nicht. Nach außen hin hat er die Pariser Kommune unterstützt, ja verklärt. Aber so richtig hat er sie eigentlich nie gemocht, sie im Gegenteil als Bande von »Lumpenkerlen« und »Zuhältern« bezeichnet.[24] Jeder ist mit jedem verfeindet. Alle beschimpfen sich. Der eine ist »Blanquist«, der andere »Proudhonist«, der dritte »Anarchist« oder »Jakobiner«. Es fällt schwer, diese vielen Fraktionen auseinanderzuhalten, die alle behaupten, Sozialisten zu sein und sich an den Marx'schen Weinvorräten bedienen. Jetzt machen sie sich auch noch an Jenny und Tussy heran. Als ob es nicht reichte, dass schon Laura mit einem Franzosen verheiratet ist?

Charles Longuet

Unter den französischen Gästen, die zu den Marxens nach London kommen, ist ein gewisser Charles Longuet, auch er – wie Lafargue – Kommunenkämpfer, aber nicht aus so wohlhabendem Hause. Er ist in Caen, Calvados, als Sohn eines Strumpfwarenhändlers geboren, hat Jura studiert und ist in Frankreich ein bekannter politischer Journalist gewesen, der mit Anatole France, Charles Baudelaire und Georges Clemenceau gearbeitet und verschiedene Zeitungen herausgegeben hat, die aber immer wieder verboten worden sind. Einmal hat er deshalb sogar im Gefängnis gesessen.[25] Jetzt versucht er, sich mit Kursen für französische Literatur durchzuschlagen, erst in London, dann in Oxford. Doch sie werden nur mäßig besucht, weil er Sozialist und Kommunarde ist, was den englischen Bildungsbürgern missfällt. Er ist ein ganz anderer Typ als Lafargue, klein und blass, ein Mann mit Spitzbart, der gern Filzhüte trägt und viel redet, was die Eltern Marx auf sein romanisches Naturell zurückführen. Trotzdem verliebt sich Jenny – die Tochter – in ihn, oder glaubt es zumindest. Denn sie geht jetzt auf die Dreißig zu und muss mit ansehen, dass Laura verheiratet und Mutter

Jenny Marx und Charles Longuet

ist und die erst siebzehnjährige Tussy von internationalen Verehrern umschwärmt wird.

Im Frühjahr 1872 verlobt sich das junge Paar. Alle versuchen, sich darüber zu freuen. »Bei euch zu Hause herrscht jetzt großer Jubel seit der Geschichte mit Longuet«, schreibt Engels an Laura, die noch immer mit Lafargue und dem kleinen Schnaps in Spanien ist. »Im übrigen ist ihr die Sache sehr gut bekommen, sie ist sehr glücklich und heiter und auch körperlich viel wohler, und Longuet ist ein sehr liebenswürdiger Kamerad. Auch Tussy ist sehr mit der Sache zufrieden und sieht ganz aus, als ob sie should not mind to follow soon.«[26]

Da Longuet mit seinen Französischkursen kein rechtes Glück hat, ist es Jenny, die versucht, das nötige Geld zu verdienen, ob als Gouvernante oder Privatlehrerin für Singen, Deutsch, Englisch und Handarbeit. Ihre Mutter hat nun doch Bedenken gegen diese Beziehung, obwohl sie Longuet als gut, brav und anständig lobt. Übereinstimmung der politischen Überzeugungen sei zwar eine Bürgschaft für späteres Glück. Andererseits könne sie nicht »ohne bange Sorgen dieser Verbindung entgegensehen«, sie hätte sich wirklich gewünscht, »dass Jennys Wahl for a change auf einen Engländer, oder Deutschen, statt auf einen Franzosen gefallen wäre, der natürlich neben all den liebenswürdigen Eigenschaften seiner Nation auch nicht ohne ihre Schwächen und Unzulänglichkeiten« sei.[27]

Tod eines Enkels

Doch die beiden heiraten. Es ist nichts zu machen. Die Hochzeit verläuft still und bedrückt, denn eine Tragödie, die alte Wunden wieder aufreißen wird, bahnt sich an: Lauras Sohn »Schnaps«, eigentlich Charles-Étienne, kaum drei Jahre alt, liegt im Sterben, was Eltern und Großeltern völlig unvorbereitet trifft. Von den Krisen in den ersten Lebensmonaten hatte er sich, wie es schien, gut erholt, besonders, seitdem er laufen gelernt hatte. Seitenlang haben die Lafargues in ihren Briefen von ihm erzählt: von seinen ersten komischen Worten, seinen Ausfahrten im Kinderwagen, seinem Spiel mit der kleinen Schwester Jeannie, seiner Freude über ein Stückchen Garten hinter dem Haus.

»Er ist rund, fett und lebhaft wie eine Eidechse, er wälzt sich im Gras, wühlt im Dreck, leckt die Erde ab, zerdrückt die Kirschen, reibt sie mit Sand ein und isst das Ganze dann«, hat der Vater geschwärmt.[28]

Jetzt sind die Nachrichten über Schnaps seltener geworden. Er leidet an Ruhr oder »Dysenterie«, einem langsamen Dahinsiechen, das zur Auszehrung führt. Die Familie lebt immer noch in Spanien, im Exil. Laura spricht die Sprache nicht, hat kein Geld, keine Freunde, kein eigenes Haus, keine Möglichkeit, gute Ärzte zu konsultieren. Ihr Mann kümmert sich kaum um das Kind, geht ganz in der Politik auf, ein Verhalten, das Karl Marx heftig gegen ihn aufbringt. »In der Tat beschäftigt die Gesundheit des armen kleinen Schnaps meine Gedanken mehr als alles andere, und ich bin sogar etwas ärgerlich über Pauls letztes Schreiben, das voll interessanter Einzelheiten in Bezug auf die ›Bewegung‹ ist, aber kein Wort über diesen lieben kleinen Leidenden enthält«, schreibt er im Februar 1872 an Laura.[29]

Im Juli 1872 ist das Kind tot. Es hat neun Monate lang gelitten. Laura, die von nun an kinderlos bleibt, wird sich nie mehr von diesem Schlag erholen, Lafargue sich in seinem Vorsatz bestätigt fühlen, die Medizin, die ja doch niemandem helfen könne, endgültig aufzugeben. Marx dagegen erkennt so deutlich wie nie zuvor, dass dieses Kind buchstäblich der Revolution geopfert wurde.

Bakunin versus Marx

Auch die Internationale macht Marx seit langem mehr Kummer als Freude. Die einzelnen Ländersektionen streiten um die Vorherrschaft in Europa, man reibt sich in Formalitäten und Intrigen auf. Der Russe Michail Alexandrovic Bakunin, Aristokrat, ehemaliger Artillerie-Offizier, geistiger Führer der Anarchisten, hat sich sogar in den Kopf gesetzt, Marx zu entthronen. Aus seinem Exil in der französischen Schweiz verbreitet er Parolen gegen ihn, in denen er vor dem übelsten Antisemitismus nicht zurückschreckt:

> Die ganze jüdische Welt, die eine einzige Sekte von Ausbeutern und Blutsaugern, ein unersättlicher kollektiver Parasit ist … diese Welt steht gegenwärtig … Marx einerseits und den Rothschilds andererseits zur Verfügung. Ich weiß, dass die Rothschilds als die Reaktionäre, die sie sind und sein müssen, die Verdienste des Kommunisten Marx hoch schätzen und dass sich der Kommunist Marx … aus respektvoller Bewunderung zu dem Finanzgenie Rothschild unwiderstehlich hingezogen fühlt. Sie eint eine jüdische Solidarität, diese gewaltige Kraft, die die Geschichte überdauert hat … In allen Ländern hassen die Menschen die Juden. Sie verabscheuen sie so tief,

dass jede Volksrevolution ganz natürlich mit Massakern an Juden einhergeht.[30]

Das geht zu weit. Das ist Aufruf zum Genozid. Das kann Marx, auch wenn er seine jüdische Herkunft ignoriert, nicht hinnehmen. Bakunin hetze zum »Racenkrieg« auf, schreibt er in einem Bericht an die Mitglieder der Internationale.[31] Wenig später, im September 1872, wird Bakunin auf dem Kongress der Internationale in Den Haag mit siebenundzwanzig gegen sieben Stimmen aus der Assoziation ausgeschlossen. Er selbst ist bei seiner »Hinrichtung erster Klasse« nicht anwesend. Denn eine Reise von der Schweiz in die Niederlande hätte ihn durch Frankreich geführt, wo er steckbrieflich gesucht wird.[32] Auf Antrag von Engels soll außerdem der Sitz des Generalrats von London nach New York verlegt werden, da sich die Mitglieder ja sowieso niemals einigen würden und keine Aussicht bestehe, die Franzosen mit den Spaniern oder die Engländer mit den Deutschen zu versöhnen. Obwohl dieser Antrag auf viel Empörung stößt, besonders bei den französischen Delegierten, die der Meinung sind, dann könne man den Generalrat gleich auf den Mond verlegen,[33] wird er mit knapper Mehrheit akzeptiert. Das ist das Ende einer großen europäischen Idee. Fern von Europa und Marx als führendem Kopf ist die Internationale handlungsunfähig. Marx geht diesen Schritt ganz bewusst mit, wohl wissend, dass er damit ihr Todesurteil unterschreibt. Er verhält sich, so sein Biograph Jürgen Neffe, »in der Manier eines Kapitäns, der sein Schiff … dem Versenken preisgibt, um zu verhindern, dass der Feind es kapern wird«.[34] Er ist müde. Er will wieder frei sein.[35] »Das wird das Ende meiner Sklaverei sein«, schreibt er an einen belgischen Sozialisten. »Ich werde keine Verwaltungsfunktion mehr annehmen.«[36]

Lafargue, Longuet, Lissagaray …

Seine Nerven sind bis aufs äußerste gereizt. Da ist der Zorn auf den einstigen Gefährten Bakunin, der ihn auf so unbeschreibliche Weise beschimpft und verleumdet hat. Da ist die Enttäuschung über das Scheitern der Internationale. Zu alldem kommt noch die Wut über seine häusliche Situation, denn seine beiden älteren Töchter haben sich mit ihren Ehemännern in seinem Haus einquartiert: die inzwischen aus Spanien zurückgekehrte Laura, weil sie nach dem Tod ihrer Kinder tief deprimiert ist und Hilfe braucht, Jenny, weil ihr Charles als Sprachdozent nirgendwo Fuß fassen kann. Die ehemaligen Kommunarden seien »politische Bummler par excellence«, schreibt ihre Mutter an Wilhelm Liebknecht.[37] Sie essen, trinken guten Wein und gehen ins Theater, doch nur Jenny bemüht sich, etwas zu verdienen. Sie gibt immer noch Privatstunden, auch als sie schon schwanger ist, rackert sich in Regen, Kälte und Schnee mit dem Hin- und Herfahren ab, erträgt aber ihr Geschick »mit wunderbarem Mut und … großartiger Resignation«. Nein, sie habe wirklich »etwas Besseres verdient«, sagt Mutter Jenny. Longuet sei genauso untauglich fürs praktische Leben wie Paul Lafargue, der die brillante Idee gehabt habe, ein Studio für ein neues fotografisch-lithografisches Verfahren zu eröffnen, zusammen mit einem Partner, der ebenfalls Kommunardenflüchtling ist. Doch das Unternehmen scheitert, bevor es richtig begonnen hat, denn es gibt ständig Streit zwischen den beiden Männern. Marx ist wütend und verdächtigt Lafargue, als Werkzeug von Bakunin zu handeln und den Familienfrieden bewusst zu stören. Umso mehr, als das Buch über das *Recht auf Faulheit*, an dessen Vollendung der Schwiegersohn nun mit Hochdruck arbeitet, ihm überhaupt nicht gefällt, obwohl es unvergleichlich witzig und brillant ist.

»Ach, die Zeit der Muße, die der heidnische Dichter verkündete, ist nicht gekommen«, heißt es darin. »Die blinde, wahnsinnige, menschenmörderische Arbeitssucht hat die Maschine aus einem Befreiungsinstrument in ein Instrument zur Knechtung freier Menschen umgewandelt … Wie Christus, die leidende Verkörperung der Sklaverei des Altertums, erklimmt unser Proletariat … den rauhen Kalvarienberg der Leiden ... O Faulheit, erbarme du dich des unendlichen Elends! O Faulheit, Mutter der Künste und der edlen Tugenden, sei du der Balsam für die Schmerzen der Menschheit!«[38]

Diese französische Leichtigkeit und Eleganz, eine Sprache wie Musik, ist Karl Marx völlig artfremd. Aber klingt da nicht auch eine große Portion Sarkasmus durch, Hohn auf seine eigenen ökonomischen Theorien, an denen er ein Leben lang gearbeitet hat, ohne »das Recht auf Faulheit« für sich in Anspruch zu nehmen? Da stellt Lafargue doch tatsächlich die Behauptung auf, dass nicht der »Arbeiter« der Idealmensch der Zukunft sei, sondern der »edle Wilde«! Dass »Arbeitssucht« und »Arbeiterbewegung« eng miteinander verwandt seien, weil sie beide in christlich-preußischen Denkmustern wurzelten! Auf falsch verstandenen christlichen Denkmustern übrigens, denn Jesus habe in der Bergpredigt gesagt: »Sehet die Lilien auf dem Felde, wie sie wachsen; sie arbeiten nicht, sie spinnen nicht, und doch sage ich Euch, dass Salomo in all seiner Pracht nicht herrlicher gekleidet war!« Sogar Jehova, der »sauertöpfische Gott«, habe seinen Anhängern ein gutes Beispiel gegeben, indem er für einen Tag in der Woche alle Arbeit verboten habe, am Sabbat nämlich.

Marx distanziert sich immer mehr von diesem Schwiegersohn, dessen Ironie er nicht wirklich versteht und dem er nicht verzeihen kann, dass er als Arzt nicht besser für seine drei Kinder gesorgt, sondern ihrem Sterben anscheinend untätig zugesehen hat, um sich der »Revolution« zu widmen.

Bald nach dem Sturz der Pariser Kommune ist auch Lissagaray in London eingetroffen und hat im Hause Marx seine Aufwartung gemacht. Zuerst hat er sich in Jenny, die Älteste, verliebt, die, damals noch nicht mit Longuet verlobt, durchaus geneigt war, seine Avancen zu erwidern, denn er sieht nicht nur gut aus, sondern hat auch einen ausgesprochen skurrilen Humor. Auf dem Fragebogen, den die Schwestern Laura und Jenny ihren Gästen vorzulegen pflegen, um sie über ihre Eigenschaften und Vorlieben zu befragen, gibt er als Hauptcharaktermerkmal seine »lange Nase« an und als Lieblingsbeschäftigung »Rauchen«.[39] Doch schon bald hat er nur noch Augen für Tussy, die mit ihren siebzehn Jahren gerade einmal halb so alt ist wie er.

Er hat etwas Geld, da er aristokratischer Herkunft ist, muss nicht, wie Lafargue oder Longuet, einen »Job« suchen, sondern kann sich eine Wohnung auf der noblen Fitzroy-Street leisten, wo viele Adlige und hohe Beamte wohnen. Tag für Tag arbeitet er an seinem großen Werk, der *Geschichte der Kommune von 1871*, einem Buch, das minutiös recherchiert und doch sehr persönlich ist, ohne jemals ins Sentimentale abzugleiten. Manchmal kommt er mit dem Manuskript zu den Marxens und liest daraus vor, zum großen Ärger von Longuet und Lafargue, die ihn als Konkurrenten betrachten. Der Hausherr dagegen hört ihm aufmerksam zu, und auch Engels, der manchmal vorbeikommt, ist begeistert. Denn Lissagaray ist nicht unkritisch, glorifiziert nicht, sondern weist auch auf die Fehler der Kommune hin: das stellenweise unklare Programm, das dem Arbeiter ebenso wenig gesagt habe wie dem Bauern, das hohle Pathos einiger Führer, die chaotische Organisation und das Versagen im Erziehungs- und Gesundheitswesen. Viele echte Chancen seien verpasst worden. Statt an der reaktionären Pädagogik der Monarchie etwas zu ändern, habe man nur die Kruzifixe aus den Klassenzimmern entfernt. Und die adeligen oder für bourgeois gehaltenen Ärzte aus den Krankenhäusern gejagt, sodass viele Verletzte unversorgt geblieben seien.[40] Auf den letzten Seiten des Buches fasst er zusammen:

Das Paris der Kommune hat nur noch drei Tage zu leben. Graben wir sein Antlitz in die Tafeln der Geschichte. Folgen wir den Trauerzügen, die die Rue de la Roquette heraufgezogen kommen, und betreten wir mit ihnen den Friedhof Père-Lachaise. Alle, die für Paris sterben, werden eingescharrt in dem großen Familiengrab. Auf dem Bastille-Platz geht es lustig zu wegen der Lebkuchenmesse. Paris will wegen des Kampfes doch auf nichts verzichten. Zehn Kirchen öffnen sich, und die Revolution steigt auf die Kanzel. Einige Gasflammen flackern. Da hinten, im Schatten des Säulengangs, ist ein Christus mit einer Kommunardenschärpe geschmückt. Die Orgel spielt die Marseillaise, und die Menge stimmt ein. Im Café Peters treiben sich viele Mädchen herum und Stabsoffiziere mit eleganten Stiefeln, roten Aufschlägen und Säbeln. Eine Abteilung Nationalgarden rückt heran und hebt die ganze Gesellschaft aus. Wir folgen ihnen bis zum Stadthause. Der Prozess ist schnell erledigt. Die Mädchen nach Saint-Lazare, dem Frauengefängnis, und die Offiziere mit Hacke und Spaten in die Gräben.[41]

Tussy hängt an den Lippen dieses Mannes, der ihre erste Liebe und zugleich ihr Vorbild ist. Mit jeder Seite, die er vorliest, lernt sie besser Französisch. Sein Buch ist so spannend wie ein Abenteuerroman von Cooper oder Marryat. Und trotzdem ist alles, was er geschrieben hat, wirklich geschehen. Das hat auch *sie* alles erlebt oder mit angesehen: die Verfolgung, die Haft, das Leiden der Frauen und Kinder. Bald sind die beiden ein Paar, trotz des Altersunterschieds. Er küsst sie und nennt sie zärtlich »sa petite femme«, nicht »Quoquo«, »Alberich« oder »Miss Lilliput« wie die anderen. Es ist das erste Mal, dass jemand sie wie eine Erwachsene behandelt und hinter ihrem mädchenhaften Erscheinungsbild eine Frau erkennt.

Laut Tussys englischer Biographin Rachel Holmes soll es schon bald zu sexuellen Kontakten gekommen sein,[42] was sehr wohl möglich, aber nicht durch Quellen zu belegen ist, da der Briefwechsel zwischen Tussy und Lissagaray nicht mehr existiert. Es würde aber erklären, warum sich besonders Laura so heftig über die Beziehung erregte und ihren Vater gegen Lissagaray aufzuhetzen versuchte, was ihr mit viel Geduld auch gelang.

Es kann aber auch ganz anders gewesen sein: dass Lissagaray Rücksicht auf Tussys Jugend nahm und sich wie ein »Kavalier alter Schule« sexuell zurückhielt. Dafür scheint die Tatsache zu sprechen, dass Tussy offenbar noch ganz unerfahren war, als sie mit achtundzwanzig ihre nächste Beziehung einging – mit Edward Aveling, einem Mann, von dem noch die Rede sein wird.[43]

Im Seebad

Doch ob es nun Sex gegeben hat oder nicht – eins ist sicher: Marx will seine Tochter nicht hergeben, weil er sie nicht loslassen kann und weil sie für eine Ehe noch viel zu jung ist. Er will sie vor allem keinem Franzosen zur Frau geben, denn er hat schon zwei Schwiegersöhne aus Frankreich. Das genügt ihm. Um zu verhindern, dass sie Lissagaray weiterhin trifft, beschließt er, mit ihr in Kur zu fahren: nach Brighton, in das Seebad der Aristokratie, ein reinliches Neapel mit weißen Kreideklippen, endlosen Kieselstränden, Grand Hotels, Grünanlagen, Rabatten und viktorianischen Villen. Hier wird Tussy, so hofft Marx, schon auf andere Gedanken kommen, unter den eleganten Damen und Herren, die den West Pier entlangspazieren. Alles ist doppelt so teuer und dreimal so steif wie in London, man sieht keine Armen, keine demonstrierenden Fenier, das Kapital ist in diesem Paradies unter sich.

Doch in diesem Frühjahr 1873 zeigt sich das Paradies von seiner scheußlichsten Seite. Es regnet, hagelt und stürmt. Ab und zu schneit es sogar. Mehr als mannshohe Wellen peitschen gegen die Kreidefelsen und machen Spaziergänge in der frischen Luft unmöglich. Vater und Tochter nehmen Seebäder zur Behandlung von Drüsenkrankheiten, aber Tussy ist nicht krank, nur verliebt. Es kommt zu Szenen. Wahrscheinlich schreien oder schweigen sie sich an, gehen sich zum ersten Mal in ihrem gemeinsamen Leben auf die Nerven. Zum Schluss setzt Tussy sich durch, vermutlich durch Hungern und Ohnmachtsanfälle. Das ist schick und gefährlich, das ist die Modekrankheit viktorianischer Mädchen. Marx fährt ratlos wieder ab, ohne sein Ziel, ihre Trennung von Lissagaray, erreicht zu haben. Tussy will sich eine Stellung suchen und ihr Leben von nun an selbst in die Hand nehmen.

Mutter Jenny ist nicht begeistert vom Verhalten ihres Mannes. War sein Aufbruch nicht viel zu hektisch, viel zu unüberlegt? War es richtig, ein so junges Mädchen sich selbst zu überlassen? Sie macht sich Sorgen um ihre Jüngste, kann vor Angst und schlechtem Gewissen nicht schlafen. »Mein liebes Tussychen«, schreibt sie am 1. April 1873, »ich hätte Dir schon gestern geschrieben, ich war aber wirklich zu allem, also auch zum Schreiben, unfähig, und habe mich bloß von einem Sofa auf das andere begeben ... Dein lieber Brief von heute Morgen hat mir wieder Mut gegeben und so sitze ich denn gleich wieder, um Dir zu sagen, dass es bitterlich kalt wie mitten im Winter ist, dass dichte Schneeflocken mit obligater Hagelbegleitung gegen die Fenster fliegen, hier und da ein Sonnenblick vom grauen Himmel, dann wieder Regen und so fort.«[44]

Zwar hat Tussy vorübergehend bei Césare Pascal, einem sozialistischen Pfarrer aus Frankreich, Unterschlupf gefunden, aber auf Dauer werde sie dort nicht bleiben können, meint die Mutter, denn bei Fremden, und erst recht bei »sozialistischen Pfaffen«, zu wohnen, sei keine Lösung. Die Mutter weiß, dass Laura fortfährt, Tussy mit Briefen zu bombardieren und ihr die schlimmsten aller denkbaren Vorwürfe zu machen. Doch Jenny Marx stellt sich entschlossen hinter ihre Jüngste. Hat sie nicht selbst jahrelang um ihren Karl kämpfen müssen? Hat die Jugend nicht ein Recht auf große Gefühle? Ist Tussy, nur weil sie verliebt ist, eine Verräterin? »Sei tapfer, sei mutig!«, redet sie ihr zu. »Lass diese furchtbaren Briefe Dich nicht erdrücken. Glaube mir, trotz allem Anschein des Gegenteils, begreift niemand Deine Lage, Deinen Kampf, Deine Erbitterung besser als ich. Lass Dein junges Herz siegen und bedenke, dass da, wo keine *Schuld* ist, das Leiden auch am schwersten ist.«[45]

Andererseits sieht sie auch Laura in ihrer Not, in ihrer Verzweiflung über den Verlust dreier Kinder, sieht auch Jenny, die vor Existenzangst nicht schlafen kann, unter Seitenstichen leidet, sich vom Hausarzt Chloral verschreiben lässt, um wenigstens ein paar Stunden zur Ruhe zu kommen. »Eine Schwester kann aufhören, Schwester zu sein und als Schwester zu fühlen«, versucht die Mutter zu vermitteln. »Das Kind aber bleibt ewig Kind, selbst schuldbeladen und im Unrecht ... Vergib mir, wenn Du Dich durch mich zuweilen verletzt fühlst und behalte mich in liebendem Andenken. Deine alte Möhme.«[46]

Lehrerin Tussy

Tussy ist entschlossen, sich nicht entmutigen zu lassen, sucht sich ein Zimmer auf der Manchester Street in der Nähe der Seepromenade und findet mit Hilfe der Familie Pascal eine Stellung an einer *Boarding School* für viktorianische Fräulein. Auch die Leiterinnen sind Fräulein, die beiden Miss Hall. Sie machen keinen Vertrag mit ihr, sondern engagieren sie auf unbestimmte Zeit und mit unklaren Verpflichtungen. Sie soll Deutsch unterrichten, ein paar Brocken Französisch, ein bisschen englische Literatur, ein bisschen Singen. Ihre Schülerinnen sind nur wenig jünger als Tussy. Viele kommen aus Indien oder anderen Kolonien, sind Töchter hoher Offiziere des Empire. Man hat sie nach Europa geschickt, damit sie im Kreis gleichaltriger englischer Ladys aufwachsen. Sie tragen hochgeschlossene Kleider, schwarze Strümpfe, weiße Batistschürzen, ein Korsett, einen Flanellpetticoat, einen Baumwollpetticoat und ein enges Mieder. Die meisten haben Heimweh im Käfig des viktorianischen Mädchenlebens. Was hat die Zukunft ihnen zu bieten? Eine Ehe. Zahllose Schwangerschaften, sonst nichts. Im Salon hängt das Bildnis der Königin Viktoria, vielfache Mutter, Hüterin des Anstands, Sinnbild ehelicher Tugend. So zu werden wie sie muss das Ziel jedes besseren englischen Mädchens sein.

Tussy lebt sich schnell ein, wird von den Lehrerinnen geschätzt, gewinnt Freundinnen unter den Mädchen, von denen einige sogar wissen, was die »Internationale« ist. »Ich habe mich überzeugt, wie sehr Du beliebt bist und wie die Mädchen alles für Dich tun«, schreibt Mutter Jenny nach einem Besuch in Brighton. »Ich habe selten nettere Kinder gesehen.«[47]

Marx steigert sich unterdessen immer mehr in einen Privatkrieg gegen Lissagaray und berichtet voller Stolz an Engels:

> Ich habe heut an Tussy geschrieben und bin sicher, dass Herr L. pour le moment bonne mine à mauvais jeu machen muss ... In dem Brief, den das Kind von mir erhielt, hatte ich ihm gesagt ... ich verlange nichts von ihm, als dass er Beweise statt Phrasen gebe, dass er besser als sein Ruf sei und dass

man irgendein Recht habe, sich auf ihn zu verlassen ... Das Verdammte ist,
dass ich wegen des Kindes sehr schonend und vorsichtig auftreten muss.[48]

Ganz anders Jenny, die Mutter. Sie erwähnt das Thema »Lissagaray«
überhaupt nicht in ihren Briefen an Tussy, sondern schickt ihr Mineralwasser, Schokolade, Dosenfleisch, einen schwarzen Badeanzug, ein
Kleid für Spaziergänge, das notfalls auch für die Kirche taugt, denn
Kirchgänge lassen sich in Tussys Stellung nicht ganz vermeiden, ein ka-
narienvogelgelbes Baumwollkleid ...»Diese Toilettensachen«, schreibt
sie dazu, »ennuyiren Dich sicher sehr, da ich weiß, wie wenig Wert Du
darauf legst und wie wenig eitel und putzsüchtig Du bist.«[49] Aber unter
all den viktorianischen Ladys müsse sie doch anständig aussehen!
    Jenny macht sich Sorgen um Tussys Gesundheit, die seelische wie
die körperliche. Immer wieder kommt sie in ihren vielen Briefen darauf
zu sprechen. »Die innigsten Wünsche für Dein Wohl, Deine Gesundheit und die Heiterkeit Deiner Seele.«[50] – »Bitte schreib mir, was ich Dir
schicken soll und wozu Du Lust und fancy hast. Bei so geringem Appetit passt die rohe Boarding school Kost nicht.«[51] – »Leider ist Dein Rü-
ckenschmerz nicht so gering zu achten um Stunden lang steif zu sitzen;
allein, ich begreife, wie sehr Du Dich nach Arbeit und Unabhängigkeit
sehnst, die 2 einzigen Dinge, die über die Leiden u. Sorgen der jetzigen
Gesellschaft hinüberhelfen.«[52] Während ihres Aufenthaltes in Brighton
kommt Lissagaray Tussy heimlich besuchen, nicht nur einmal, sondern
an fast jedem Wochenende. Es sind romantische Tage. Sie gehen Arm in
Arm am Meer spazieren, essen Muscheln und Fisch, machen Picknicks
mit Käse und Wein und diskutieren über das Schicksal der Internationale. Mutter Jenny erfährt davon. Als sie einmal in Brighton ist, erwähnt
nämlich eine der beiden Miss Hall, Tussy, die ja »engaged«, also »verlobt«
sei, habe sich für Lissagarays Besuch ein paar Tage freigenommen. Jenny stellt ihre Tochter nicht bloß, verrät sie nicht. Ja, mit dem »engagement« habe es seine Richtigkeit. Doch die gesellschaftliche Stellung
Lissagarays erlaube es den beiden vorläufig noch nicht zu heiraten. »Der
Mohr weiß nichts davon«, schreibt sie später an Tussy.[53] Es ist eines der
ersten Male, dass sie sich mit einer ihrer Töchter gegen ihn verbündet.
    Marx und die Schwestern drängen Tussy, wieder nach Hause zu kom-

men. Der Unterricht an der Boarding School sei doch viel zu anstrengend für sie. Dazu noch die vielen Privatstunden, die sie geben müsse, weil in Brighton alles so teuer sei. Außerdem werde sie in London gebraucht. Ihr Vater leide an Kopfschmerzen, Schlaflosigkeit und Leberbeschwerden, müsse nun ebenfalls das berühmte Chloral schlucken. Zeitungen berichten gar, er habe nicht mehr lange zu leben. Während Engels die Krankheit zu ignorieren versucht, weil er sie für Hypochondrie oder Erpressung hält, nimmt Marx sie seinerseits bitter ernst und schreibt an sozialistische Freunde: »Ich war monatelang sehr krank und sogar für einige Zeit in einem durch Überarbeitung hervorgerufenen gefährlichen Zustand. Mein Kopf war so ernsthaft in Mitleidenschaft gezogen, dass man einen Schlaganfall befürchten musste, und auch jetzt bin ich noch nicht imstande, mehr als einige Stunden täglich zu arbeiten.«[54]

Er braucht eine Assistentin, jemanden, der für ihn ins British Museum geht, seine tägliche Korrespondenz erledigt. Seine Frau, die bewährte Helferin, fällt diesmal aus. Sie muss sich um die schwangere Jenny kümmern, muss Babykleider und Umstandsgarderobe nähen lassen, muss trösten, das Wochenbettzimmer herrichten. Laura wiederum ist seit dem Tod ihrer Kinder launisch und depressiv geworden und fällt für jede Art von Hilfe aus. Bleibt also nur Tussy. Die allerdings nicht daran denkt, diesem Ruf zu folgen, zumal sie die Krankheit des Vaters für nicht allzu schlimm hält und gerade jetzt »großes Glück« an der Schule habe.[55] Außerdem sei sie nicht bereit, Lissagaray und sich für die Familie zu opfern.[56]

Das klingt alles sehr selbstbewusst, sehr emanzipiert. Nur Mutter Jenny ahnt, dass es hinter der Fassade anders aussieht, dass Tussy kaum etwas isst, mehrmals am Tag ohnmächtig wird und gelegentlich Blut spuckt. Man braucht nur einen Blick auf ihre Briefe zu werfen: Das schöne, gestochen klare Schriftbild von früher ist verschwunden, die Buchstaben sind zittrig und undeutlich, es gibt keine Abstände zwischen den Wörtern, die sich zu einer einzigen schwimmenden Linie verbinden. Auf diese Weise schreibt sie nicht nur an die Mutter, sondern auch an Marx. Doch der zeigt sich, wie es scheint, ungerührt, selbst von so erschütternden Briefen wie diesem:

Mein liebster Mohr, ich möchte Dich etwas fragen, aber Du musst mir versprechen, dass Du nicht böse wirst. Ich möchte gern wissen, lieber Mohr, wann ich Lissagaray wiedersehen darf. Es ist so hart, ihn niemals sehen zu dürfen. Ich habe mich wirklich bemüht, geduldig zu sein, aber es ist so schwer, und ich fühle, dass ich es nicht mehr ertragen kann. Ich erwarte nicht, dass Du sagst, er dürfe herkommen. Ich wünsche es mir nicht einmal, aber könnte ich nicht wenigstens einmal ein bisschen mit ihm spazieren gehen? ... Niemand würde darüber erstaunt sein, weil alle wissen, dass wir verlobt sind ... Miss Hall und Tante Burns wissen und akzeptieren es ... Als ich in Brighton so schrecklich krank war – während einer Woche bin ich zwei- oder dreimal am Tag in Ohnmacht gefallen, ist Lissagaray gekommen, um mich zu besuchen, und jedes Mal war ich danach stärker und glücklicher und konnte die bleischwere Last, die auf meinen Schultern lag, besser tragen. Es ist so lange her, dass ich ihn gesehen habe, und ich fühle mich jetzt so schrecklich unglücklich, trotz aller Versuche, mich aufrecht zu halten. Ich habe mich bemüht, heiter und fröhlich zu sein. Aber ich kann es jetzt nicht mehr länger ertragen. Glaub mir, liebster Mohr, wenn ich ihn wenigstens manchmal sehen könnte, würde mir das mehr helfen als alle Verordnungen von Mrs. Anderson* zusammen. Ich weiß das aus Erfahrung. Auf jeden Fall, liebster Mohr, wenn ich jetzt nicht darf, kannst Du mir dann nicht sagen, wann? Es wäre wenigstens etwas, worauf ich mich freuen könnte, und wenn die Zeit nicht so endlos und unbestimmt wäre, wäre das Warten nicht so ermüdend. Mein liebster Mohr, sei mir bitte nicht böse, weil ich das geschrieben habe, und vergib mir, dass ich egoistisch genug bin, Dir schon wieder Sorgen zu machen. Deine Tussy.[57]

* Elizabeth Garett Anderson, Tussys Londoner Ärztin

»Ich komme nicht!«

Die Mutter hat Angst, Tussy könne unter der seelischen Belastung zusammenbrechen, schickt ihr Alkohol und Chloral in größeren Mengen. »Ich schicke Dir Mineralwasser zu Deinem Wein ebenso eine Flasche Chloral, die Gumpert* eigens für Jenny und Mohr niedergeschrieben hat. Nimm es, um etwas zu schlafen.«[58] Als Engels davon erfährt, ist er entsetzt. Reiche es nicht schon, dass Marx und die schwangere Jenny die Droge nehmen? Müsse auch noch Tussy mit ihren achtzehn Jahren damit anfangen? »Der General«, schreibt die Mutter in einem ihrer nächsten Briefe, »ängstigt mich wegen dem Chloral. Er meint, ein Löffel sei zu viel für Dich. Ich bitte Dich, keinen zu nehmen, bis Du Deinen Doktor gefragt.«[59]

Jetzt meint auch die Mutter, dass Tussy nicht länger allein bleiben sollte. Die Gefahr, dass sie sich umbringen könnte, ist einfach zu groß. Als Helene Demuth eine Reise nach Sankt Wendel im Saarland plant, um eine kranke Verwandte zu besuchen, beschließt Jenny, dass Tussy mitfahren soll. An Tussy selbst schreibt sie: »Ich bin überzeugt, dass die herrliche Rheinreise und das ganz ungenierte Leben in dem kleinen Sankt Wendel Dich vollständig restaurieren wird … Ich schreibe an Miss Hall, um sie zu überreden und Dich gehen zu lassen … Soll ich vielleicht selbst kommen, um die old maids zu überreden?«[60]

Noch bevor Tussy antworten kann, hat Jenny schon an eine der beiden Miss Hall geschrieben. Die ist empört, denn Tussy sei eine gute Lehrkraft, auf die sie nicht so plötzlich verzichten könne. »Dear Madam«, zitiert die Mutter die Antwort der Lehrerin, »ich bin sehr überrascht und verärgert, dass Ihre Tochter mich am Samstag verlassen will, ohne mir vorher Bescheid gegeben zu haben, denn wie soll ich so schnell einen Ersatz für sie finden? Sie sagt mir, es sei Ihr Wunsch, dass sie fährt, worüber ich, um ehrlich zu sein, sehr erstaunt bin. Ich verstehe zwar, dass es Ihr Wunsch ist, sie am Samstag nach Deutschland zu schicken, in Begleitung einer Person, die sie dort herumführt. Aber ich

* Engels' Hausarzt

kann wirklich nicht auf sie verzichten, bevor ich jemanden gefunden habe, der ihren Platz einnimmt.«[61]

Jenny Marx ist nun ihrerseits ärgerlich. Sie ist es nicht gewohnt, dass man ihr widerspricht. Sie weiß selbst, wie sie ihre Tochter zu behandeln hat und lässt sich von einer Lehrerin keine Vorschriften machen:

Zu meinem großen Ärger höre ich, dass Sie auf meine Tochter nicht verzichten können, weil sich gerade jetzt gute Gelegenheit ergibt, sie nach Deutschland zu schicken. Es ist die Meinung unseres medizinischen Ratgebers ... dass sie Ruhe und Luftveränderung braucht. Ich fürchte wirklich, dass in ihrem delikaten Gesundheitszustand die Schulpflichten zu anstrengend für sie werden, besonders während des sehr warmen Wetters. Ich weiß, dass meine Tochter keine Vereinbarung mit Ihnen getroffen hat, die sie verpflichtet, eine bestimmte Zeit lang zu bleiben.[62]

Tussy will nicht, dass die Mutter sie so bevormundet. Sie will bei den beiden Miss Hall und ihren neuen Freundinnen bleiben, will die Selbstständigkeit, die sie sich mit viel Mühe erkämpft hat, nicht wieder aufgeben. Die Korrespondenz geht noch eine Weile hin und her. Mit Schmeicheln und Zureden versucht die Mutter, sie unter Druck zu setzen. Zu einem deutlichen Nein fehlt Tussy der Mut. Erst in letzter Minute schickt sie ein Telegramm, in dem sie erklärt: »I don't come.« – »Ich komme nicht.«

Doch jetzt steht »die große Katastrophe«, Jennys Niederkunft, bevor. Tussy *muss* kommen. Das ist heilige Schwesternpflicht. Sie folgt also doch dem Ruf der Familie und verlässt Brighton im September 1873, um nie wieder an die Schule der beiden Miss Hall zurückzukehren.

Eleanor Marx mit sechzehn

4

VON DER PFLICHT, FÜR ANDERE ZU LEBEN
1873–1877

Der kranke Marx

Am 2. September 1873 bringt Jenny, die Jüngere, ein schwächliches Kind zur Welt. Es ist ein Junge. Die Freude im großelterlichen Haus hält sich in Grenzen. Man hat genügend Erfahrungen mit Neugeborenen, um zu sehen, dass auch dieses Kind, das nach Vater und Großvater »Charles« genannt wird, nicht lange leben wird. Es sieht aus wie ein Greis. Es erbricht fast alles, was man ihm einflößt – vielleicht eine Folge des Chloral, das Jenny ständig geschluckt hat?

Die Laune des Großvaters wird immer schlechter. Schon wieder Kindergeschrei Tag und Nacht. Schon wieder keine ruhige Minute zum Arbeiten, dazu der ständige Ärger über Tussy und Lissagaray. Er möchte verreisen, ins Ausland, am liebsten mit Tussy zusammen. Aber da ist wie immer die Angst, dass man ihn irgendwo festnehmen könnte.

Bleibt also nur ein Kurort in England übrig. Diesmal nicht Brighton, sondern Harrogate, ein elegantes, aber langweiliges Nest im Landesinneren, in dem sich Philister von Blasen- und Nierenbeschwerden kurieren. Tussy nimmt wie er Mineralbäder und bemüht sich, artig zu sein. Kein Gespräch über Lissagaray, keine Nahrungsverweigerung, keine Ohnmachten. Allerdings raucht sie Kette, zum Befremden der anderen Kurgäste. Dass Frauen rauchen, ist in diesen Kreisen und zu dieser Zeit schon recht ungewöhnlich.

Marx ist trotzdem zufrieden mit ihr. Es war richtig, sie von Lissagaray fortzubringen. Die besten Heilmittel gegen die Liebe sind immer noch die Zeit und die Entfernung. »Tussychen bekömmt die Kur außerordentlich gut«, schreibt er an Engels.[1] Jedenfalls lasse der äußere Anschein darauf schließen.

Er selbst fühlt sich immer noch reizbar und schwach. Trotzdem kann er nicht untätig sein. Er *muss* lesen, debattieren, korrespondieren. Zu dieser Zeit erregen ihn die Bücher des 1869 verstorbenen Charles-Augustin de Sainte-Beuve, der in Paris als *der* Literaturkritiker seiner Zeit galt und in dessen Haus Flaubert, George Sand, die Brüder Goncourt und viele andere verkehrten. Er schrieb biographische Porträts über Voltaire, Rousseau und Beaumarchais, die bis heute erstaunlich modern wirken, eindringlich und mit viel psychologischem Scharfsinn erzählt. Marx kann sich vor Entrüstung über Sainte-Beuve kaum fassen. Dieser Mann sei, schreibt er an Engels, in Frankreich nur so berühmt geworden, »weil er in jeder Hinsicht die klassischste Inkarnation der französischen vanité« sei, »romantisch verkleidet und in neugebackenen Redewendungen stolzierend«.[2] Ein solches Pauschalurteil zeigt, wie sehr die Eifersucht in ihm wühlen muss, denn Lissagaray, sein französischer Fast-Schwiegersohn, schreibt einen ähnlich eleganten Stil wie Sainte-Beuve und wird dafür von Tussy und vielen anderen bewundert.

Auf der Rückreise fährt er mit ihr nach Manchester, um sich bei Doktor Gumpert, Engels' langjährigem Hausarzt, vorzustellen, einem »Juden«, den er immer wieder um Rat fragt, wenn ihm oder einem seiner Familienmitglieder etwas fehlt. Gumpert tastet ihn ab, macht ein bedenkliches Gesicht. Die Galle ist verhärtet, die Leber geschwollen. Dagegen helfe, außer weniger Alkohol zu trinken, nur Karlsbad. Karlsbad befindet sich in Böhmen, im Kaiserreich Österreich-Ungarn. Dort liegt zwar nichts weiter gegen Marx vor. Aber wie durch das neue Bismarck'sche Reich kommen ohne englischen Pass, den ihm das Innenministerium hartnäckig verweigert, weil er ein »berüchtigter deutscher Agitator, Chef der Internationalen Arbeiter-Assoziation und Verfechter kommunistischer Prinzipien« sei, der »seinem eigenen König und Land nicht die Treue gehalten« habe?[3]

Zu Hause hören die Probleme nicht auf. Zwar kommt Engels, der ganz in der Nähe wohnt, jeden Tag, um mit ihm spazieren zu gehen. Doch er wirkt missgelaunt, manchmal auch traurig, denn Lizzy, seiner Gefährtin, geht es nicht gut. Sie hat sich in London nie einleben können, hat Husten, Asthma, Schmerzen im Unterbauch. Engels ist nicht mehr der unbekümmerte Junggeselle von früher, dessen Hauptlebensziel darin bestand, seinen besten Freund glücklich zu machen. Er hat Angst, dass er auch diese Frau, die er aufrichtig liebt, verlieren wird.

Irritierend, dass er trotzdem sehr viel publiziert, seitdem die Fesseln der Geschäftsführung von ihm abgefallen sind, so zum Beispiel die epochemachende Schrift *Zur Wohnungsfrage*, in der er die Vertreibung der Arbeiter aus den Kernstädten beschreibt und ein Szenario dessen entwirft, was man heute »Gentrifizierung« nennen würde. Er schreibt dieses Buch ganz allein, nicht als Koautor von Marx. Haben sich die Hierarchien geändert? Beginnt Engels, der ewige Zweite, sich zu emanzipieren?

Ein weibliches Vorbild

Im Frühjahr 1874 geht es mit Charles, Jennys erstem Kind, zu Ende. Er ist lebensgefährlich an »Gastro-Enteritis«, einer schweren Magen-Darm-Infektion, erkrankt. Jenny, die immer noch ihre Privatstunden gibt, hat keine Zeit, ihn zu pflegen. Bleibt also nur Tussy. Tag und Nacht sitzt sie am Bett des wimmernden Kleinen, wechselt die Windeln, versucht ihn zu füttern, singt ihm vor. Wenigstens hat sie eine tüchtige Ärztin, die ihr beisteht: Doktor Elizabeth Garrett Anderson, achtunddreißig Jahre alt, verheiratet, feministisch und politisch engagiert. In den Nächten, die sie bei dem sterbenden Charles verbringen, erzählt sie Tussy aus ihrem Leben: Als Tochter eines wohlhabenden Kaufmanns hat sie neun Geschwister gehabt und ist trotzdem auf eine gute Privatschule geschickt worden. Sie war dreiundzwanzig, als sie eine Vorlesung von Elizabeth Blackwell, der ersten Ärztin Amerikas, hörte. Von da an hatte sie nur noch einen Wunsch: ebenfalls Ärztin zu werden. Ihr Vater reagierte zuerst entsetzt, fügte sich aber, als er sah, dass ihr Entschluss feststand. Sie bewarb sich bei allen medizinischen Fakultäten Englands. Alle lehnten sie ab. In der Not wurde sie Krankenschwester an einem Hospital. Aber auch da hatte sie gegen Widerstände zu kämpfen. Die Ärzte erlaubten ihr nicht, die Anatomiesäle zu betreten oder medizinischen Vorträgen zuzuhören. Sie fühlten sich durch die Anwesenheit einer Frau gestört. Nach einem Examen als Apothekerin erwarb sie in Paris, wo Frauen seit 1863 zum Medizinstudium zugelassen waren, ihren Doktortitel mit einer Arbeit *Sur la migraine*, über Migräne. Kurze Zeit später heiratete sie einen Reeder, mit dem sie drei Kinder bekam. Eines davon starb als Baby an Meningitis. Gemeinsam mit der Pionierin der Krankenpflege, Florence Nightingale, gründete sie die »London School of Medicine for Women«, an der nur weibliches Personal ausgebildet wurde. Sie ließ sich ins »school board«, die Londoner Schulaufsicht, wählen, und bekam mehr Stimmen als alle männlichen Kandidaten zusammen.

Tussy muss ihr sehr irritiert zugehört haben. Es war also *doch* möglich? Eine Frau konnte *doch* ihren Weg gehen und sogar Ärztin werden, wenn auch gegen größte Widerstände ihrer Umwelt, notfalls im Ausland? Sie musste nur kämpfen, an sich selbst glauben und das Gerede über die »Bestimmung der Frau« ignorieren?

Doch auch Doktor Anderson kann den kleinen Charles nicht retten. Er stirbt, nicht einmal ein Jahr alt, am 20. Juli 1874. Tussy sei »völlig zusammengebrochen«, schreibt Jenny Marx an einen Bekannten. Sie habe den Jungen geliebt wie ein eigenes Kind und sei vor Verzweiflung über seinen Tod fast gestorben.[4]

Karlsbad

Nun also doch Karlsbad. Tussy muss so schnell wie möglich fort von diesen Bildern, fort aus London. Marx schiebt seine Angst, unterwegs festgenommen zu werden, beiseite. Er hat zwar immer noch keinen englischen Pass, aber Tussy ist britische Staatsbürgerin. Gegen sie liegt nichts vor. Trotzdem bleibt er vorsichtig und schreibt sich in den Hotels als »Mr. Charles Marx, Privatier« ein, in der Hoffnung, niemand werde herausfinden, wer er ist.[5] Karlsbad ist großartig. Eine einzige Schloss- und Parklandschaft zwischen den Fichtenwäldern des Erzgebirges, von Tepl und Eger durchflossen, mit internationalem, wenn auch – Vater und Tochter bemerken es zunächst kritisch – hauptsächlich jüdischem Publikum. Goethe, Herder, Peter der Große, Schiller, Casanova, Paganini, Fürst Metternich, alles, was Rang und Namen hat, ist schon in Karlsbad gewesen, und auch jetzt sind polnische Grafen und österreichische Schriftsteller da.

»Es ist wirklich phantastisch, wie die Zeit vergeht«, schreibt Tussy an Schwester Jenny. »Ein Tag ist vorüber, bevor man Zeit gefunden hat, eine Zeitung zu lesen oder einen Brief zu schreiben.«[6]

Sie begleitet ihren Vater auf weiten Spaziergängen und trinkt das kostbare Karlsbader Mineralwasser, das gegen Magen- und Darmkrankheiten, Beschwerden an Leber, Gallenblase und Nieren, Prostatakrebs und Frauenleiden aller Art helfen soll. Auch bei Tussy scheint es wahre Wunder zu wirken. Jedenfalls isst sie im Restaurant des Hotels »Germania«, in dem sie »Logis« bezogen haben, reichlich Knödel, Kraut, Krapfen und Braten und nimmt innerhalb kürzester Zeit wieder zu. »Ihr Appetit wächst in geometrischen Proportionen«, schreibt Marx an Engels, »aber das Eigentümliche bei diesen Frauenkrankheiten, wo das Hysterische mithineinspielt: man muss tun, als merkte man gar nicht, dass sie wieder von irdischen Nahrungsstoffen lebt.«[7]

Tussy ist also nach Meinung ihres Vaters »hysterisch«, was um 1874 bedeutet: schwer neurotisch, wenn nicht psychisch krank und sexuell unbefriedigt. Er stützt sich in seinem Urteil offenbar auf den französischen Nervenarzt Jean-Martin Charcot, der in seinen Pariser Vorlesungen junge Mädchen und Frauen präsentiert, die angeblich an »Hysterie« leiden: kreischend, grimassierend, betend, in Ohnmacht fallend usw. Sigmund Freud und sein Freund Josef Breuer werden den Begriff später stark differenziert wieder aufgreifen. Heute wird er in der Psychiatrie nicht mehr benutzt.

Gutes Essen, schöne Umgebung, spannende Menschen – das ist es, was für Tussy den Reiz von Karlsbad ausmacht. Da ist etwa Władysław Plater, ein polnischer Freiheitskämpfer, der als politischer Flüchtling in Frankreich gelebt hat und jetzt in der Schweiz wohnt. Er spricht davon, Waffen an die polnischen Aufständischen liefern zu wollen, aber auch von einem polnischen Nationalmuseum, das er in einem Schloss bei Sankt Gallen eingerichtet hat, voll von Bildern, Militaria und Dokumenten zur polnischen Leidensgeschichte. Das gefällt Tussy. Schlägt doch ihr Herz schon seit früher Kindheit für die »armen Polen«. In der

Karlsbader Kurzeitung *Der Sprudel* steht übrigens lauter dummes Zeug über Plater: Er sei »Chef der russischen Nihilisten«, der wohl nicht ganz zufällig zusammen mit Karl Marx, dem »langjährigen Führer der Internationalen«, in der Stadt eingetroffen sei. Was bedeutet, dass Marx seine Identität doch nicht verbergen konnte. Die örtliche Polizei ist ihm schnell auf die Spur gekommen, hat aber »keinen Anlass für Verdacht« gesehen.[8]

Neue jüdische Freunde

Bis auf Plater und den preußischen Maler Otto Knille sind fast alle, mit denen die Marxens in Karlsbad zu tun haben, Juden: der Badearzt Ferdinand Fleckles oder der Berliner Gynäkologe Wilhelm Alexander Freund, ein Pionier der Uterus-Operation, auch »Hysterektomie« genannt. Ferner sein Kollege Ludwig oder »Louis« Kugelmann, ein alter Kampfgenosse aus Marx' rheinischen Tagen, der mit Frau Gertrud und Tochter Franziska auf derselben Etage des Hotels »Germania« wohnt wie Vater und Tochter Marx. Kugelmann hat die Verbreitung des *Kapitals* in Deutschland gefördert und war einer der ersten Mitkämpfer der Internationale. Doch in Karlsbad gibt es nur Streit. Man hockt einfach zu dicht aufeinander. Außerdem ist der große Sozialist im Privatleben ein Tyrann, der Frau und Tochter bei jeder Gelegenheit zurechtweist und ihnen erklärt, dass sie ohne ihn gar nicht existieren könnten.

»Ich bin mit Frau Kugelmann sehr intim«, schreibt Tussy an ihre Schwester Jenny, »und es ist auch wirklich ganz unmöglich, sie nicht zu lieben und zu bedauern, wenn man sieht, was für ein Leben sie führt. Es ist hart, wenn eine Frau kein eigenes Geld hat, und ihr Mann erzählt ihr jede Minute, dass sie nicht dankbar sei für alle seine Wohltaten, die er ihr und dem Kind erweist … Fränzchen hasst ihn richtig, und das ist kein Wunder. Sie liebt ihre Mutter so und hat von klein auf immer nur diese ständigen Streitereien wegen nichts und wieder nichts miterlebt. Der große Krach wurde vom Zaum gebrochen, weil Frau Kugelmann an einem staubigen Tag nicht ihr Kleid hochnahm!«[9]

Auch Marx ergreift Partei für Frau Kugelmann, die ihrem Mann, einem »erzpedantische[n], bürgerlich-kleinkramige[n] Philister ... in jeder Hinsicht überlegen« sei und »auf das Widrigste« von ihm gequält werde.[10] Vater und Tochter Marx ziehen auf eine andere Etage des Hotels und wechseln kein Wort mehr mit ihm.

Die Kugelmanns sind nicht religiös, anders als Simon Deutsch und Heinrich Graetz, die sich ebenfalls in Karlsbad aufhalten, beide engagierte Vertreter der jüdischen Sache. Simon Deutsch, ein politischer Journalist, hat in Wien einen *Jüdischen Plutarchen oder biographisches Lexikon der markantesten Männer und Frauen jüdischer Abkunft* herausgegeben,[11] in dem Berthold Auerbach, Salomon Heine, Moses Mendelssohn, Flavius Josephus und Maimonides vorkommen. Heinrich Graetz, etwa gleichaltrig mit Marx, ist Professor am jüdisch-theologischen Seminar in Breslau. Er hat eine zwölfbändige Geschichte der Juden geschrieben,[12] bedient sich in seinen Briefen der jüdischen Zeitrechnung und hebräischer Ausdrücke, unterstützt den Bau von Waisenhäusern in Palästina und ist Gründungsmitglied der Alliance Israélite Universelle in Paris, die die Auswanderung von Juden in das Heilige Land fördert. Vater und Tochter Marx schließen Freundschaft mit ihm. Später wird Marx ihm die französische Ausgabe des *Kapitals* schicken.

Kennt Graetz die Marx'sche Frühschrift *Zur Judenfrage*, in der es hieß: »Welches ist der weltliche Kultus der Juden? Der Schacher. Welches ist sein weltlicher Gott? Das Geld. Eine Organisation der Gesellschaft, welche die Voraussetzungen des Schachers ... aufhöbe, hätte den Juden unmöglich gemacht. Sein religiöses Bedürfnis würde wie ein fader Dunst in der wirklichen Lebensluft der Gesellschaft sich auflösen.«[13]

Wahrscheinlich nicht. Er würde sonst kaum mit Karl Marx geredet, sondern sich entsetzt von ihm abgewandt haben. Zum ersten Mal in ihrem Leben lernt Tussy einen jüdischen Intellektuellen, einen Gelehrten kennen, der seine Herkunft anders als ihr Vater nicht verleugnet. Sehr wahrscheinlich, dass sie beginnt, vieles, was sie zu Hause über »die Juden« gehört hat, kritisch zu überdenken.

Bei den Liebknechts in Leipzig

Auf der Rückreise fahren Vater und Tochter Marx über Leipzig. Es ist eine kleine, biedere Stadt, fast ein Dorf gegen London. In einer halben Stunde hat man das ganze Zentrum durchquert. Alles ist aufgeräumt, sauber, »gemüthlich«. Die Menschen, die Tussy hier kennenlernt, kommen ihr würdig und ernst vor, besonders die alten sozialistischen Freunde ihres Vaters. Sie stehen zu ihrer Sache, sind vom Sozialismus überzeugt wie von einer Religion, für die sie sogar freudig ins Gefängnis gehen. Wilhelm Liebknecht zum Beispiel. Er hat gerade zwei Jahre Festungshaft wegen »Hochverrats« hinter sich, weil er sich gegen Bismarcks Politik und die deutsche Annexion Elsass-Lothringens ausgesprochen hat. Das hat ihm nicht nur eine Gefängnisstrafe, sondern auch den Ruf eines »vaterlandslosen Gesellen« eingebracht.

Tussy erinnert sich aus ihrer Kindheit noch gut an ihn, an seine Ergebenheit gegenüber ihrem Vater, der ihn seinerseits öfter »das Vieh« nannte, »schriftstellerisch unbrauchbar«, »unzuverlässig und charakterschwach«, eine »Vogelscheuche«, der er gern den »Abschiedstritt in den Hintern« gegeben hätte, wenn er nicht so diensteifrig gewesen wäre.[14] Doch davon weiß Tussy nichts. Sie kennt ihn nur als guten Genossen und Freund und erinnert sich gern an die Picknicks in der Heide von Hampstead, an das Baby Richard, das sie als kleines Mädchen auf dem Schoß halten durfte, an die Zeit zwischen Sommer und Weihnachten 1860, die sie im Hause Liebknecht in London verbracht hat, als ihre Mutter an schwarzen Pocken erkrankt war. Damals hat Ernestine, Liebknechts erste Frau, noch gelebt. Sie hat sich nie an England und die Not des Exils gewöhnen können, hat sich immer nach ihrem Freiburger Elternhaus gesehnt, in dem sie in Krisenzeiten immer wieder Zuflucht gesucht hat.

1862, als die Amnestie für die Kämpfer von 1848 erlassen wurde, sind die Liebknechts nach Deutschland zurückgegangen. Doch sie haben kein Glück gehabt. Immer wieder ist er ins Gefängnis gekommen. Ernestine hat mit ihren zwei kleinen Mädchen, Alice und Gertrud, in einem feuchten Kellerloch gelebt und verzweifelte Briefe an die Marxens nach London geschrieben. 1866 – Liebknecht saß gerade in Leipzig ein – ist sie an Tuberkulose, der Krankheit der Armen, erkrankt, an der sie bald nach seiner Entlassung gestorben ist. Sie ist nur dreiunddreißig Jahre alt geworden.

Jetzt ist er wieder verheiratet und ein berühmter Mann: Mitgründer der Sozialdemokratischen Arbeiterpartei Deutschlands, Herausgeber der Parteizeitschrift *Der Volksstaat*, Abgeordneter des Deutschen Reichstags, neben Marx und Engels einer der profiliertesten politischen Schriftsteller deutscher Sprache. Seine zweite Frau – Natalie Liebknecht – stammt aus Darmstadt. Sie ist Tochter eines demokratischen Rechtsanwalts, klug und gebildet wie Ernestine, aber stabiler und selbstbewusster. Zwar verbringt Liebknecht noch immer mehr Zeit im Gefängnis als in Freiheit, aber Natalie weiß sich auch ohne ihn zu helfen. Sie ist seinen beiden Mädchen aus erster Ehe eine gute Mutter, hat selbst zwei Söhne, Theodor und Karl, von ihm bekommen, führt, wenn er einsitzt, seine politische Korrespondenz und sieht den Helden der Revolution durchaus kritisch. An Engels schreibt sie einmal:

Mein Mann fasst zwar … nach jeder neuen Attacke die besten Vorsätze, doch die Verhältnisse sind stärker … er wird immer wieder zum Vorpostendienst gebraucht und lässt sich auch dazu gebrauchen … Zwischen uns fasst eigentlich das Gefühl der Zusammengehörigkeit nicht Wurzel, man lernt sich entbehren oder vielmehr hat sich wohl kaum besessen, und von einem Ineinanderleben kann keine Rede sein … Ein Mann und besonders wohl mein Mann entbehrt das viel weniger … er genügt sich selbst, für eine Frau und Mutter, der die Pflichten der Erziehung von vier Kindern obliegen und die nur ans Haus gefesselt ist, ist das was ganz Anderes! Doch, entschuldigen Sie gütigst meine Jeremiade, sie kam mir unwillkürlich in die Feder, obgleich ich weiß, dass die Klagen nutzlos und ein Zeichen von Schwäche sind.[15]

Liebknecht hat einen wichtigen Auftrag für Vater und Tochter. Sie sollen ihn begleiten, wenn er Wilhelm Blos, einen jungen Genossen, aus dem Gefängnis abholt. Der erst fünfundzwanzigjährige *Volksstaat*-Redakteur hat ein paar Monate eingesessen, weil er kritisch über den deutschen Krieg gegen Frankreich geschrieben hat. Jetzt ist seine Haftzeit zu Ende. Er ist bester Stimmung, hat im Gefängnis Heine gelesen und Haschisch geraucht. »Freudig erregt schritt ich durch die Gefängnispforte«, wird er sich später an die ersten Minuten seiner Freiheit erinnern. »Draußen stand mit einem seiner kleinen Söhne Liebknecht. Und neben ihm stand, eine hübsche junge Dame am Arm, ein großer schlanker Mann in den Fünfzigern, mit langem weißen Bart, nur der Schnurrbart war tiefschwarz ... Ich erkannte ihn ... gleich – es war Karl Marx. Die junge Dame war seine Tochter Eleanor, auch Tussy genannt ... Sie liebte damals den Schriftsteller Lissagaray, der als Kommunarden Flüchtling in London lebte ... Marx sträubte sich heftig gegen die Heirat und war mit seiner Tochter nach Deutschland gereist, um sie aus der Nähe von Lissagaray wegzubringen.«[16]

Angeregt plaudernd geht die Gesellschaft zu den Liebknechts. In der Braustraße 15, wo sie seit 1867 wohnen, hat Natalie schon den Tisch gedeckt. Der entlassene Häftling wird mit allen Ehren empfangen. Man diskutiert bis tief in die Nacht, redet viel über Georg Herwegh und Heinrich Heine.

Marx ist froh, wieder deutsch sprechen zu können. Er ist ein ganz anderer, wenn er deutsch spricht. Tussy kennt ihn hauptsächlich englisch sprechend. Da ist seine Wortwahl bedächtiger, seine Zunge schwerer, obwohl er die Sprache mit der Zeit perfekt gelernt hat. Auf Deutsch ist er leidenschaftlicher, freier, brillanter.

Sie selbst hat allerdings Mühe, ihm zu folgen. Denn ihr Deutsch ist immer noch mittelmäßig, trotz *Grimms Märchen*, die sie in ihrer Kindheit so oft gehört hat, trotz Engels' Bemühungen, ihr *Hermann und Dorothea* näherzubringen, trotz der Deutschstunden, mit denen sie in Brighton ihr erstes Geld verdient hat. »Entschuldigen Sie bitte, dass ich Ihnen auf Englisch schreibe, aber ich schreibe Deutsch leider so schlecht, dass ich mich wirklich dafür schäme«, schreibt sie, wieder in London, an die Liebknechts.[17]

Neue Chancen für Lissagaray?

Tussy hat schöne Tage in Leipzig verbracht. Sie hat mit den beiden Lieb-knecht-Söhnen Theodor und Karl, drei und vier Jahre alt, gespielt, hat ihre Freundschaft zu Alice, der Tochter aus erster Ehe, erneuert, die in einen sozialistischen Schriftsteller verliebt ist und der sie natürlich ihrerseits viel von Lissagaray erzählt hat. Auch Liebknecht und Wil-helm Blos wollten alles über ihn hören. Wer ist das? Was ist das für ein Buch, an dem er arbeitet? Könne er nicht für ihre Zeitung, den *Volks-staat*, schreiben?

Vater Marx ist in einem Dilemma. Einerseits kämpft er mit allen Mitteln gegen Lissagaray und möchte von einem dritten französischen Schwiegersohn nichts wissen. Andererseits ist der Mann ein wichtiger Autor, nach dem sich führende deutsche Sozialisten interessiert erkun-digen. Also poltert er diesmal nicht gleich los, um ihn schlecht zu ma-chen, sondern trennt das Politische vom Privaten und beherrscht sich. Mit fatalen Folgen, denn schon einige Tage später steht Liebknecht in lebhafter Korrespondenz mit Lissagaray, der ihm in elegantem Franzö-sisch versichert: »Mit Freuden ergreife ich die Gelegenheit, mit einem Mann in Dialog zu treten, dessen Name den Sozialdemokraten in aller Welt teuer und heilig ist.«[18]

Marx hat verloren. Jedenfalls vorläufig. Tussy scheut sich nun nicht mehr, offen über Lissagaray zu sprechen und ist stolz, dass er bei den deutschen Genossen so gut ankommt. Sie darf ihn offenbar auch wieder sehen und besucht ihn ungeniert in der Fitzroy-Street, hauptsächlich in politischer Mission, wie sie behauptet. Am 13. Oktober 1874 schreibt sie an Liebknecht:

Sie werden diesem Brief entnehmen, dass ich Lissagaray Ihre Nachricht überbracht habe, und dass er glücklich sein würde, als Korrespondent für Sie tätig zu sein … Ich glaube, er schreibt Ihnen, dass er eine »Revue politique«, eine Wochenzeitschrift, herausgeben will. Wie Sie wissen, ist die französische Presse ausgesprochen feige – die sogenannten republikanischen Zeitungen sind letztlich noch angepasster als die reaktionären … Dass es in Deutsch-

land eine sozialistische Bewegung gibt, ist eine Tatsache, die man in Frankreich überhaupt nicht kennt! In Frankreich müsste es unbedingt eine Zeitschrift geben, in der die sozialistischen Bewegungen aller Länder zu Wort kommen – denn Frankreich muss lernen, dass es die Sympathien anderer Nationen nur gewinnen kann, wenn es mit ihnen sympathisiert ... Frankreich befindet sich in so außergewöhnlichen Umständen, dass man kaum Worte dafür finden kann, dreißigtausend Männer und Frauen in Paris gefallen – ebenso viele Flüchtlinge und Gefangene – ist es ein Wunder, dass die, die in Paris geblieben sind, in einer Art Apathie leben?[19]

Tussy Marx hat sich nun endgültig politisiert, fühlt sich als gleichberechtigte Gesprächspartnerin altgedienter Sozialisten und schlägt in ihren Briefen den leicht belehrenden Ton ihrer Kindertage an, in denen sie glaubte, den amerikanischen Präsidenten beraten zu müssen. Doch gleichzeitig übernimmt sie fast instinktiv eine andere Rolle, die ihr seit ihrer Kindheit vertraut ist: die der Dienerin eines männlichen Genies. *Sie* ist es, die Lissagarays Korrespondenz mit dem Ausland organisiert. *Sie* verschafft ihm Beziehungen zu deutschen Sozialdemokraten. *Sie* wirbt für sein neues Zeitungsprojekt, gewinnt Liebknecht als Mitarbeiter und preist ihm umgekehrt Lissagaray für den *Volksstaat* an.

Doch Lissagarays Zeitschrift, die nicht *Revue politique*, sondern *Rouge et noir, Revue de la semaine politique*, heißen wird, muss nach nur drei Nummern ihr Erscheinen einstellen. Sie findet nicht genug Käufer und Abonnenten, obwohl Liebknecht auch in seiner Zeitung Werbung dafür macht und sie für fünf Groschen in der Buchhandlung des *Volksstaates* anbietet. Doch in Frankreich ist und bleibt das Blatt verboten. Und in England und Deutschland gibt es nur wenige, die genug Französisch können, um es zu lesen oder genügend Interesse an französischer Politik haben.

Übersetzerin und Korrespondentin

Um diese Zeit, im Herbst 1874, beginnt Tussy Marx ihre Karriere als Übersetzerin. Ein auf den ersten Blick merkwürdiger Schritt, da sie weder Deutsch noch Französisch richtig »gelernt« hat, jedenfalls nicht in der Schule oder aus Büchern. Der erste Text, den sie sich vornimmt, ist Wilhelm Liebknechts Reichstagsrede vom 21. November 1874.[20] Sie überträgt ihn aus dem Deutschen ins Französische. Liebknecht plädiert in dieser Rede dafür, die wegen »Hochverrats« inhaftierten Abgeordneten der sozialdemokratischen Partei für die Reichstagssitzungen freizulassen und ihnen volle Rede- und Abstimmungsfreiheit zu gewähren. Er argumentiert damit, dass seine Fraktion aus neun Männern bestehe, von denen derzeit drei im Gefängnis säßen. Diese Männer, darunter auch August Bebel, hätten sich aber nicht des »Hochverrats« schuldig gemacht, sondern nur öffentlich ihre Meinung gesagt und dabei vielleicht etwas schärfere Töne angeschlagen. So habe Bebel zum Beispiel erklärt, die »deutsche Einheit«, die der Kaiser dem Volk versprochen habe, sei »im Wesentlichen die Einheit der Kaserne und des Zuchthauses«. Das könne er, Liebknecht, nur bestätigen. Auch er habe jahrelang im Gefängnis gesessen und sich nach seinen Entlassungen genauso unfrei gefühlt wie vorher, weil überall, »wohin man geht, wohin man tritt, ... auf jedes Wort aufgepasst und gelauert« würde.[21]

Die französische Übersetzung dieser Rede – sie erscheint in Lissagarays *Rouge et noir* – begründet Tussys Ruf in der Szene und legt ihre Rolle fest. Wann immer die deutschen Sozialdemokraten ein Übersetzungsproblem haben, wenden sie sich zuerst an Tussy. Ob sie nicht Lissagarays politische Aufsätze oder gar seine *Geschichte der Kommune* ins Deutsche übersetzen könne, fragt Wilhelm Liebknecht?[22] Von Bezahlung ist nicht die Rede. Dass sie kostenlos für die Sache der Sozialdemokratie arbeitet, erwartet man von der Tochter eines Karl Marx als selbstverständlich.

Doch sie nimmt diese Angebote nicht an. Ihr Deutsch sei zu schlecht, meint sie selbstkritisch. Um sich dennoch kooperativ zu zeigen, versorgt sie Liebknecht mit politischen Nachrichten aus England, die als

Kolumne im *Volksstaat* erscheinen. Dabei geht es immer um den »Klassenkampf in Großbritannien«,[23] um Themen wie die Massenauswanderung englischer Landarbeiter, Hungersnot im Londoner East End, Streiks der Bergleute, Unfälle in den Gruben usw. Da die Beiträge namentlich nicht gekennzeichnet sind, ist eine eindeutige Zuordnung schwierig. Viele verraten aber schon durch ihre Sprache, dass sie nur von Tussy Marx stammen können, so zum Beispiel, wenn davon die Rede ist, dass in nur einem Jahr über tausend Bergleute tödlich verunglückt seien, als »Opfer der modernen Produktion, ... gemordet durch das Kapital!«.[24]

Sie versucht auch, über die englische Frauenbewegung zu informieren, ohne Erfolg, denn das Thema ist für den *Volksstaat* nicht interessant. Deshalb bleibt es ohne jede Resonanz, wenn sie an Liebknecht schreibt:

Das einzige Ereignis von Interesse ist die Eröffnung einer medizinischen Schule für Frauen in London, wo Frauen Medizin studieren können ...
Wenn das natürlich auch hauptsächlich den Bürgerlichen dient, so ist es doch immerhin ein kleiner Fortschritt, und es wird Zeit, dass Frauen berufstätig sein dürfen und sich mit anderen Sachen beschäftigen als mit Mode ...
Als ich in Leipzig war, habe ich Ihnen von der schrecklichen Lage der hiesigen Gouvernanten erzählt. Ich kopiere Ihnen die folgende Anzeige aus der »Times«, die Ihnen zeigen wird, dass ich nicht übertrieben habe: »Junge Dame sucht Anstellung als Gouvernante. Hat gute Zeugnisse, hat Deutsch, Französisch, Musik und Zeichnen im Ausland studiert. Gehaltsvorstellung: sechs Shilling pro Woche«![25]

Aus dem folgenden Jahr, 1875, sind nur wenige Briefe von Tussy Marx überliefert. Wahrscheinlich, weil die Familie in diesem Jahr noch einmal umzieht, und zwar in die Maitland Park Road Nr. 44, nur ein paar Hundert Meter von ihrem alten Domizil entfernt. Es ist ein typisches Vorstadthaus, relativ klein, aber gemütlich und vor allem preiswert. Jeden Sonntag werden Gäste empfangen, wobei Lenchen als Wirtin fungiert. Sie kocht Suppen und Eintöpfe, backt deutsches Gebäck, mischt sich aber auch in politische Diskussionen ein, selbst wenn die Gäste noch so prominent sind. An solchen Tagen sieht sie durchaus schick aus, fast genauso elegant wie die Hausherrin. Sie trägt goldene Ohrringe und ein feines Netz über ihrem dicken Haarknoten.

Mitten im Umzugschaos hilft Tussy ihrem Vater bei der Revision der von Joseph Roy veranstalteten französischen Übersetzung des *Kapitals*, die ein Jahr später erscheinen wird, ein »schmerzliches Experiment«, das Karl Marx schlaflose Nächte kostet, da er viele Passagen umschreiben muss, sei es, um sie dem französischen Leser besser verständlich zu machen, oder weil er seine Theorien inzwischen verschärft und präzisiert hat.

Gleichzeitig beginnt Tussy, Lissagarays *Geschichte der Kommune* ins Englische zu übertragen. Eine Mammutarbeit, denn die Übersetzung wird über fünfhundert Seiten lang sein. Lissagaray sitzt unterdessen noch an den letzten Recherchen, was nicht immer ganz einfach ist, da selbst das gutbestückte British Museum nicht alle französischen Zeitungen hat, die er braucht. Tussy steht ihm eifrig zur Seite, bittet Carl Hirsch, einen in Paris lebenden deutschen Journalisten, Quellen für ihn zu kopieren, die in London nicht zugänglich seien. »Ich würde mich Ihnen sehr verpflichtet fühlen«, schreibt sie ihm auf Französisch, »denn diese Auskünfte sind sehr wichtig für Lissagaray.«[26]

Hirsch, ein jüdischer Bekannter der Marxens – Mutter Jenny nennt ihn nur den »silly jew« –, lebt seit 1872 im Pariser Exil und ist Korrespondent namhafter deutscher Zeitungen. Er ist Mitte dreißig, knapp fünfzehn Jahre älter als Tussy, die er sehr verehrt und vielleicht sogar gerne heiraten würde. Tussy ahnt das. Doch der glücklose jüdische Sozialdemokrat, der unter einer schweren Sprachbehinderung leidet und überall, wo er hingeht, ausgewiesen wird oder ins Gefängnis kommt, hat bei ihr als Mann keine Chance, nur als Freund. Im Oktober 1875 wendet sie sich wieder an ihn, diesmal in Angelegenheiten ihrer Mutter Jenny:

Werter Herr Hirsch, ich schicke Ihnen beiliegend eine kleine Kritik, die meine Mutter über einen englischen Schauspieler, Herrn Irving, geschrieben hat. Mama möchte, dass Sie diese in die »Frankfurter Zeitung« bringen, wenn Ihnen dies möglich ist. Hätte Papa Zeit gehabt, so hätte er selbst eine Kritik über Herrn Irving verfasst … erstens, weil er ein Mann von seltenem Talent ist, und dann, weil die ganze englische Presse … sich auf ihn gestürzt

und eine wahre Kabale gegen ihn entfesselt hat. Wenn Sie Mamas Kritik
in der »Frankfurter Zeitung« veröffentlichen lassen könnten, würden Sie uns
eine große Freude bereiten … Ich bitte Sie vielmals um Verzeihung, dass ich
Sie derart bemühe, aber Sie haben so viele Beziehungen zur französischen
und deutschen Presse … dass wir uns an keinen besseren wenden könnten
als an Sie.[27]

Hirsch beeilt sich, Tussys Wunsch zu erfüllen. Obwohl er selbst ein so
schwieriges Leben führt, immer in Angst vor der französischen Geheimpolizei, die ihn überwacht, seine Briefe abfängt und ihn jederzeit an die
Preußen verraten könnte, schickt er den Artikel von Jenny Marx nahezu postwendend an die *Frankfurter Zeitung*, wo er wenige Tage später
anonym in der Rubrik »Aus der Londoner Theaterwelt« erscheint.[28]

Jenny schreibt darin ausführlich über die Shakespeare-Müdigkeit
der Durchschnitts-Engländer, das mangelnde Interesse an den Dramen ihres größten Nationaldichters, die Vorliebe für billige Komödi-
en, Operetten und »Spektakelstückchen mit brennenden Schiffen, ein-
stürzenden Felsen … Pferden, Kamelen und Ziegen«. Sie lobt den Mut
des jungen Schauspielers Henry Irving, seinen eigenen, unangepassten
Hamlet zu schaffen, spricht vom Nörgeln der Kritiker, von der Angst
des Publikums, Position zu beziehen. Der englische Bildungsbürger sei
nämlich zeitungshörig und denkfaul. »Hat er doch jeden Morgen beim
Frühstück mit obligater Eier- und Schinkenbegleitung seinen penny-
a-liner parat, der für ihn denkt. Wie bequem ist's doch, mit den ferti-
gen glatten Phrasen in der Tasche in den Omnibus zu steigen, in die
City zu fahren oder ins Klubhaus oder abends im Theater in der Loge
zu sitzen. Da hat ihm ja morgens schon die ›Daily news‹ vorgepredigt,
dass Irving den Macbeth falsch auffasst.« Der große Vorzug eines Ar-
beiterpublikums sei hingegen, dass es sich nicht von der Presse verblüf-
fen lasse. Es gehe ins Theater, traue seinen eigenen Augen und Ohren,
klatsche und zische nach Herzenslust. Jenny Marx stellt die Dinge vielleicht etwas zu idealistisch dar, denn wo gibt es um diese Zeit schon
Arbeiterbühnen, Arbeiterpublikum, Arbeiterstücke? Vielleicht in ihrer
Vorstellung, ihrer Vision. Im Herzen der englischen Hauptstadt jedenfalls nicht.

Und trotzdem: eine verblüffende Rezension. Jenny Marx, inzwischen über sechzig, schreibt so frech, so frisch, mit so viel Sprachwitz, dass sie manchen männlichen »Profi« in den Schatten stellt. Ihre Kritiken stehen in bester Heine-Tradition, sind ein reines Lesevergnügen. Die Redaktion der *Frankfurter Zeitung* ist so begeistert von dem ersten Artikel, dass sie noch vier weitere in Auftrag gibt, die in den nächsten Monaten anonym erscheinen werden.

Wieder Karlsbad ...

Sommer 1876. Wieder Karlsbad. Wieder das tägliche Kur-Einerlei. Marx hat es immer noch an der Leber und muss sich in einer »Leberheilanstalt« kurieren lassen. Tussy ist wieder an seiner Seite, findet Karlsbad diesmal aber gar nicht schön, sondern schrecklich langweilig. Die Landschaft und das gesellschaftliche Leben reizen sie nicht mehr. Sie kennt das jetzt schon. Sie hat Angst zu verblöden. Sie will nur nach Hause, nach London, zu Lissagaray, zu ihrer Arbeit, ihren Übersetzungen und Reportagen. Selbst die Gespräche und Spaziergänge mit »Mohr« genügen ihr diesmal nicht. Denn *sie* ist nicht krank. *Sie* muss nicht ihre Leber kurieren. Hat man sie gefragt, ob sie ihren Vater begleiten wolle? Nein, man hat es als selbstverständlich erwartet.

Die Reise von London nach Böhmen hat sie sehr angestrengt. Volle achtundzwanzig Stunden allein von Köln bis Karlsbad, eine Nacht auf der Nürnberger Post, weil wegen der erstmals stattfindenden Bayreuther Festspiele nirgends ein Zimmer zu bekommen gewesen ist, nicht einmal im weiteren Umland. Lauter Berühmtheiten sind angereist: Franz Liszt, Friedrich Nietzsche, Leo Tolstoi, Kaiser Wilhelm I. und noch viele andere. Marx macht sich von Herzen lustig über dieses »Narrenfest«.[29]

Doch Tussy kann über seine grimmigen Späße nicht lachen. In Karlsbad hat es seit mehr als sechs Wochen nicht geregnet. Es ist stickig, von frischer Waldluft keine Spur. Tussy wird krank, bekommt Fieberanfälle, eine beginnende Lungenentzündung, hört wieder auf zu essen.[30] Zum Glück ist Ferdinand Fleckles, der junge jüdische Kurarzt zur

Stelle, der sich auch in der »Seelenheilkunde« auskennt. Er ist sehr charmant, interessiert sich sogar für den Sozialismus. Dieser »äußerst witzige und nette Mann«[31] versteht es, ihr beizustehen. Offenbar spricht er auch mit Karl Marx über sie und redet ihm wegen seines Widerstands gegen Lissagaray so stark ins Gewissen, dass er seine ohnehin schon schwindenden Bedenken fallen lässt und sich über Nacht in Lissagarays eifrigsten Fürsprecher verwandelt. Kaum wieder in London, setzt er sich mit Elan für eine deutsche Übersetzung der *Geschichte der Kommune* ein, diese »erste authentische Geschichte« der Vorgänge von 1871, lobt die Recherchen von Lissagaray, seine Augenzeugenschaft, erklärt dem potenziellen Verleger, Wilhelm Bracke in Braunschweig, dass der Autor »als Flüchtling in London natürlich nicht auf Rosen gebettet« sei und ein anständiges Honorar brauche.[32]

Er vergleicht verschiedene Übersetzungsproben, die Bracke ihm schickt, hält sie alle für unzulänglich, bis er schließlich in Wilhelm Blos, dem jungen, schon aus Leipzig bekannten Redakteur des *Volksstaates*, einen Übersetzer findet, der ihm genehm ist. 1878 kann das Buch endlich auf Deutsch erscheinen. Marx hat sich so dafür ins Zeug gelegt, als ob es sich um sein eigenes Werk handle. Es ist wie sein endgültiges Ja. Das Ja zur Liebe seiner Tochter, das Ja zur Heirat. Mit der es Tussy plötzlich gar nicht mehr so eilig hat. Denn was würde am Ende anderes auf sie warten als ein Leben, wie ihre Mutter und ihre Schwestern es führen: das der sich unterordnenden Gattin eines Revolutionärs, nur zur Gebärmaschine, Krankenpflegerin und Assistentin taugend?

The school-board

Sie hat auch gar keine Zeit für romantische Gefühle, denn sie ist viel zu sehr mit den Wahlen für den Londoner »school-board« beschäftigt. »Dieses Komitee, das die Aufsicht über die weltlichen Schulen und die Schulpflicht hat, ist ziemlich wichtig«, schreibt sie an Carl Hirsch, »und es kommt besonders darauf an, der sogenannten ›Church-Party‹ entgegenzuwirken, die die Schulpflicht völlig abschaffen will.«[33]

Der Londoner »school-board«, 1870 im Rahmen des »education act«

gegründet, der endlich die allgemeine Schulpflicht für Mädchen eingeführt hat, leider zu spät für Tussy, denn sie ist zu dieser Zeit bereits fünfzehn, ist in der Tat eine wichtige politische Institution. 1876 gehören ihm fünfzig Mitglieder an, davon sechsundvierzig männliche: hohe Kolonialoffiziere, Aristokraten, Beamte und Kaufleute. Für Männer gilt der »school-board« als Vorstufe zum Parlament, als Eintrittskarte in die politische Laufbahn. Aber auch Frauen finden hier eine Möglichkeit, politisch aktiv zu werden und ihre pädagogischen Ansichten zu vertreten. Der Londoner »school-board« ist eine der ersten öffentlichen Institutionen in England, in der Frauen gleichberechtigt mitwirken können.

Vier Kandidatinnen haben sich 1876 zur Wahl gestellt, darunter Alice Westlake, eine erfolgreiche Malerin, die mit einem liberalen Politiker verheiratet ist. Tussy unterstützt diese Frau mit allen Kräften. Es ist ihr zwar klar, dass sie, »wie fast alle Engländerinnen im Grunde bürgerlich« ist, aber wenigstens sei sie Freidenkerin und auf jeden Fall besser als ein Mann. Tussy geht von Haus zu Haus, um für sie zu werben, und bekommt dabei merkwürdige Dinge zu hören: »In einem Haus fordert man, dass besonders ›Religion‹ unterrichtet werden solle, in einem anderen sagt man mir: ›Die Bildung ist der Fluch des Landes – die Erziehung wird uns zugrunde richten‹ usw. usw. Kurz, es ist amüsant, aber auch traurig, wenn man zu einem Arbeiter kommt, der einem erklärt, er wolle erst ›seinen Fabrikherrn‹ fragen.«[34]

Alice Westlake gehört dem gemäßigten Flügel der »Femokraten« an, der für eine geschlechtsspezifische Erziehung von Mädchen plädiert, das heißt für die Fächer Kochen und Hauswirtschaft in Verbindung mit Chemie, Biologie und Physik, Medizin und Hygiene des Kindesalters. Die radikaleren Kandidatinnen, die sich zur Wahl gestellt haben, fordern dagegen die Abschaffung aller hauswirtschaftlichen Disziplinen, da sie zu viel Zeit kosteten und schädlich für Augen und Rücken der Schülerinnen seien.

Während Marx an diesen Aktivitäten seiner Tochter uninteressiert scheint, ist Friedrich Engels hellauf begeistert davon, weil ihm klar geworden ist, dass »man« die Frauen politisch nicht länger entmündigen darf und dass der Sozialismus ohne die Frauen keine Chance hat. Dabei spielt es sicher auch eine Rolle, dass er anders als Karl Marx in »freier

Liebe« lebt und mit Arbeiterinnen liiert war oder ist, die sich radikal in der irischen Freiheitsbewegung engagiert haben. Er vertritt eine deutlich andere Position als viele Männer der sozialistischen Orthodoxie, die die Frauenbewegung als »bürgerlich« diskreditieren und sich öffentlich gegen den Kampf um Frauenbildung, berufliche Gleichstellung und sogar Frauenwahlrecht stellen, da dies Forderungen der höheren Klassen seien, die sich in einer sozialistischen Gesellschaft von selbst erledigen würden.

Ganz anders Engels. »Wenn wir ans Ruder kommen«, schreibt er an eine deutsche Freundin, »sollen die Frauen nicht nur wählen, sondern auch gewählt werden und Reden halten, das letztere geschieht hier schon beim Schulamt, und ich habe letzten November alle meine sieben Stimmen einer Dame gegeben... Übrigens zeichnen sich die Damen auf den hiesigen Schulämtern dadurch aus, dass sie sehr wenig reden und sehr viel arbeiten, im Durchschnitt jede so viel wie drei Männer.«[35]

Es ist der Vorabend der Suffragetten-Bewegung, die auch die Sympathie vieler Männer findet. Dabei geht es nicht »nur« um das Recht auf Bildung, gleiche Bezahlung und politische Teilnahme, sondern um das Verhältnis von Mann und Frau überhaupt. So hat der große englische Philosoph John Stuart Mill gemeinsam mit seiner Stieftochter Helen Taylor ein Buch über die »Hörigkeit der Frau« *(The Subjection of Women)* verfasst, in dem man lesen kann:

Die Männer beanspruchen von den Frauen nicht nur Gehorsam, sondern auch Zuneigung. Alle Männer, mit Ausnahme der tierisch rohesten, wollen in der Frau ... eine freiwillige Sklavin ... eine Favoritin haben. Zu diesem Zwecke ist alles angewendet worden, um den weiblichen Geist niederzuhalten ... Kein eigener Wille, keine Herrschaft über sich durch Selbstbestimmung, sondern Unterwerfung, Fügsamkeit in die Bestimmung anderer. Jede Sittenlehre predigt ihnen, die Pflicht der Frau sei, für andere zu leben, sich selbst vollständig aufzugeben und keine andere Existenz als ... durch ihre Liebe zu haben, und die hergebrachte Sentimentalität behauptet sogar, dass dies der Zustand sei, welcher der eigentlichen Natur der Frau gemäß ist.[36]

Tussys Kampf für Alice Westlake ist äußerst erfolgreich. Die Kandidatin bekommt über zwanzigtausend Stimmen und einen Sitz im »schoolboard«, den sie bis 1888 behalten wird.

Shakespeare-Fieber und neuer Ehrgeiz

Seit Mai 1876 besucht Tussy die *meetings* der New Shakespeare Society, die einmal im Monat im Frauenlesesaal des University College auf der Londoner Gower Street stattfinden. Jeder darf Beiträge schreiben oder vortragen, der akademische Veteran genauso wie der Geistliche, der Aristokrat oder das junge Mädchen. Frederick James Furnivall, ein berühmter Philologe, hat in seiner Gründungsrede gesagt, es sei die Pflicht jedes englischen Patrioten, Shakespeare zu studieren. Die Marxens sind zwar nicht eigentlich »Engländer«, obwohl die drei Töchter englische Pässe besitzen, aber sie lieben und kennen Shakespeare mehr als so mancher englische Bildungsbürger. Schon in den ersten Jahren seines Exils hat Marx sich in Shakespeare vertieft, um besser und geschliffener Englisch zu lernen. Er hat ihn ständig zitiert, diskutiert und vorgelesen, sodass seine Töchter als Shakespeare-Kennerinnen herangewachsen sind. Shakespeare ist aber für Marx nicht nur ein großer Dichter, sondern auch ein politischer Prophet, der schon früh die zerstörerische Wirkung des Geldes auf den Charakter erkannt habe. Geld sei nach Shakespeare »die sichtbare Gottheit, die Verwandlung aller menschlichen und natürlichen Eigenschaften in ihr Gegenteil, die allgemeine Verwechslung und Verkehrung der Dinge«. Es sei »die allgemeine Hure, der allgemeine Kuppler der Menschen und Völker«.[37]

Angespornt durch die Diskussionen in der New Shakespeare Society wird Tussy vom Ehrgeiz gepackt. Es reicht nicht, Liebknecht kostenlose Informationen für den *Volksstaat* zu liefern. Es reicht nicht, Stimmen für andere Frauen zu sammeln, das Werk ihres Verlobten ins Englische zu übertragen oder ihren kranken Vater nach Karlsbad zu begleiten. Nein, sie muss selbst etwas tun, eigene Werke schreiben, die unter *ihrem* Namen – Eleanor Marx – erscheinen sollen. So beginnt sie im Herbst 1876 mit einer wissenschaftlichen Übersetzung aus dem Deutschen ins

Englische: »Die epischen Elemente in Shakespeare's Dramen«.[38] Diese komplizierte theoretische Abhandlung, die auf die technischen und ökonomischen Hintergründe des frühen englischen Theaters, aber auch auf die Entwicklung Shakespeares als dramatischer Autor eingeht, stammt von Nikolaus Delius, einem Bonner Professor, der als *der* Begründer der anglistischen Literaturwissenschaft in Deutschland gilt. Er ist ein würdiger älterer Herr, dreiundsechzig Jahre alt, und als Corpsschleifenträger der »Guestphalia Bonn« sicher kein besonderer Frauenfreund. Trotzdem macht er Tussy die »schmeichelhaftesten« Komplimente für ihre Arbeit, die Mutter Jenny hoffen lassen, dass dieser »success … ihr einigen Eingang in literarische Kreise und Blätter verschaffen« werde, sodass sie vielleicht gutbezahlte Arbeit finden könne, die sie von der Last künftiger Privatstunden befreien würde.[39]

Karl Marx ist bei weitem nicht so begeistert von Tussys Elan, macht sich sogar ein wenig über sie lustig. Sie habe sich an der Übersetzung eines Textes von Delius »versündigt«, schreibt er dem Gynäkologen Wilhelm Alexander Freund.[40] Allerdings macht es ihm Spaß, Tussys Freude zu erleben, wenn sich der »Dogberry-Club« in seinem Wohnzimmer trifft, eine Versammlung junger, theaterbegeisterter Männer und Frauen, die Dramen, vor allem Komödien Shakespeares lesen und spielen. »Dogberry« ist der schrullige Wachtmeister aus der Komödie *Viel Lärm um Nichts*, in der deutschen Fassung als »Holzapfel« bekannt. Er verdreht alle Fremdwörter, sagt »irritieren« statt »arretieren«, kommt sich schrecklich klug und allmächtig vor. Tussy liebt es, seine Rolle zu spielen, was ihr mit so viel Sinn für Komik gelingt, dass Karl Marx sich vor Lachkrämpfen schütteln muss. Angeblich sollen auch zwei »echte Dogberrys« im Publikum sein, zwei Detektive von Scotland Yard, die allen Gesprächen aufmerksam zuhören. Das berichtet zumindest Tussys englische Biographin Rachel Holmes, allerdings ohne Belege dafür zu nennen.[41]

Doch Tussy will Shakespeare nicht nur *spielen*. Sie will weiter an ihren Shakespeare-Studien arbeiten, am liebsten an den Originalquellen im British Museum. Dazu ergibt sich plötzlich Gelegenheit, als Frederick James Furnivall, Mitherausgeber des *Oxford English Dictionary*, sie auffordert, ihm bei seinen Recherchen in der Bibliothek zu helfen, für einen Hungerlohn, ein paar Shilling pro Woche, weniger, als sie als Privatlehrerin junger Mädchen bekommen würde. Doch die Aufgabe ist so ehrenvoll, dass Tussy annimmt. Allerdings: Für die Benutzung des altehrwürdigen Lesesaals braucht man einen akademischen Grad oder wenigstens einen »letter of recommendation«, einen Empfehlungsbrief, der von einer bekannten Persönlichkeit stammen muss. Tussy setzt sich souverän über diese Regeln hinweg. Sie hat keinen Empfehlungsbrief nötig, denn ihr Vater heißt Karl Marx. Sie nehme an, schreibt sie im Oktober 1877 an die Bibliotheksdirektoren, es reiche aus, darauf hinzuweisen.[42] So viel Mut imponiert den Herren. Sie bekommt die ersehnte Eintrittskarte und hat nun endlich ihren persönlichen Zufluchtsort. Wie ihr Vater wird sie viele Jahre ihres Lebens im Lesesaal des British Museum verbringen.

Einer der ersten, mit denen sie dort ins Gespräch kommt, ist ein junger großgewachsener rothaariger Ire. Er verbeugt sich leicht ungelenk und sagt höflich, dass er George Bernard Shaw heiße.

5

ZWISCHEN BÜHNE UND SOZIALISMUS
1877–1881

George Bernard Shaw

Er gehört zu ihrem Lieblingsvolk, spricht ihren Lieblingsakzent, interessiert sich leidenschaftlich für soziale und politische Fragen und flieht in das altehrwürdige British Museum, weil es dort warm, ordentlich und still ist und weil Bücher ihm die Heimat ersetzen. »Ich war ein Fremder, ein Irländer«, schreibt er in seinen Lebenserinnerungen. »Ich war provinzlerisch. Ich war eigensinnig. Ich musste den Geist Londons ändern, um überhaupt Aufnahme und Duldung zu finden.«[1] Wer hätte ihn besser verstehen können als Tussy?

Er ist noch sehr jung, erst knapp über zwanzig und schreibt bereits an sozialkritischen Romanen, aber sein Name ist in der Literaturwelt noch wenig bekannt. Also schlägt er sich mit Brotarbeiten durch, kopiert Zeitungen, schreibt kleine Auftragsartikel, genau wie Tussy. – Sie erzählt ihm von ihrem Vater, von Karl Marx. Seitdem Shaw in London ist, hat er diesen Namen schon oft gehört. Die jungen Sozialisten und Freidenker zitieren ihn ständig. Das *Kapital*! Er müsse das *Kapital* lesen! Wer das *Kapital* nicht gelesen habe, sei nur ein halber Mensch!

Er hat nicht studiert, hat nicht einmal eine höhere Schulbildung erhalten. Seine Eltern, ein Getreidehändler und eine Sängerin, haben ihn von der Schule genommen, als er fünfzehn war. Satz für Satz versucht er, das *Kapital* (das bislang nur auf Deutsch, Französisch und Russisch vorliegt, nicht auf Englisch) zu verstehen, wahrscheinlich, in dem er unzählige Male im Lexikon nachschlägt oder Tussy, seine neue Bekannte, um Auskunft bittet. Nach der Lektüre ist er begeistert, verändert. Das ist die Botschaft, auf die er immer gewartet hat. Dieses Buch wird seinem Leben eine neue Richtung geben.

»Marx bedeutete eine Offenbarung«, schreibt er Jahrzehnte später. »Seine abstrakte Volkswirtschaftslehre war, wie ich später entdeckte, falsch, aber er zerriss den Schleier. Er öffnete mir die Augen für die Fakten von Geschichte und Zivilisation und vermittelte mir eine völlig neue Auffassung vom Universum, gab mir ein Ziel und einen Lebensauftrag.«[2]

Kein Wunder, dass Tussy eine magische Anziehungskraft auf ihn ausübt. Sie ist exotisch und klug, eine »dark lady«. Und sie ist Tochter von Marx. Leider ist sie verlobt. Es wird viel darüber geredet. Vielleicht zögert er deshalb, offensiver zu werden? Er weiß nicht, dass Tussys Gefühle für »Lissa« kühler geworden sind. Dass sie in ihm inzwischen mehr den Autor, den Revolutionär als den Mann liebt. Sie arbeitet noch immer fleißig an ihrer Übersetzung seiner *Kommune* und bringt ihn mit sozialistischen Freunden in Kontakt. Aber sie sehen sich seltener, gehen sachlicher miteinander um. Hätte Shaw vielleicht etwas mutiger sein sollen?

Schüsse auf den Kaiser

Juni 1878. Eine Schreckensnachricht aus dem Deutschen Reich geht durch die englischen Zeitungen. Auf Kaiser Wilhelm I. ist in Berlin Unter den Linden geschossen worden. Der Täter, ein dreißigjähriger promovierter Staats- und Agrarwissenschaftler namens Karl Eduard Nobiling, wird sofort gefasst. Er hat sich gar nicht erst bemüht, seine Tat zu verschleiern, sondern auf offener Straße zwei Schüsse abgegeben und den Kaiser schwer, aber nicht tödlich verletzt. Danach hat er versucht, sich selbst in den Kopf zu schießen, aber ebenfalls überlebt. Auf der Polizeiwache erzählt er unzusammenhängendes Zeug über seine Motive. Ein Sozialist ist er nicht. Seine Eltern sind brave Landwirte aus Posen. Es heißt sogar, dass er mit der »christlich-sozialen« Partei des Hofpredigers Adolf Stöcker sympathisiere, die unter dem Deckmantel von Christentum und Vaterlandsliebe zum Judenhass aufruft. Drei Tage nach dem

Attentat löst Bismarck den Reichstag auf. Ratlos schreibt Tussy an Carl Hirsch:

Was sagen Sie zu Nobiling? Wissen Sie etwas über diesen Mann? – Die englische Presse ist entrüstet – vielleicht noch mehr als die deutsche. Man sieht, wie froh sie wären, wenn alles auf die Sozialisten aller Länder geschoben würde, um wieder mit den Verfolgungen zu beginnen. Sie sind entzückt, dass in Deutschland ein bisschen Reaktion und Terrorismus aufkommt … Ich fürchte für unsere Freunde, Liebknecht und die anderen, dass das eine schlimme Sache wird … Ein bisschen Verfolgung hat ihr Gutes, aber nicht eine Reaktion, die die Zeitungen, die Versammlungen – kurz, alle Propagandamöglichkeiten unterdrückt. Wir wissen noch keine Einzelheiten über Nobiling, denn den reaktionären Zeitungen kann man keinen Glauben schenken. Die Wirkung hier war niederschmetternd … Ringsum gab es einen Schrei der Entrüstung.[3]

Im Gefängnis wird Nobiling immer wieder verhört. Aber seine wahren Motive bleiben unklar, wenn es denn überhaupt welche gab außer psychischer Not und Verwirrung. Er stirbt am 10. September 1878 an einer Hirnhautentzündung.

Tussy sieht in ihrem Brief an Carl Hirsch richtig voraus, dass dieses Attentat nicht ohne Folgen für ihre deutschen sozialistischen Freunde bleiben wird. Denn die öffentliche Meinung ist sich vollständig darüber einig, dass es sich hier um einen Angriff auf die Monarchie, auf die gesamte Gesellschaftsordnung handle, der nur von den Sozialisten, genauer: der im Mai 1875 in Gotha gegründeten *Sozialistischen Arbeiterpartei (SAP)* angezettelt worden sein könne, wozu Nobiling als williges Werkzeug gedient habe. Dieser Meinung ist man, wie Tussy schreibt, auch in England. Sie möchte nun Näheres aus der deutschen Presse erfahren, da Liebknecht sich offenbar in Schweigen hüllt, aus berechtigter Angst vor der Postzensur. Auch ihr Vater verhält sich merkwürdig ruhig, wenn auch aus anderen Gründen. Erstens: Er ist ruhiger geworden, beteiligt sich nicht mehr an jedem Streit, gilt ohnehin schon als »enfant terrible« der englischen Presse. Zweitens: Das Programm der SAP missfällt ihm. Er nennt es »verwerflich und demoralisierend«, zu nationalistisch und zu sehr an Lassalle orientiert. Da er dem Eindruck, es gemeinsam mit Engels gesteuert zu haben, vorbeugen möchte, hält er sich aus der Debatte heraus und stellt sich *nicht* hinter die deutschen Sozialisten, denen zu Unrecht Komplizenschaft mit Nobiling vorgeworfen wird.[4]

Häusliche Katastrophen

Doch nicht nur in der Politik, auch zu Hause überschlagen sich die Ereignisse. Jenny, die Schwester, seit 1876 Mutter eines gesunden Sohnes namens Jean, hat im Juli 1878 ein weiteres Kind bekommen. Der Junge heißt Harry und ist genauso schwächlich wie sein verstorbener Bruder Charles. Das wird wieder eine Katastrophe geben. Großmutter Jenny ist in ständiger Sorge um die beiden »babes«, während sie in einem Bad in der Grafschaft Worcestershire weilt, um sich ärztlich behandeln zu lassen, denn es ist festgestellt worden, dass sie Leberkrebs hat, gegen den, wie sie selbst ahnt, nichts mehr zu machen ist. »Ich weiß nicht, ob ich je wieder ganz kuriert werde, vielleicht ist mein Leiden schon zu verjährt und hartnäckig geworden«, schreibt sie an Tussy.[5] Trotzdem bemüht sie sich, nicht zu klagen, lobt die gute ärztliche Behandlung, die schöne Landschaft, die freundliche Wirtin, die gepflegte Zimmereinrichtung, das leckere Essen, und versucht sogar noch, Witze zu machen. Manchmal beobachtet sie wehmütig, wie die Landkinder »auf den Wiesen … unter Schafen und Gänsen« spielen. Vielleicht kommt Heimweh nach der Mosel in ihr auf. Oder sie glaubt, dass es ihnen allen, die Enkel einbegriffen, besser ginge, wenn sie nicht in der Stadt, sondern auf dem Land lebten?

Auch Engels' Lebensgefährtin Lizzy Burns ist das Leben in London nicht bekommen. Sie hat sich von Anfang an unwohl gefühlt, sich nie einleben können. Am 12. September 1878 stirbt sie mit erst einundfünfzig Jahren an Blasenkrebs. Einen Tag vor ihrem Tod hat Engels sie kirchlich geheiratet. Sie ist gläubige Katholikin gewesen. Sie könne, sagte sie, nicht in Frieden sterben, ohne vor Gott und Gesetz rechtmäßig verheiratet zu sein. Engels lässt sie auf dem katholischen Friedhof St. Mary in

London begraben und setzt ihr einen Grabstein mit der Inschrift: »In memory of Lydia, wife of Frederick Engels«.

Wie schon nach dem Tod ihrer Schwester Mary trauert er wochenlang, bricht seine Korrespondenz, seine literarische Arbeit fast völlig ab. Jenny Marx kondoliert zwar artig und lobt Lizzys »gesunden praktischen ... Sinn für Ordnung und Reinlichkeit« und ihr »gänzliches Freisein von Snobismus«,[6] verschweigt aber, dass sie diese Liaison genauso missbilligt hat wie die mit Mary, wegen des Bildungsunterschiedes und weil sie so lange in »wilder Ehe« gelebt haben. Nach Lizzys Tod übernimmt deren Nichte Mary Ellen, genannt »Pumps«, den verwaisten Haushalt. Die Marxens lassen es nicht an bösen Bemerkungen fehlen. Sie ist erst neunzehn, Tochter eines kinderreichen irischen Fischhändlers aus Manchester, sehr fröhlich, sehr dem Alkohol zugetan, sehr sexy, verdreht Engels und etlichen Revolutionären den Kopf. Aber sie bringt Freude in sein Haus und hilft ihm, seinen zweiten großen Verlust zu überwinden.

Sozialistengesetze

Oktober 1878. Was Tussy Marx, Wilhelm Liebknecht und viele andere deutsche Sozialisten befürchtet haben, ist eingetroffen. Das Bismarck-Regime hat Nobilings Attentat auf den Kaiser zum Anlass genommen, Sozialisten und Sozialdemokraten gnadenlos zu verfolgen, obwohl sie erwiesenermaßen nichts damit zu tun haben. Es ist von »Kaisermördern«, von »sozialdemokratischem Gesindel« die Rede. Häuser von Parteimitgliedern werden durchsucht, ihre Versammlungen aufgelöst, ihre Zeitungen beschlagnahmt. Eine wahre Volkshetze gegen die deutsche Linke setzt ein, auch im Ausland. So wird Carl Hirsch aus Paris ausgewiesen und muss nach Brüssel gehen, wo er eine neue sozialistische Zeitung gründet.

Am 21. Oktober wird das »Gesetz gegen die gemeingefährlichen Bestrebungen der Sozialdemokratie« erlassen, das, auf die Kurzformel »Sozialistengesetz« gebracht, viele Paragraphen und Seiten umfasst und mit preußischer Genauigkeit das Verbot von sozialistischen Zeitungen, Flugblättern und Druckschriften anordnet, Buchhändler, Leihbibliothekare und sogar Schankwirte, die sozialistische Ideen verbreiten, mit Konzessionsentzug bedroht und die Konfiszierung von Innungs- und Gewerkschaftskassen vorsieht. Es gibt kein Gericht, das über die Anwendung dieser Maßnahmen entscheidet. Ausführendes Organ ist allein die Polizei. Die schlägt nun zu, in Berlin, Hamburg, Altona, im Ruhrgebiet und im Bergischen Land, überall, wo es eine lebendige Arbeiterbewegung gibt, zerstört Geschäfte, vertreibt Familien aus ihren Häusern, macht Väter arbeitslos. Es wird denunziert, geschlagen, gefoltert, verhaftet. Über ganze Städte und Regionen wird der »kleine Belagerungszustand« verhängt, unter anderem auch über Bismarcks eigene Güter in Lauenburg, Schleswig-Holstein. Auch das Buch von Lissagaray wird 1878 verboten, weil es »keine objektive Darstellung einer historischen Begebenheit«, sondern ein »Wegweiser für die Arbeiter« sei, »um auf gewaltsamem Wege die soziale Universalrepublik zur Einführung zu bringen«.[7]

Marx verhält sich immer noch merkwürdig passiv, selbst jetzt, wo es darum geht, verfolgten Genossen in Deutschland zu helfen, auch wenn sie politisch etwas andere Standpunkte vertreten als er. Doch er hat ganz andere, ganz persönliche Sorgen. Er hat Angst um seine schwerkranke Frau. Er hat außerdem Angst um seine Enkel, die Kinder von Jenny. Auch ihm selbst geht es nicht gut. Eine Bronchitis wächst sich zur hartnäckigen Brustfellentzündung aus, raubt ihm die Kraft, lässt ihn nachts nicht schlafen.

Anders Tussy, die zu voller Aktivität aufblüht. Sie fühlt sich als Freundin der deutschen Sozialisten, besonders von Wilhelm Liebknecht und Wilhelm Blos, leidet mit Liebknechts Frau Natalie, den Töchtern Gertrud und Alice und den beiden kleinen Jungen. Was wird mit ihnen geschehen? Wird man sie ausweisen? Ihr Zuhause zerstören? Wird Liebknecht, wie schon so oft, ins Gefängnis kommen? Was ist mit den zahllosen unbekannten Mitgliedern der Partei, die jetzt hungern, frieren, ihr Obdach verlieren und im Krankheitsfall nicht einmal ärztlich behandelt werden können, da der Staat die Gewerkschafts- und Innungskassen konfisziert hat?

Im November 1880 – zwei Jahre nach dem Inkrafttreten des »Sozialistengesetzes« – hat die Verfolgungswelle ihren Höhepunkt erreicht. Tussy appelliert an die Herausgeber von achtunddreißig englischen Zeitungen:

Mein Herr!

Ein Telegramm von Reuters verkündete vor einigen Tagen, dass in Hamburg, Altona etc. ein Belagerungszustand verhängt worden ist, und dass 175 Menschen diese Städte verlassen mussten. Aber die Umstände, unter denen diese Maßnahmen getroffen wurden, die Unmenschlichkeit, mit der die Vertreibungen stattfanden – all das blieb in England unbekannt. Die Engländer haben mit Bulgaren und Türken sympathisiert, mit Russen und Griechen, werden sie nicht Gerechtigkeit, wenn nicht Sympathie, für die deutschen Sozialdemokraten aufbringen?

Das »Sozialistengesetz« fordert, dass Taten zur »Gefährdung der öffentlichen Sicherheit« begangen worden sein müssen, bevor ein »kleiner Belagerungszustand« erklärt wird. Aber weder in Hamburg noch in all den anderen Städten existiert ein Grund für diese außergewöhnliche Maßnahme. Es gab keine »Exzesse«, keine unerlaubten Versammlungen, keine Agitation, keine aufrührerischen Publikationen, keine Verschwörungen. Trotz der Anstrengungen der Polizei, irgend etwas zu entdecken, hat sie nicht die Spur davon gefunden; ihre fortgesetzten Durchsuchungen der Häuser der »Verdächtigen« sind absolut erfolglos geblieben. Die Sozialisten haben sich strikt ans Gesetz gehalten – selbst an die Ausnahmegesetze, die Prinz Bismarck erlassen hat, und die er – unfähig, selbst damit zu regieren (ein Ausnahmezustand wurde auf seinen eigenen Gütern in Lauenburg verhängt) – als Erster bricht.

Ohne Grund und Anlass, ohne den Schatten einer Entschuldigung wurden 175 Menschen – viele von ihnen waren vorher schon aus Berlin ausgewiesen worden – aus Hamburg vertrieben; die Häuser armer Arbeiter sind aufgebrochen worden, ihre Familien wurden verjagt, um sich irgendwo anders ein Heim und eine Arbeit zu suchen – oder um zu verhungern, was sicher oft der Fall sein wird. Eine arme Frau, die Gattin eines Druckers, die ihr Heim zerstört fand und dem nackten Hunger ins Gesicht blickte, hat ihren Verstand verloren und ist jetzt im Irrenhaus! ... Ein Sozialdemokrat, seit sechs Monaten ans

*Bett gefesselt und im letzten Stadium seiner Krankheit, wurde in diesem kalten
Novemberwetter von Pinneberg in Holstein nach Neustadt geschickt, wo er
sterbenskrank ankam. Diese sprechenden Fakten bedürfen keines Kommen-
tars. Zu einer Zeit, in der die deutsche Presse unterdrückt und jede Äußerung
öffentlicher Meinung unmöglich ist, in der Prinz Bismarck neue Ungesetzlich-
keiten begeht und den Belagerungszustand über Leipzig verhängt, in der er
äußerste Mühe darauf verwendet, die Schweizer Regierung dafür zu gewinnen,
Sozialisten, die in Zürich und Genf Zuflucht gesucht haben, zu vertreiben, in
dieser Zeit ist es die Pflicht der freien Presse in England – der einzigen freien
Presse in Europa – diese Aktionen so hart zu verurteilen, wie sie ungerecht
sind, so gnadenlos, wie sie es in ihrer Ungesetzlichkeit verdienen. Ihre gehorsame Eleanor Marx. London, November 1880.*[8]

Das ist Tussy, wie sie leibt und lebt, wie sie in die Geschichte des englischen Sozialismus eingehen wird. Sie nimmt kein Blatt vor den Mund,
hat keine Spur von Angst, hält sich nicht lange mit Theorien und Ana-
lysen auf, sondern erzählt von Schicksalen, appelliert an die Menschlichkeit. Ein – vielleicht – typisch weiblicher Wesenszug, der Marx eher
verstört als erfreut haben dürfte, denn er lobt ihre Aktivitäten nirgendwo, nicht einmal in seinen Briefen an Engels, sondern fährt fort, sich
von »Tussichen« in noble Kurorte begleiten zu lassen, und schreibt von
dort: »Viele Juden und Flöhe hierselbst.«[9]

Tussy ist inzwischen praktisch »entlobt«. Lissagaray hat London in
diesem Jahr – 1880 – verlassen, ohne dass sie auch nur erwogen hätte,
mit ihm zu gehen. Die französische Regierung, an deren Spitze seit
1873 nicht mehr Adolphe Thiers steht, sondern Patrice de Mac-Mahon,
ein alter Kriegsheld irischer Herkunft, hat die Flüchtlinge der Kommune begnadigt. Lissagaray lebt jetzt wieder in Paris, will eine neue Zeitschrift herausgeben. Auch Charles Longuet, der Ehemann von Schwester Jenny, ist wieder in die Heimat zurückgekehrt und arbeitet als Redakteur einer radikalen Tageszeitung. Jenny bleibt vorläufig in London.
Sie hat im April 1879 einen vierten Sohn, Edgar-Marcel, bekommen,
will noch abwarten, bis Longuet sich in Frankreich dauerhaft etabliert
hat, und gibt bis dahin weiter ihre Privatstunden.

Tussy scheint nicht unter Liebeskummer zu leiden, sondern geht weiter ins British Museum, arbeitet an ihrer Übersetzung der *Kommune,* schreibt Appelle an Zeitungen und bewegt sich in einem großen politischen Freundeskreis. Denn wie schon 1871, nach dem Fall der Pariser Kommune, strömen auch jetzt, in der Zeit der Sozialisten-Verfolgung, Emigranten und Flüchtlinge in Scharen nach London, wo sie zuerst Marx und Engels ihre Aufwartung machen. Da steht der österreichische Journalist Karl Kautsky, Sohn der berühmten Schriftstellerin Minna Kautsky, vor der Tür, der Berliner Zeitungsredakteur Eduard Bernstein, begleitet von August Bebel, dem die Marxens zum ersten Mal persönlich begegnen; Mitglieder der russischen Befreiungsbewegung »Narodnaja wolja«, darunter Nikolaus Morosow oder Lev Hartmann und die geheimnisvolle Vera Zasulič, eine adlige Rebellin aus Kiew, die auf den Stadthauptmann von Sankt Petersburg geschossen hat und in einem aufsehenerregenden Prozess freigesprochen worden ist.

Alle, besonders die Männer, sind begeistert von Tussy, obwohl sie Kette raucht und immer leicht vernachlässigt, wenn auch sehr phantasievoll, gekleidet ist.

»Ein schlankes, attraktives Mädchen vom deutschen Typus«, schreibt Morosow, »sie erinnerte mich an das romantische Gretchen ... im Faust«,[10] während Bernstein, Sohn eines jüdischen Lokomotivführers aus Berlin-Schöneberg, das genaue Gegenteil, nämlich das Jüdische ihrer Erscheinung, betont: »Eleanor Marx war im Jahr 1880 ein blühendes junges Mädchen von vierundzwanzig Jahren, mit dem schwarzen Haar und den schwarzen Augen des Vaters, einer äußerst wohlklingenden Stimme, ungemein lebhaft und nahm in sehr temperamentvoller Weise an unseren Unterhaltungen über Parteiangelegenheiten teil.«[11]

Debüt als Rezitatorin

An einem Dezemberabend dieses Jahres 1880 hat Tussy ihr Debüt als Rezitatorin. Sie schwärmt schon seit Jahren leidenschaftlich für das Theater, verehrt Henry Irving, den berühmten Shakespeare-Darsteller, überbringt ihm im Auftrag des Dogberry-Clubs sogar einmal einen Lorbeerkranz, worauf er galant ihre Hand nimmt und einen Kuss darauf haucht. Jetzt möchte sie selbst auf der Bühne stehen. Nicht nur im häuslichen Wohnzimmer, im Dogberry-Club, sondern öffentlich, am liebsten direkt neben Irving, möchte die Ophelia, Portia oder Desdemona spielen wie seine Partnerin, die berühmte Schauspielerin Ellen Terry. Sie hat diese Rollen alle studiert, kann sie Wort für Wort auswendig.

Ihre Eltern sind irritiert. Was ist nur los mit ihr? Sie schien doch ganz in ihrer politischen Arbeit, ihren Übersetzungen, ihren Recherchen für den Shakespeare-Experten Furnivall aufzugehen, und nun plötzlich diese Leidenschaft für die Bühne, ohne auch nur eine Stunde Schauspielunterricht gehabt zu haben? Neigt sie nicht zu einer gewissen Sprunghaftigkeit, zur Verzettelung ihrer geistigen Kräfte?

Ihr Auftritt an diesem Abend, den sie zum Besten der Kommunarden gibt, findet in einem großen Saal im Londoner Norden statt, einem Saal, der so schmucklos und kahl wirkt, dass er »ebenso gut der Klassenraum einer der vielen Sektenschulen, über die London verfügt …, hätte sein können«, erinnert sich Bernstein.[12] Das Haus liegt in einem scheußlichen Viertel, umgeben von Pfützen und Schlamm. Die Straßenlaternen werfen trübes Licht auf Berge von Unrat. Bernstein, der noch fremd in der Stadt ist, wird von Engels in diese finstere Gegend geführt. Der Saal ist nur halb besetzt. Die Eltern Marx und die Töchter Jenny und Laura sitzen in der ersten Reihe. Weiter hinten erkennt man August Bebel und den Russen Lev Hartmann, der an einem Attentat auf Zar Alexander II. beteiligt gewesen ist, außerdem viele politische Flüchtlinge aus Deutschland – fast nur Familie und Freunde also.

Dann erscheint Tussy. Im schwarzen Seidenkleid, mit geröteten Wangen, die üppigen Locken nachlässig zurückgesteckt. Sie rezitiert den *Pied Piper of Hamelin*, den *Rattenfänger von Hameln*, in der englischen Version von Robert Browning, beginnend mit dem Lobpreis Hamelns, einer kleinen, beschaulichen Stadt an der Weser, sechshundert Jahre vor den Zeiten des Sozialistengesetzes. Alles ist friedlich. Nichts stört die Idylle. Doch dann kommen die Ratten. Beißen die Hunde und töten die Katzen. Verletzen die Kinder in ihren Wiegen, stehlen den Käse aus den Fässern, schlecken die Suppe von den Tellern, bauen Nester in den Sonntagshüten der Männer, stören die Treffen der Frauen …

by drowing their speaking, with shrieking and queaking in fifty different sharps and flats …

Da erscheint ein seltsamer Mann im bunten Harlekinrock, der schrill auf der Flöte spielt und verspricht, alle Ratten mit seiner Musik zu vertreiben. Die Bürger sind froh. Sie wollen ihn fürstlich entlohnen. Doch kaum hat er die Ratten durch sein Flötenspiel angelockt und in die Weser getrieben, verweigert man ihm sein wohlverdientes Geld. Verbittert und wütend geht er fort. Man vergisst ihn. Doch eines Tages kommt er überraschend zurück. Diesmal nicht in Gestalt eines Harlekins, sondern eines roten Jägers, der alle Jungen und Mädchen von Hameln entführt, während die Eltern ahnungslos in der Kirche sitzen.

Diese Sage mag viele Hintergründe haben. Den massenhaften Wegzug vieler junger Leute aus dieser Gegend zum Beispiel, die sich, durch professionelle Werber angelockt, in Siebenbürgen oder Ostdeutschland niederließen, wo man ihnen bessere Lebensbedingungen versprach. Doch Tussy wird diese alte Geschichte kaum interessiert haben. Sie interpretiert den Stoff als moderne politische Parabel: Der deutsche Spießer ist seinem Retter, dem Arbeiterführer, nicht dankbar, obwohl er ihn doch von der Pest des Kapitalismus befreien möchte. Man erkennt ihn nicht an. Man verspottet ihn, wirft ihn sogar ins Gefängnis oder bedroht ihn mit Ausweisung. Doch die Rache wird eines Tages auf dem Fuße folgen …

Das kommt gut an in den Zeiten der Sozialistengesetze. Bebel, Engels und viele andere müssen schmunzeln. »Da mein Englisch«, schreibt Bernstein, »noch sehr schwach war, konnte ich den Worten nur ungenügend folgen. Ich bemerkte lediglich, dass Eleanor sehr lebendig und mit reicher Modulation sprach und großen Beifall erntete.«[13]

Irischer Protest

Februar 1881. Zwei Monate später. Tussy inmitten wütender Demonstranten vor dem Polizeirevier auf der Londoner Bow Street. Sie rufen anti-englische Parolen, singen »God save Ireland«, schwenken die Fahne der Fenier, prügeln sich mit der Polizei. Seit 1869, Tussys großer Irland-Reise mit Engels und Lizzy Burns, hat sich an der Lage der Iren nicht viel geändert. In den letzten Jahren haben fast zehntausend Bauern das Land verlassen und in die Städte abwandern müssen, weil sie von Grundbesitzern »zwangsentmietet« worden sind. Die Lage wird kritisch. Eine neue Widerstandsbewegung ist aktiv geworden, angeführt von den Bauernsöhnen Charles Stuart Parnell und Michael Davitt. Sie haben die »National Land League« gegründet, mit der die feudale Grundordnung beseitigt werden soll. Jeder Bauer soll Eigentümer des Landes werden, das er bebaut. Um ihren Forderungen mehr Nachdruck zu verleihen, rufen sie zum Boykott auf, animieren Knechte, Mägde und Tagelöhner, nicht mehr zu arbeiten. Nun kommt es zum Notstand. Das Vieh bleibt ungemolken, der Boden unbestellt, das Getreide bricht unter der Last reifer Ähren zusammen. Der englische Premierminister Gladstone greift durch, erlässt, nach Bismarck'schem Vorbild, harte Ausnahmegesetze. Parnell und Davitt kommen ins Gefängnis. Die Menge tobt, droht mit dem Abschlachten von Rindern und Schafen, sammelt sich auf der Londoner Bow Street, wo Davitt in Haft sitzt, droht, die Wachtposten vor dem Gefängnis zu erschießen.

Tussy verfolgt alles, berichtet an Liebknecht, schreibt, dass die englische Regierung noch schlimmer als Bismarck sei, Spezialistin auf dem Gebiet des Despotismus:

Das Unterhaus wird jetzt höchst erfolgreich unterdrückt, und die Redefreiheit gehört der Vergangenheit an – so obsolet wie Daumenschrauben und Folterkeller … Morgen wird es eine open-air-Veranstaltung im Hyde Park geben, ich werde hingehen und Ihnen alles Berichtenswerte schreiben. Ich hatte in der Zeitung gelesen, dass Michael Davitt am Freitagmorgen aufs Polizeirevier in der Bow Street gebracht werden sollte, ich wollte ihn unbedingt sehen,

ich ging zur Bow Street und fand eine große, wütende Menge … wütend, weil
Davitt, abweichend von allen Vorankündigungen, schon um acht Uhr dem
Magistrat vorgeführt worden war; die Regierung scheute die Konfrontation
mit der Öffentlichkeit. Da ich den Äußerungen der Leute nicht entnehmen
konnte, ob Davitt immer noch auf der Bow Street war oder nicht, fragte ich
einen Polizisten. »Nein«, *sagte er,* »ich selbst habe ihn in den Wagen geführt.«
Ich hörte an seinem Akzent, dass er Ire war … Ich fragte ihn, ob es nicht
genug Engländer gebe, die so eine Drecksarbeit machen können, und ob
ausgerechnet ein Ire helfen müsse, jemanden »in den Wagen zu führen«, *der*
wie Davitt so viel für sein Land getan habe. Ein paar andere Polizisten
musterten mich skeptisch, sagten aber nichts. Als ich gerade gehen wollte,
kam ein Herr, streckte mir seine Hand entgegen und sagte: »Als Ire möchte
ich Ihnen die Hand schütteln und danken.«[14]

Politische Gegner

Marx nimmt, wie es scheint, wenig Anteil an der »irischen Frage«, weil er
in diesem Jahr – 1881 – wie betäubt ist von den großen Sorgen um seine
Frau. Ihr Leberkrebs schreitet unerbittlich voran. Sie wird immer dünner und schwächer, muss im Rollstuhl sitzen, bemüht sich aber, »contenance« zu bewahren, schreibt lange Briefe an Freunde und Verwandte,
nimmt Anteil am Schicksal ihrer Töchter und Enkel, macht gemeinsam mit Marx kleine Reisen und bewirtet neue sozialistische Freunde
wie August Bebel und Eduard Bernstein, die derart beeindruckt von ihr
sind, dass Marx vor Eifersucht rast. Ein Gespräch zwischen Bebel und
Jenny unterbricht er mit der wütenden Frage, ob er ihm »seine Frau zugrunde richten« wolle?[15]
   Auch ein anderes Thema macht ihm um diese Zeit schwer zu schaffen: die politische Konkurrenz, die ihm in London erwachsen ist, vor
der eigenen Haustür. Die Geister, die er durch sein *Kapital* gerufen hat,
sind nämlich erwachsen geworden und gründen ihre eigene englische
Partei, die »Democratic Federation«, die sich später »Social Democratic Federation« nennen wird. Ihr Initiator ist Henry M. Hyndman, Sohn

reicher Eltern, erzogen in Eton und Cambridge, ein Gentleman, der immer in Frack und Zylinder auftritt, selbst vor Arbeiterpublikum. Er hat die Schriften von Lassalle, aber auch das *Kommunistische Manifest* genau gelesen, kennt sich gut in der europäischen Politik aus, spielt hervorragend Cricket und kann überall in der Welt herumreisen, da er keinerlei Geldsorgen hat.

Auch bei Marx macht der Neununddreißigjährige mit dem langen krausen Bart seine Aufwartung, mal mit, mal ohne Gattin Matilda, wenn der Dogberry-Club seine Vorführungen hat zum Beispiel. Dabei ist er besonders begeistert von Tussy, die er allerdings nicht ganz unkritisch sieht. »Eleanor«, schreibt er in seinen Erinnerungen, »war der Liebling ihres Vaters, dem sie äußerlich so ähnelte, wie das für eine junge Frau nur möglich war. Die hohe Stirn, die dunklen, leuchtenden Augen, die roten Wangen, das sprühende Lachen – in Mund und Nase hatte sie den jüdischen Typus von Marx vererbt bekommen. Sie besaß eine physische Energie, die der seinen nicht nachstand, und eine Intelligenz, der aber der literarische und politische Erfolg ... dessen sie fähig gewesen wäre, stets versagt blieb. Wahrscheinlich hatte sie das Gefühl, ein bisschen im Schatten ihres Vaters zu stehen, dessen Schwächen zu erkennen sie außerstande war.«[16]

Hyndmans Partei, die erste ernsthafte sozialistische Erneuerungsbewegung in England, sieht sich als Repräsentantin der englischen Arbeiter. Eigentlich müssten Marx, Engels und Tussy sich darüber freuen. Doch schon bald kommt Eifersucht auf. Sie nennen Hyndman »selbstzufrieden« und »schwachbrüstig« und erregen sich nicht ganz zu Unrecht, als er in seinem Buch *England for all*, einer für den Arbeiter gedachten Einführung in den Sozialismus, ganze Passagen aus dem *Kapital* abschreibt, ohne den Namen »Marx« zu nennen, auch wenn er im Vorwort kryptisch bemerkt: »Für die Ideen und einen großen Teil des stofflichen Inhalts ... bin ich dem Werk eines großen Denkers verpflichtet, der, davon bin ich überzeugt, bald der Mehrheit meiner Landsleute zugänglich sein wird.«[17]

Marx hält das Buch für verhunzt und verfehlt, schreibt Hyndman geharnischte Briefe und erteilt ihm Hausverbot. Tussy steht wie immer voll hinter ihm und äußert sich vernichtend über die neue Partei, der sie keine Zukunft voraussagt.[18] Auch mit anderen englischen Sozialisten überwirft sie sich, weil sie nicht hundertprozentig die Marx'sche Linie vertreten oder weil Marx ihr gesagt hat, sie taugten nichts. Ein Jurist namens John Stuart-Glennie, Mitglied der Demokratischen Vereinigung von Marylebone, schreibt ein Buch über »Europa und Asien«. Die Beziehungen zwischen den beiden Kontinenten müssten neu geordnet, die »Produktionsmittel unter das Kommando des Arbeiters« gestellt werden, heißt es darin, jedoch solle die Abschaffung der Feudalherrschaft »ohne einen Anstrich von Enteignung« erfolgen. Marx ist entsetzt über diese Einmischung in »sein« Gebiet und beauftragt Tussy, einen bösen Brief zu verfassen, was sie auch tut. In seiner Antwort schreibt Stuart-Glennie: »Ich bin außerstande, auch nur zu *raten*, was der Grund seines Verdrusses gewesen sein könnte. Sie schreiben: ›Sein einziger Einwand gegen Ihr Buch beruht auf Ihrer Behandlung seiner wissenschaftlichen Theorien.‹ Aber die speziellen Theorien von Dr. Marxens großem Werk über das Kapital habe ich doch gar nicht behandelt?«[19]

So sind sie recht isoliert, trotz ihrer vielen Besucher und Freunde, mit denen sie sich über kurz oder lang immer wieder zerstreiten, sind fixiert auf sich selbst, auf die Vergangenheit, auf ein paar alte Genossen in Deutschland, und vor allem auf die Heilige Schrift des Marxismus, das *Kapital*, das sie wie einen Nibelungenschatz hüten. Niemand darf es antasten oder kritisieren. Niemand seine Thesen weiterentwickeln. Nur schiere Bewunderung ist erlaubt. Eine Haltung, die einsam macht. Denn schon bald wird die Zeit kommen, in der Tussy auf sich allein gestellt ist und ohne die Hilfe guter Freunde nicht auskommen wird.

Geburten, Geburten

Wenn Tussy aus dem British Museum, wo sie für den Philologen Frederick James Furnivall arbeitet, nach Hause kommt, wird sie von mehrstimmigem Kindergeschrei empfangen. Schwester Jenny ist der Familientradition treu geblieben und hat in fünf Jahren vier Kinder zur Welt gebracht: Charles, Jean, Harry und Edgar-Marcel. Bald nach der Geburt des Jüngsten ist sie schon wieder schwanger. Ihre Mutter ist gar nicht begeistert davon, dass Jenny so sehr in ihre Fußstapfen tritt, spricht vom »bösen Storch«, der sich immer wieder »einschleiche« und »bei Jenny's Gesundheitszustand« durchaus kein willkommener Gast sei.[20] Jenny selbst kann sich nicht viel um die Kinder kümmern, denn sie gibt immer noch Stunden an Mädchenschulen, hat Privatschülerinnen. Ihr Mann, Charles Longuet, hat sich entschieden, für immer in Frankreich zu bleiben und für das radikale Blatt *La Justice* zu schreiben.

Jenny geht es nicht gut während ihrer Schwangerschaften. Sie kann nicht schlafen, hat keinen Appetit, neigt in dem feuchten Londoner Klima zu Asthma. Deshalb entschließt sie sich, ihrem Mann nach Frankreich zu folgen. Sie wollen ein Haus in Argenteuil bei Paris beziehen, wo das Klima besser sein soll als in der englischen Hauptstadt. Tussy sieht dem Umzug mit Skepsis entgegen und schreibt an Natalie Liebknecht, ihre deutsche Vertraute:

> Sie haben sicher schon gehört, dass meine Schwester Jenny von London nach Paris gehen wird. Das ist sehr traurig für Papa und Mama, die die Kinder sehr lieben. Ich weiß wirklich nicht, was sie ohne sie machen sollen. Vielleicht wird Jenny den kleinen Harry hier lassen. Er ist ein sehr zurückgebliebenes und empfindliches Kind (Jennys Kinder sind leider nicht kräftig) und braucht viel Liebe und Aufmerksamkeit – dabei ist das nächste Kind (das sehr gut entwickelt ist) nur dreizehn Monate jünger, und im März erwartet Jenny schon wieder ein Baby! Das ist alles andere als ein Segen, weil die Kinder so dicht beieinander sind, und es schwer ist, sich um alle drei, fast könnte man sagen, vier Babys gleichzeitig zu kümmern, denn auch Johnny ist ja noch so klein. Er wird im nächsten Mai fünf und ist ein süßer kleiner Kerl. Er ist sehr schön, mit einem Gesicht wie aus einem Bild von Murillo. Der zweite Junge – mein Junge – Harry, ist nicht hübsch und sehr zurück, aber ich mag ihn am liebsten von allen, weil ich glaube, er hat bei weitem das liebste Wesen, und er ist eins dieser Kinder, die dafür ausersehen scheinen, zu leiden. Obwohl er so zurück ist, glaube ich, dass er sich wunderbar entwickeln wird, und ich würde mich nicht wundern, wenn dieses so offensichtlich dumme Kind das klügste von allen würde.[21]

Anfang 1881, wenige Wochen vor der erwarteten Niederkunft, reist Jenny mit ihren kleinen Jungen nach Argenteuil, das zwar nicht weit von Paris entfernt, aber mit seinen knapp achttausend Einwohnern trotzdem sehr ländlich ist. Jeder kennt jeden. Es gibt einen Metzger, einen Käsehändler und endlose Äcker, auf denen sehr guter Spargel wächst. Es gibt vorzüglichen Wein. Und es gibt die Basilika Saint Denys mit der Heiligen Tunika Christi, die viele Pilger anlockt. Auch die 1873 von Monet gemalte hübsche Eisenbahnbrücke ist bei Ausflüglern aus Paris sehr beliebt. Eine Idylle also, in der Jenny sich trotzdem nicht einleben kann, denn sie hat von Kindheit an nur in Großstädten gelebt, in Paris, Brüssel, Köln und London. Sie kommt mit der Mentalität in der Provinz nicht zurecht, vermisst ihre Schülerinnen, die politischen Diskussionen, das Theater, die Zeitungen, ja sogar den Londoner Smog. Schon vom ersten Tag an fühlt sie sich »völlig zerstört«, klagt über unzuverlässige Handwerker und Dienstboten. Im April 1881, wenige Tage vor der Geburt des fünften Kindes, schreibt sie:

Es scheint mir ein Jahrhundert her, seit ich mein liebes altes England und euch alle verlassen habe, ein endloses Jahrhundert von Tagen, die einander so gleich sind, dass man sie nicht mehr unterscheiden kann, außer dass einige noch eine Extraportion dieser elenden kleinen häuslichen Sorgen mit sich bringen, die stärker auf mir lasten als großes Unglück. Das freie, unabhängige, tätige … Leben, das ich ein paar Monate lang in London geführt habe, hat mich … unbrauchbar gemacht für … all das. Es ist mir jetzt alles so unerträglich, dass ich den Eindruck habe, ein paar Jahre, ja Monate dieses Lebens in einem fremden Land, unter fremden Leuten, und ich bin eine unheilbare Idiotin … Ich bin elend und hoffnungslos nervös, fühle mich körperlich und seelisch unwohl. Eines der drei Kinder lässt mich gewöhnlich nicht schlafen, und dazu kommt noch, dass unser armer Johnny so krank war. Er hat wieder einen Fieberanfall gehabt – eine Art Magenfieber … Er versteht sich nicht mit den französischen Kindern, die er hier kennengelernt hat … Ich bin ganz von allen Nachrichten abgeschnitten und sehne mich täglich nach den Anschlagzetteln der Londoner Zeitungen, die einen … in diesem »Heim« genannten Gefängnis mit den Wesen, die draußen leben und kämpfen, in Verbindung halten.[22]

Als Ende April 1881 das nächste Kind, es ist wieder ein Sohn, Marcel-Charles, geboren wird, sind Tussy, Laura und ihre Mutter ein bisschen enttäuscht. Alle Enkelkinder der Marxens sind Jungen. Dieses Mal hatten sie sich auf ein kleines Mädchen gefreut. Marx dagegen begrüßt seinen neuen Enkel mit großem Jubel und schreibt an die Mutter: »Ich ziehe meinerseits das ›männliche‹ Geschlecht bei Kindern vor, die an diesem Wendepunkt der Geschichte geboren werden. Sie haben die revolutionärste Periode vor sich, die Menschen jemals zu bestehen hatten.«[23]

Er ist guten Mutes oder versucht jedenfalls, so zu tun, obwohl es Jenny, seiner Frau, immer schlechter geht. Sie wird von Tag zu Tag dünner, kann sich nicht mehr alleine anziehen, ist zu schwach, um länger als ein paar Stunden aufzubleiben, nimmt aber noch an politischen Diskussionen teil und lässt sich manchmal in ihr geliebtes Theater fahren. Immer wieder sagt sie, dass sie Jenny und deren Kinder in Frankreich besuchen möchte, da sie das jüngste Kind ja noch gar nicht kenne. Sie vermisst die Kinderstimmen der »drei kleinen Männlein«. Aber Marx wiegelt ab. Er hat Angst vor der Katastrophe. Er hat Angst, dass seine Frau diese Reise nicht überleben wird.

Tatendrang und neue Liebe

Tussy versucht, sich von all diesem Elend nicht entmutigen zu lassen und arbeitet heftig an der Verwirklichung ihrer verschiedenen beruflichen Pläne. Sollten die Eltern wirklich zu Jenny nach Frankreich fahren, wird sie, das steht fest, nicht mit dabei sein, denn sie hat im British Museum zu viel zu tun. Außerdem will sie endlich Schauspielunterricht nehmen. Die Lehrerin, die sie sich ausgesucht hat, heißt Elizabeth Vezin, eine ehemals sehr erfolgreiche Tragödin, die Mutter Jenny in einer ihrer Theaterkritiken als »beste, ja sozusagen … einzige vortreffliche Darstellerin Shakespeare 'scher Charaktere« bezeichnet hat.[24]

»Ich baue bestimmt nicht allzu zuversichtlich auf den Erfolg«, schreibt Tussy im Juni 1881 an Schwester Jenny, »und doch möchte ich den Unterricht nehmen. Selbst im Fall, dass Mrs. Vezin, wie ich fürchte, findet, sie habe meine Begabung überschätzt, werden mir diese Stunden immer noch nützlich sein, und ich kann es immer noch mit der Rezitation versuchen ... Bis zu diesem Montag konnte ich ihr nicht schreiben, da Papa das nötige Geld nicht hatte, aber dann habe ich geschrieben und einen netten Antwortbrief erhalten ... Es ist mir schrecklich, dass ich Papa so viel koste, aber schließlich ist für meine Erziehung sehr wenig ausgegeben worden, wenigstens im Vergleich zu dem, was *heute* von Mädchen verlangt wird, und ich denke, wenn ich es schaffe, ist es eine gute Investition gewesen.«

Vielleicht, fährt sie fort, könne sie ja auch selbst etwas zur Bezahlung der Stunden beitragen. Sie habe nämlich einen gewissen Mayall im Bus getroffen. Gemeint ist wahrscheinlich John Mayall, geboren 1813, einer der Pioniere der Kunst- und Porträtfotografie in England. Dieser Mayall habe ihr vorgeschlagen, für eine wissenschaftliche Zeitschrift, zu der er Kontakt habe, als »precis writer« zu arbeiten, als jemand, der Artikel, Bücher usw. in Kurzform zusammenfasse. Er habe ihr dafür zwei Pfund pro Woche in Aussicht gestellt. Sie wolle es in jedem Fall versuchen. »Wenn es schief geht, geht es eben schief. Du siehst, Liebe, ich habe eine Menge Eisen im Feuer, aber ich habe das Gefühl, dass ich mein Leben jetzt lange genug habe gehen lassen und dass es höchste Zeit ist, dass ich etwas mache.«[25]

Ihr Tatendrang hängt vielleicht auch mit einer neuen Liebe zusammen, die weder George Bernard Shaw noch Lissagaray heißt, sondern Ernest Radford. Lissagaray, der seit 1880 wieder in Paris lebt, ist für sie schon lange kein Thema mehr, jedenfalls nicht, was »Liebe« oder gar »Ehe« angeht. Und für Shaw wollen sich einfach keine anderen als freundschaftliche Gefühle einstellen. Ernest Radford, ein junger Jurist aus guter Familie, genau wie Shaw etwas jünger als sie, kommt regelmäßig zu den Proben des Dogberry-Clubs, ist Shakespeare-Fan, übersetzt Heine aus dem Deutschen ins Englische, schreibt Kunst- und Literaturkritiken und sieht außerdem noch sehr gut aus mit seinem schmalen, aristokratischen Gesicht und seiner schlanken Figur. Tussy geht viel mit ihm spazieren, ins Konzert, ins Theater, vergisst den fernen Lissagaray immer mehr, hofft vermutlich auf etwas Ernsthaftes, auf eine Ehe, zumal auch ihr Vater die Sache recht positiv sieht, denn Radford ist weder Franzose noch Jude, sondern waschechter Engländer, der außerdem noch ein anständiges Deutsch spricht.

»Tussy hat nämlich«, schreibt er an Tochter Jenny, »unter den Dogberries ein neues Wunderkind aufgetrieben, einen gewissen Radford; dieser Jüngling ist bereits barrister-at-law, verachtet jedoch das jus … He looks well, cross zwischen Irving und Lassalle selig (doch nichts gemein mit der zynisch schmierzudringenden Marquis-Judenmanier des letzteren), an intelligent and somewhat promising boy. Well, das ist des Pudels Kern.«[26]

Anfang Juli 1881 stehen die beiden in einem Laientheater auf der Bühne. Auf dem Programm: zwei Einakter von Eugène Scribe. Marx und Mutter Jenny sind nicht dabei. Sie sind zur Erholung nach Eastbourne gefahren, ein letzter Versuch, Jennys Krebserkrankung aufzuhalten oder wenigstens zu lindern. Tussy und Radford spielen ein Liebespaar. Eine Rolle, die ihr nicht schwerfällt. Sie braucht nur sich selbst darzustellen. Steht doch ihr Traummann, der dem großen Henry Irving so ähnlich sieht, neben ihr.

Statt Marx ist Engels, der alte Ersatzvater, gekommen. Sie sei »sehr gut in den leidenschaftlichen Szenen« gewesen, schreibt er nach Eastbourne. Nur habe man gemerkt, dass sie sich die berühmte Schauspielerin Ellen Terry zum Vorbild genommen habe, so wie Radford sich Henry Irving. Das müsse sie sich allerdings noch abgewöhnen. »Will sie öffentlich Effekt machen, muss sie unbedingt strike out a line of her own, und das wird schon.«[27]

»A line of her own«, ein eigener Stil: Dazu gehört ein solides Fundament, Stimmbildung, Rollenstudium, Körpersprache. Marx weigert sich immer noch, ihr den Schauspielunterricht bei Elizabeth Vezin zu bezahlen. Und Engels, dem es ein Leichtes wäre, tut es auch nicht. Im Grunde halten sie das wohl alle für Kinderei, für ein nettes Hobby. Dass sie als Amateurin auf der Bühne steht, mag ja noch angehen. Aber eine Marx-Tochter als »richtige« Schauspielerin, der Neugier der britischen Philister und der Häme der Kritik preisgegeben? Unmöglich!

6

DAS GEHEIMNIS DES TODES

1881–1883

Depressionen

Nach ihrer Rückkehr aus Eastbourne bleiben die Marxens nur wenige Tage in London und fahren im Juli 1881 nach Argenteuil weiter. Jenny hat hartnäckig darauf bestanden, obwohl der Arzt, der zunächst nichts dagegen hatte, nun endgültig davon abrät, weil sie zu schwach sei. Auch Helene kommt mit, mehr als Krankenpflegerin denn als Haushaltshilfe. Das Geld für die Reise gibt Engels.

So bleibt Tussy ganz allein im Haus. Auf eigenen Wunsch. Denn erstens hat sie als »precis writer« zu viel zu tun, und zweitens hofft sie auf ein ungestörtes Beisammensein mit Ernest Radford, ohne die Eltern und das nette, aber neugierige Lenchen. Doch die Sache zerschlägt sich. Denn Radford wendet sich ausgerechnet einer ihrer besten Freundinnen, Dollie Maitland, zu.

Tussy hat Dollie, die eigentlich Caroline heißt, in der New Shakespeare Society kennengelernt und zu sich nach Hause, in den Dogberry-Club, eingeladen. Dollie ist drei Jahre jünger als sie, das älteste von sechs Kindern eines Londoner Schneiders und trotzdem hervorragende Absolventin des Queen's College, eine hochbegabte, junge Dichterin, die sich anders als Tussy eine solide Ausbildung erkämpft hat. Radford hat sie im Lesesaal des British Museum kennengelernt und denkt angeblich daran, sie zu heiraten, denn sie haben viele gemeinsame Interessen: Dichtung, Politik, Kunst und nicht zuletzt Shakespeare. Für Tussy ist diese Liaison eine doppelte Kränkung. Denn nun hat sie nicht nur Radford, sondern auch eine ihrer besten Freundinnen verloren.

Sie fühlt sich enttäuscht und verlassen, nicht nur von Dollie und Radford, sondern auch von Marx, der einfach ohne sie weggefahren ist – zu einer anderen Tochter. Dass sie es selbst so wollte, zählt plötzlich nicht mehr. Er hätte nein sagen, hätte nicht mitfahren sollen. Er weiß doch, wie einsam sie sich ohne ihn fühlt?

Ihre fröhliche Stimmung schlägt, wie so oft, ins genaue Gegenteil um. Sie verbringt traurige Abende, sitzt allein in dem leeren drawing-room, schreibt lange Briefe an Marx und Engels. Draußen im Garten gackern die Hühner, die Helene sich hält. Manchmal wirft Tussy ihnen eine Handvoll Futter hin. Doch sie fressen nicht, wahrscheinlich, weil ihre Herrin nicht da ist, gackern immer lauter und gehen in Hungerstreik wie die nervösen viktorianischen Mädchen.

In diesen Wochen hat sie ein Buch von Mathilde Blind durchzuarbeiten, wahrscheinlich *The Prophecy of St. Oran*, das gerade erschienen ist. Die Autorin, 1841 in Mannheim geboren, ist Tochter eines jüdischen Bankiers namens Cohen, der schon kurz nach ihrer Geburt gestorben ist. Ihre Mutter, Friederike Cohen, hat daraufhin einen Journalisten namens Karl Blind geheiratet, der sich später aktiv an der Revolution von 1848 beteiligt hat und wie Marx über Belgien und Frankreich nach London fliehen musste, wo er seit 1852 lebt, zusammen mit seiner Frau Friederike und deren zwei Kindern, Ferdinand und Mathilde. Karl Blind ist Autor von Büchern über Schiller, Robert Blum, die russische Leibeigenschaft, die Pariser Kommune usw., Korrespondent verschiedener deutscher Zeitungen, ein kluger Kopf, in dessen Haus Freiheitskämpfer aus vielen Ländern verkehren. Eigentlich hätten Marx und er gute Freunde sein können, was sie bis zu einem gewissen Zeitpunkt auch waren. Nach seiner Ankunft in London hat Marx eine Zeit lang sogar bei ihm gewohnt.[1] Ihre kleinen Söhne – Ferdinand und Edgar, genannt »Musch« – waren Spielkameraden. Doch dann kamen Intrigen und Händel, die typischen »Kräche« in der Londoner Emigrantenszene, deren Gründe im Nachhinein kaum jemand begreifen kann.

Ferdinand, der sich inzwischen »Cohen-Blind« nannte, war achtzehn, als er wieder nach Deutschland zurückging, um dort Landwirtschaft zu studieren. Am 7. Mai 1866 schoss er in eleganter Kleidung auf der Berliner Prachtstraße Unter den Linden mit fünf gezielten Revolverschüssen auf Otto von Bismarck, der gerade von einem Besuch bei König Wilhelm I. zurückkam. Cohen-Blinds Motiv war ein pazifistisches. Er wollte einen Krieg zwischen Preußen und Österreich verhindern, dessen Anstifter seiner Meinung nach Bismarck war. Doch der überlebte dank guter Konstitution und dicker Kleidung. Cohen-Blind ließ sich widerstandslos verhaften, schnitt sich auf dem Präsidium die Halsschlagader auf und starb. Viele Sozialisten feierten ihn als Märtyrer. Seine Eltern sollten sich nie wieder von dieser Tragödie erholen.[2]

Tussy kennt diese Geschichte. Sie war und ist häufiges Thema im Hause Marx, zumal Marx und Engels immer wieder verdächtigt wurden, den jungen Mann angestiftet zu haben, was aber nicht stimmte. Trotzdem oder vielleicht gerade deshalb interessiert Tussy sich lebhaft für das Werk von Ferdinands Schwester, Mathilde Blind, die manchmal auch unter einem männlichen Pseudonym, Claude Lake, publiziert. Sie ist Feministin und trotzdem Romantikerin, bekennende Atheistin mit viel Gefühl für die menschliche Seele, schreibt Gedichte, Biographien, Romane. Es gibt viele Parallelen zwischen Tussy und ihr: Beide haben je einen jüdischen Elternteil, beide stammen aus Deutschland, beide sind Töchter von Revolutionären, beide leben im englischen Exil und schreiben in einer Sprache, die nicht die Muttersprache ihrer Eltern ist. Vor allem aber haben beide ausgeprägt depressive Seiten. Tussy kopiert einen Ausschnitt aus einem Gedicht von Mathilde Blind und schickt ihn an die Eltern nach Argenteuil:

Ich sah dich auf der Straße, so elend, so blass,
mein Herz bebte bei dem traurigen Anblick.
Du glichst einer dünnen Wolke, die durch den Himmel schwebt
    und sich im Fluge
aufzulösen droht.[3]

»Nervous dejection«

Das sind Töne, in denen Tussy sich selbst wiederfindet, besonders jetzt, in diesem einsamen, langen Sommer. Das ungewohnte Alleinsein, die traurige Lektüre, die Enttäuschung, dass Ernest Radford sich ihrer besten Freundin zugewandt hat, und vor allem die Abwesenheit ihres geliebten »Mohr«: Seit acht Jahren, seit dem Ende ihres kurzen Intermezzos als Lehrerin in Brighton, sind sie praktisch keinen Tag mehr getrennt gewesen, anders als früher, als er oft monatelang von zu Hause fort war und sie ihn überall gesucht hat, in seinem Arbeitszimmer, in seinen Kneipen, in allen Betten. Panik kommt in ihr auf, sie kann nicht mehr denken, nicht mehr schlafen, legt ihre Bücher zur Seite, raucht Kette, trinkt Unmengen von Tee, schluckt das bewährte Chloral, von dem immer ein großer Vorrat im Haus ist, macht sich kaum noch etwas zu essen, zumal sie auch gar nicht weiß, wie das geht: Kochen. Nicht einmal Jenny, ihre Mutter, kennt sich damit aus. Dafür ist immer Lenchen zuständig gewesen.

So geht das mehrere Tage lang. Niemand merkt etwas. Dann klopft jemand an der Tür. Ist es Marx, der vorzeitig zurückgekommen ist? Ist es Radford? Nein, es ist nur Dollie, die sich Sorgen um Tussy macht. Dollie erschrickt, als Tussy die Tür öffnet. So hat sie die Freundin noch nie gesehen, abgemagert, elend, übernächtigt. Ihre Hände zittern, um ihre Augen zuckt es, die schwarzen Locken hängen ihr zerzaust ins Gesicht. Dollie beschwört Tussy, einen Arzt zu rufen, Doktor Elizabeth Garrett Anderson vielleicht, aber Tussy weigert sich und schickt Dollie wieder fort.

Die hat nun keine Ruhe mehr. Sie hat Angst, dass Tussy verhungert oder sich etwas antut. Hat sie nicht schon öfter, wenn auch scheinbar im Scherz, zu ihr gesagt »I don't stick to life« – »Ich hänge nicht am Leben«?

Dollie ermittelt die Anschrift von Jenny Longuet in Frankreich und telegraphiert an Marx. Er beschließt, umgehend zurückzukehren. An Engels schreibt er: »Wir müssen fort, da ich Brief von Miss Maitland erhalte, dass Tussy very ill, not allows Miss Maitland to attend her longer, has called no doctor etc … Ich muss gleich hin, i. e. tomorrow.«[4]

Zwei Tage später ist er wieder bei Tussy. Jetzt ist alles gut. Jetzt kann ihr nichts mehr geschehen. Sie erlaubt, dass er einen Arzt ruft, verspricht, wieder zu essen und allen Anweisungen zu folgen. »Ich telegraphierte«, schreibt Marx an Engels, »sofort an Dr. Donkin, der auch schon um elf Uhr morgens erschien und lange Konsultation mit Tussy hatte. Her state is one of utter nervous dejection; seit Wochen isst sie sozusagen nichts … Donkin sagt, dass kein organisches Leiden da ist, heart sound, lungs sound etc.; die Basis des ganzen Zustands sei perfect derangement of action of stomach, dem sie das Essen abgewöhnt habe … und dangerously overwrought nervous system. Daher sleeplessness, neuralgic convulsions etc … Er hat sofort eingegriffen, und, was bei diesem Persönchen die Hauptsache ist, ihr beigebracht, dass, wenn sie gehorsame Patientin, keine Gefahr da ist; wenn sie aber auf ihrem Kopf bestehe, alles perdu sei.«[5]

Doktor Horatio Bryan Donkin, eine Kapazität in Kinderheilkunde, Neurologie und forensischer Psychiatrie, hat also eine psychische Krise diagnostiziert, eine Krise, an der er vielleicht selbst nicht ganz unschuldig ist, denn er verschreibt Tussy und allen anderen Mitgliedern der Familie Marx bedenkenlos Chloral und Opiate in großen Mengen, ob gegen Schlaflosigkeit, Schmerzen, Herz- oder asthmatische Beschwerden. Immerhin: Er spricht nicht von »Hysterie«, sondern von einer »nervous dejection«, einer »nervösen Niedergeschlagenheit«, gegen die er als Heilmittel empfiehlt, eine kleine »Zerstreuungsreise« mit ihrem Vater zu machen. Ausgerechnet. Denn dass Tussys Zustand viel mit ihrer zu engen Bindung an Marx zu tun hat, aus der sie sich mit jetzt sechsundzwanzig dringend lösen müsste, kommt ihm offenbar nicht in den Sinn.

Die Mutter stirbt

Doch zu dieser Reise kommt es nicht mehr. Denn schon im Oktober 1881 hat sich das Haus in ein Krankenlager verwandelt. In dem einen Zimmer liegt Marx mit einer schweren Brustfellentzündung, in dem anderen seine Frau, die, aus Frankreich zurückgekommen, nur noch auf ihren Tod wartet. »Sie kann kaum noch dünner und schwächer werden, als sie jetzt ist«, schreibt Laura an Jenny, »aber ihre Energie und ihre Lebensgeister sind ungebrochen.«[6]

Obwohl der Arzt bestätigt, Marx sei nicht lebensgefährlich krank und werde sich wieder erholen, besteht er darauf, in einem »Zimmer für sich allein« zu liegen, anstatt seiner sterbenden Frau Beistand zu leisten. An einen Genossen in Petersburg schreibt er später:

»Unglücklicherweise bekam ich selbst ... nach unserer Rückkehr ... plötzlich einen Anfall von Bronchitis, kompliziert durch eine Pleuritis, sodass ich meine Frau während der letzten sechs Wochen ihres Lebens drei Wochen lang nicht sehen konnte, obwohl wir in zwei angrenzenden Zimmern lagen.«[7]

Meistens wacht Laura bei der Mutter, denn Tussy meint, sie müsse bei ihrem Vater bleiben, der ein sehr ungeduldiger, schwieriger Patient sei. »Seit Samstag bin ich – Tag und Nacht – nicht mehr aus Papas Zimmer herausgekommen«, schreibt sie am 18. Oktober, einem Dienstag, an Schwester Jenny. »Aber heute Nacht wird Helen bei ihm wachen, weil der Doktor mir eine Nacht Ruhe verschreibt.«[8]

Jenny will sofort kommen, will Mann und Kinder allein lassen, um Tussy zu unterstützen. Aber Tussy wehrt beinahe unwirsch ab: »Du darfst nicht daran denken, die Kinder allein zu lassen. Es wäre purer Wahnsinn und würde Papa mehr aufregen, als Dein Hiersein ihn freuen ... könnte, so sehr wir auch alle wünschten, dass Du hier wärest.«[9]

Warum tut sie das? Sie weiß es wohl selbst nicht. Warum sie immer nur vom Vater, fast nie von der Mutter spricht, die doch viel kränker ist als er und jeden Tag sterben könnte? Warum sie nicht einmal erlaubt, dass andere, die Hilfe anbieten, bei der Mutter wachen, eine alte Bekannte namens Madame Lormier zum Beispiel oder Clementina Black, eine Freundin aus Brighton, die sie im Lesesaal des British Museum wiedergetroffen hat? »Es geht aber Mama nicht schlechter«, versucht sie wohl mehr sich selbst als Jenny zu beruhigen, »und sie hat so gute Nächte, dass niemand bei ihr bleiben muss.«[10]

Noch seltsamer wird die Situation, als Tussy sich weigert, ihrer Mutter die Morphiuminjektionen zu geben, die der Arzt, Doktor Donkin, verordnet hat. Sie wolle es »wirklich nicht gern versuchen«, schreibt sie an Schwester Jenny, sondern lieber eine Pflegerin engagieren, auch wenn das viel Geld koste.[11] Die Mutter versteht das nicht, denn es hat keinen erkennbaren Streit, keine Entfremdung gegeben. Sie kennt ihre Tochter, die in den letzten Jahren immer so zuwendend war, nicht mehr wieder, nennt sie in einem finalen Wortwechsel »hart und grausam«, Worte, die Tussy nie mehr vergessen wird. An die Schriftstellerin Olive Schreiner wird sie später schreiben: »Einer der größten von vielen Schmerzen in meinem Leben ist, dass meine Mutter starb und von mir dachte, dass ich ... hart und grausam gewesen sei, und dass sie nicht einmal ahnte, dass ich die besten, frischesten Jahre meines Lebens geopfert hatte, um ihr und meinem Vater Leid zu ersparen.« [12]

Kurz vor ihrem Tod rafft sich die Mutter noch einmal auf, einen Brief an ihre Tochter Jenny zu schreiben. Dieser Brief, ihr vermutlich letzter, habe sie so viel Mühe gekostet, schreibt Laura nach Argenteuil. Wie schade, dass er niemals angekommen sei. Durch die Schuld von Tussy?

Er war Tussy zum Absenden anvertraut worden, in ihre Hände ist er noch ohne Umschlag gelegt worden. Helen hat mir dann gesagt, Du könntest ihn vielleicht nicht bekommen haben ... Ich kann nicht herausbekommen, was für Fragen sie Dir gestellt hat, ich denke aber, es war etwas in Bezug auf die Beleuchtung in Deiner Wohnung, ob Du Lampen oder Kerzen ... benutzt; dazu auch ... etwas über gewisse kleine Hosen für Johnny, ob sie ihm passen oder nicht ... Sie ist nie zu krank, um nicht den lebhaftesten und zärtlichsten Anteil an all den kleinen Dingen, die Deinen Alltag ausmachen, zu nehmen. Das ist ihre einzige Beschäftigung, denn sie kann weder lesen noch schreiben, und ihre immer aktive Nähnadel fängt nun an zu rosten.[13]

Hat Tussy den Brief wirklich unterschlagen? Oder versucht Laura nur, ihre Schwester schlechtzumachen, denn er könnte ja auch von der Zensur abgefangen worden oder auf dem Postweg verloren gegangen sein? Man fragt sich auch, warum Laura sich nicht selbst darum gekümmert und ihrerseits gar nicht geholfen hat, die Eltern zu pflegen, wovon in keinem ihrer Briefe die Rede ist? Sie war wohl in einer kritischen Verfassung. Denn Lafargue, dessen *Recht auf Faulheit* ein großer Erfolg wurde, zumindest in Frankreich, war 1881 in die Heimat zurückgegangen, um dort die »Parti ouvrier français« zu gründen, während sie selbst sehr vereinsamt in London blieb und noch unentschlossen war, ihm zu folgen.

Kurz bevor es mit seiner Frau zu Ende geht, rafft Marx sich dazu auf, sie noch einmal zu sehen. Er verlässt sein Bett und geht in ihr Zimmer. Tussy wird später schreiben, dass sie diesen Augenblick nie vergessen werde. »Sie waren zusammen wieder jung – sie ein liebendes Mädchen und er ein lieber Jüngling, die zusammen ins Leben eintraten – und nicht ein von Krankheit zerrütteter alter Mann und eine sterbende alte Frau, die fürs Leben voneinander Abschied nahmen.«[14]

Am 2. Dezember 1881 stirbt Jenny Marx. Sie ist siebenundsechzig Jahre alt geworden. Ihre letzten Worte an ihren Mann sollen gewesen sein: »Karl, my strength is broken.« – Engels, der dem Witwer als Erster seinen Besuch macht, sagt etwas Schreckliches: »Der Mohr ist auch gestorben«, so zerstört, so traurig kommt er ihm vor. Tussy reagiert wütend. Das klingt wie ein Todesurteil. Der Mohr soll noch lange leben, und zwar mit ihr!

Um ihren Vater zu schonen, erlaubt sie ihm nicht, dass er irgendetwas tut, verlangt, dass er wieder ins Bett geht, schickt Nachrufe an alle wichtigen sozialistischen Zeitungen, übernimmt es, seine Freunde in Deutschland und in der Schweiz zu informieren. An Karl Kautsky, den Redakteur des *Sozialdemokraten* in Zürich, schreibt sie:

Meine geliebte Mutter ist gestern gestorben. So lange wir auch damit gerechnet hatten, ging es doch zum Schluss sehr schnell. Meine Mutter hat ihre großen Schmerzen mit unglaublich viel Mut und Geduld ertragen, und ihr Geist ist die ganze Zeit stark und klar geblieben. Darf ich Sie bitten, das Folgende im Sozialdemokraten zu veröffentlichen? Und würden Sie so

freundlich sein, den beiliegenden Brief so bald wie möglich an Liebknecht
... weiterzuleiten? Mit freundlichen Grüßen von Papa und mir an Sie und
Herrn Bernstein, Ihre ergebene Eleanor Marx.[15]

Es ist seltsam: Die Lebende konnte oder wollte sie nicht pflegen. Von der
Toten scheint sie sich gar nicht mehr trennen zu wollen, sitzt lange an
ihrem Bett, streichelt ihr Haar, prägt sich ihren Gesichtsausdruck ein.
»Der Ausdruck ihrer Augen war einfach unbeschreiblich«, schreibt sie
an Jenny. »Er war nicht nur so klar – so klar, wie sonst nur Kinderaugen
sind – sondern auch so zärtlich ... Oh Jenny, sie sieht jetzt so schön
aus! ... Ihre Stirn war völlig glatt, als hätte eine sanfte Hand alle Linien
und Falten weggestrichen, und das schöne Haar bildet eine Art Glo-
rienschein um ihren Kopf.«[16]

Eines ihrer letzten Worte sei »gut« gewesen. Doch nichts ist gut. Jedenfalls nicht zwischen Tussy und ihrer Mutter. Sie sind unversöhnt,
ohne Abschied, auseinandergegangen. Tussy sei »hart und grausam«
gewesen. Diese Worte stehen nun zwischen ihnen. Niemand, am wenigsten Tussy selbst, kann sich erklären, warum.

Die Zeit danach

Am 5. Dezember 1881 ist die Beerdigung. »Papa kann natürlich nicht
mitgehen«, schreibt Tussy an Jenny, »er darf das Haus noch nicht verlassen, und ich bin in jeder Hinsicht froh darüber.«[17]

Statt seiner geht Engels. Hält die Trauerrede. Irgendwo in einer entle-
genen, »ungeheiligten« Ecke des Friedhofs von Highgate. Ein paar Treue
des Exils stehen dabei. Hauptsächlich deutsche, wenige französische
Genossen. Engländer sind keine zu sehen. Laura wirkt völlig verzweifelt, Tussy, die neben ihr steht, wie versteinert. Engels redet auf Deutsch,
in erhabenem Ton, spricht über Marx, den Sozialismus, das Proletariat,
ja sogar über die letzten Reichstagswahlen, aber kaum über Jenny:

Wiederum hat der Tod sich ein Opfer geholt aus den Reihen der alten Garde des proletarischen, revolutionären Sozialismus. Den materiellen Druck, unter dem sie ihre beiden Knaben und ein Töchterchen ins Grab sinken sah, hätte sie ... verwunden. Aber dass Regierung und bürgerliche Opposition, von der vulgär-liberalen bis zur demokratischen, sich zusammentaten zu einer großen Verschwörung gegen ihren Mann: dass sie ihn mit den elendesten, niederträchtigsten Verleumdungen überschütteten ... das hat sie tief getroffen ... Von Land zu Land drang der Klassenkampf des Proletariats, und unter den Vordersten kämpfte ihr Mann, der Vorderste. Sie erlebte, dass die Verleumdungen, die hageldicht auf Marx herabgeregnet, wie Spreu vom Winde zerstoben, dass seine Lehren, die zu unterdrücken alle reaktionären Parteien ... so ungeheure Mühe aufgewendet hatten, nun von den Dächern gepredigt wurden in allen zivilisierten Ländern und in allen gebildeten Sprachen ... Und eine ihrer letzten Freuden war noch der schlagende Beweis unverwüstlicher Lebenskraft, den unsere deutschen Arbeiter in den letzten Reichstagswahlen gegeben.[18]

Zwei Tage später. Marx, von Tussy für zu schwach befunden, das Haus zu verlassen, kann wieder aufstehen, wieder schreiben, schreit seinen Schmerz laut heraus. »Ihre Augen: voller, schöner, leuchtender als je«, schreibt er an Jenny.[19] Oder: »Ich erkläre ... dass alles an ihr natürlich und wahr ... war; daher auch der Eindruck auf dritte Personen lebendig, lichtvoll; es schreibt sogar die Frau Heß: ›In ihr hat die Natur ihr eigenes Meisterstück zerstört, denn in meinem ganzen Leben ist mir keine so geist- und liebevolle Frau begegnet.‹«[20]

Er liebt sie immer noch, spricht von nichts anderem, nimmt Tussy, die sich so für ihn aufopfert, kaum mehr wahr. Seine Gefühle für seine Frau haben überdauert, trotz aller Ehekrisen, trotz der Geschichte mit Lenchen, trotz der langen Aufenthalte in Holland und seines Ärgers über Jennys vermeintliche Reizbarkeit. »Du weißt, dass wenige Menschen demonstrativem Pathos mehr abgeneigt sind als ich«, wird er noch Monate später an Engels schreiben. »Es wäre jedoch eine Lüge, wollte ich nicht gestehen, dass mein Denken zum großen Teil beherrscht wird von Erinnerungen an meine Frau, diesen besten Teil der besten Jahre meines Lebens.«[21]

Tussy besteht darauf, schnell mit ihm zu verreisen, weg von dem Friedhof, weg von den Kondolenzbriefen, weg aus dem traurigen Haus, in dem jedes Möbelstück, jede Blumenvase an ihre Mutter erinnert. Sie fahren nach Ventnor auf die Isle of Wight, das grüne palmenbewachsene Eiland im Golfstrom, das englische Madeira für Lungenkranke. Kaiserin Sissi von Österreich ist hier gewesen, Queen Viktoria, William Thackeray und Charles Dickens. Vater und Tochter mieten ein Häuschen an der Steilküste, »zwei Schlafzimmer und ein Wohnzimmer ... mit Blick auf die See und die Hügel«, schreibt Tussy an Jenny. »Unsere Wirtin ist reizend, eine gute Köchin und in jeder Hinsicht sehr aufmerksam.«[22]

Doch das Wetter – es ist kurz nach Neujahr – ist scheußlich, viel kälter, als man es ihnen prophezeit hat, tagsüber gießt es in Strömen, und nachts pfeift ein schrecklicher Wind. Tussy wird wieder krank, hat dieselben Symptome wie im August 1881, versucht nach Kräften, sich vor Marx zu verstellen, doch der durchschaut sie und schreibt an Laura: »Mein Kompagnon ... isst fast gar nichts, leidet stark an Nervenzuckungen; liest und schreibt den ganzen Tag, sofern nicht mit Einkaufen der nötigen Lebensmittel oder kurzem Spaziergang beschäftigt; ist sehr wortkarg und scheint indeed den Aufenthalt mit mir nur aus Pflichtgefühl, als selbstaufopfernder Märtyrer, zu ertragen.«[23]

Das klingt weniger nach Sorge als nach Ärger. Er hat erwartet, dass sie ihn aufheitert, doch nun ist das Gegenteil der Fall. Wenig später schreibt er an Engels, Tussy habe schon wieder vor, an einer »theatralischen Vorstellung« teilzunehmen, dazu müsse sie kurzfristig nach London fahren, was ihn etliches Reisegeld koste – ob er, Engels, ihm nicht etwas zuschießen könnte, »so tubar«?

Das Kind ist unter einer mental pressure, die seine Gesundheit ganz untergräbt. Weder Reisen, noch change of climate, noch physicians can do anything in this case. Das einzige, was man für sie tun kann, ist, ihr den Willen zu tun und sie ihre theatralischen lessons ... durchmachen zu lassen. Sie brennt vor Begierde, sich, wie sie glaubt, so eine selbständige aktive Artisten-

laufbahn zu eröffnen, und dies einmal zugegeben, hat sie jedenfalls recht,
dass in ihrem Alter keine weitere Zeit zu verlieren. Ich möchte um alles in der
Welt nicht, dass das Kind sich einbilde, in Form der »Pflegerin« eines alten
Mannes auf dem Familienaltar geopfert zu werden.[24]

Doch im Grunde glaube er nicht, dass es nur der Schauspielunterricht sei, der ihr fehle. Er habe einige Vermutungen über ihre »Gemüths«-Angelegenheiten, die jedoch zu delikat seien, »um schwarz auf weiß verhandelt zu werden«, was im Klartext heißt: Er glaubt, dass sie sexuell frustriert sei, weil sie bald siebenundzwanzig und immer noch nicht verheiratet ist.

Tussy nimmt in diesen Tagen wieder mit Ernest Radford Kontakt auf. Sie hofft wohl, dass er sie auf der Isle of Wight besuchen kommt, wenn sie ihm schreibt, wie schlecht es ihr gehe. Doch er erscheint nicht, sondern schickt Dollie, seine Verlobte, für Tussy eine schreckliche Demütigung. »Das war das Törichtste, was er tun konnte«, schreibt sie an Jenny, »denn wenn ich wirklich jemanden gebraucht hätte, wäre Dollie völlig unbrauchbar gewesen ... Dollie kommt her und sagt zu Papa, ich sei heimlich verheiratet und erzählt noch eine Menge anderer Märchen, die zwar für ihre Phantasie sprechen, aber nicht für ihre Wahrheitsliebe.«[25] Zum zweiten Mal innerhalb eines Jahres wirft sie die Freundin hinaus. Dollie fährt wütend ab, ohne etwas ausgerichtet zu haben.

Tussy muss diesem Zustand, den sie durchaus selbstkritisch sieht, ein Ende machen. Sie wird jetzt bald siebenundzwanzig, hat keinen Mann, kein Kind, keinen echten Beruf, kann sich nicht einmal selbst ernähren. Nach all den Krankheiten und Todesfällen in ihrer Familie muss sie wieder aktiv werden, wieder hinaus ins Leben.

»Es macht mich halb wahnsinnig, hier zu sitzen, während vielleicht meine letzte Chance, etwas zu tun, dahingeht«, schreibt sie an Jenny. »Ich habe vor, mit aller Kraft durch harte Arbeit zu versuchen, mehr und Besseres aus meinem Leben zu machen ... Ich bin nicht gescheit genug, um ein rein intellektuelles Leben zu führen, aber auch nicht stumpfsinnig genug, um mich ... mit Nichtstun zufriedenzugeben. Morgen ist mein Geburtstag. Wenn ich nur die Hälfte meiner guten Vorsätze für die kommenden Jahre halte, werde ich es schaffen.«[26]

In diesen Tagen löst sie offiziell ihre Beziehung zu Lissagaray, der zwar seit längerem in Paris lebt, aber im Grunde wohl noch immer auf sie wartet. Sie brauchte nur zu ihm zu fahren und ihn zu heiraten. Aber sie liebt ihn nicht mehr. Sie spürt das seit langem. Immer wieder hat sie versucht, ihm zu schreiben. Aber was? Dass ihre Seele aufgewühlt, dass sie im Unfrieden von ihrer Mutter geschieden sei, aber auch keine rechte Verbindung zu ihrem Vater mehr finde? Dass sie erst seelisch und körperlich »gesund« werden müsse, um wieder lieben zu können?

»Ich denke jetzt so oft an Mama«, schreibt sie an Jenny. »Es ist so seltsam zu wissen, dass wir sie nie mehr wiedersehen werden ... Ich wundere mich manchmal, wie ich das alles überleben konnte. Ich glaube wirklich, dass ich dank meines langen Umgangs mit Katzen inzwischen auch neun Leben habe wie sie.«[27]

Das Geheimnis des Todes

Kaum wieder in London, beginnt sie ihre Vorsätze in die Tat umzusetzen. Sie meldet sich zum Schauspielunterricht bei Mrs. Vezin an, wobei nicht ganz klar ist, wer diese Stunden bezahlt, Marx, sie selbst oder Engels. Auch tritt sie wieder im Laientheater auf, diesmal nicht Seite an Seite mit Radford, sondern allein. Als Erstes rezitiert sie ihr altes Lieblingsgedicht, Brownings »Rattenfänger«. Das zweite Stück heißt »Die Seufzerbrücke«, »The Bridge of Sighs«, eine Ballade des englischen Romantikers Thomas Hood.[28] Es ist die Geschichte eines jungen Mädchens, das über Nacht obdachlos wird und, »des Atmens müde«, ins Wasser geht, ein Stück lyrischer Sozialkritik, ein Appell an den viktorianischen Zuhörer. Er solle nicht verachten, sich nicht ekeln, keine Schuld zuweisen, sondern das Mädchen aufheben, ihre Locken ordnen, sich fragen, wer sie wohl gewesen sei, wo sie gewohnt habe?

Wer war ihr Vater?
Wer ihre Mutter?
Hat sie eine Schwester, einen Bruder gehabt?
Gab es jemanden, den sie liebte, der ihr näher als alle anderen war?

Ach! dass so wenig
Liebe auf dieser Welt ist!
Dass sie
in dieser ganzen riesigen Stadt
kein Zuhause hatte.

Die Schwester, der Bruder,
der Vater, die Mutter –
alle Gefühle verändert, verloren;
die Liebe: plötzlich und hart
in sich zusammengestürzt,
selbst Gottes Segen und Schutz
abhandengekommen.

Dort, wo die Lampen
ihr Licht in den Fluss werfen,
aus den Fenstern und Türöffnungen,
vom Dach bis zum Boden,
dort stand sie und wunderte sich,
dass sie alles verloren hatte.

Es war der trostlose Märzwind,
der sie erschauern ließ,
nicht das dunkle Grab
oder der rauschende Fluss,
am Leben zerbrochen, verrückt geworden,
ließ sie sich wegschleudern,
irgendwohin, aus der Welt hinaus,
froh, dem Geheimnis des Todes zu begegnen.[29]

Die Zuhörer klatschen lange. Wieder und wieder wird Tussy hinaus-
gerufen. Jeder spürt, dass sie weiß oder ahnt, wovon sie spricht. Sie
muss das Gedicht wiederholen und bekommt zwei Pfund Sterling Honorar, mehr, als sie jemals im British Museum verdient hat.

In Argenteuil

9. Februar 1882. Obwohl Marx sich vorgenommen hat, möglichst nie mehr mit ihr zu verreisen, brechen sie doch noch einmal gemeinsam auf, und zwar nach Argenteuil, um Jenny zu besuchen, die wieder einmal schwanger ist und der es diesmal besonders schlecht geht. Sie hat schreckliche Blasenschmerzen. Die Kinder gehen ihr nur noch auf die Nerven. Sie möchte am liebsten eine Fabrikarbeiterin sein, sehnt sich »nach Erlösung von der unaufhörlichen Kinderpflege«, hat »alle Lebensgeister verloren«,[30] streitet mit ihrem Mann, der, auch wenn sie »schuftet wie ein Nigger«, nie zufrieden mit ihr ist und sie manchmal sogar schlägt,[31] falls er sich überhaupt mit seiner Familie abgibt und nicht die Ruhe der Redaktionsräume von *La Justice* vorzieht.

Der Besuch von Vater und Schwester muntert Jenny ein bisschen auf. Sie lacht und isst wieder, vergisst manchmal sogar ihre Schmerzen, die, wie sie meint, von der Schwangerschaft herrühren. Niemand denkt daran, einen Arzt zu rufen. Das sind doch typische Frauenleiden, die wieder vorbeigehen werden. Marx kann beruhigt weiterfahren, um sich nach Algier einzuschiffen. In dem milden Klima wird seine Bronchitis, so hofft er, vollständig ausheilen. Engels in London gibt wie immer das nötige Geld.

Tussy beschließt, ihn diesmal nicht zu begleiten, aber auch nicht in Argenteuil bei der kranken Jenny zu bleiben. Sie will wieder zurück nach London, will wieder auf der Bühne stehen, voller Zuversicht, dass sie dieses Mal keine Depressionen bekommen wird, trotz der Einsamkeit, die sie zu Hause erwartet. Sie hat in Argenteuil sogar Lissagaray wiedergesehen, ohne die Fassung zu verlieren. Sie sind einander ohne Vorwürfe, ohne Szenen begegnet. Ihr größter Wunsch sei, dass sie die »vertrautesten Freunde« bleiben, denn er habe an ihrer Entfremdung, ihrer Trennung keine Schuld, schreibt sie, wieder in London, an Jenny.[32]

Hektische Aktivitäten

Im März sieht sie Henry Irving in Shakespeares *Romeo und Julia*, diesmal mit kritischeren Augen als früher, da sie inzwischen selbst Schauspielunterricht nimmt. Doch die Faszination, die Irving auf sie ausübt, ist noch immer dieselbe. Der inzwischen Vierundvierzigjährige mit dem schmalen Gesicht und der modulationsfähigen Stimme bleibt für sie der beste Shakespeare-Darsteller überhaupt. Ellen Terry, die Julia, mit fünfunddreißig eher ihre eigene Generation, gefällt ihr dagegen gar nicht. Sie sei nur stark in komödiantischen Szenen, schreibt sie an Jenny. Je stärker das tragische Element hervortrete, umso schwächer werde sie, und in dem Moment, als sie den Schlaftrunk zu sich nehme, um der Hochzeit mit einem ungeliebten Mann zu entgehen, schaffe sie es überhaupt nicht zu überzeugen. Das sei natürlich sehr interessant für sie, Tussy, da sie mit Mrs. Vezin »verbissen« an der Rolle der Julia arbeite. Es kann sein, dass hier leiser Neid mitschwingt. Denn Ellen Terry hat ihre Bühnenkarriere schon mit neun Jahren begonnen und verfügt über eine Erfahrung, von der die Tussy nur träumen kann.

Doch Tussy ist sich inzwischen selbst nicht mehr sicher, ob die Schauspielerei überhaupt das Richtige für sie ist. Ihre Lehrerin sei sehr zufrieden mit ihr und wolle sie bald auf die Bühne schicken, schreibt sie an Jenny. Sie würde gern an ein kleines Provinztheater gehen, am liebsten für länger. Aber schon bald kommen ihr Selbstzweifel: das seien alles nur Träume, schöne Hoffnungen, und wie sie sich kenne, stehe es zehn zu eins, dass nichts daraus werde.[33]

Im Juni trägt sie wieder einige Gedichte von Robert Browning vor, diesmal im Saal des University College vor der Browning-Gesellschaft. Sofort folgt ein begeisterter Bericht an Jenny: »Der Saal war brechend voll, und da alle möglichen ... Berühmtheiten da waren, war ich lächerlich aufgeregt.«[34]

Unter diesen »Berühmtheiten« ist Lady Alexandra Sutherland Orr, vierundfünfzig Jahre alt, Patenkind der Zarin Alexandra von Russland, beliebtes Modell zeitgenössischer Maler und vor allem: Robert-Browning-Expertin und -Biographin. Sie weiß viel Interessantes zu erzählen:

über Brownings Gedichte, sein Verhältnis zur Religion und zur Frauenemanzipation, der er sehr kritisch gegenüberstehe. Sie verspricht, Tussy bei ihm einzuführen, damit sie ihm seine Gedichte vortrage, ein Versprechen, das sie allerdings niemals einlösen wird.

Eine zweite »Berühmtheit«: Lady Jane Wilde, Irin, Übersetzerin, revolutionäre Poetin, Mutter eines Sohnes namens Oscar, über den Tussy
nicht viel mehr weiß als das, was die Klatschpresse über ihn berichtet:
Er sei ein »höchst unmanierlicher und höchst unangenehmer junger
Mann«, der sich »in Amerika so verdammt unmöglich gemacht« habe –
eine starke Verkürzung, denn Oscar Wilde hat in Amerika große Erfolge und wird als Hoffnung des jungen Theaters gefeiert. Ist Tussy vielleicht auch hier wieder etwas neidisch?

Für den Nachmittag habe Lady Wilde sie zu einer »Riesenparty« eingeladen. Da der Sohn noch nicht wieder aus Amerika zurück sei, die
Mutter aber sehr sympathisch und angenehm, werde sie vielleicht hingehen. Aber nur vielleicht! Denn sie sei gleichzeitig zu einer Benefiz-
vorstellung gebeten worden, auf der Henry Irving auftreten werde –
und: Ellen Terry mit der »Seufzerbrücke«, was sie »als persönliche Belei-
digung betrachte«, weil das Stück schließlich aus *ihrem* Repertoire sei![35]

Es geht ihr bestens in dieser Zeit beinahe hektischer Aktivitäten. Sie
kann wieder Witze machen, sogar über sich selbst. Fast jeden Tag eine
andere Party, eine Theateraufführung, ein Picknick an der Themse, Besuche bei Engels, dessen heißgeliebte Pumps inzwischen geheiratet und
ein Kind bekommen hat. Engels gibt den glücklichen Großvater. Er hält
Pumps für die beste Mutter der Welt. Es ist zu komisch.

Als Ersatzmutter

Ende Juli 1882 fährt Tussy dann doch wieder nach Argenteuil, um Jenny,
die nun zwei Monate vor der Niederkunft steht, zu unterstützen. Ihre
Blasenschmerzen haben immer noch nicht nachgelassen. Inzwischen
befürchten alle das Schlimmste, zumal Erinnerungen an Lizzy Burns
aufkommen, die ja an Blasenkrebs gestorben ist. Marx, von seiner langen Reise zurückgekehrt, die ihn über Marseille, Algier, Monte Carlo

und Nizza geführt hatte, findet sich auch ein. Er hat sich äußerlich stark verändert, ist kaum wiederzuerkennen. Den »Prophetenbart« und die gewaltige Mähne hat er sich abschneiden lassen. Seine Wangen sind im Süden so braun geworden, dass sein Enkel John beinahe vor ihm erschrickt.

Doch nicht nur Marx, sondern auch Tussy wirkt anders als sonst. So fröhlich, so zupackend, so ausgeglichen hat ihr Vater sie lange nicht mehr gesehen. »Tussychen«, schreibt er an Engels, »hilft dem Jennychen außerordentlich … und entwickelte unter den spezifischen Umständen Eigenschaften, die in London schlummerten.«[36]

Und trotzdem bleibt sie nicht bis zur Geburt, die im September stattfinden soll, bei der Schwester, sondern fährt, plötzlich wieder rastlos geworden, zurück nach London. Allerdings nimmt sie Jennys ältesten Sohn, den jetzt sechsjährigen Johnny, mit nach Hause, der in den schwierigen Familienverhältnissen zu »verwildern« droht. Niemand, weder Vater noch Mutter, wird so recht mit ihm fertig. Er ist aufsässig, weigert sich, lesen und schreiben zu lernen, und macht mehr Arbeit als seine drei kleinen Geschwister zusammen. Er sei ein Kind, das die Aufmerksamkeit einer ganzen Familie für sich allein brauche, meint Marx. Aber Tussy, die er für eine exzellente Pädagogin hält, werde ihn schon »in Ordnung bringen«.[37]

Die ersten Wochen in London lässt sich alles sehr gut an. Sie sorgt dafür, dass Johnny regelmäßig zur Schule geht, schickt ihn pünktlich ins Bett, nachdem sie ihm die alte Geschichte vom »Zauberer Röckle« erzählt hat, weist ihn an, sich morgens mit kaltem Wasser zu waschen, und versucht, ihm verständliches Englisch beizubringen, was er in Frankreich so gut wie völlig verlernt hat. »Er spricht einfach schrecklich«, schreibt sie an Jenny, »aber ich vermute, das legt sich mit der Zeit. Ich bin sicher, dass wir früher einmal Helens Englisch gesprochen haben. Das Schlimmste ist, dass Helen jedes Mal, wenn ich den Jungen verbessere, beleidigt ist oder darüber lacht.«[38]

Im September 1882 bringt Jenny ein gesundes kleines Mädchen zur Welt, das ebenfalls Jenny heißt, aber »Mémé« genannt wird. Doch Jennys Hoffnung, die Blasenschmerzen würden nach der Geburt verschwinden, erfüllt sich nicht. Sie werden im Gegenteil immer schlimmer. »Ich wünsche niemandem auf der Welt die Qualen, die ich seit Monaten ertrage«, gesteht sie Tussy. »Sie sind unbeschreiblich, und die Behandlung, die ich erhalte, macht mir das Leben zur Hölle.«[39]

Marx ist der Meinung, Tussy solle eine Zeit lang nach Frankreich ziehen und Jenny die Sorge um die Kinder abnehmen. Doch Tussy will nicht. Ihre Arbeit gehe vor. Sie möchte sogar den kleinen John wieder zurückschicken, denn er mache so viel Unsinn, dass alle anderen Pflichten und Hobbys zu kurz kämen, besonders der so mühsam errungene Schauspielunterricht bei Mrs Vezin. Doch für Marx ist das alles unwichtig. Wenn Tussy schon nicht zu Jenny nach Argenteuil fahre, dann solle sie sich wenigstens anständig um ihren Neffen kümmern. Alles andere sei unverantwortlich und egoistisch:

»Er darf nicht zurück, bis Jenny wieder imstand ist, ihr Haus zu führen. Man muss nur die Hauptsache im Aug' haben, nicht Nebenrücksichten, und die sind es, die Jenny beinahe getötet haben. Auf ein paar Monate mehr oder weniger kommt's nicht an, ganz abgesehen davon, dass der arme Junge ... sonst in einem Abgrund von Unordnung versinken würde.«[40]

Ende einer Illusion

Elizabeth Vezin findet, dass Tussy nicht genügend an ihren Rollen arbeite und erklärt ihr eines Tages klipp und klar, sie solle die Schauspielerei unter diesen Umständen doch lieber aufgeben. Sie sei zwar begabt, werde es aber bei solchem Mangel an Disziplin nie zu etwas bringen.[41] Nach der »Absage« von Mrs Vezin verfällt Tussy noch einmal in tiefe Verzweiflung, hat Selbstmordgedanken.

Marian Skinner, eine Freundin aus dem Dogberry-Club, mit der sie um diese Zeit viel zusammen ist, erinnert sich später:

Sie kam zu mir – bleich, tragisch, verzweifelt. Einige Zeit saß sie in ihrer Lieblingshaltung auf dem Kaminteppich, umklammerte ihre Knie und starrte in das Feuer. Dann sagte sie:
»Hast du das Leben nicht satt?«

»Nein, ganz bestimmt nicht.«

»Du wirst mich verstehen, wenn du so alt bist wie ich.«

Sie war in ihren Zwanzigern.

»Es ist verdammt hart, die einzige Sache auf der Welt, die einem wichtig ist, nicht haben zu können. Wenn du mich wirklich lieben würdest, würdest du mir vorschlagen, gemeinsam Selbstmord zu begehen.«

»Hast du wirklich vor, dich umzubringen?«

»Ich würde es sofort tun, wenn es nicht ein so verdammt einsames Geschäft wäre.«

Nach einer Weile sprang sie auf, eifrig, bestens gelaunt.

»Ich sage dir, was wir tun: Wir nehmen eine Droschke und fahren in London herum. Dieses alte, dreckige London wirkt immer anregend auf mich. Komm mit!«

»Ich habe das Geld nicht!«

»Natürlich nicht. Ich auch nicht. Aber wir tun es trotzdem.«[42]

Das Todesurteil

11. Januar 1883. Jenny Longuet, achtunddreißig Jahre alt, stirbt in Argenteuil an Blasenkrebs. Sie hat kaum geklagt oder um Hilfe gebeten. Nur einmal hat sie Tussy gestanden, unter welchen Qualen sie leide, aber da war die Krankheit schon viel zu weit fortgeschritten, als dass ein Arzt, etwa in Paris oder London, hätte helfen können, wenn denn überhaupt »Heilung« möglich gewesen wäre.

Marx ist wieder in Ventnor auf der Isle of Wight. Seine Bronchitis ist schlimmer geworden, trotz des langen Aufenthalts in Nordafrika und Südfrankreich. Vom Tod seiner Tochter weiß er noch nichts. Niemand hat ihm telegraphiert oder einen Brief geschrieben. Man wollte ihn schonen. Tussy fährt zu ihm, um es ihm persönlich zu sagen.

»Mir war, als verkünde ich meinem Vater sein Todesurteil«, schreibt sie später. »Den ganzen langen Weg zerbrach ich mir den Kopf, wie ich es ihm beibringen sollte. Aber ich brauchte gar nichts zu sagen. Mein

Gesicht verriet mich. Mohr sagte sofort: ›Unser Jennychen ist tot.‹ Dann drängte er mich, sofort nach Paris zu fahren und mich um die Kinder zu kümmern. Ich wollte bei ihm bleiben, aber er duldete keinen Widerspruch. Ich hielt mich kaum eine halbe Stunde in Ventnor auf und machte mich dann gleich wieder auf den traurigen Rückweg nach London. Von dort reiste ich nach Paris. Ich tat, was Mohr um der Kinder willen von mir verlangte.«[43] Am 18. Januar 1883 schreibt Engels im *Sozialdemokraten* über Jenny:

> Geboren am 1. Mai 1844, ist sie inmitten der internationalen proletarischen Bewegung herangewachsen und auf's Innigste mit ihr verwachsen. Bei einer Zurückhaltung, die fast für Schüchternheit gelten konnte, entwickelte sie … eine Geistesgegenwart und Energie, um die mancher Mann sie beneiden durfte … Das Proletariat hat an ihr eine heldenmütige Kämpferin verloren. Ihr trauernder Vater aber hat wenigstens den Trost, dass Hunderttausende von Arbeitern in Europa und Amerika an seinem Schmerz Anteil nehmen.

Marx hat seinen Aufenthalt in Ventnor sofort abgebrochen, um wieder nach London zurückzukehren. Anfang März kommt auch Tussy nach London zurück, zusammen mit Johnny und Jennys fünfjährigem Sohn Harry, der ernsthaft krank zu sein scheint. Klein, schwach und ein wenig zurückgeblieben, ist er von Anfang an »ihr« Lieblingskind gewesen, dessen Wohl ihr immer besonders am Herzen lag. Nun bringt sie ihn in ein englisches Kinderkrankenhaus, in der Hoffnung, dass man ihm dort helfen könne.

Seit dem Tod seiner beiden Jennys ist Karl Marx erschreckend alt und schwach geworden. Nachts hat er Schweißausbrüche, und tagsüber quälen ihn Fieberphantasien. Er kann nicht mehr schlucken, nicht mehr essen, nicht mehr trinken. Ein Lungenabszess ist festgestellt worden. Unheilbar, wie es heißt. Am 10. März scheint Engels noch Hoffnungen zu haben. »Donkin glaubt, dass der Abszess in der Lunge sich sehr vorteilhaft entwickelt«, schreibt er an Laura, »und wenn wir ihn über die nächsten zwei Monate bringen … gäbe es eine gute Chance.«[44]

Vier Tage später geht Marx von seinem Schlafzimmer in sein Arbeitszimmer, setzt sich in seinen Sessel und schläft ein, um nicht wieder aufzuwachen. Er hat seine Frau nur um ein gutes Jahr überlebt, ist nur vierundsechzig Jahre alt geworden. »Der größte Kopf unseres Jahrhunderts hatte aufgehört zu denken«, schreibt Engels an Liebknecht.[45]

7

DER RÄCHENDE ARM DES TERRORISMUS

1883–1884

Ungebetene Helfer

Nach dem Tod ihres Vaters, der seinen Töchtern ungefähr zweihundertfünfzig englische Pfund und ein großes literarisches Erbe hinterlassen hat, wird Tussy mit Mitleid und Hilfsangeboten überschüttet. Sophie Schmalhausen und Emilie Conradi, die beiden Marx-Schwestern aus Deutschland, schlagen ihr vor, bei ihnen zu wohnen. Edgar von Westphalen, der jüngere Bruder der Mutter, bekannt als Abenteurer und verkrachte Existenz, bietet seine Unterstützung an. Doch Tussy will diese Hilfe nicht, vor allem nicht von ihrer deutschen Verwandtschaft, die ihr psychisch noch instabiler vorkommt als sie sich selbst. Sophie Schmalhausen, seit Jahren verwitwet und in Aachen lebend, schreibt herzliche, aber merkwürdig wirre Briefe. Es heißt, dass sie auf der Straße Geld an wildfremde Leute verteile und von ihren Kindern bald in ein Irrenhaus gebracht werden soll.[1] Tussy will nicht nach Aachen, wo alles katholisch ist. Sie will nicht zu dieser seltsamen Tante, die sie übrigens noch nie im Leben gesehen hat.

Der anderen Tante, Emilie Conradi, ist sie dagegen schon einmal begegnet, und zwar vor zwei Jahren. Da stand sie in London vor ihrer Tür, Seite an Seite mit Henriette Sophie, ihrer sechzehnjährigen Tochter, die steif und fest behauptete, Autorin eines weltberühmten Buches für junge Mädchen, *Little Women*, zu sein, der Geschichte von vier armen Schwestern in Neuengland, die künstlerisch oder intellektuell hoch hinaus wollen, aber entweder als brave Ehefrauen enden oder früh sterben. In Wirklichkeit stammte dieses Buch von Louisa May Alcott, einer der bekanntesten Schriftstellerinnen Amerikas. Henriette Conradi, genannt »Jettchen«, war noch ein Kind, als es erschien. Doch ihre Mutter war so verblendet oder naiv, um ihren Phantasien, wenigstens teilweise, zu glauben. Ihr Vater, ein hoher Trierer Beamter, hatte jedoch seine Zweifel an der Geschichte.

Tussy wurde beauftragt, der Sache auf den Grund zu gehen und nicht nur mit dem Verlag, sondern auch mit der Autorin Kontakt aufzunehmen. Sie bekam eine freundlich-befremdete Antwort. »Ist das nicht ein verdammtes Unglück?«, schrieb sie damals an ihre Schwester Jenny. »Ich glaube, unsere Familie wird langsam verrückt!«[2]

Nun also trauert Emilie heftig um ihren »innig geliebten Bruder« Karl Marx, den sie in vierzig Jahren höchstens dreimal gesehen hat, behauptet, viel von ihm »im Gemüth« zu haben, lobt ihr »einfaches, aber trauliches Familienleben« in Trier, ihren schönen Garten, die herrliche »Heimath«, das Moseltal im frühlingshaften »Blüthenschmucke«: »Da kannst du dich erholen, studieren, alles wie du willst ... und auf den Höhen athmet die Brust freier und fröhlicher!«[3]

Tussy liest diese Briefe kaum, schiebt sie weg, denkt nicht daran, ihren Tanten zu antworten, denn aus deren Zeilen spricht, was sie auch für sich selbst manchmal befürchtet: der Wahnsinn. Nein, nur keine Zeit der Ruhe, der zu langen Besinnung, sie muss den Nachlass ihres Vaters ordnen, mit Verlegern verhandeln, Artikel für Zeitungen schreiben, den Haushalt auflösen und weist darum jeden, der sie trösten will, schroff zurück.

»Ich war«, erinnert sich Marian Skinner an den Todestag von Karl Marx, »mit seiner Tochter allein im Raum und wollte ihr meine Anteilnahme aussprechen, aber sie unterbrach mich gebieterisch: ›Ich wünsche keine Beileidserklärungen! Wäre er in langer Krankheit dahingesiecht und hätte ich den allmählichen Verfall seines Geistes und Körpers mit eigenen Augen ansehen müssen, *dann* hätte ich Trost gebraucht. Aber es war nicht so. Er starb mitten aus seiner Arbeit heraus, im Vollbesitz seiner geistigen Kräfte. Er hat seine Ruhe verdient. Für all dies müssen wir dankbar sein.‹ – Niemals werde ich diese Abschiedsszene, den Ausdruck in Eleanors Augen, vergessen.«[4]

Das Begräbnis

An Marxens Grab auf dem Friedhof in Highgate stehen Tussys Schwäger, Paul Lafargue und Charles Longuet, beide über Nacht aus Paris gekommen, außerdem Engels, Liebknecht, Mitglieder des deutschen kommunistischen Arbeitervereins und alte Kämpfer von 1848, die mit roten Schleifen geschmückte Kränze auf den Sarg legen. Charles Longuet liest aus Briefen internationaler Sozialisten vor, die Karl Marx ihre letzte Reverenz erweisen: »Die russischen Sozialisten neigen sich vor dem Grabe eines Mannes, der mit ihren Bestrebungen sympathisiert hat im Verlauf aller Wandlungen ihres schrecklichen Kampfes ... Die russische Sprache war die erste, die eine Übersetzung des ›Kapitals‹ besaß, dieses Evangeliums des zeitgenössischen Sozialismus.«[5]

Nach Longuet spricht Engels. Andächtige, beinahe unheimliche Stille breitet sich aus. Hat dieser Mann doch seinen Zwilling, sein Alter Ego verloren, mit dessen Werk er sein Leben lang untrennbar verbunden gewesen ist. Wie wird er weiterleben, weiterschreiben, weiterkämpfen? Kann es ohne Marx überhaupt noch einen Engels geben?

Doch Engels, der Mann mit dem Aussehen eines protestantischen Asketen, wirkt beherrscht, unaufgeregt, beinahe erstarrt, so sehr, dass er Tussy nicht einmal in den Arm nimmt. In seiner Rede fasst er die Bedeutung von Marx noch einmal zusammen:

Karl Marx war einer jener hervorragenden Männer, von denen ein Jahrhundert nur wenige hervorbringt. Charles Darwin entdeckte das Gesetz der Entwicklung der organischen Natur auf unserem Planeten. Marx ist der Entdecker jenes grundlegenden Gesetzes, das den Gang und die Entwicklung der menschlichen Geschichte bestimmt, ein Gesetz, so einfach und einleuchtend, dass gewissermaßen seine bloße Darlegung genügt, um seine Anerkennung zu sichern. Doch damit nicht genug, hat Marx auch jenes Gesetz entdeckt, das unsere gegenwärtige Stufe der Gesellschaft und ihre große Klassenteilung in Kapitalisten und Lohnarbeiter hervorgebracht hat ... Er war wirklich ein Revolutionär, wie er sich selbst bezeichnete. Der Kampf für die Befreiung der Klasse der Lohnarbeiter von den Fesseln des modernen kapitalistischen Systems der Produktion war seine wahre Berufung.[6]

Danach spricht Liebknecht. Er dankt seinem »unvergesslichen Lehrer und treuen Freund«, dem »Feind der Phrase«, dem Befreier des Proletariats, und verspricht ihm im Namen der deutschen Sozialdemokratie, seinen Weg weiterzugehen bis ins Grab. Interessant ist, dass niemand Marx als Familienvater erwähnt, niemand der beiden Töchter gedenkt, die er zurückgelassen hat. Das muss grausam für Tussy gewesen sein. Wie eine Negierung ihrer Person, ihrer Existenz. Hat sie nicht ihre ganze Jugend für den Vater gegeben? War sie nicht seine Sekretärin, Assistentin und Pflegerin? Hat er nicht immer gesagt: »Tussy, that's me«?

Vielleicht ist es kein Zufall, dass ihr ausgerechnet in diesem Moment der Mann begegnet, der ihr weiteres Leben begleiten und bestimmen soll: Edward Aveling.

Edward Aveling

Er gehört nicht zum Kreis der Freunde von Marx und ist den meisten Anwesenden völlig unbekannt, steht aber direkt neben Ernest Radford, dem Mann, den Tussy einmal so sehr geliebt hat. Radford ist gut aussehend und groß gewachsen. Aveling dagegen klein und leicht gebeugt, die Folge einer Kinderlähmung in früher Jugend. Seine Ohren wirken zu groß für seine Gestalt, sein Kinn steht weit vor und berührt fast die Brust, aber seine Augen haben einen wachen, klugen Ausdruck, der ihn trotz allem interessant wirken lässt. Tussy hat ihn manchmal flüchtig im British Museum gesehen, wo er für die »National Secular Society«, eine atheistische Freidenker-Gruppierung, arbeitet.

Er ist vierunddreißig Jahre alt, stammt aus einer Pfarrersfamilie englisch-irischer Herkunft, ist promovierter Biologe und Zoologe, gibt Abendkurse in Chemie, Biologie und den Lehren Darwins, die er mit großem Enthusiasmus vertritt. Nebenbei versucht er sich als Theaterautor und Rezitator. Neuerdings redigiert er auch eine Freidenker-Zeitschrift, den *Progress*, dessen eigentlicher Herausgeber wegen »Gottesläs-terung« im Gefängnis sitzt.

Was will dieser Mann auf dem Friedhof? Warum ist er überhaupt ge-kommen? Er ist kein Marxist, sondern Freidenker und Darwinist, hat Karl Marx nur einmal flüchtig gesehen und wahrscheinlich nie gele-sen. Will er einen Artikel über das Begräbnis schreiben? Oder gedank-liche Verbindungen zwischen Marx und Darwin herstellen, den »bei-den Weisen des viktorianischen Zeitalters«,[7] die einander allerdings nie begegnet sind, obwohl sie nur zwanzig Meilen voneinander entfernt wohnten?

Ernest Radford, der ebenfalls für den *Progress* arbeitet, glaubt, dass Aveling hauptsächlich wegen Tussy gekommen ist, die als Tochter von Marx vielleicht interessant für ihn sein könnte. Radford ahnt Böses, denn Aveling gilt als dubioser Charakter: Er ist mit einer reichen Er-bin, Isabell Campbell Frank, verheiratet, lebt aber mit der Feministin und Freidenkerin Annie Besant zusammen, hat den Ruf eines chroni-schen Schuldenmachers und Bankrotteurs mit Vorliebe für teure Loka-le und teure Kleidung, ist in zahlreiche Frauengeschichten verwickelt und meint offenbar, zu jedem Thema etwas sagen zu müssen, ob es nun um Mohammed, die Kelten, den Ursprung der Sprache, Martin Luther, Shakespeare, die Empfängnisverhütung oder die englische Kriegsflotte geht.

Als Radford sieht, wie schön und stolz Tussy am Grab ihres Vaters steht, kaum beachtet von Engels, aber umso mehr von Aveling, hat er plötzlich Gefühle für sie. Er geht traurig nach Hause und schreibt sei-ne Vorahnungen in einem Gedicht nieder, das kurze Zeit später aus-gerechnet im *Progress* erscheinen wird, dessen Redakteur, Edward Ave-ling, offenbar keine Ahnung hat, wer gemeint ist, nämlich er selbst:

Er wisperte: Liebe, für immer!
Und sie: Und für einen Tag?
Und ich, dessen Schmerz niemals endet,
sah sie dort stehen in ihrem schönen Kleid,
und ich wusste, dass ihre Liebe ewig dauern würde
und seine falsche nicht länger als einen Tag.[8]

Der Nachlass

Doch Tussy hat keine Zeit, sich mit Radford oder Aveling zu befassen. Denn am 21. März stirbt ihr Neffe Harry mit knapp fünf Jahren im Kinderhospital. Sie lässt das Grab ihrer Eltern öffnen und seinen Sarg hineinversenken. Dann geht sie wieder nach Hause, wo Tausende Briefe ihrer Eltern zu archivieren sind, die zum Teil bis auf das Jahr 1837, also fast fünfzig Jahre, zurückgehen, darunter die gesamte Korrespondenz über die Internationale. Vom zweiten Band des *Kapital* sind fünfhundert Seiten, größtenteils in Notizen und Stichworten, vorhanden, die entziffert, enträtselt, zusammengefügt werden müssen, eine mühselige Arbeit, denn die Handschrift von Marx ist so beschaffen, dass weder Engels noch Tussy sie problemlos lesen können. Außerdem plant sie, die Artikel herauszugeben, die Marx für die *New York Tribune* geschrieben hat. Und: Sie hat noch immer den kleinen John, Jennys ältesten Sohn, bei sich, ein Zustand, den sie nicht länger fortsetzen will, zumal Marx, der am meisten darauf bestanden hat, nicht mehr lebt.

»Ich kann jetzt, wo Helen und ich ganz allein sind, die Verantwortung, den Jungen bei mir zu behalten, nicht übernehmen!«, schreibt sie an Laura, die nach dem Tod der Mutter nach Frankreich zurückgegangen ist, um wieder mit ihrem Mann, Paul Lafargue, zu leben. »Ich habe deshalb an ›le père‹ geschrieben … dass wir, Helen oder ich, sobald es ihm passt, Jean nach Calais bringen, wohin er uns entgegenkommen wird.«[9] Wenig später wird der Junge wieder nach Frankreich gebracht.

Jetzt beginnt Tussy mit Energie, den Briefwechsel ihrer Eltern zu ordnen, der wie die anderen Schriftstücke und Korrespondenzen später ins Haus von Engels gebracht werden soll. Bei der Durchsicht der Briefe bemerkt sie manches, was sie vorher nicht gewusst hat: die erschreckend antisemitischen Äußerungen ihres Vaters über Lassalle zum Beispiel, Beschimpfungen, die zum Teil ins Obszöne gehen. Oder die beleidigenden Äußerungen über Wilhelm Liebknecht, »das Vieh«. Davon darf die Welt nichts erfahren. Jedenfalls jetzt noch nicht. Die Publikation dieser Briefe würde der »Bewegung« großen Schaden zufügen.

Doch noch etwas anderes stimmt sie traurig an diesem Briefwechsel. Das ist der herablassende, manchmal sogar feindselige Ton, in dem die Eltern sich über Engels äußern, über seine bourgeoise Herkunft, seine kaufmännische Genauigkeit, seine Vorliebe für Alkohol und irische Fabrikmädchen. Das tut weh, bei allem Respekt für die beiden Verstorbenen. Denn hat Engels nicht immer alles für sie getan? Hat er nicht die Reisen nach Karlsbad, die Flitterwochen von Laura, die Musik- und Turnlehrer, die Ballkleider, die unzähligen Kohlen- und Metzgerrechnungen bezahlt, die Miete für die Häuser, die teuren, wenn auch nutzlosen Kuren der Mutter? Bis kurz vor seinem Tod ist Karl Marx auf Engels' Kosten in der Welt herumgefahren, nach Algier, an den Genfer See, nach Monaco. Auch die Begräbniskosten hat er natürlich übernommen und Tussy alle finanzielle Unterstützung zugesagt, die sie braucht.

Sie entschließt sich also zu einer Art Zensur, jedenfalls zu einer vorläufigen. »Ich brauche Dir nicht zu sagen«, schreibt sie an Laura, »dass ich *mit der größten Sorgfalt* darauf achten werde, dass unser guter General *nichts* sehen wird, was ihn verletzen könnte.«[10]

Das kann nur heißen, dass sie Briefe verschwinden lässt und die Korrespondenz zwischen ihren Eltern nur fragmentarisch an Engels weiterreicht. Dieser Meinung sind auch die Herausgeber der neuen Jenny-Marx-Briefausgabe, die sie »die Briefe« und nicht »den Briefwechsel« nennen, weil sie sich ihrer Lückenhaftigkeit sehr bewusst sind: »Als gesichert gilt, dass nach dem Tod von Jenny, und vor allem nach dem Tod von Karl Marx, ihre Töchter Eleanor Marx und Laura Lafargue mehr oder weniger sorgfältig den überlieferten Briefwechsel durchgesehen und ›kompromittierende‹ Briefe – kompromittierend wegen äußerst privater Angelegenheiten oder unverblümter Charakterisierungen von Freunden und Bekannten – aussortiert und vernichtet haben. Inwieweit Freund Friedrich Engels und Haushälterin Helena Demuth einbezogen waren, ist nicht überliefert. Jedoch berichtet später Eleanor Marx-Aveling an Karl Kautsky von Helenas Aussage, ›dass der General, als ich ihm das erste Mal (nach Marx' Tod) alle unsere Papiere brachte, eine Menge von Briefen verbrannt habe, die sich auf ihn bezogen‹.«[11]

Das Kapital – Band II

Engels hat in verschiedenen Nachrufen auf Marx angekündigt, vom zweiten Band des *Kapital* lägen »über tausend Seiten Folio« vor, die baldmöglichst herausgegeben werden sollten.[12] Er steht jetzt im Wort. Die Sozialisten, besonders in Deutschland, warten dringend auf das Buch. Der Zustand des Manuskripts ist jedoch höchst chaotisch. Das heißt, es ist eigentlich gar kein richtiges Manuskript, sondern nur ein Konvolut von Zetteln und Exzerpten. Engels ist mehr als überrascht. Er ist entsetzt. Da hat Marx ihm immer wieder versichert, das Werk sei bis auf wenige Feinheiten fix und fertig, was eine glatte Lüge, oder freundlicher, eine Schutzbehauptung war, mit der er wahrscheinlich verbergen wollte, wie langsam ihm die Bearbeitung des zähen Stoffes von der Hand ging.

Im ersten Band stehen der Arbeiter, die Fabrik und die Geschichte der Neuzeit im Mittelpunkt. Marx' englischer Biograph Francis Wheen hat ihn einmal mit einem »großen viktorianischen Melodram« verglichen, das literarisch unvergleichlich brillante Passagen enthalte. Der zweite Band sei deutlich weniger eindrucksvoll. In ihm gehe es um komplizierte Berechnungen, Formeln und Theorien wie diese:

> Der unmittelbare Produktionsprozess des Kapitals ist sein Arbeits- und Verwertungsprozess, der Prozess, dessen Resultat das Warenprodukt und dessen bestimmendes Motiv die Produktion von Mehrwert. Der Reproduktionsprozess des Kapitals umfasst ebenso wohl diesen unmittelbaren Produktionsprozess wie die beiden Phasen des eigentlichen Zirkulationsprozesses, das heißt den gesamten Kreislauf, der als periodischer Prozess ... den Umschlag des Kapitals bildet.[13]

Eduard Bernstein wird später in einer Rezension in der *Neuen Zeit* schreiben, der zweite Band des *Kapital* stehe gegen den ersten »an Interesse erheblich zurück«, sei »ungleich spröder« und spreche einen »ungleich geringeren Theile der Gesellschaft« an, ja, verhalte sich zum ersten »wie die Buchhalterei zur Fabrik«, wie eine »etwas lederne Einrichtung« zu einem lebendigen Organismus.[14] Den sehr unfertigen Charakter des Ganzen hat Marx Engels gegenüber verschwiegen. Eine bittere Erkenntnis für den »hinterbliebenen« Freund. »Du fragst«, schreibt er am 30. August 1883 an August Bebel, »wie es kam, dass gerade mir geheim gehalten wurde, wie weit das Ding fertig war? Sehr einfach: hätte ich es gewusst, ich hätte ihm bei Tag und Nacht keine Ruhe gelassen, bis es ganz fertig und gedruckt war. Und das wusste Marx besser als jeder andere.«[15]

Tussy und Engels machen sich also an die Arbeit, bringen den »äußerst lückenhaften Entwurf« in Buchform, nehmen Umstellungen vor, ändern Überschriften, verwandeln Fußnoten in normalen Text, schieben Kommentare ein, schreiben Überleitungen, ändern den Stil, manchmal sogar den Inhalt, korrigieren Fakten und fremdsprachliche Zitate. Im Vorwort schreibt Engels, es sei »keine leichte Arbeit« gewesen, das Buch so vorzulegen, dass es »als das ausschließliche Werk des Verfassers, nicht des Herausgebers« gelten könne. Eine Vielzahl fragmentarischer Bearbeitungen habe existiert. Viele seien veraltet gewesen, die »Hauptmasse des Materials ... wenn auch größtenteils sachlich, so doch nicht sprachlich fertig ausgearbeitet«, sondern in familiärem, nachlässigem Stil verfasst, mit »derbhumoristischen« Ausdrücken und Wendungen, ein Gemisch aus Französisch, Englisch und Deutsch, »das Material illustrierender Tatsachen gesammelt, aber kaum gruppiert, geschweige verarbeitet; am Schluss der Kapitel ... oft nur ein paar abgerissene Sätze ... endlich die bekannte, dem Verfasser selbst manchmal unleserliche Handschrift.«[16]

Solche Wutanfälle sind selten bei Engels. Er verliert ausnahmsweise die »contenance« und gibt den Lesern dieses Buches zu verstehen, dass Marx kein Heiliger und kein Übermensch war. Doch um den Freund zu entschuldigen, fügt er hinzu, das alles sei »hauptsächlich durch Krankheitszustände« zu erklären; Marx müsse sich in der Zeit nach 1870 »darüber klar geworden ... sein, dass ohne eine vollständige Revolution seines Gesundheitszustandes er nie dahin kommen werde, eine ihm selbst genügende Bearbeitung des zweiten und dritten Bandes zu vollenden«.[17]

Kampf der Schwestern

Auch Laura ist wütend und irritiert, allerdings aus anderen Gründen. In einer Notiz im *Sozialdemokraten* hat sie gelesen, dass Engels von Tussy als Marx' »literarischer Exekutorin« spricht, ohne deren Zustimmung er nicht einmal die *Übersetzung* eines Marx-Werkes veranlassen dürfe. Dies schreibt er sinngemäß auch an Sozialisten im In- und Ausland, so etwa an den Russen Pjotr Pawlowitsch Lawrow: »Ich habe nicht das Recht, ohne Tussy, die meine literarische Mit-Exekutorin ist, etwas zu veröffentlichen.«[18]

Marx hat aber kein schriftliches Testament hinterlassen, also Tussy *nicht* ausdrücklich als Nachlassverwalterin bestimmt. Das weiß Laura. Und das gibt Anlass, den alten Schwesternkonflikt neu zu beleben.

»Er sagte«, beschwert sich Laura im Juni 1883 bei Engels, »dass er *mir* alle Dokumente und Papiere geben würde, die ich für eine Geschichte der Internationale brauche, und in seiner üblichen Güte bat er *mich*, das ›Kapital‹ ins Englische zu übersetzen … Als ich nach Jennys Tod den Wunsch aussprach, Papa zu sehen, wurde mir gesagt, mein Kommen würde ihn unnötig beunruhigen. Ein Brief von Tussy, in dem sie mich bat, herüberzukommen, erreichte mich einen Tag nach seinem Tod. Am nächsten Tag bat ich Dich, mich darüber aufzuklären … ob Mohr *Dir* gesagt hat, er wünsche, dass Tussy seine literarische Nachlassverwalterin sein solle. Du hast mir nicht geantwortet. Hättest Du mir das bestätigt, so hätte ich ohne weiteres daraus geschlossen, dass die lange Krankheit meinen lieben Vater verändert hätte, und ich hätte ihn deshalb kein bisschen weniger geliebt und geehrt!«[19]

Engels schweigt ein paar Tage, wahrscheinlich aus Ratlosigkeit. Streitereien sind ihm immer zuwider gewesen. Er mag kein Ehegezänk, kein Parteigezänk, kein Geschwistergezänk. Wahrscheinlich befürchtet er auch, dass Laura eine vollkommen falsche Vorstellung von der Sache hat, dass sie das Ordnen des Nachlasses für etwas Schönes, Befriedigendes hält, ohne zu ahnen, welche Probleme sich dahinter verbergen. Endlich ringt er sich dazu durch, ihr zu schreiben:

Nach dem Tode des armen Mohr teilte Tussy mir auf meine Anfrage mit, er habe ihr gesagt, sie und ich sollten über seine Schriftstücke verfügen und das veröffentlichen, was veröffentlicht werden muss, besonders den zweiten Band und die mathematischen Arbeiten ... Für den Ausdruck »literarische Exekutorin« bin ich allein verantwortlich. Ich konnte damals keinen anderen finden, und wenn ich Dich dadurch in irgendeiner Weise gekränkt habe, bitte ich Dich sehr um Verzeihung. Wie Dich die Verfügung verletzen kann, verstehe ich nicht. Die Arbeit muss hier an Ort und Stelle getan werden. Die eigentliche Arbeit – das weißt Du so gut wie Tussy – wird zum größten Teil von mir getan werden müssen. Da jedoch eine Tochter von Mohr in London lebt, finde ich es nur natürlich, dass Mohr den Wunsch hatte, sie möge mich ... in der Arbeit unterstützen. Wenn Du hier gewohnt hättest anstatt in Paris, so wären wir alle drei dazu bestimmt worden, daran ist nicht zu zweifeln. Aber es gibt noch einen anderen Gesichtspunkt. Nach dem englischen Recht ... ist Tussy die einzige Rechtsvertreterin Mohrs in England ... Was die Geschichte der Internationale betrifft, so bin ich ... selbstverständlich bereit, Dir zu diesem Zweck ... alle Dokumente usw. zu übergeben. Allerdings hatte ich die Absicht, eine ausführliche Biographie von Mohr zu schreiben, und wenn Du diese Dokumente nimmst, so wird daraus nichts. Mohrs Leben ohne die Internationale wäre wie ein Brillantring, aus dem der Edelstein herausgebrochen worden ist. Ich habe Tussy von Deinem Brief nichts gesagt, da ich in keiner Weise zwischen zwei Schwestern treten möchte. Wenn Du daher irgendwelche Erklärungen von ihr haben möchtest, so schreibe bitte direkt an sie. Aber ich glaube, das Beste, was Du tun kannst, ist herüberzukommen, um die Dinge gemeinsam zu klären ... Ohnehin werden wir oft genug Deinen Beistand brauchen ... und nichts würde uns die Arbeit mehr erschweren als neue Missverständnisse zwischen Dir und Tussy. [20]

Nach diesem Brief, einer Mischung aus Deutlichkeit und Diplomatie, wird das Thema nicht mehr berührt. Engels ist immer noch zu taktvoll gewesen, um zu sagen, dass noch ganz andere Gründe für die Verwaltung des Nachlasses durch Tussy sprechen. Es war *sie*, die zehn Jahre ihres Lebens mit dem Vater verbracht hat, während Laura mit ihrem Mann Paul Lafargue in Frankreich lebte. Tussy hat große Teile seiner

Korrespondenz geführt, vieles für ihn recherchiert, ihn auf fast allen Reisen begleitet. Deshalb kennt sie sein Spätwerk wesentlich besser als Laura. Laura dagegen ist nach dem Tod ihrer Kinder in tiefe Apathie verfallen. Sie hat keinen Beruf, keine neue Aufgabe übernommen, kümmert sich nicht einmal um die Kinder ihrer Schwester Jenny, schreibt gelegentlich einen Artikel oder übersetzt Schriften ihres Mannes ins Englische, bleibt aber politisch eher Beobachterin, die sich kaum einmischt. Dass sie eine Geschichte der Internationale verfassen will, ist eine Idee, die sie zum ersten Mal äußert, aber nie realisieren wird.

Aveling und die Freidenker

Bald nach der Beerdigung ihres Vaters wird Tussy im Lesesaal des British Museum von Edward Aveling angesprochen. Ob sie nicht für ihn, sprich für den *Progress* schreiben wolle, keine anonymen Notizen, sondern richtige, namentlich gekennzeichnete Artikel? Die vielen Privatstunden und Arbeiten als »precis writer« seien doch auf Dauer unter ihrer Würde? Da sie um diese Zeit praktisch niemanden an sich heranlässt außer Engels und Lenchen, ist es ein Wunder, dass sie ihm überhaupt zuhört. Vermutlich, weil er ihr Dinge erzählt, die sie faszinieren, von den »Freidenkern« zum Beispiel.

Wer sind die »Freidenker«? Wer oder was ist die »National Secular Society«, für deren Organ, die Zeitschrift *The Progress*, Tussy arbeiten soll? Sie fordern völlige Freiheit des Individuums, des Glaubens und der politischen Überzeugung, verlangen eine Vertretung im englischen Parlament, die Trennung des englischen Staates von der »Church of England« und allen anderen religiösen Gemeinschaften sowie gleiche Menschenrechte für alle, auch für die Minderheiten. Sie wenden sich gegen die Stigmatisierung von Abtreibung, Scheidung, Empfängnisverhütung und Homosexualität. Sie stehen der Arbeiterbewegung nahe. Ihre Sprecherin, Annie Besant, eine brillante Rednerin irischer Herkunft, hat einmal gesagt:

Ich fordere für jeden Menschen, was immer sein Glaube sein mag, dass die Freiheit seines Gewissens respektiert wird. Ich fordere für jeden Menschen, gleich welcher Religion, dass er für seinen Glauben nicht leiden soll. Ich fordere für jeden Menschen, wie auch immer seine Überzeugungen sein mögen, dass er seine Gedanken offen aussprechen kann, ohne seine Rechte als Bürger oder seine soziale Stellung und seinen häuslichen Frieden zu gefährden.[21]

Annie Besant, Mutter von zwei Kindern, hat als erste Frau einen Bachelor in Biologie an der University of London erworben. Ihr wichtigster politischer Weggefährte, Charles Bradlaugh, hat sich als Laufbursche, Kohlenhändler und Vertreter für Hosenträger durchgeschlagen, dabei Latein, Französisch und Griechisch gelernt, die Pariser Kommune unterstützt und verbotene Schriften über Geburtenkontrolle herausgegeben. Ihm und Annie Besant ist es zu verdanken, dass auch Frauen der unteren Klassen in England endlich »aufgeklärt« worden sind und nicht mehr so viele Kinder bekommen müssen wie früher.

Das sind Menschen und Überzeugungen, die Tussy sehr »liegen«. Sie widersprechen nicht den marxistischen Lehrmeinungen, sondern erweitern und modernisieren sie, indem sie der Frau das Recht auf persönliche und sexuelle Selbstbestimmung einräumen. Sie sagt Aveling also zu. Er hat sie richtig erkannt, den richtigen Ton getroffen. Eigene Artikel, vielleicht sogar eigene Bücher – das ist *die* Herausforderung, nach der sie seit Jahren gesucht hat!

Tussy Marx über Karl Marx

Der erste Auftrag, den Aveling ihr gibt, ist ein Nachruf auf Karl Marx in zwei Teilen. In Teil eins, den er in der April-Nummer des *Progress* bringen will, soll sie über das Leben ihres Vaters schreiben, in Teil zwei einen kurzen Abriss der »Mehrwerttheorie«.

»Es gibt vielleicht keine unpassendere Zeit, die Biographie eines großen Mannes zu schreiben, als wenige Tage nach seinem Tod, und die Aufgabe ist doppelt schwer, wenn sie an jemanden fällt, der ihn gekannt und geliebt hat«, beginnt sie. Dann folgt der erstaunliche Satz: »Karl Marx wurde am 5. Mai 1818 als Sohn jüdischer Eltern in Trier geboren.«[22] Erstaunlich insofern, als auf das *Judentum* von Karl Marx nicht ein einziger der vielen Autoren hingewiesen hat, die in diesen Wochen über ihn geschrieben haben, vielleicht, weil sie befürchteten, dass er sich vor Entsetzen im Grabe herumdrehen würde. Anders Tussy. Sie scheint fest entschlossen, das Tabu, mit dem Marx seine Herkunft belegt hat, zu brechen, tritt sozusagen die Flucht nach vorn an, korrigiert seine Selbstverleugnung, nimmt ihn vor seinem eigenen Antisemitismus in Schutz.

Der Artikel ist sachlich und präzise geschrieben. Wie eine treue Chronistin erzählt Tussy von seiner Schulzeit in Trier, seiner frühen Liebe zu Jenny, seinen Studien in Bonn und Berlin, seinen ersten literarischen Arbeiten, seinem politischen Wirken vom deutschen Vormärz bis zur Internationale. Jedes seiner größeren Werke wird aufgezählt. Das *Kommunistische Manifest* und das *Kapital* natürlich, aber auch die fragwürdige Streitschrift *Zur Judenfrage*, die Tussy also zumindest zur Kenntnis genommen haben muss. Sie glorifiziert nicht, übertreibt nicht, macht kein Idol aus ihrem Vater, wie viele ihr später vorwerfen werden, schreibt nicht als Tochter, sondern als Historikerin. Kein bis dahin erschienener biographischer Abriss über Karl Marx ist so genau und zugleich so unparteiisch gewesen. Erst im letzten Satz wird sie persönlicher: »Ich habe mich streng auf die historischen und biographischen Einzelheiten über Marx beschränkt. Es ist nicht meine Aufgabe, über seinen großen Charakter, seine enorme Belesenheit, seinen Humor, seine Warmherzigkeit und seine tätige Hilfsbereitschaft zu sprechen.«

Beatrice Potter

Im Frühjahr 1883 trifft sie im British Museum auf Beatrice Potter, eine etwa gleichaltrige angehende Sozialforscherin,* die zwischen Tür und Angel ein Gespräch mit ihr anfängt. Beatrice Potter ist ein ganz anderer Typ als Tussy: blond, blauäugig, zart, gepflegt, streng religiös, aus sehr reicher Familie, aber den Arbeitern im Londoner East End zugetan, über die sie vorhat, eine größere Untersuchung zu schreiben. Während viele Männer Tussy auf ungewöhnliche Art »schön« finden, ist Potter von ihrem Aussehen angewidert. Sie sei ungekämmt und »mit pittoresker Schlampigkeit« gekleidet gewesen, schreibt sie in ihr Tagebuch. »Die schönen Augen sind voller Leben und Mitgefühl, sonst hässliche Gesichtszüge und eine Gesichtsfarbe, die Spuren einer ungesunden leidenschaftlichen Lebensweise zeigt, die durch Reizmittel aufrechterhalten und durch Betäubungsmittel eingedämmt wird.«[23]

In dieser äußerst gehässigen Beschreibung zeigt sich viel weibliches Konkurrenzdenken, gemischt mit Antisemitismus, den Beatrice Potter später noch viel deutlicher artikulieren wird, indem sie über die Juden im Londoner East End schreibt, dass sie auf einem »abgrundtiefen Lebensniveau« ständen, dass »Profitliebe« ihre »stärkste Triebkraft« sei und dass ihnen bei allen ihren »hervorragenden Eigenschaften … jene höchste und letzte Errungenschaft der menschlichen Gesinnung« fehle: »Die Moral.«[24]

Die vermisst sie offenbar auch bei Tussy. Ebenso wie ein echtes Verhältnis zur Religion, sprich: zum Christentum. »Es war sinnlos, mit ihr zu diskutieren. Sie weigerte sich, die Schönheit der christlichen Religion anzuerkennen … hielt Christus für einen geistig leicht minderbemittelten Mann mit viel Charakter, aber wenig Heldenmut. ›Sagte er nicht in seinem letzten Moment: Vater, lass diesen Kelch an mir vorübergehen?‹« – »Wir denken«, zitiert sie Tussy weiter, »dass das Christentum eine unmoralische Illusion ist und davon möchten wir alle unsere Leute überzeugen. Der bemerkenswerte Unterschied zwischen diesem

---

* Nicht zu verwechseln mit der gleichnamigen Kinderbuchautorin, geb. 1866!

und dem letzten Jahrhundert ist der, dass Gedankenfreiheit früher ein Privileg der höheren Klassen war und jetzt zum Privileg der Arbeiterklasse wird. Wir wollen, dass sie nicht für ein mythisches Jenseits, sondern für das Hier und Jetzt leben, und sie sollen darauf bestehen, alles zu haben, was dieses Leben angenehm für sie macht.«[25]

Am Ende des Gespräches will Beatrice Potter gefragt haben, worin denn »der sozialistische Fortschritt« bestehe? Tussy soll das eine ausgesprochen dumme Frage genannt haben. Das zu erklären sei völlig unmöglich, genauso unmöglich, wie die Theorie der Mechanik in wenigen Sätzen zu beschreiben. Sie scheiden in kultivierter Feindschaft.

Die Mehrwerttheorie

Wenig später versucht Tussy selbst das angeblich Unmögliche: eine Erklärung des Sozialismus auf wenigen Druckseiten. Sie schreibt für den *Progress* einen Abriss der Mehrwerttheorie, will die Quintessenz eines Marx-Manuskriptes aus den Jahren 1861–1863 auf fünf Zeitungsseiten darlegen. Das Werk selbst ist zu dieser Zeit noch nicht publiziert. Es umfasst vierundzwanzig Kapitel auf knapp fünfzehnhundert Manuskriptseiten, in der späteren Druckausgabe drei Bände.[26] Engels, der sich vorgenommen hat, es als »Band 4« des *Kapitals* herauszubringen, wird über dieser Aufgabe sterben und sie an Karl Kautsky weitergeben, der ebenfalls seine großen Probleme damit haben wird, da auch dieses Werk ständig zwischen drei Sprachen wechselt und zum Teil nur in Notizform verfasst ist.

Tussy Marx fasst die Mehrwerttheorie so zusammen:

> Angenommen, der Austausch von Handelsgütern gehe grundsätzlich gerecht zu; angenommen, dass jeder Käufer für sein Geld den vollen Gegenwert bekommt, und dass jeder Verkäufer den vollen Geldwert für die notwendige Arbeit erhält, die in sein Produkt investiert worden ist. Wenn also … jeder Produzent verkauft, was er nicht mehr haben will, und mit dem erhaltenen Geld kauft, was er haben will, aber nicht selbst herstellt, dann stünden alle Dinge

in dieser besten aller ökonomischen Welten zum besten; aber die Bildung von Kapital ... ist so nicht möglich. Ein Mann mag Geld sparen, oder Güter horten, aber er kann sie nicht als Kapital nutzen, es sei denn, dass er das Geld gegen Zinsen verleiht. Hier haben wir eine sehr alte, wenn auch sehr untergeordnete und primitive Form der Kapitalbildung. Profit lässt sich auf diese Weise nicht erzielen.[27]

Um es kurz zu machen: Der Versuch misslingt. Das hochkomplizierte Marx'sche Gedankengebäude, gespeist aus Philosophie, Mathematik, Nationalökonomie, Geschichte und vielen anderen »Hilfswissenschaften«, lässt sich nicht auf ein paar Zeitungsseiten reduzieren. Wahrscheinlich hat Aveling den Anstoß dazu gegeben. Denn er ist ein überzeugter Populist, der schon die Lehren von Darwin »für das einfache Volk« aufbereitet hat. Warum sollte das nicht auch mit den Lehren von Marx möglich sein?

Tussy versucht, einen lockeren Ton anzuschlagen, spricht von »unserem Kapitalisten«, »unserem Baumwollspinner«, den beiden Kontrahenten ihrer fiktiven Geschichte. Doch sie verstrickt sich in Widersprüche, vermag nicht zu überzeugen. Am Ende hat der Leser zwar verstanden, dass der Fabrikherr durch die Ausbeutung menschlicher Arbeitskraft reich wird, aber die Mehrwerttheorie ist immer noch nicht plastisch geworden.

Beginn einer Lebensliebe

Tussy wohnt inzwischen nicht mehr in ihrem Elternhaus, das viel zu groß und zu teuer für sie ist, sondern in einer ersten eigenen Wohnung auf der Great Coram Street 122, ein paar Minuten vom Lesesaal des British Museum entfernt. Von zu Hause hat sie nur ihre Lieblingsbücher, etwas Geschirr und ein paar Möbel mitgenommen. Die Briefe und Manuskripte ihres Vaters hat sie Engels übergeben, der sie gemeinsam mit Lenchen weiter sortieren will.

Sie beginnt jetzt eine heiße Liebesaffäre mit Aveling, oder besser: er mit ihr. Es ist, als ob sie durch ihn in ein neues Leben einträte, denn er weigert sich, sie »Tussy« zu nennen, wie sie es von Kindheit an gewohnt ist, sondern spricht sie nur mit »Eleanor« an, so, als wolle er alles Vergangene in ihr auslöschen. Immer wieder wird von Zeitzeugen berichtet, dass er den Namen »Tussy« höchst selten benutzte, und wenn, dann mit äußerst spöttischem Unterton.[28]

Sie versucht, die Beziehung vor Engels, Lenchen, Pumps und allen ihren Freunden zu verbergen, denn schließlich ist Aveling nicht nur ein verheirateter Mann, sondern lebt auch mit Annie Besant, der Chefin der Freidenker, zusammen, mit der er noch immer in der Öffentlichkeit auftritt. Doch er selbst tut alles, um die Geschichte publik zu machen, indem er plötzlich vom Naturwissenschaftler zum Dichter wird und in seiner Zeitschrift, dem *Progress*, geschmacklose Liebesgedichte publiziert, die seine Beziehung zu Tussy zum Thema haben:

Ich riss an ihrem Kleid, bis die Brust hervorquoll,
und wusste, während ich heimlich lachte,
dass seine falschen Lippen sie zuerst berührt hatten,
doch dann kam ich, um sie richtig zu küssen.[29]

Wie reagiert Tussy, die sonst so Kluge, Sensible, auf diese sexistischen Verse? Wo bleibt ihr literarisches Urteilsvermögen, das an Shakespeare und Robert Browning geschult ist? Es ist, wie es scheint, für den Moment wie ausgelöscht. Sie unterwirft sich Aveling mit Körper und Seele, erlebt mit diesem äußerst erfahrenen Mann zum ersten Mal jene Mischung aus sexueller und intellektueller Anziehungskraft, für die sie in ihrer Beziehung zu Lissagaray noch zu jung gewesen ist. In kürzester Zeit macht er sie so von sich abhängig, dass sie zusammen mit ihm sogar in die »Social Democratic Federation« eintritt, die sozialistische Partei eben jenes Henry Hyndman, den ihr Vater »selbstzufrieden und schwachbrüstig« genannt hatte.[30] Tussy aber drängt sich nun plötzlich danach, in seiner Partei eine führende Rolle zu spielen, weil Aveling sie offenbar davon überzeugt hat, dass sie nur gemeinsam und als Mitglieder einer Organisation etwas erreichen können.

In dieser Zeit – der zweiten Hälfte des Jahres 1883 – werben auch deutsche und österreichische Sozialisten um Tussys Mitarbeit, und zwar nicht nur als Übersetzerin. So schreibt Karl Kautsky am 3. Oktober an Engels: »Wenn Sie glauben, dass Fräulein Marx geneigt wäre, an der ›Neuen Zeit‹ mitzuarbeiten, dann bitte ich, seien Sie so freundlich, mir Ihre Adresse zu senden.«³¹

Doch Tussy geht auf solche Angebote nicht ein, ja, erwägt sie erst gar nicht. Sie bleibt Aveling treu. Als Frau wie als politische Journalistin. Sie wird – jedenfalls bis auf weiteres – nur noch für Aveling, für sein Blatt und in seinem Sinn schreiben. Den deutschen Kollegen wird sie erst später wieder die Hand zur Kooperation reichen.

Underground Russia

In der Herbstnummer des *Progress* von 1883 erscheint eine weitere Arbeit von ihr, diesmal über einen russischen Autor und Revolutionär, Sergej Michajlovič Kravčinskij, genannt »Stepniak« (der Steppensohn), Verfasser eines Buches mit dem Titel *Underground Russia*.³² Tussy ist fasziniert von diesem Mann, einem breitschultrigen Hünen aus reicher Familie, der am Aufstand der Bosnier und Herzegowiner gegen die Osmanen teilgenommen, ein Buch über Guerilla-Kriege geschrieben und sich selbst unter die russischen Tagelöhner gemischt hat, um das Volk »von unten« kennenzulernen. Er hat einem Chef der russischen Geheimpolizei, Nikolaus Mesenzow, angekündigt, er werde ihn töten, ja, ihm ein regelrechtes Todesurteil übersandt: »Alle Grausamkeiten verlangen eine Antwort. Sie wird gegeben werden. Wartet auf uns! Tod um Tod!«³³

Dieses Versprechen hat er am 4. August 1878 in die Tat umgesetzt. Er hat Mesenzow auf offener Straße erdolcht, mitten auf dem eleganten Nevskij Prospekt in Sankt Petersburg. Danach ist er gelassen in eine Droschke gestiegen und in die Schweiz gefahren, um die Herstellung von Dynamitbomben zu erlernen. Stepniak ist aber nicht nur Revolutionär, sondern auch Philosoph und Literat, ein blendender Erzähler, das gefällt Tussy besonders. Sein Buch *Underground Russia*, gerade auf Englisch erschienen, ist mehr Roman als nüchterne Chronik, in dem der Autor ganz offen um Sympathie für den Terrorismus wirbt.

Tussys Artikel ist eigentlich mehr eine Zusammenfassung als eine Besprechung. Sie kritisiert nicht, relativiert nicht, ja kommentiert nicht einmal, sondern stellt sich eindeutig auf die Seite des revolutionären »Exekutivkomitees« und gegen die russische Regierung. – Zunächst schildert sie die historischen Ursachen des Terrorismus in Russland, von der Leibeigenschaft bis zum verlorenen Krim-Krieg, von den maroden Staatsfinanzen bis zur Willkür der Polizei, von der Macht der Steuereintreiber bis zur Gewinnsucht der staatlich lizensierten Schankwirte, von der Niederschlagung der Polenaufstände bis zum Aufstand der jungen russischen Intelligenz. Als besonders empörend beschreibt sie die Behandlung der politischen Gefangenen und die Einschränkung der Grundrechte in Russland:

Was in jedem europäischen Land straffrei getan werden kann, wurde in Russland wie Mord bestraft. Zehn, zwölf oder fünfzehn Jahre harter Zwangsarbeit für zwei oder drei öffentliche Ansprachen … für das Lesen oder Ausleihen eines einzigen Buches. Von Zeit zu Zeit, auf Wegen, die nur Gefangene herauszufinden wissen, kamen Briefe von diesen lebendig Begrabenen an, aufgeschrieben auf einem Papierfetzen, in dem Tabak oder Kerzen verpackt waren. Sie beschrieben die abscheuliche und sinnlose Grausamkeit, mit der sie von ihren Wärtern behandelt wurden … und erweckten in den sanftesten und ruhigsten Gehirnen Gedanken an Blut, Hass und Rache.

Am Schluss des Buches von Stepniak alias Kravčinskij steht ein direkter Aufruf an den Zaren, Alexander III., von dem das »Exekutivkomitee« kategorisch fordert: Einführung der Demokratie oder die Revolution geht weiter! Freilassung aller politischen Gefangenen oder es wird noch mehr Tote geben! Tussy zitiert diesen Aufruf ausführlich, beinahe triumphierend, als genieße sie es, nicht mehr still hinter ihrem Schreibtisch zu sitzen, sondern aktiv in das Weltgeschehen eingreifen zu können:

Es gibt nur zwei Auswege ... entweder eine Revolution, welche man durch Todesurteile weder vermeidet noch verhindert; oder eine freiwillige Berufung des Volkes zur höchsten Macht ... Im Interesse des Vaterlandes wendet sich das Exekutivkomitee an Sie, Majestät, und gibt Ihnen den Rat, den zweiten Weg zu wählen ... Dann wird das Exekutivkomitee freiwillig ... seine Tätigkeit einstellen, und die von ihm organisierten Kräfte werden aufgelöst werden, damit Sie sich der fruchtbringenden Arbeit ... des Volkswohles hingeben können ... Und nun entscheiden Sie sich, Ihre Majestät. Die Wahl liegt bei Ihnen.

Doch dann fügt Tussy noch ein ganz persönliches Postskriptum hinzu: Der russische Zar *habe* gewählt. Er fahre fort, Revolutionäre gefangen nehmen, verbannen oder hinrichten zu lassen, Sofia Perowskaja zum Beispiel, eine junge Aristokratin, kaum älter als sie selbst. Sie sei am 15. April 1881 unter Trommel- und Pfeifenklängen von einem betrunkenen Henker gehängt worden, vor einer gaffenden Menge von über hunderttausend Menschen. Der Zar sei ein »feiger Despot«, der sich hinter Soldaten und Spitzeln verstecke und das Volk mit Beleidigungen provoziere. Wenn das so weitergehe, werde sich »der rächende Arm des Terrorismus« immer wieder erheben. Und zwar gegen ihn, Zar Alexander III., dem sie am Schluss als »Eleanor Marx« persönlich ankündigt, »das Ende« des Kampfes sei »noch nicht gekommen!«.

Pogrome

Tussys leidenschaftliches Engagement für die russischen Revolutionäre hat eine Vorgeschichte, die um mehrere Jahre zurückliegt. Am 13. März 1881 war Alexander II., Vater und Vorgänger des jetzigen Zaren, einem Bombenattentat der »Narodnaja wolja«, der russischen Befreiungsbewegung, zum Opfer gefallen. Diese Bewegung bestand aus lauter jungen Leuten: Sozialisten, Studenten, Intellektuellen. Viele Europäer, darunter auch so mancher deutsche Sozialdemokrat, freuten sich insgeheim. Aber fast niemand wagte es, das offen zu sagen. Nur ein gewisser

Johann Most, ein aus Augsburg stammender Journalist im Londoner Exil, schrieb in einer deutschen Emigrantenzeitung: »Triumph! Triumph! ... Einer der scheußlichsten Tyrannen Europas ... ist nicht mehr. Am vergangenen Sonntag ... hat der Richter des Volkes die Bestie ... ereilt und mit kräftiger Hand abgetan.«[34]

Most erklärte auch, *warum* er das Attentat auf den Zaren guthieß: Er habe die Aufhebung der Leibeigenschaft versprochen und nicht realisiert. Er habe seinen Völkern kulturelle Autonomie zugesagt und doch alles Nichtrussische brutal unterdrückt, die ukrainische Sprache zum Beispiel, die weder in der Schule noch auf der Bühne mehr gesprochen werden dürfe. Er habe regierungskritische Studenten zu Tausenden foltern, verhaften und nach Sibirien verschleppen lassen. Er, Most, wünsche allen Tyrannen, *einschließlich Bismarck*, ein ähnliches Ende.

Dieser Aufruf zum allgemeinen Tyrannenmord ging der englischen Justiz deutlich zu weit, weshalb der Autor nach dem Erscheinen seines Artikels verhaftet und in eines der schlimmsten Gefängnisse Englands gebracht wurde. Johann Most, von dem sich Marx und Engels radikal distanzierten, weil er dem Ansehen der deutschen Sozialdemokratie schade, konnte damals nicht ahnen, welche Folgen dieser Tyrannenmord haben würde: eine Welle von Antisemitismus in Russland, denn der Haupttäter, Ignatij Ioachimovič Grinevickij, war Jude. Schon wenige Tage nach dem Anschlag kam es in Kirowgrad, Kiew und Odessa zu schrecklichen Pogromen. Juden wurden auf offener Straße totgeschlagen, ihre Geschäfte geplündert, ihre Häuser zerstört, in Provinzstädten brannten die Synagogen. An den Bäumen klebten Plakate, die zur Blutrache im Namen des Zaren aufriefen. In den Wirtshäusern wurden antisemitische Hetzartikel vorgelesen. Allein in Kiew wurden über siebenhundert Juden getötet. Obwohl Alexander III., der Sohn des Ermordeten, seine Hände in Unschuld wusch und behauptete, die Übergriffe zutiefst zu bedauern, ordnete er die Vertreibung der Juden aus Moskau an und erließ im Mai 1882 ein neues Gesetz, das Juden jeden Landerwerb und Aufenthalt außerhalb der Städte untersagte.

Tussy war über diese Vorgänge zutiefst schockiert, nicht zuletzt, weil sie fürchtete, Ähnliches könne auch in Deutschland passieren, wo der Antisemitismus ohnehin »salonfähig« geworden war, spätestens seit der Reichsgründung von 1871. Prominentester Vertreter war der Berliner Reichstagsabgeordnete Adolf Stöcker, im Hauptberuf evangelischer Domprediger, Gründer einer »christlich-sozialen Arbeiterpartei«, die gegen »die« Sozialisten und gegen »die« Juden hetzte. Auf einer Reichstagssitzung erklärte er:

> Wir müssten in der Tat eine Nation ohne Ehrgefühl sein, wenn wir diese Ketten eines fremden Geistes nicht brechen, sondern wirklich verjudeten ... Allein in Berlin wohnen 45 000 Juden, so viel wie in ganz Frankreich, wie in ganz England ... In ihrem Besitz sind die Geldadern, Bank und Handel; in ihren Händen ist die Presse, und unverhältnismäßig drängen sie sich zu den höheren Bildungsanstalten ... Die Juden haben durch Marx und Lassalle dafür gesorgt, dass sie auch in der Sozialdemokratie ihre Freunde haben ... Wenn wir ... unsere deutsche Volkstümlichkeit festhalten wollen, müssen wir diesen Giftpfropfen loswerden![35]

Obwohl Marx hier persönlich scharf attackiert wurde, griff er *nicht* ein und äußerte sich *nicht* gegen Stöcker. Ebenso wenig wie Liebknecht, der übrigens selbst nicht frei von antisemitischen Ressentiments war. So schrieb er 1874 in seiner Abhandlung *Die Grund- und Bodenfrage*: »An den Juden hat sich das umgekehrte ›Wunder‹ vollstreckt wie an den Katzen. Wie diese im Laufe der ›historischen Entwicklung‹ aus kurzdärmigen, fleischfressenden Raubtieren in langdärmige, Pflanzenkost und Fleisch fressende Haustiere verwandelt worden sind, so die Juden aus ackerbautreibenden Kommunisten in raubgierige Privateigentumswüteriche.«[36] Besonders Engels scheint es damals sehr peinlich gewesen zu sein, dass sich die Kultfiguren des deutschen Sozialismus derselben antisemitischen Hetzvokabeln bedienten wie die Partei Stöckers und dazu sogar noch Vergleiche aus der Tierwelt bemühten. Um das Ganze herunterzuspielen, schrieb er dem jüdischen Journalisten Eduard Bernstein, er möge das alles bloß nicht zu ernst nehmen, denn der Antisemitismus werde mit dem Niedergang des Kapitalismus verschwinden.[37]

Tussy hatte damals – 1881 – sehr empfindlich auf die »Judenhetze« in Deutschland reagiert und ausgerechnet Liebknecht darum gebeten, ihr

»alle erreichbaren Nachrichten«, besonders über die Stimmung unter den Arbeitern, zu schicken. Sie wolle »etwas in die englische Presse darüber bringen«.[38] Ob Liebknecht ihr jemals geantwortet hat, ist nicht bekannt. Wahrscheinlich nicht. Es liegt also nahe, dass hinter ihrer Sympathie für Stepniak oder den »Steppensohn« mehr als nur allgemeine revolutionäre Begeisterung steckte. *Sein* Gegner, Zar Alexander III., war auch *ihr* Gegner, solange er Juden ausweisen, misshandeln und töten ließ. Aus ihrer Sicht muss es deshalb völlig legitim gewesen sein, dass Stepniak ihm mit Rache, ja sogar mit dem Tod drohte.

8

LIEBE, WAHNSINN UND DYNAMIT

1884–1885

Neues zur Frauenfrage

Tussy ist so begeistert von ihrer neuen Liebe, dass sie sogar Laura wieder an ihr Herz nimmt, ihr und dem »armen Häftling« Lafargue (er sitzt wieder einmal im Gefängnis) Grüße von »Dr. Aveling« ausrichtet und beide bittet, Beiträge für den *Progress* zu schicken, »dieses kleine Magazin ... das nun wirklich viel gelesen« werde und bei dessen Redaktion Aveling »mehr oder weniger machen« könne, was er wolle.[1]

Tatsächlich liefert Lafargue schon bald einige Aufsätze, zum Beispiel über »Sozialismus und Darwinismus«, ein Text, den Tussy aus dem Französischen ins Englische übersetzt. Sie schafft es sogar, Engels zur Mitarbeit zu bewegen, obwohl er der Freidenkerbewegung eher skeptisch gegenübersteht und von deren geistiger Nähe zur »Social Democratic Federation« schon gar nichts hält, denn er ist wie Marx ein erklärter Feind von Parteichef Henry Hyndman.

Was Engels 1883 für den *Progress* schreibt, hat allerdings weniger mit Politik als mit Theologie zu tun: eine kurze, kritische Abhandlung über das *Buch der Offenbarung* des Apostels Johannes, in der vor allem ein Satz überrascht: »Es ist eine merkwürdige Tatsache, dass mit jeder großen revolutionären Bewegung die Frage der ›freien Liebe‹ in den Vordergrund tritt, bei einem Teil der Menschen als ein revolutionärer Fortschritt, als ein Abwerfen nicht mehr notwendiger, alter traditioneller Fesseln, bei anderen als eine willkommene Lehre, die bequemerweise alle Arten zügelloser Handlungen zwischen Mann und Frau deckt.«[2]

Engels hat recht. Die »freie Liebe« ist ein Zeichen der Zeit, ist typisch für die modernen Revolutionärinnen. Vera Zasulič, Sofia Perowskaja und Vera Figner, die drei weiblichen Galionsfiguren der russischen Widerstandsbewegung, haben jahrelang mit Genossen zusammengelebt, ohne Trauschein und ohne Kindersegen, protestieren gegen die Rolle der Frau als Gebärmaschine, die Tussys Schwestern noch klaglos erfüllt haben. Mag die Frau in der russischen Landgemeinde auch noch so elend gewesen sein: in der Revolution kämpft sie Seite an Seite mit dem Mann, in Russland genauso wie in Frankreich.

Doch der Protest der Frauen bleibt nicht auf Russland und Frankreich beschränkt. In England formiert sich die Suffragetten-Bewegung, in Deutschland eine proletarische Frauenbewegung. Ihre Führerinnen – Clara Zetkin und Emma Ihrer zum Beispiel – schreiben Bücher, treten der sozialistischen Arbeiterpartei bei und gehen ins politische Exil – genau wie die Männer. Auch Engels, der schon lange der »Frauenfrage« zugetan ist, nimmt diese neue, revolutionäre Stimmung zur Kenntnis und schreibt in seinem Buch über den *Ursprung der Familie, des Privateigentums und des Staates*:

Es ist eine der absurdesten, aus der Aufklärung des 18. Jahrhunderts überkommenen Vorstellungen, das Weib sei im Anfang der Gesellschaft Sklavin des Mannes gewesen … Der Umsturz des Mutterrechtes war die weltgeschichtliche Niederlage des weiblichen Geschlechtes. Der Mann ergriff das Steuer auch im Hause, die Frau wurde entwürdigt, geknechtet, Sklavin seiner Lust und bloßes Werkzeug der Kindererzeugung … Der erste Klassengegensatz, der in der Geschichte auftritt, fällt zusammen mit der Entwicklung des Antagonismus von Mann und Weib in der Einzelehe, und die erste Klassenunterdrückung mit der des weiblichen Geschlechts durch das männliche … Die Frau wurde erste Dienstbotin, aus der Teilnahme an der gesellschaftlichen Produktion verdrängt.[3]

Charlotte Leffler-Erdgren

Jetzt ist auch für Tussy der Bann gebrochen, zumindest vorläufig. Sie engagiert sich für Frauenliteratur, verfolgt, was Frauen im In- und Ausland publizieren, behandelt das Thema im *Progress*, tritt mit Autorinnen wie der Schwedin Charlotte Leffler-Erdgren in Briefwechsel und schafft ihnen ein neues Forum für ihre Texte. Aveling unterstützt sie nachdrücklich dabei, ist also nicht *nur* auf sein sexuelles Vergnügen aus, sondern nimmt Frauen, ob in der Literatur oder Politik, durchaus ernst und verhilft ihnen, wo er kann, zu einer Stimme. Das klingt seltsam, ist aber eine Tatsache, die in den meisten Darstellungen über ihn verschwiegen wird. Dabei wird vielleicht übersehen, dass gerade diese extreme Ambivalenz einen Teil seines Reizes auf Tussy ausgemacht haben könnte.

Charlotte Leffler-Erdgren, sechs Jahre älter als Tussy, schreibt sozialkritische Dramen, die sogar öffentlich aufgeführt werden, eine große Ausnahme in dieser Zeit, in der die dramatische Literatur eine reine Männerdomäne ist. Doch sie sprengt noch andere Tabus. In ihrem Roman *En sommarsaga* (»Eine Sommergeschichte«) schreibt sie freimütig über weibliche Sexualität, den Fluch dauernder Schwangerschaften, über den Konflikt zwischen Mutterschaft und künstlerischer Arbeit, aber auch über die Schattenseiten der modernen, »freien« Liebe, die die Untreue des Mannes legalisiere und die Frau oft betrogen und einsam zurücklasse.

1884 bringt der *Progress* eine Kurzgeschichte von ihr, *The doctor's wife*, »Die Frau des Arztes«. Sie erzählt von einer Arztgattin in einer schwedischen Kleinstadt, einer hübschen, temperamentvollen jungen Frau aus guter Familie, die nach der Geburt eines Sohnes schwer depressiv wird. Sie trinkt, nimmt Drogen, flüchtet in psychosomatische Krankheiten, treibt ihren Mann mit Szenen und Vorwürfen aus dem Haus. Auch das sind Tabuthemen. Denn ist Mutterschaft, ist die Geburt eines Sohnes nicht etwas Wunderbares?

Charlotte Leffler-Erdgren ist nach der Trennung von ihrem Mann, einem Richter, der von ihr verlangt hatte, dass sie ihre Stücke und Geschichten anonym publizierte, nach London gekommen, um sich dort dauerhaft niederzulassen. Tussy und sie freunden sich an, arbeiten intensiv an den Übersetzungen ihrer Texte. Tussy ist so begeistert von der neuen Freundin, dass sie sie nach Paris zu ihrer Schwester Laura schicken will, die sie in die französische Literaturszene einführen möge. »Übrigens«, schreibt sie am 18. Juni 1884, »wird Dich eine junge Frau namens Madame Erdgren besuchen. Bitte, sei ›nett‹ zu ihr. Sie ist eine der aufsteigenden Schriftstellerinnen Schwedens ... und ihre Theaterstücke haben viel Aufsehen erregt. Zwei Kurzgeschichten ... scheinen mir wunderschön zu sein. Sie ist eine liebenswerte kleine Frau. Wenn Du sie einigen der strahlenden Lichter der Gesellschaft vorstellen könntest ... würde sie Dir sehr dankbar sein.«[4]

Olive Schreiner

1883 erscheint im *Progress* eine mit »Aveling« gezeichnete Zusammenfassung eines »notable book«, eines »bemerkenswerten Buches«: *Die Geschichte einer afrikanischen Farm* von Olive Schreiner, ein Roman, der zunächst unter männlichem Pseudonym – Ralph Iron – auf den englischen Markt gekommen ist. Doch es ist eigentlich weniger die Geschichte einer Farm als die einer Frau, um die es hier geht. Genauer: die Lebensgeschichte der Autorin Olive Schreiner. Diese lebt seit 1881 in England und wird ebenfalls eine enge Freundin von Tussy. Sie schreiben und treffen sich oft, meistens im Lesesaal des British Museum, gehen zusammen durchs Londoner East End, sprechen über soziale Probleme, über die Liebe, über die Männer, ja sogar über Menstruationsbeschwerden und Sexualität.

Olive ist genauso alt wie Tussy, Ende zwanzig, unverheiratet, kinderlos. Sie stammt aus Basutoland in Südafrika, ist Tochter eines deutschen methodistischen Missionars und einer frommen Engländerin, das neunte von zwölf Kindern, hat, genau wie Tussy, nichts Richtiges gelernt. Ein bisschen Kissensticken, ein bisschen Klavierspielen, ein bisschen Lesen, weiter nichts. Doch während Tussy liebevolle Eltern hatte, die ihre Kinder nie schlugen oder bestraften, bekam Olive

Schreiner viele Schläge mit der Rute, wenn sie »unartig« war, wenn sie zum Beispiel zu vertraut mit den Schwarzen umging oder Worte, die aus dem Afrikaans stammten, benutzte. In ihrer Kindheit und Jugend hat sie alles gelesen, was an Büchern im Haus war, vor allem die Bibel, aber auch Schriften eines gewissen Karl Marx, die sich zufällig in die Bibliothek verirrt hatten. Doch »Ant Annie«, die fromme Burenfrau, die auf sie aufpasste, nahm ihr das Buch ab und verbrannte es – nicht, weil es von einem deutschen Kommunisten stammte, dessen Name ihr mit Sicherheit gar nichts sagte, sondern weil es eine Sünde war, etwas anderes als die Bibel oder das Gesangbuch zu lesen.

Von ihrem älteren Bruder, einem Lehrer, mit der nötigsten Bildung versorgt, schlug sich Olive Schreiner erst als Gouvernante durch und fuhr dann mit kleinen Ersparnissen nach England, um Ärztin oder wenigstens Krankenschwester zu werden. Ihre Ausbildung konnte sie zwar wegen einer Krankheit – sie litt unter schwerem Asthma – nicht beenden. Aber sie machte eine andere Leidenschaft zum Beruf: das Schreiben.

Die Heldin ihrer Geschichte heißt Lyndall, ein Mädchen, das sich in seiner pietistischen Umgebung verkannt und vereinsamt fühlt. Mit der Zeit fängt sie an, Gott zu hassen, der wie ein gnadenloser Richter über ihre Gedanken wacht und ihr Tag und Nacht zu verstehen gibt, dass sie nutzlos und schlecht sei, »zu widerlich, um zu leben, zu widerlich, um zu sterben«. Dabei kann sie froh sein, dass Gott sich überhaupt für sie interessiert. Denn sie ist weiß. Und die Gnade Gottes gilt nur den Weißen. Die schwarzen Dienstboten werden von ihren deutschen, holländischen und englischen Dienstherren gedemütigt, getreten und geschlagen, ohne dass Gott etwas dagegen unternimmt. Wenn ein Schaf von der Farm verschwindet, sind es die Schwarzen gewesen. Wenn die Burenfrau einem Kind aus der Bibel vorliest, müssen sie das Zimmer verlassen, »weil Ant Annie fest überzeugt war, sie stammten von den Affen ab und bedürften der Erlösung nicht«.

Lyndall beschließt, sich auf ihre Seite zu stellen, für die Schwarzen und alle Unterdrückten in dieser Welt zu kämpfen. »Wenn es erst so weit ist, dass ich groß und stark bin, dann will ich alles hassen, was mächtig ist und allen Schwachen helfen«, sagt sie dem Bauernsohn Waldo, ihrem weißen Jugendfreund. Aber leider ist sie ja nur ein Mädchen, zu schwach, um die Welt zu verändern. »Ich kann erst dann etwas Gutes für mich oder für die Welt tun, wenn mich jemand weckt. Ich liege noch im Schlaf, verstrickt und eingesperrt in mein Selbst. Bis ich befreit worden bin, werde ich niemanden befreien können.«

In langen, mondhellen afrikanischen Nächten, in denen sie mit Waldo vor dem Farmhaus sitzt, entdeckt sie die größte Ungerechtigkeit des Menschenlebens, das Schicksal, eine Frau zu sein:

> Ein Fluch liegt auf uns, und der Fluch haftet auf uns vom Tage an, da unsere Mütter uns zur Welt bringen, bis zur Stunde, da wir ins Leichentuch gehüllt werden ... Für euch heißt es arbeiten, für uns heißt es scheinen! ... Sieh dir mein kleines Kinn an, Waldo, das Kinn mit dem Grübchen! Es ist nur ein kleiner Teil meines Körpers. Aber wenn ich auch ein Wissen von allen Dingen unter der Sonne besäße ... würden sie mir doch nicht so durchs Leben helfen wie das kleine Kinn hier ... Je weniger einer eine Frau im Kopf hat, um so leichter wird ihr der Aufstieg ... Wir werden schon, wenn wir noch kleine Mädchen sind, auf das verfluchte Ziel hin dressiert. Wir sitzen, die kleinen Füße untergeschlagen, am Fenster und sehen den Jungen draußen zu, wie sie glücklich spielen. Wir wollen hinaus. Da legt sich eine liebevolle Hand auf unsere Schulter: »Kleinchen, du kannst nicht gehen! Die Sonne wird dir das Gesicht verbrennen, und du wirst dir dein hübsches weißes Kleid schmutzig machen!« ... Wir passen in unseren Bereich, wie der verkrüppelte Fuß einer Chinesin in ihren Schuh passt ... Wir tragen die einzwängenden Bandagen, aber unsere Glieder haben sich nicht daran gewöhnt: wir wissen, dass wir eingezwängt sind und scheuern uns wund ... Wir waren einmal gleich, als wir neugeboren auf den Knien unserer Kinderfrau lagen, und werden wieder gleich sein, wenn man uns den Unterkiefer für den letzten Schlaf hochbindet.[5]

Dementia paralytica

November 1883. Schlimme Nachrichten aus Deutschland. Sophie Schmalhausen, geborene Marx, wird in die Rheinische Provinzialirrenanstalt in Düren eingeliefert. Diagnose: Dementia paralytica, Gehirnerweichung. Es ist gerade einmal acht Monate her, dass sie Tussy nach Aachen eingeladen hat: »Ich würde so gern alle Kräfte aufbieten, Dir einige Erleichterungen verschaffen zu können; ach, es ist so hart, sich so allein zu fühlen, und bei der Schwester Deines Vaters wirst Du Dich wohl und schnell heimisch fühlen.«[6]

Jetzt ist sie wahnsinnig geworden, schreit, tobt oder brütet dumpf vor sich hin. Man erwägt, sie in die Irrenanstalt Siegburg zu überweisen. Das ist eine Festung, aus der kein Entkommen ist, hoch oben auf einem Berg, vom Rest der Welt abgesondert. Dort steckt man die Kranken in Zwangsjacken, besprengt sie mit kaltem Wasser, öffnet ihnen die Schädeldecke, damit das Gehirn bei frischer Luft wieder »gesund« wird. In Düren soll es etwas »freundlicher« zugehen. Man führt immerhin eingehende Gespräche mit der Patientin und notiert in ihre Akte, keines ihrer Elternteile habe an »Trunksucht« oder einer »Seelenstörung« gelitten. Ihr leiblicher Bruder sei der »neuerdings verstorbene Carl Marx, Stifter der Internationale«.[7]

Tussy ist vom Schicksal dieser Tante so erschüttert, dass sie wieder in eine psychische Krise gerät, die Engels gegenüber Laura als »Neuralgie« bezeichnet.[8] Kann Aveling sie trösten, ihr die Sorge nehmen, dass auch sie eines Tages »verrückt« werden könnte wie Jettchen Conradi und Sophie Schmalhausen? Wahrscheinlich nicht. Denn als Biologist und Darwinist glaubt er nicht an den individuellen Ursprung von Geisteskrankheiten, ja, nicht einmal an den individuellen »Geist überhaupt«, den er für eine bloße »Funktion des Nervensystems« hält. Er schwört dagegen auf die Vererbbarkeit von psychischen Krankheiten, beim Menschen wie beim Tier, »von der bloßen Geistesschwäche bis zu den furchtbarsten Formen des Wahnsinns«.[9]

Tussy spricht mit ihren Freundinnen über vieles, ja über fast alles, über Aveling, ihre Eltern, Politik, Literatur, Frauenemanzipation, den Orgasmus. Nur das Thema »Wahn« klammert sie aus. Weil es zu schrecklich, zu nah, zu bedrohlich ist. Da bleibt nur eins: sich in Aktivitäten zu stürzen. Denn wer weiß, wie viel Zeit ihr noch bleibt?

Irische Bombenleger

Im Mai 1884 erscheint in Avelings *Progress* ein Aufsatz über die »irischen Bombenleger« aus der Feder von Tussy,[10] ein Thema, mit dem sie seit ihrer frühen Jugend vertraut ist. Seitdem hat sich an der Situation nicht viel geändert. Die Iren kämpfen immer noch um ihr Land, ihre Sprache, ihre Autonomie. Der letzte irische Anschlag an der Londoner Victoria Station ist gerade erst drei Monate her. Der nächste wird in wenigen Tagen folgen. Untergrundkämpfer wählen Bahnhöfe, U-Bahn-Stationen, Polizeikasernen, Schiffe und Stadthallen als Ziele, aber auch Privathäuser konservativer Politiker. Im Oktober 1883 sind siebzig Menschen verletzt worden. Eine Welle von Razzien hat begonnen. Die Zeitungen sind empört, bezeichnen die Kämpfer als »Feiglinge« und »Schufte«, eine Position, der Tussy vehement widerspricht:

> Wir Sozialisten können nicht mit den Anschlägen der irischen Bombenleger sympathisieren – aber haben wir das Recht, diese Männer zu verurteilen? … Sie riskieren ihr Leben für etwas, von dem sie glauben, dass es gut für ihr unglückliches Land sei … Ihre Anschläge mögen verbrecherisch, ihre Ansichten falsch und fanatisch sein: Feiglinge sind diese Männer nicht!

Sie kommt dann sehr ausführlich auf einen Punkt zu sprechen, den im »zivilisierten England« zu berühren tabu sei: die Bedingungen, unter denen Iren in englischen Zuchthäusern leben. Ein fast siebzigjähriger irischer Häftling namens John Murphy sei von einem Arzt, Dr. Robert McDonnell, besucht worden, der Folgendes festgestellt habe:

Er hatte kein Bett, keine Matratze, nichts zwischen seinem Körper und dem kalten Boden … Er war nur mit einem Lappen, der ein paar Gramm wog, zugedeckt. Er zitterte und bebte in der furchtbaren Kälte. Er sah aus … als sei er mit Cholera infiziert. Er klagte darüber, dass er friere, friere bis auf die Knochen. Warum musste man einen alten Mann … so quälen? Für ein schweres Verbrechen, einen Verstoß gegen die Staatsraison? … Nein. Der alte Mann hatte lediglich erklärt, »keine Religion« zu haben, sondern ein »Heide« zu sein!

Tussy führt weitere Beispiele solcher Repressalien an. Ein Insasse des Mountjoy-Gefängnisses in Dublin sei aufgefordert worden, sich als »Anglikaner, Katholik oder Presbyterianer« zu bekennen, habe sich dem aber widersetzt, weil er keiner Konfession angehöre. Daraufhin sei er in eine Todeszelle verlegt worden, bei Wasser und Brot. Nach fünf Tagen habe er sich endlich zum Katholizismus bekannt, nicht aus Überzeugung, sondern um zu überleben.

Tussy stellt keine unbegründeten Behauptungen auf, sondern hat Protokolle von Parlamentsdebatten gelesen und die berühmten »blue books« mit Berichten von Medizinal- und Gefängnisinspektoren konsultiert, die schon Marx bei den Vorstudien für das *Kapital* eingesehen hatte. Daraus werde, so Tussy, ersichtlich, dass das »normale« Essen eines irischen Gefangenen aus Brot, Haferbrei und Kartoffeln bestehe, alles in so winzigen Mengen, dass die Männer Seife essen und Urin trinken würden, um nicht zu verhungern und zu verdursten. Krank und chronisch unterernährt, müssten sie härteste Arbeit tun: Schnee schaufeln, Steine zerhauen, Karren mit schweren Lasten kilometerweit durch Moorgebiete ziehen. Wer sich wehre oder vor Schwäche zusammenbreche, müsse sich ausziehen, seine Kleider inspizieren lassen, die Aborte putzen oder die Bettlaken von Cholera-Kranken waschen. Robert McDonnell, der Gefängnisarzt von Mountjoy, habe die Verantwortung für diese Behandlung abgelehnt, weil er fürchtete, die Gefangenen könnten Selbstmord begehen. Resultat: Er sei fristlos entlassen worden. Selbst die politischen Gefangenen des Zarenregimes, über deren Behandlung sich das ganze kultivierte Europa errege, hätten in Sibirien nicht mehr zu leiden als die irischen Häftlinge im britischen Empire, fasst Tussy zusammen. Hunderte junger Männer seien während der Haft verrückt geworden, zum Anarchismus, zum Bombenlegen geradezu provoziert. Viele von ihnen hätten nie eine Waffe in der Hand gehabt, sondern nur Artikel für eine Zeitung wie *The Irish People* geschrieben und seien dafür zu härtester Zwangsarbeit verurteilt worden, von zehn Jahren bis zu lebenslänglich.

Solche Aufsätze sind typisch für Tussy, kompromisslos, bildhaft, konkret, beinahe todesmutig. Wenn so viele Männer wegen eines kritischen Artikels in Haft gekommen sind, könnte dasselbe nicht auch ihr, einer Frau, passieren? Doch das lässt sie kalt. Feigheit und Anpassung sind ihr fremd. Weder Polizei noch Justiz können ihr Angst machen.

Das »Kapital« auf Englisch

In diesem Jahr – 1884 – wartet eine weitere große Aufgabe auf Tussy: die Vorarbeiten zur Übersetzung des *Kapital*, das fast zwanzig Jahre nach seinem ersten Erscheinen immer noch nicht in englischer Sprache vorliegt. Das Problem besteht weniger darin, einen Verleger als einen *Übersetzer* zu finden. Denn schon die Schwierigkeiten mit der französischen und russischen Ausgabe haben gezeigt, dass sich die Terminologie von Karl Marx nicht eins zu eins in eine Fremdsprache übertragen lässt. Sie ist voll von Wortschöpfungen wie »Abstinenztheorie«, »Differentialrente« oder »Geldhandlungskapital«, die in keinem Lexikon vorkommen, verlangt also vom Übersetzer das tiefe gedankliche Eindringen in die Materie.

Engels bestätigt und präzisiert dieses Problem. »Um ein solches Buch zu übersetzen«, schreibt er 1885, »reicht die bloße Kenntnis der deutschen Literatursprache nicht aus. Marx benutzt viele Ausdrücke aus dem Alltagsleben, Idiome einzelner Dialekte; er schafft neue Wortverbindungen, nimmt Bilder aus allen Bereichen der Wissenschaft, zitiert aus Dutzenden von Sprachen ... Um ihn adäquat wiederzugeben, muss man nicht nur ein Meister des Deutschen, sondern auch des Englischen sein.«[11]

Welcher Engländer kann so gut Deutsch? Welcher Deutsche so gut

Englisch? Wer kennt die Begriffswelt von Marx genau genug, um jede Bedeutungsnuance adäquat zu erfassen? Laura, die sich angeboten hatte, die Arbeit zu übernehmen, lässt sie alsbald wieder fallen. Bleiben nur Engels und Tussy. Doch die beiden erscheinen seltsamerweise *nicht* als Herausgeber der englischen Ausgabe, die 1884 begonnen wird und 1886 auf den Markt kommt, sondern ein gewisser Samuel Moore, Engels' langjähriger Freund und Rechtsberater, und – Tussys Lebensgefährte Edward B. Aveling. Über die Deutschkenntnisse von Samuel Moore ist nicht viel bekannt. Und dass Aveling jemals in Deutschland gewesen wäre oder Deutsch gelernt hätte, ist keinem Brief, keiner Quellenaussage zu entnehmen. Bleibt also nur die Schlussfolgerung, dass die Übersetzung überwiegend von Tussy stammt, denn Engels schreibt im Mai 1884 an Laura:»Aveling hat den besten Willen, muss aber eine ihm fremde Materie aus einem ihm unbekannten Deutsch in ein ihm unbekanntes Englisch übersetzen; wenn es sich um Naturwissenschaften handelte, würde ihm das leichtfallen; aber politische Ökonomie und Industriearbeit, wo er nicht mit den gewöhnlichsten Ausdrücken vertraut ist?«[12]

Tussy übernimmt also den zeitaufwendigsten Teil dieser großen Arbeit, die Überprüfung und Rückübersetzung aller Zitate aus dem Englischen, die Marx für den ersten Band des *Kapital* benutzt hat, insgesamt etwa zweihundertvierzehn: Bevölkerungsstatistiken, Berichte der Fabrikinspektoren und Medizinalbeamten, der Aufsicht über den sozialen Wohnungsbau, der Untersuchungskommissionen zur Kinderarbeit, Dutzende Zeitungsartikel, Passagen englischer Schriftsteller, Philosophen und Nationalökonomen wie John Bright, Thomas Hodskin und John Stuart Mill. Ihr Vater ist keineswegs so penibel vorgegangen, wie sie vermutet hatte. Ganz im Gegenteil, es finden sich immer wieder »mancherlei kleine Ungenauigkeiten, Hinweise auf unrichtige Seitenzahlen ... unrichtig gesetzte Anführungszeichen oder Lückenpunkte«, wie Engels schreibt.[13]

Eine Sisyphus-Arbeit für Tussy also, der ebenso liebevolle wie mühselige Versuch, ihren Vater, der gerade jetzt wegen seines manchmal nachlässigen Umgangs mit Zitaten angegriffen wird,[14] zu verteidigen. Wochenlang sitzt sie dafür im British Museum über alten Zeitungen und Büchern, vernachlässigt ihre Schülerinnen, ihre journalistischen Arbeiten, hat lange Zeit keine Einnahmen, stürzt sich in Schulden. Doch es ist der Name Aveling, der in die Editionsgeschichte eingehen wird, nicht ihrer.

Abgöttische Liebe

Sie verteidigt ihn glühend gegen alle Angriffe von außen, wie sie zum Beispiel von Annie Besant, seiner ehemaligen Gefährtin, kommen, die 1884 in einer Mai-Nummer des *National Reformer* behauptet, er habe vom Marxismus und Sozialismus keine Ahnung, sondern werde von ihr, Tussy, zum Experten aufgebauscht:

> Alles, was er tat, tat er gemeinsam mit mir. Während dieser ganzen Zeit äußerte er nie ein Wort über den Sozialismus und studierte ihn auch nicht … In seiner Bibliothek gab es kein einziges sozialistisches Buch, sondern nur naturwissenschaftliche und literarische Werke. Er hatte mit dem Sozialismus nicht das Geringste zu tun … bis er 1882 im British Museum zu lesen begann und dort leider in die Gesellschaft einiger Bohème Sozialisten männlichen und weiblichen Geschlechts geriet, die dort blühten und gediehen.[15]

Tussy kocht vor Wut, möchte der Besant und ihrem Genossen, Charles Bradlaugh, am liebsten eine Tracht »saftiger Prügel« verabreichen, hält sich aber zurück und schreibt an einen schottischen Parteifreund:

> *Ich halte es nicht für nötig, dass ich einer solchen Person wie Mrs. Besant, von der ich eine Beschimpfung als das beste Kompliment betrachte, antworten soll … Der Grund für die Animosität dieser »Dame« ist nicht weit zu suchen. Der eine klare Denker und Wissenschaftler, dessen Popularität in der Säkularistenpartei fast der Mr Bradlaughs gleichkommt – Dr. Edward Aveling –, hat sich den Sozialisten angeschlossen, und Mrs Besant tut mir die Ehre an, mich dafür verantwortlich zu machen. Ich bin sehr stolz auf Dr. Avelings Freundschaft, aber ich hoffe, ich muss Ihnen nicht sagen, dass*

seine Bekehrung zum Sozialismus auf das Studium der Werke meines Vaters
zurückzuführen ist, nicht auf mich.[16]

Aveling – der große Marx-Kenner. Aveling – der kongeniale Übersetzer des *Kapital*: Alles, was Tussy mit Charlotte Leffler-Erdgren und Olive Schreiner über die Stellung der Frau diskutiert hat, scheint vergessen. Sie muss blind vor Liebe und Hörigkeit sein, um sich selbst so zu täuschen, sich so klein zu machen. Sogar zur Gedächtnisfeier am ersten Todestag von Karl Marx will sie ihn reden lassen, anstatt, was doch das Natürlichste gewesen wäre, selbst zu sprechen, oder Vertraute wie Engels, Liebknecht oder Bebel darum zu bitten. Doch es kommt nicht zu Avelings Auftritt. Die Polizei ist gewarnt worden und riegelt den Friedhof von Highgate ab. Tausende Arbeiter versammeln sich schweigend vor den Toren.

Tussy ist begeistert von so viel Ehrfurcht und Solidarität. An Laura schreibt sie:

Ich hätte nie gedacht … dass es mehr als eine ganz kleine Versammlung würde, und wenn ich Dir jetzt sage, dass 5000 bis 6000 Personen kamen, kannst Du Dir vorstellen, dass es wirklich eine großartige Sache war. Der Zug formierte sich mit Spruchband und Fahnen in Tottenham Street, und wir marschierten – ich bin nämlich mitgegangen – die Tottenham Court Road … entlang bis nach Highgate. Die Friedhofsverwaltung hatte die Pforten geschlossen und dahinter waren 500 Polizisten und sechs Mann berittene Polizei aufgestellt! Da sie uns den Zutritt verweigerten und wir fragten, ob ich und ein paar Frauen mit Kränzen allein hingehen dürften, haben wir am Ende der Straße … haltgemacht.[17]

Wahrscheinlich wäre es zur Revolte gekommen, wenn Aveling wirklich das Wort ergriffen hätte, denn fast alle Freunde von Tussy – Engländer wie Deutsche – können den Mann an ihrer Seite nicht leiden, finden ihn »abstoßend«, »widerlich« und ein so »übles Subjekt«, dass sie Tussy nur bedauern können, ihm verfallen zu sein.[18] Eduard Bernstein wird später über Aveling sagen, dass er »alles vom Besten« haben wollte und eine »gewissen- und schamlose Art« an den Tag gelegt habe, »für seine

Genüsse selbst den Ärmsten ihre karge Barschaft abzuborgen«. Durch »lyrisch-ästhetisches Schöntun« habe er »naive Gemüter und insbesondere Frauen« so zu faszinieren gewusst, dass er sie mit der Ungeniertheit eines verzogenen Kindes ausbeuten konnte.[19]

»Eine echte Ehe«

Doch je ablehnender die Umwelt auf Aveling reagiert, umso mehr stellt sich Tussy auf seine Seite und stellt ihn als ihren Bruder im Geiste dar, der von allen nur verleumdet und verkannt werde. An Dollie Maitland, nunmehr verheiratete Radford, mit der sie sich nach dem Tod von Marx wieder versöhnt hat, schreibt sie:

> *Du weißt, dass er verheiratet ist und dass ich seine Frau nicht rechtsgültig sein kann. Aber es wird für mich eine echte Ehe sein – genauso, als hätte ein Dutzend Standesbeamter seines Amtes gewaltet ... Edward hatte seine Frau bereits viele, viele Jahre nicht gesehen, bevor ich ihn kennenlernte, und dass er gute Gründe hatte, sie zu verlassen, wirst Du am besten verstehen, wenn ich Dir sage, dass Herr Engels, der älteste Freund meines Vaters, und Lenchen, die wie eine Mutter für uns war, mein Verhalten gutheißen ... In drei Wochen werden wir für einige Zeit verreisen – ich brauche nichts als Ruhe – und dann kann es natürlich jeder wissen ... Wenn wir wiederkommen, werden wir einen gemeinsamen Hausstand gründen. Nenn Liebe völlige Übereinstimmung in den Neigungen und in der Arbeit sowie das Streben nach einem gewissen Ziel, Menschen glücklich machen zu können, dann werden wir es sein ... Aber ich kann verstehen, dass Menschen, die anders erzogen worden sind, mit all den alten Vorstellungen und Vorurteilen, mir das sehr übelnehmen, und wenn Ihr das auch tut, werde ich es Euch nicht verübeln.[20]*

Solche Briefe schickt Tussy im Sommer 1884 an viele Adressaten – an Laura, an Parteigenossen in Schottland, an Schriftstellerinnen, enge und flüchtige Freundinnen, ja sogar an die Leiterin des Mädchenpensionats, in dem sie gelegentlich unterrichtet. Doch die erwartete Reaktion bleibt aus. Niemand, nicht einmal ihre Chefin, zeigt sich schockiert. Jeder billigt ihr Bekenntnis zur »freien Liebe«, wenn auch nicht zu Aveling, ein Konflikt der sie verzweifelt und krank macht und die altbekannten Beschwerden hervorruft: Kopfschmerzen, Schlaflosigkeit, Magersucht, Depressionen. »Ich habe sehr viel an Dich gedacht und mich oft nach Dir gesehnt«, schreibt sie an Dollie Radford. »Denn ich bin sehr einsam, Dollie, und ich habe mich nie einsamer gefühlt als gerade jetzt ... Ich fühlte mich in den letzten zwei Wochen ernstlich krank, und da mir ein völliger Zusammenbruch drohte, gönne ich mir einfach Ruhe.«[21]

Honeymoon

Ende Juli 1884 geht sie mit Aveling auf »Hochzeitsreise«, die von Engels großzügig finanziert wird. Sie fahren in die Grafschaft Derbyshire, ein hügeliges, sattgrünes Paradies im Zentrum Englands, wo sie sich für einige Wochen in einem Gasthof einmieten. Doch die Erholung, die Tussy so dringend nötig gehabt hätte, bleibt aus. Denn während sie selbst von Kindheit an daran gewöhnt ist, lange Wanderungen, etwa durch die Heide von Hampstead, zu machen, ist Aveling kein Freund der freien Natur, sondern sitzt lieber bis tief in die Nacht im Wirtshaus. Glücklicherweise ist Olive Schreiner, die südafrikanische Freundin, in der Nähe. Sie macht Ferien im Nachbardorf, wo sie an einem neuen Buchprojekt arbeitet. Sie freut sich, Tussy, die sich nun »Mrs Aveling« nennt, oft zu treffen, findet aber, dass sie sehr unglücklich wirke.[22]

Einen ganz anderen Eindruck macht Tussy auf Olive Schreiners Freund Havelock Ellis, einen jungen Dichter, Arzt und Sexualforscher, der später mit grundlegenden Büchern über psychosexuelle Fragen bekannt werden wird. Dieser Havelock Ellis ist hingerissen von Tussy. Von ihrem Wesen, ihrem Intellekt und dem Sex-Appeal, der seit der Beziehung zu Aveling von ihr ausgeht. Sie sei zu »voller körperlicher, geistiger und seelischer Reife erblüht« gewesen, wird er sich später erinnern, »eine bezaubernde Persönlichkeit, intelligent, aktiv, voller Lebensfreude«, wenn auch vielleicht »insgeheim gedrückter Stimmung«.[23]

Im Gegensatz zu den meisten anderen Menschen in Tussys Umgebung hat Ellis gewisse Sympathien für Aveling. Ihm gefällt sein Sarkasmus, sein beißender Humor, sein Hang, sich über Verbote aller Art hinwegzusetzen und seine pathetische Art, Gedichte vorzutragen, die manchmal wie Hohn auf die »hohe Literatur« klingt. Olive Schreiner dagegen hat einen wahren Horror vor Aveling. »Zu sagen, ich mag ihn nicht, ist überhaupt kein Ausdruck«, schreibt sie an Ellis. »Ich spüre Angst und Schrecken, wenn ich in seiner Nähe bin. Jedes Mal, wenn ich ihn sehe, fühle ich mich immer so beengt ... Ich liebe sie, aber er macht mich so unfroh. Er ist so selbstsüchtig, aber das erklärt nicht meine Furcht.«[24]

Zum Abschluss des »honeymoons« liefert Aveling den Beweis, dass die Gerüchte über ihn nicht ganz grundlos sind. Tussy und er haben im Gasthof Unmengen von Champagner, Bier, Whisky und altem Cognac getrunken. Das Reisegeld von Engels hat dafür nicht ausgereicht. Was tut Aveling? Er verschwindet und prellt die Zeche. Verängstigt, gedemütigt und in ständiger Angst vor der Polizei kommt Tussy im August 1884 wieder zurück nach London.

Lendenstücke und Kartoffeln

Sie ziehen zusammen in eine Wohnung auf der Great Russell Street Nr. 55, gleich gegenüber dem British Museum, in der Nähe der ehemaligen Stammkneipe von Karl Marx, ein vertrauter Ort also. Engels lässt sich nicht lumpen und gibt ihnen fünfzig Pfund für die Einrichtung. Tussy arbeitet weiter für verschiedene Zeitschriften, wird in den Exekutivrat der »Social Democratic Federation« gewählt, führt mit Brillanz den Vorsitz auf deren Sitzungen, trifft George Bernard Shaw wieder, diskutiert mit ihm über Ibsens *Nora* und die Texte von Charlotte Leffler-Erdgren, spielt auf Parteifesten Theater und könnte für den Moment eigentlich glücklich und zufrieden sein.

Doch das Zusammenleben mit Aveling ist nicht einfach. Sie haben keine Dienstboten, wissen nicht, wie man einen Haushalt führt, können nicht mit Geld umgehen, machen überall Schulden.

»Edward ist ein wahrer Ausbund von Schlampigkeit, und ich stehe ihm nicht viel nach«, schreibt sie, die Sache ins Komische ziehend, an Laura. »Wenn Scheuern mir eine Plackerei ist, dann ist Messerputzen doppelt so schlimm, Lendenstücke sind mir ein Rätsel und Kartoffeln treiben mich in den Wahnsinn. Wer ist übrigens der gute Mann, der den Haushalt erfunden hat? Ich hoffe, seine Erfindung wird ihn noch im Jenseits verfolgen!«[25]

Schon nach wenigen Tagen bekommt sie zu spüren, dass Aveling von häuslicher Gemeinsamkeit nicht viel hält. Er ist dauernd unterwegs, trifft sich zum Essen mit Freunden, vielleicht auch mit Frauen? In der »Social Democratic Federation« tuschelt man über ihn. Ist es wahr, dass er ein Betrüger, ein Zechpreller ist, dass er Gelder der Freidenker veruntreut hat und sich bei armen kommunistischen Schneidern Samtjacken nähen lässt, ohne dafür zu bezahlen?

Im September 1884 ist es dann so weit. Aveling muss zu den Vorwürfen gegen ihn öffentlich Stellung nehmen. »Ich bin zur Zeit verschiedenen Personen zahlreiche Beträge schuldig«, schreibt er in der Parteizeitschrift der »Social Democratic Federation«. »Doch möchte ich feststellen, dass ich für alle von mir zu treuen Händen empfangenen Summen nach meinem besten Wissen und Gewissen Rechenschaft ablegen kann. Meine Geldschwierigkeiten hängen allein mit meiner Armut und meinem Mangel an geschäftlichen Erfahrungen zusammen.«[26]

Auf einer Parteiversammlung im Oktober 1884 kommt es zum Tumult. Aveling sei ein »damned liar«, ein »verdammter Lügner«, brüllen seine Gegner. Er antwortet, dass Henry Hyndman, der Parteichef, ein Frauenfeind und ein autoritärer Mensch sei, der den englischen Sozialismus auf eine »tory-demokratische« Linie ziehen wolle.

Es gibt kein Halten mehr. Die erste sozialistische Partei Englands bricht auseinander. Tussy, Aveling, der berühmte Maler, Kunsthändler und Romancier William Morris und die Mehrheit des Exekutivrats treten aus. Schon im Dezember gründen sie eine neue Partei, die »Socialist League«. Tussy weigert sich, irgendeinen Fehler Avelings anzuerkennen und sucht die Schuld allein bei Hyndman, den sie vor allem der Ausländerfeindlichkeit bezichtigt. Im Januar 1885 schreibt sie an Wilhelm Liebknecht: »Einer unserer Hauptkonfliktpunkte mit Hyndman ist, dass wir versuchen, eine wirklich internationale Bewegung zu etablieren ... während Mr Hyndman ... angefangen hat, die englischen Arbeiter gegen ›Ausländer‹ aufzuhetzen. Nun ist es absolut notwendig, dass wir dem Feind entschlossen entgegentreten – und damit wir das tun können, müssen uns unsere deutschen Freunde ihre helfende Hand reichen.«[27]

9

GUTE NACHT, KLEINES MÄDCHEN

1884–1887

Eine neue Partei

Auf der Londoner Gründungsversammlung im Dezember 1884 verfassen die Mitglieder der »Socialist League« das folgende Manifest:

Genossen!
Wir stehen vor euch als Vertreter des revolutionären internationalen Sozialismus. Wir streben nach einer Veränderung an der Basis der Gesellschaft, einer Veränderung, die die Unterschiede zwischen den Klassen und Nationalitäten aufheben wird. So wie die zivilisierte Welt im Moment beschaffen ist, gibt es zwei Gesellschaftsklassen: die eine besitzt den Wohlstand und die Instrumente seiner Produktion, die andere produziert den Wohlstand mit Hilfe dieser Instrumente, aber nur zum Wohl der besitzenden Klasse. Diese beiden Klassen stehen sich notwendigerweise feindselig gegenüber. Die besitzende oder nicht-produzierende Klasse kann nur durch die unbezahlte Arbeit der Produzenten existieren … Das Land, das Kapital, die Maschinen, Fabriken, Werkstätten, Geschäfte, Verkehrsmittel, Minen und Banken, alle Produktionsmittel müssen zum gemeinsamen Eigentum aller erklärt werden. Die Socialist League strebt darum nach der Verwirklichung eines vollständig revolutionären Sozialismus. Für uns gibt es keine Feindschaften aufgrund von Grenzen, politischer Geschichte, Rasse oder Religion. Für uns gibt es keine Nationen, sondern nur die Masse der befreundeten Arbeiter.[1]

Unter den Gründungsmitgliedern ist nur eine einzige Frau: Tussy Marx, die sich nunmehr »Eleanor Marx Aveling« nennt. Doch das eher einfach gestrickte Programm findet wenig Resonanz. Kaum jemand, nicht einmal die bürgerliche Presse, erregt sich darüber, zum großen Ärger von Tussy und Aveling. Aber auch die intellektuelle Elite bleibt der neuen Partei fern, sei es aus Abneigung gegen Aveling oder dessen klischeehafte Thesen. George Bernard Shaw, Beatrice Potter und ihr künftiger Mann Sidney Webb, Rechtsanwalt und Sozialforscher, haben sich längst eine andere geistige Heimat gesucht, die Gesellschaft der »Fabier«, die, von liberalen Ideen ausgehend, den Sozialismus Marx'scher Prägung für eine Art »Zahnfieber« der Mitte des 19. Jahrhunderts hält.[2]

Tussy, Aveling und William Morris beginnen bald mit sogenannten Agitationsreisen, fahren in die akademischen Hochburgen des Landes, um den studentischen Nachwuchs für sich zu gewinnen. Doch das Konzept geht nicht auf. Avelings Ausstrahlung, die ihn für manche Frauen unwiderstehlich macht, bleibt bei den Studenten von Oxford wirkungslos. Sie lachen über seine einfachen Thesen, buhen ihn aus, werfen sogar Stinkbomben. Bald nach dieser Vortragsreise kursieren erste Gerüchte über eine Trennung von Tussy und Aveling.

Das ist die Stunde von Shaw. Er hat Tussy seit ihrer ersten Begegnung im British Museum nicht vergessen, hofft immer noch, dass sie seine Gefühle eines Tages erwidern wird. »Mrs Aveling bat mich, sie am Nachmittag auf einen Plausch zu besuchen«, schreibt er am 25. Februar 1885 in sein Tagebuch. »Ging um fünf Uhr und blieb bis gegen acht Uhr. Aveling war im Kristallpalastkonzert. Riet ihr, zur Bühne zu gehen. Unterhielten uns über Theater, Tod, Sex und vieles mehr.«[3]

Sie mag ihn sehr. Das ist keine Frage. *Sie* ist diejenige, die ihn immer wieder zu sich einlädt. Doch noch hat Aveling sie nicht tief genug verletzt, als dass sie sich durchringen könnte, ihn zu verlassen. Noch glaubt sie an die gemeinsame politische Mission, an die Fortsetzung des Lebenswerks ihres Vaters. Aveling gegen George Bernard Shaw auszutauschen, würde für sie heißen, Marx zu verraten. Denn Shaw macht inzwischen kein Hehl mehr daraus, dass er Marx zwar nach wie vor sehr bewundere, seine Theorien aber zum Teil für falsch halte. An Edward Aveling wird er später schreiben:

Erinnern Sie sich, dass Newton sich in Bezug auf das Licht geirrt hat, dass
Goethe eine falsche Theorie über die Farben aufstellte, dass Darwin das
Prinzip der »natürlichen Auslese« eindeutig überstrapaziert hat, und dann
fragen Sie sich bitte, ob es nicht wenigstens möglich ist, dass Marx mit der
Mehrwerttheorie falsch lag? Sogar ich habe mich zu meiner Zeit gelegentlich
geirrt![4]

Tussy führt ihren politischen Kampf also ohne George Bernard Shaw, gewinnt aber Karl Kautsky und Stepniak, der inzwischen dauerhaft in London lebt, als Autoren für die Parteizeitung *Commonweal*, bringt sogar Liebknecht im fernen Deutschland dazu, ihr ein Grußwort zu schreiben. Sein Statement klingt allerdings ziemlich gequält:

Niemand weiß besser als ich um die Schwierigkeiten, mit denen ihr zu kämpfen habt, aber es weiß auch niemand besser, dass England, in Konsequenz seiner hohen ökonomischen Entwicklung, die zentrale Position unter den zivilisierten Staaten einnimmt, und dass der Triumph des Sozialismus in England den Triumph des Sozialismus auf der ganzen Welt bedeutet.[5]

Tussys Partei ist erst wenige Wochen alt, als die wenigen Mitglieder schon anfangen, sich zu zerstreiten. Gerade die engagierten neigen bedenklich dem »Anarchismus« zu, eine Geisteshaltung, die Tussy von Grund auf zuwider ist, ohne dass sie jemals genau definiert, was sie eigentlich damit meint. »Die Anarchisten hier werden unsere Hauptschwierigkeit sein«, schreibt sie an Laura. »Wir haben viele in unserem Rat, und nach und nach werden sie es ganz schön bunt treiben.«[6]

Was Tussy etwas verkürzt »Anarchismus« nennt – die Äußerungen ihres Vaters gegen Bakunin und die anarchistischen Strömungen in der Internationale klingen ihr noch in den Ohren –, ist wahrscheinlich ein wachsender englischer Widerstand gegen den dogmatischen Sozialismus deutscher Prägung. Da wird ständig aus dem *Kommunistischen Manifest* zitiert, da werden Engels und Liebknecht als Geburtshelfer genannt. Ist das nicht sklavische Orientierung an deutschen Vorbildern, die den englischen Mitkämpfern missfallen muss? Tussy spürt, dass deren Widerstand nicht ganz grundlos ist, und beginnt, über dieses Problem nachzudenken. Sie muss, wie Stepniak einmal gesagt hat, »dem Sozialismus sein deutsches Gewand abstreifen«. Sie muss sich viel mehr auf England, auf die englischen Verhältnisse einlassen, wenn sie mit ihrer Partei Erfolg haben will. »Eine große Schwierigkeit ist«, schreibt sie an Laura, »dass dieser deutsche sozialistische Club das ist, was Engels eine schreckliche Philister-Versammlung nennt, und ihr ›Kleinbürgertum‹ gibt den Anarchisten eine Handhabe, uns anzugreifen.«[7]

Im Oktober 1884 kommt Laura Lafargue aus Paris zu Besuch, zum ersten Mal seit dem Tod von Karl Marx. Es ist die offizielle Versöhnung der beiden Schwestern, die sich in ihren Briefen schon seit langem angebahnt hat. Tussy ist stolz, Laura in einen Kreis einführen zu dürfen, in dem ihr besonders die Schriftstellerin Olive Schreiner imponiert. Aber auch mit Aveling versteht Laura sich gut, da er die meisten ihrer politischen Standpunkte teilt. Sie glaubt auch, dass er Tussys Arbeitsmoral unterstütze, denn sie wirkt nun viel konzentrierter, viel konsequenter als früher, ob in der Politik oder in ihren literarischen Aktivitäten. So bietet Tussy an der »Highgate Literary and Scientific Institution«, einer Art Volkshochschule mit gehobenem Kulturprogramm, einen Kurs über Shakespeares Komödie *Was ihr wollt* an, der vollständig ausgebucht ist. Männer und Frauen aller Bildungsgrade nehmen daran teil. Wer die Gebühren nicht zahlen kann, wird von Gewerkschaften und anderen Organisationen unterstützt. Besonders Bedürftigen werden die Kosten ganz erlassen.

Laura sieht allerdings nur die Sonnenseite von Tussys Leben und ahnt nichts davon, wie einsam und traurig sie sich manchmal fühlt. Sie ahnt auch noch nichts von Avelings Neigung zum Schuldenmachen und den vielen Skandalen, in die er verwickelt ist, sondern hält Tussy und ihn für ein glückliches Paar. Sie haben guten Sex, schreiben und reisen zusammen, sind im Vorstand einer neuen sozialistischen Partei und arbeiten gemeinsam für deren Zeitung, den *Commonweal*. Sind sie nicht beneidenswert, diese beiden?

Gegen den Kolonialismus

März 1885. Eine der ersten Gelegenheiten für die »Socialist League«, öffentlich aktiv zu werden und sich an internationalen Debatten zu beteiligen. Das britische Empire, das seit 1881 Ägypten besetzt hält, will den Sudan erobern, nachdem es zuvor den Widerstandskämpfer Al-Mahdi, einen religiösen Führer mit Tausenden von Anhängern, auf seine Seite gezogen hat. Mit riesigen, größtenteils unbewaffneten Truppen hat er Khartum erobert, die Ägypter aus dem Land vertrieben und eine fundamentalistische Autokratie, die Herrschaft der Scharia, eingeführt. Doch als er erklärt, das ganze osmanische Reich von Mekka bis Konstantinopel in einen islamischen Staat nach dem Vorbild des 7. Jahrhunderts verwandeln zu wollen, wendet England sich gegen ihn und schickt Truppen in den Sudan, die aus Engländern, ägyptischen Zwangsrekrutierten und australischen Expeditionskorps bestehen. Man wolle das Christentum und die Werte des Abendlandes retten, heißt es. Doch in Wahrheit geht es um die Kontrolle über den Suez-Kanal, um die Ausweitung der britischen Kolonialherrschaft in Afrika, um massive wirtschaftliche und territoriale Interessen also. Tussy und Aveling verfassen Flugblätter, die sie tausendfach in London verteilen:

Bürger und Bürgerinnen, ein grausamer und ungerechter Krieg wird von den regierenden und besitzenden Klassen dieses Landes ausgefochten, sie kämpfen mit allen Ressourcen der Zivilisation … gegen ein schlecht bewaffnetes, halb barbarisches Volk, dessen einziges Verbrechen darin besteht, dass es sich gegen fremde Unterdrückung erhoben hat … Millionen und Abermillionen, die von den Arbeitern dieses Landes erwirtschaftet wurden, werden für den Mord an den Arabern verschwendet; und wofür? Damit Ostafrika für den Import billiger Ramschwaren erschlossen wird, für Ideologien, Geschlechtskrankheiten, billige Bibeln und Missionare; mit anderen Worten: damit der englische Handel seine Herrschaft auf den Ruinen des alten, einfachen, glücklichen Lebens der Wüstenkinder aufbauen kann. Damit bequeme Regierungspöstchen für die Söhne der höheren Klassen geschaffen werden ... Damit militante Sportsleute, die das Leben zu Hause langweilig finden, neue Jagdgründe bekommen, wo sie ein bisschen auf Araber schießen dürfen ... Bürger, ihr seid Opfer eines Komplotts geworden![8]

Das sind klare, mutige Worte gegen den englischen Kolonialismus, ja, gegen den Kolonialismus überhaupt, mit denen Tussy und Aveling viel aufs Spiel setzen – die Zulassung ihrer Partei und ihrer Zeitung, ihre Stellung in der Gesellschaft, vielleicht sogar ihre persönliche Freiheit. Friedrich Engels hilft ihnen *nicht*. Er schweigt zu dem Thema, hält sich überhaupt aus Fragen der englischen Kolonialpolitik strikt heraus. Vielleicht missfällt ihm auch eine gewisse Einseitigkeit, mit der Tussy und Aveling argumentieren: Dass sie die Gefahr der Scharia und des Islamismus verkennen. Dass sie das Schicksal des englischen Generalgouverneurs Charles George Gordon verschweigen, der Tausende afrikanischer Frauen, Kinder und Kranke vor dem Krieg gerettet und aus dem Sudan nach Ägypten evakuiert hat. Im Januar 1885 haben ihm Anhänger Al-Mahdis den Kopf abgeschlagen, um ihn als Trophäe in ihrem Feldlager auszustellen.

Die allgemeine Trauer um diesen beliebten »Kriegshelden« überschattet das Aufsehen, das Tussy und Aveling sich von ihrem Flugblatt versprochen haben. Und die Tatsache, dass dieser Krieg für England inzwischen kaum noch interessant ist. Denn inzwischen gibt es andere militärische Konflikte, zum Beispiel mit Russland, das seine Truppen an den Grenzen Afghanistans aufmarschieren lässt, was die Briten zu rascher Gegenwehr zwingt, weil sie ihre Herrschaft im nahen Indien bedroht sehen.

Keine Kinder

Tussy ist im Februar dieses Jahres dreißig geworden. Sie lebt jetzt seit zwei Jahren mit Aveling zusammen. Aber sie wird nicht schwanger. Schon ihre englische Biographin Yvonne Kapp hat sich die Frage gestellt, warum nicht? Dass sie unfruchtbar war, ist bei einer Tochter von Jenny Marx wohl kaum anzunehmen. Yvonne Kapp glaubt, dass Edward Aveling, der auch in erster Ehe keine Kinder hatte und trotz großer sexueller Aktivität niemals Vater wurde, vielleicht steril war. Eine andere Theorie wäre die, dass er Tussy überzeugte, bewusst zu verhüten, weil Kinder nicht in sein egozentrisches Lebenskonzept passten. Tussy selbst hat sich nie dazu geäußert. Die Antwort muss also offenbleiben.

Doch ob freiwillig kinderlos oder nicht: Die erklärte Kindernärrin Tussy leidet sehr unter diesem Zustand, erkundigt sich dauernd nach den Kindern von Jenny, lässt ihren Neffen John so oft nach London kommen, wie »le père« es gestattet, sorgt und grämt sich aber auch um jedes kleine Unwohlsein von Edward Aveling, als wäre er kein erwachsener Mann, sondern ein einjähriges Baby: »Mein lieber Liebling Olive«, schreibt sie im April 1885 an Olive Schreiner, »Edward ist sehr krank, du wirst verstehen, was das für mich bedeutet ... Donkin (er sei gesegnet!) war heute morgen hier. Bei guter Pflege werde es bald vorbei sein. Es könne aber auch etwas Ernstes sein. Du wirst verstehen, was dieses ›es könne‹ für mich ist. Er braucht wirklich alle Pflege. Aber wie können sich die Armen – und wir sind sehr arm – pflegen?«[9]

Es ist schwer, Aveling und John »unter einen Hut« zu bringen. Denn Aveling versteht sich nicht mit dem Jungen und wird eifersüchtig, weil er Tussys Aufmerksamkeit von ihm abzieht. Manchmal passt Engels auf den Kleinen auf und hat seine Freude daran. Er sei ein guter Kerl, der viel und gern lese, teilweise auf Englisch, auch wenn die Lektüre oft zu schwer für ihn sei.[10] Aveling findet diese Lösung ganz passend. Denn so stört John nicht weiter. Aus der Ausnahme wird bald ein Dauerzustand: John bleibt für Wochen und Monate bei Engels, ob während der Ferien oder in der Schulzeit. Von Rückkehr zu »Tante Tussy« ist keine Rede mehr. Und Tussy – vielleicht aus Angst, Aveling zu verlieren – wird trotz großer Liebe zu Johnny wieder schwankend, lässt alles geschehen. Sie beruhigt wohl ihr schlechtes Gewissen damit, dass auch sie selbst schöne Kindertage im Hause Engels, besonders in Manchester, verbracht hat und dort mehr gefördert, verwöhnt und gepflegt worden ist als bei ihren Eltern.

Jüdische Schneider

Da sie keine Kinder mit Aveling bekommen kann oder darf, werden die gemeinsamen Bücher, die gemeinsamen Kampfschriften, ihre Babys. Fast alles, was seit 1885 aus der Feder von Tussy erscheint, schreibt sie zusammen mit Aveling, ein Teamwork, das den Schriften manchmal nützt, manchmal nicht.

Ein positives Beispiel ist die Broschüre *The Factory Hell*, »Die Fabrikhölle«, die im April 1885 erscheint. Sie basiert auf Berichten amtlich eingesetzter Fabrikinspektoren, die Tussy im British Museum studiert hat. In dem Aufsatz heißt es, England sei stolz auf seine ökonomische Entwicklung, seinen expandierenden Handel, seine moderne Industrie. Die Vertreter der bürgerlichen Ökonomie behaupteten, es gebe in ihrem Land weder Klassenhass noch Gründe für Sozialismus und Kommunismus, denn dem englischen Arbeiter sei es noch nie so gut gegangen wie gerade jetzt. Das sei teilweise richtig, denn in England sei, anders als in vielen anderen europäischen Ländern, die Fabrikarbeit unter staatliche Aufsicht gestellt. Doch diese Aufsicht gelte längst nicht für alle Industriezweige – der gesamte Schiffsbau zum Beispiel sei davon ausgenommen, ebenso das Mühlenwesen und große Teile der Textilkonfektion. Außerdem gebe es viel zu wenig staatlich bestellte Inspektoren, da dasselbe Parlament, das die Fabrikgesetze erlassen habe, kaum Gelder für deren Umsetzung bewillige. Folglich komme es jetzt, 1885, noch immer zu ähnlichen Arbeitsunfällen und Krankheiten wie vor vierzig Jahren.

Die beiden Autoren untersuchen zunächst einen Arbeitsbereich, der in England noch relativ neu ist: das Gewerbe der sogenannten »Sweater«, der größtenteils aus Osteuropa ins Londoner East End eingewanderten Schneider, die, zu etwas Wohlstand gekommen, eigene Werkstätten gegründet haben, in denen sie für die große Konfektionsindustrie arbeiten. Allerdings nicht eigenhändig, sondern mit Hilfe von Lohnarbeitern, die unter teilweise unmenschlichen Bedingungen beschäftigt werden. Die meisten dieser »Sweater« sind Juden, heißen Kirchenwitz, Goldstein, Herzberg und Freedman, sind vor Pogromen in Russland nach England geflohen, wo sie seit etwa 1882 leben. Ohne diese Hintergründe weiter zu werten, zitieren die Autoren, was die Fabrikinspektoren über die Zustände in den Sweater-Workshops notieren:

Keine Lüftungsklappe. Das Trinkwasser in offenen Behältern aus der Zisterne. Große Müllhaufen. Keine Mülleimer. Wasserspülung für das Klosett funktioniert nicht. – Sehr schmutzig. Die Räume voll dreckiger Lumpen und Knochen. Kein Abfluss. Klosett dient als Müllbehälter. – Klosett im Arbeitsraum. Alle Häuser auf dieser Straßenseite von einer Zisterne versorgt.

Als noch schlimmer werden die Arbeitsbedingungen der jüdischen Heimarbeiter geschildert, die nicht gegen ein kleines Gehalt in einem »workshop«, sondern »zu Hause«, auf eigene Rechnung, für die Sweater arbeiten. Sie leben mit großen Familien in einem Raum, nähen zwischen Tisch, Herd und Abort, legen die Kleider, an denen sie arbeiten, auf denselben Betten aus, in denen mit Pocken, Typhus oder Cholera infizierte Kinder schlafen. Nichts wird je desinfiziert, nichts gewaschen. Denn das alles kostet Zeit und senkt den Profit der Sweater und ihrer Auftraggeber.

Doch Tussy und Aveling vermeiden es, die Sweater als reine Ausbeuter zu bezeichnen. Denn alle stehen hier unter furchtbarem Existenzdruck, Lohnarbeiter, Heimarbeiter *und* Sweater. Für einen Mantel, den der Sweater weiterverkauft, bekommt er einen Shilling und zwei Pence. Seinen Heimarbeitern muss er zehn Shilling die Woche geben. Ein jüdischer Stiefelmacher mit eigenem kleinen Laden, der täglich sechzehn bis siebzehn Stunden arbeitet, verdient maximal zwölf Shilling am Tag. Da bleibt kein Geld für ordentliche Toiletten, sauberes

Trinkwasser und helle Aufenthaltsräume. Der Heim- und Lohnarbeiter mag ein Sklave des Sweaters sein, der Sweater selbst aber ist ein Sklave des Unternehmers.[11]

Fabrikhöllen

Ein weiteres wichtiges Thema dieses Aufsatzes sind Krankheiten und Unfälle am Arbeitsplatz. Tussy und Aveling zeichnen hier ein bedrückendes viktorianisches Zeitbild, die Schattenseite des industriellen »Fortschritts«: 1884 ist es in englischen Fabriken zu 1337 unfreiwilligen Amputationen, 830 Knochenbrüchen und 981 Kopf- und Gesichtsverletzungen gekommen, größtenteils wegen mangelnder Schutzvorrichtungen. Die Arbeiter werden häufig nach Stücklohn bezahlt und sind am Ende eines dreizehnstündigen Arbeitstages so erschöpft, dass die Verletzungsgefahr enorm zunimmt. Kleine Mädchen werden von Kornmühlen ergriffen und in Stücke geschnitten. Weberschiffchen fliegen in Gesichter und Augen. Besonders Kinder werden, ihrer kleinen, geschickten Finger wegen, immer wieder dazu eingesetzt, laufende Maschinen zu reinigen, da die Produktion keinen Moment ruhen darf.

Was in dieser beeindruckenden Reportage stammt von Tussy, was von Aveling? Schwer zu sagen. Die akribische Recherche scheint Tussys Werk zu sein, die direkte Frucht ihrer vielen Besuche im Lesesaal des British Museum. Von Aveling könnte die Systematik, die zumeist streng am Thema bleibende Darstellung stammen. Doch manchmal übertreibt er die Demonstration seiner Kennerschaft und fällt in einen naturwissenschaftlichen Fachjargon, der hier fehl am Platz scheint: »Die nächtliche Wiederherstellung frischer Luft mit ihrem vollen Gehalt von Oxygen und einem Minimum von Karbon-Dioxid und organischen Partikeln, kann höchstens für die erste Stunde des folgenden Tages vorhalten.«

Oder aber er wird schlicht pathetisch und bemüht die antike Mythologie, um seine Thesen zu untermauern, wobei die Vergleiche oft etwas hinken:»Kassandra fühlte sich wahrscheinlich nicht besonders glücklich, als ihre Prophezeiungen in Erfüllung gingen. Dennoch müssen auch wir die Rolle von Kassandra spielen, damit unsere Voraussagen und Vorausahnungen gehört werden. Aber wir haben heute ein Bewusstsein, das der Tochter des Priamus fehlte.«[12]

Solche Passagen, die für den Arbeiter zu kompliziert und für den Bildungsbürger zu hohl sind, schmälern die Wirkung dieser Schrift. Trotzdem ist sie deutlich eindrucks- und wirkungsvoller als eine kurze Zeit später erscheinende Abhandlung zur »Frauenfrage«,[13] die an Bebels Buch *Die Frau und der Sozialismus* anknüpft, Letzteres ein aus heutiger Sicht zutiefst frauen- und bildungsfeindliches Werk, das der Frau das Recht auf Arbeit, politische Teilnahme, Studium und Empfängnisverhütung, ja sogar auf Lektüre abspricht.[14] Weil Bebel aber zu den Ikonen des Sozialismus und vor allem zum näheren Freundeskreis von Tussy und Aveling zählt, beziehen sie keine Position gegen ihn, sondern ergehen sich in Visionen über die Lage der Frau in einer künftigen sozialistischen Gesellschaft, ohne die Verhältnisse der Gegenwart zu berühren, eine verschenkte Chance. Die Stellung der Frau in der englischen Arbeitswelt, ihr politisches Mitspracherecht, ihr Zugang zum Bildungssystem, ihre sexuelle Ausbeutung: nichts davon wird behandelt oder auch nur erwähnt. Klare Zahlen wären hier hilfreicher gewesen als das leere Versprechen, im Sozialismus werde es weder Prostitution noch Missbrauch mehr geben, und auch die Abrichtung der Frau auf Haus- und Erziehungsarbeit werde entfallen.[15] Bedauerlich ist die feindselige Abgrenzung gegen die Frauen- und Suffragetten-Bewegung, die einmal wieder als »bürgerlich« abgetan wird, ein Argument, das nicht sonderlich überzeugend klingt, weil Tussy als Tochter eines promovierten Philosophen und einer Aristokratin doch selbst eine durchaus »Bürgerliche« ist, zu deren Freundinnen ebenfalls »bürgerliche« Frauen wie Olive Schreiner und Charlotte Leffler-Erdgren gehören, die mittels »bürgerlicher« Literatur für die Emanzipation der »bürgerlichen« Frau kämpfen.

Alte Schatten

Besonders beeindruckend ist Tussy Marx, wenn sie allein auftritt, nicht als Alter Ego von Aveling. Am 22. März 1885 findet eine Feier zum Gedenken an die Pariser Kommune statt. Eine riesige Menschenmenge ist in die Neumeyer-Hall am heutigen Bloomsbury Way gekommen, um die Tochter von Marx sprechen zu hören: Anarchisten und Sozialisten, Engländer, Deutsche und Franzosen, alte Freunde und neue Feinde.

»Es war«, schreibt Hyndman, mit dem Tussy um diese Zeit eigentlich völlig zerstritten ist, »eine der besten Reden, die ich je gehört habe. Die Frau schien von der Beredsamkeit der alten Propheten ihrer Rasse inspiriert zu sein, als sie von dem ewigen Leben sprach, das sich all jene verdient hätten, die kämpften und fielen für die große Sache der Menschlichkeit. Es war ein bitterkalter, verschneiter Abend, aber in der Halle war uns so warm, so kameradschaftlich zumute wie auf keiner Kommunenfeier, die ich je erlebt habe. In dieser Nacht fühlten wir uns alle einig.«[16]

Der Text ihrer Rede ist nicht überliefert, da sie ihn wahrscheinlich improvisiert hat, leidenschaftlich, aus direkter Betroffenheit, mit einer Intensität, der sich niemand entziehen konnte. Zwei Monate später, am 30. Mai 1885, findet auf dem Pariser Friedhof Père-Lachaise eine ähnliche Gedenkfeier statt. Tussy ist nicht dabei. Aber sie erfährt von Laura, dass Lissagaray daran teilgenommen hat, alt und enttäuscht aussehend, erschöpft vom Scheitern seiner Ideale. Er hat keine neue Liebe gefunden, seitdem sie 1882 die Verlobung gelöst hat. Seine neue Zeitung, *La bataille politique et sociale*, ist schon nach wenigen Monaten wieder eingegangen.

Die *Geschichte der Kommune* ist sein einziges großes Werk geblieben, so als hätte ihn sein Glück mit der Trennung von Tussy verlassen. Trotzdem schreitet er ernst und aufrecht voran, schwingt wie Tausende andere die rote Fahne. Plötzlich packt man ihn, hindert ihn daran, eine Rede zu halten, schafft ihn weg auf die Polizeiwache. »Ohne jeden Grund«, schreibt Tussy im *Commonweal*, »wurden diese unbewaffneten und friedlichen Menschen von bewaffneter Polizei und Militär ange-

Prosper Olivier Lissagaray

griffen, die – so urteilte selbst die reaktionäre Presse – Männer, Frauen und Kinder willkürlich verhafteten.«[17]

Jetzt ist alles wieder da. Das Jahr 1871. Die Diskussionen im elterlichen Salon. Das Kommen und Gehen der Kommunenflüchtlinge. Die erste Begegnung mit »Lissa«, der erste Kuss, die heimlichen Treffen in Brighton, die Intrigen der Schwestern, der Zorn des Vaters. Und wahrscheinlich auch die Frage, die sie auf allen Gesichtern in ihrer Umgebung liest: Warum hat sie sich damals nicht für Lissagaray entschieden, sondern für Aveling? Lange Abende sitzt sie in ihrer Wohnung auf der Great Russell Street, schreibend und grübelnd. Die Depressionen, die alten Vertrauten, kommen wieder. Aveling, angeblich schwer nierenkrank, ist kaum zu Hause. Kann Shaw ihr helfen? Oder Olive Schreiner? »Ich bitte Sie, kommen Sie, um mich von einem langen Tag ... mit mir selbst – der Person, die mir am gründlichsten zuwider ist – zu erlösen«, schreibt sie an Shaw.[18] Und an Olive Schreiner noch deutlicher und dramatischer:

Seit dem Tod meiner Eltern habe ich so wenig wahre, reine, selbstlose Liebe erfahren. Wenn Du einmal bei uns zu Hause gewesen wärest, wenn Du meinen Vater und meine Mutter kennengelernt hättest ... würdest Du mein Verlangen nach Liebe besser verstehen ... Edward ... ist bester Laune weggegangen, weil verschiedene Damen da sein werden ... und ich bin allein, und während ich einerseits erleichtert darüber bin, ist es doch schrecklich ... Wie Naturen wie Edward ... doch zu beneiden sind, die in einer Stunde alles vergessen können. Wenn Du ihn heute gesehen hättest, ein glückliches Kind, ohne Sorgen, ohne Sünde ... und während ich vollkommen verzweifelt bin, geht es ihm bestens! Ich kann mich einfach nicht daran gewöhnen, sondern bin immer wieder erstaunt über seine absolute Unfähigkeit, irgend etwas zu fühlen ... Aber trotz aller Schmerzen und Sorgen (und nicht einmal Du, liebste Olive, weißt genau, wie unglücklich ich bin) ist es doch besser, so starke Gefühle zu haben als überhaupt keine ... Schreib mir eine Zeile – nur eine Zeile – sag, dass Du mich liebst ... An mir ist so wenig, das andere Menschen mögen oder sympathisch finden könnten ... Dass Du mich magst, ist eines jener Geheimnisse, für das ich keine Erklärung habe. Gute Nacht, kleines Mädchen.[19]

Doch ihre Stimmungen wechseln sehr schnell. So schnell, dass ihre Freunde manchmal kaum mithalten können. Eben noch hat sie Shaw erklärt, dass sie sich selbst von Grund auf widerlich sei, da beschwört sie ihn schon, sich doch für Henrik Ibsen, ihr neues literarisches Idol, zu begeistern und in einer Hobby-Aufführung den Krogstadt aus der *Nora* zu spielen:

Sie müssen dazu nicht im geringsten normal sein. Im Gegenteil, je verrückter, desto besser ... Ich wünschte, ein paar wirklich große Schauspieler würden Ibsen spielen. Je mehr ich ihn studiere, für desto größer halte ich ihn. Wie seltsam, dass die Leute darüber klagen, dass seine Stücke kein Ende haben, sondern einen dort stehenlassen, wo man war. Dass er für das Pro-

blem, das er einem gestellt hat, eine Lösung anbietet! Als ob im Leben die
Dinge immer entweder bequem oder unbequem »ausgingen«. Wir spielen
unsere kleinen Dramen und Komödien ... und fangen dann alles wieder von
vorne an.[20]

Madame Bovary

Die ständig angespannte Finanzlage zwingt Tussy dazu, neben dem
Unterrichten und Artikelschreiben jeden Auftrag anzunehmen, der
sich ihr bietet. Als der irische Autor George Moore, Verfasser sozialkri-
tischer Romane und Novellen wie *A Modern Lover* und *Mummer's Wife*,
ihr vorschlägt, Gustave Flauberts *Madame Bovary* ins Englische zu übersetzen, sagt sie sofort zu, zumal er auch schon einen Verleger dafür
gefunden hat: Henry Vizetelly, Inhaber eines jungen, expandierenden
Unternehmens, das auf elisabethanische Dramen und Übersetzungen
aus dem Französischen und Russischen spezialisiert ist.

Tussy hat Französisch nie wirklich aus Büchern »gelernt«, sondern
sich die Sprache nur durch praktische Lebenserfahrung angeeignet,
vor allem durch ihre vielen Aufenthalte in Frankreich und Gespräche
mit Lafargue und Lissagaray. Wenn sie Fragen hat, wendet sie sich an
Lafargue, dessen Englisch allerdings nicht literarisch genug für den
Stoff ist, sodass viele »Gallizismen« in der Übersetzung verbleiben.

Was fasziniert Tussy an dem Buch? Zuerst natürlich die Figur der
Emma Bovary. In ihrem Vorwort zur englischen Ausgabe schreibt sie:

Ihr Leben ist müßig, nutzlos. Und diese starke Frau fühlt, es muss
etwas zu tun geben – und sie träumt. Und das Leben erscheint ihr so
unwirklich, dass sie Bovary heiratet und glaubt, dass sie ihn liebe ...
Sie tut ihr Bestes, um diesen armen Tropf zu lieben. In der ganzen
Literatur gibt es vielleicht nichts Rührenderes als ihr hoffnungsloses
Bemühen, eine Liebende zu sein. Und selbst nachdem sie diese Ehe
gebrochen hat: Wie sehnt sie sich danach, zu ihm zurückzukehren,
als zu etwas Wirklichem, einer gesünderen, besseren Liebe, als sie
sie je gekannt hat.

Tussy findet hier viel Identifikationsstoff. So wie Emma von ihren Liebhabern Rodolphe und Léon nur benutzt worden ist – als leicht verfügbare Frau, die nur schön und willig zu sein, nichts zu fordern hat –, lebt auch sie selbst in einer Beziehung, die ihren Freunden »ungesund« vorkommt. Obwohl Aveling immer mehr Schulden macht und ihrem guten Ruf immer mehr schadet, kann sie nicht von ihm lassen. Shaw hat in diesem Zusammenhang von »dipsomania«, von »Sucht«, von »Liebessucht«, die dem Alkoholismus vergleichbar sei, gesprochen.[21]

Emma Bovary ist ein klassisches Opfer des Milieus, in das sie hineingeboren ist, wohlhabend, ohne die Notwendigkeit, etwas anderes zu lernen als Klavierspielen, Sticken, Tanzen und Zeichnen. Doch das ist ihr, sie spürt es schon auf der Klosterschule, nicht genug. Sie will etwas tun, etwas erleben, die Welt verändern – aber wie? Immer mehr flüchtet sie sich in Phantasien, die in scharfem Kontrast zur Realität stehen und sich in schweren psychosomatischen Symptomen äußern: Schwindel, Essstörungen, Kopfschmerzen usw.

Es sei die Lektüre, die Emma so verführbar gemacht habe, schreiben zeitgenössische Kritiker des Romans, die Beschäftigung mit Ritterromanzen, Heiligenlegenden und Liebesgeschichten. Doch Tussy Marx betont in ihrem Vorwort: Es ist nicht das *Buch* oder die *Bildung*, die die Frauen »verrückt« machen, sondern die Verweigerung jeder sinnvollen Lebensperspektive. Selbst die Erziehung ihrer einzigen Tochter wird Emma Bovary abgenommen. Kaum geboren, kommt sie auch schon zu einer Amme aufs Land und wird ihr für immer entfremdet.

In ihrem Vorwort geht Tussy auch darauf ein, dass Flaubert im Januar 1857 vor die sechste Strafkammer des Pariser Polizeigerichts gestellt wurde. Der Grund: Sein Buch sei verwerflich und verherrliche sexuelle Ausschweifungen. Doch er wird freigesprochen, wenn auch mit Einschränkungen. Einige Passagen müssen gestrichen werden. Es gebe Grenzen, die die Literatur nicht überschreiten dürfe. Ein Anlass mehr für Tussy, sich mit dem Autor zu solidarisieren: das Gerichtsverfahren sei eine »ewige Ehre« für Flaubert gewesen. Denn nur so habe er die Gesellschaft seiner Zeit gründlich aufrütteln können.

Sie arbeitet in fliegender Hast, braucht für die ganze Übersetzung nur vier Monate. »Ich habe, der Himmel sei gelobt, meine Übersetzung von Madame Bovary fertig«, schreibt sie am 23. April 1886 an Laura. »Es war ein Brocken Arbeit, kann ich Dir sagen! Es wird wohl demnächst erscheinen, und ich arbeite jetzt an einem Vorwort dazu.«[22] Dass die Übersetzung nicht perfekt ist, weiß sie selbst. »Keinem Kritiker können meine Schwächen, meine Unzulänglichkeiten und Fehler schmerzlicher bewusst sein als mir«, heißt es im Vorwort. »Aber wenigstens ... habe ich weder eine Zeile noch ein Wort unterdrückt oder hinzugefügt ... Ich weiß, dass meine Arbeit fehlerhaft ist. Sie ist blass und schwach neben dem Original ... Aber ich bedaure es nicht, sie getan zu haben; besser konnte ich es nicht.«

Einige Rezensenten stürzen sich gierig auf die vermeintlichen Fehler, kritisieren ihre Einführung als zu unsachlich und ihr Englisch als unschön oder zu stark vom Marxismus geprägt.[23] Andere loben das Werk sehr, so der Robert-Browning-Biograph William Sharp in der Zeitschrift The Academy:

Flaubert ist vor allem ein unübersetzbarer Schriftsteller ... nicht, weil er perfektes Französisch schreibt, sondern weil seine Worte ... ein Gewicht haben ... das die Fähigkeit jedes Übersetzers, sie in einer anderen Sprache zu reproduzieren, übersteigt. Keine englische Version ... wird jemals den stilistischen Charme dieses Meisters wiedergeben. Wir müssen mit der Übersetzung zufrieden sein, die so gewissenhaft wie natürlich und unmaniert ist. Mrs Aveling verdient Anerkennung für die Art, wie sie ihre Aufgabe bewältigt hat, und wenn es uns hin und wieder nicht gelingt, Flaubert in dieser Version zu erkennen, so ist es nicht immer ihr Fehler.[24]

Inzwischen gibt es Untersuchungen, die Original und Übertragung miteinander vergleichen, eine Synopse der Abweichungen und Übereinstimmungen herstellen.[25] Diese zu zitieren würde den Rahmen einer biographischen Darstellung sprengen. Bleibt festzuhalten, dass die Übersetzung 1973 noch einmal neu aufgelegt wurde, also jahrzehntelang die einzige englische Ausgabe des Buches war und blieb, ein Standardwerk also.

Die »Geschichte der Kommune« auf Englisch

Im April 1886 hat Tussy Marx endlich den Triumph, ihre englische Übersetzung von Lissagarays *Geschichte der Kommune* erscheinen zu sehen.[26] Mehr als zehn Jahre lang hat sie immer wieder daran gearbeitet. Jetzt ist es so weit. Sie schreibt das Vorwort allein, das heißt ohne Aveling, in ihrem flammenden, aber ergreifenden Personalstil.

Zunächst wiederholt sie, was Marx und Engels immer wieder über dieses Werk gesagt haben: Es sei »das einzige authentische und verlässliche Geschichtswerk über die denkwürdigste Bewegung dieser Zeit«. Zwar sei der Autor »Soldat der Kommune« gewesen, aber deshalb nicht befangen, parteiisch; er habe nicht versucht, »die Irrtümer seiner Partei ... oder die fatalen Schwächen der Revolution zu übergehen«. Für die meisten Engländer heiße »Kommune« immer noch »Plünderung, Angst und Gier«. Und wenn sie von »Gräueltaten der Kommunarden« sprächen, hätten sie vage Vorstellungen von massakrierten Geiseln und »wütenden Petroleusen«. Ob es nicht an der Zeit sei, die Wahrheit zu sagen? »Dass die 65 Geiseln nicht von ›der‹ Kommune erschossen worden sind, sondern von ein paar Leuten, die über dem von den Versailler Truppen entfachten Massaker verrückt wurden, dass die Truppen des Gesetzes 30 000 Männer, Frauen und Kinder erschossen haben, lange nachdem die Kämpfe beendet waren?«

Doch es sei nicht nur überfällig, die Legende von den vermeintlichen »Gräueltaten« der Kommune zu widerlegen. Es sei auch nötig, die wahre Bedeutung der Kommune zu begreifen: »Die Regierung des Volkes durch das Volk. Der erste Versuch des Proletariats, sich selbst zu retten«, auch wenn dieser Versuch blutig geendet sei.

Und was sei das Ergebnis all dieser Massaker, »dieses Abschlachtens von Tausenden von Männern, Frauen und Kindern«? Sei der Sozialismus etwa gestorben, ertränkt im Blut des Pariser Volkes? Nein! Er lebe! Er sei heute mächtiger denn je! »Die bourgeoise Republik Frankreich mag dem Autokraten von Russland die Hand schütteln, um ihn auszutilgen. Bismarck mag repressive Gesetze erlassen, das ›demokratische‹ Amerika in seinem Kielwasser fahren – und er bewegt sich doch!«

Interessant ist, dass Tussy fast nichts Persönliches über Lissagaray schreibt. Nichts Biographisches, keinen beruflichen Abriss, nichts über seine Motive, das Buch zu verfassen. So bleibt er als Autor letztlich etwas blass. Vielleicht, weil sie sich durch ihre frühere enge Beziehung gehemmt fühlte, oder weil sie sein *Werk* für sich sprechen lassen wollte? Dieses wird nicht kommentiert oder gar analysiert, etwa nach stilistischen oder dramaturgischen Kriterien, nach der Verwendung von Quellen, Zeitzeugnissen und dergleichen. Man mag diese Schreibhaltung bedauern oder nicht. Aber dies ist kein literaturwissenschaftliches Vorwort, keine historische Abhandlung. Dies ist eine Proklamation, ein Bekenntnis, mit dem Tussy Marx sehr viel Mut beweist, denn es liegt auf der Hand, dass man ihr vorwerfen wird, sie missbrauche das Buch für politische Propagandazwecke.

Go west!

In diesem Frühjahr 1886 beschließen Tussy und Aveling, auf Agitationsreise nach Amerika zu gehen, gemeinsam mit Wilhelm Liebknecht, dem alten Genossen – auf Einladung der »Sozialistischen Arbeiterpartei Amerikas«, die jedoch nur für die beiden Männer bezahlen wird, nicht für Tussy. Der Zeitpunkt ist denkbar günstig, denn in Amerika ist gerade der Klassenkampf »ausgebrochen«. Nach der langen Ruhe seit dem Bürgerkrieg sind plötzlich über dreihunderttausend Arbeiter in den Generalstreik getreten, in New York, Philadelphia, Chicago, Louisville, Saint Louis, Milwaukee und Baltimore. Überall stehen die Maschinen still. Überall wird demonstriert. Der Grund: Man will den Achtstundentag durchsetzen, die Reglementierung der Arbeitszeit auf ein dem Menschen erträgliches Maß, wie sie schon Karl Marx im *Kapital* gefordert hatte:

Aber in seinem maßlos blinden Trieb, seinem Werwolfsheißhunger nach Mehrarbeit überrennt das Kapital nicht nur die moralischen, sondern auch die rein physischen Maximalschranken des Arbeitstages. Es usurpiert die Zeit für Wachstum, Entwicklung und gesunde

Erhaltung des Körpers ... Es knickert ab an der Mahlzeit und einverleibt sie womöglich dem Produktionsprozess selbst, sodass dem Arbeiter Speisen zugesetzt werden wie dem Dampfkessel Kohle und der Maschinerie Talg oder Öl. Den gesunden Schlaf zur Sammlung, Erneuerung und Erfrischung der Lebenskraft reduziert es auf so viele Stunden der Erstarrung, als die Wiederbelebung eines absolut erschöpften Organismus unentbehrlich macht.[27]

Allein in Chicago legen im Mai 1886 vierzigtausend Menschen die Arbeit nieder, die meisten davon Emigranten aus Deutschland. Doch die Unternehmer schlagen zurück, mit bewaffneten Streikbrechern und mit Polizeigewalt. In einer Erntemaschinenfabrik in der Nähe der Stadt gibt es Tote. August Spies, Redakteur der Chicagoer *Arbeiter-Zeitung*, ruft zum Protest auf:

Ihr habt euch zu Tode gearbeitet. Ihr habt die Schmerzen des Hungers und des Mangels ertragen. Ihr habt den Fabrikherren eure Kinder geopfert – kurz, ihr seid alle diese Jahre hindurch erbärmliche Sklaven gewesen. Warum? Um die unersättliche Habgier zu befriedigen, um die Truhen eurer faulen und diebischen Herren zu füllen. Wenn ihr sie jetzt bittet, eure Bürde ein wenig zu erleichtern, dann senden sie ihre Bluthunde aus, um auf euch zu schießen.[28]

Am 4. Mai 1886 versammelt sich die protestierende Arbeiterschaft auf dem Chicagoer Haymarket. Es ist schlechtes Wetter, die Demonstration bei weitem nicht so stark besucht wie erwartet. Die meisten Teilnehmer sind schon wieder nach Hause gegangen, als Hundertschaften von Polizei erscheinen und die noch verbliebenen Arbeiter auseinandertreiben. Einer der Redner wird von der Tribüne gezerrt. Er versucht einzuwenden: »Aber wir sind doch friedlich?« Plötzlich explodiert eine Bombe. Wer sie geworfen hat, wird nie geklärt werden. Die Polizisten beginnen, wild um sich zu schießen. Elf Menschen, darunter vier Arbeiter, werden getötet, viele Demonstranten schwer verletzt. Am nächsten Tag werden acht Arbeiterführer verhaftet und unter Mordverdacht ins Gefängnis gebracht. Zeitungen fordern, »die Anarchisten« ohne Prozess aufzuhängen. Ein Angeklagter stirbt unter mysteriösen Umständen in seiner Zelle. Drei werden freigelassen. Gegen die übrigen vier, darunter August Spies und zwei weitere Deutsche, wird Mordanklage erhoben, obwohl man ihnen nicht das Geringste nachweisen kann. Überall in der »zivilisierten Welt« kommt es zu Protesten, auch in England. Der Künstler William Morris bezeichnet den Prozess als politischen Prozess, nennt die amerikanische Justiz »bis ins Innerste korrupt und ... eifrig damit beschäftigt, die Freiheit mit genau der gleichen rücksichtslosen Brutalität und blinden Ignoranz zu unterdrücken, von der der Zar in Russland Gebrauch macht«.[29]

Für die Avelings heißt das: Auf nach Amerika, go west! Denn sie können mit Recht darauf bauen, dass man der Tochter eines Karl Marx in dieser Situation viel Gehör schenken wird.

Wilhelm Liebknecht, Edward Aveling und
Eleanor Marx-Aveling 1886

10

BEI DEN YANKEES UND
IN DER HÖLLE VON LONDON
1886–1888

Agitation, Education, Organisation!

Dienstag, der 31. August 1886. Endlich an Bord. Das Schiff heißt *City of Chicago* und startet in Liverpool. Zehn Tage dauert die Fahrt über den Atlantik. Tussy und Aveling logieren in einer luxuriösen Doppelkabine, genießen das ungewohnte Nichtstun, essen und trinken gut, machen die ersten Yankee-Bekanntschaften. Wilhelm Liebknecht, gerade sechzig geworden, kommt mit einem anderen Schiff. Auf ihn warten in Chicago und Washington schon die Spitzel, die man von Deutschland aus auf ihn angesetzt hat.

Die *City of Chicago* ist ein fast neues Dampfschiff mit allem Komfort. Es wird von reichen amerikanischen Passagieren genutzt, aber auch von armen Auswanderern aus aller Welt, die in Kleider gewickelt auf Deck liegen. Tussy hat Mitleid mit ihnen, denn schließlich ist sie selbst Tochter von Emigranten. Es erschreckt sie, dass sich kaum einer um diese Menschen kümmert. Ist *das* die für ihre Hilfsbereitschaft bekannte »neue Welt«? Eine Frau, die ihren Mann in den Staaten besuchen wollte, stirbt plötzlich und wird ins offene Meer geworfen. Tussy ist tief erschüttert. Es sei die einfachste und ergreifendste Bestattung gewesen, die sie je gesehen habe, schreibt sie an Laura.[1]

Die erste Station dieser Reise heißt New York. Tussy ist fasziniert. »Die Einfahrt in die Hafenbucht ist ein wundervoller Anblick«, schreibt sie an Laura. »Vielleicht der schönste, den ich je gesehen habe.«[2]

Die Journalisten, die schon auf sie warten, darunter einige von der deutschsprachigen *New Yorker Volkszeitung*, werden später schreiben, dass Aveling einen grauen Reiseanzug und einen großen schwarzen Hut trug. Er habe fast wie ein Quäker ausgesehen. An seinen Arm habe sich eine junge Frau gelehnt, mit üppigem glänzendem schwarzem Haar, dunkelbraunen Augen und einem »fast schönen« ovalen Gesicht. Durch die viele Sonne an Deck sei sie stark gebräunt gewesen. Sie habe einen auffälligen weißen Strohhut mit weißem Band getragen, der ihre klugen Züge beinahe zu sehr überschattet habe.[3]

Der Sozialismus drüben ist deutsch, sehr deutsch, fast so deutsch wie im Mutterland. Ein paar deutsche Herren mit rotem Bändchen im Knopfloch begrüßen sie. Deutsche Reporter fallen wie die Wölfe über sie her. Abends gibt es ein Ständchen mit deutschem Chorgesang, deutscher Blasmusik und deutschem Bier. Was hat so viel Deutschtum eigentlich hier zu suchen? Es ist eine Folge der politischen Verhältnisse, der Revolutionen, aber auch der allgemeinen Parole »Go west!«. Die einen sind schon nach der Revolution von 1848 gekommen, die anderen 1878, wegen der Sozialistengesetze, die dritte, weitaus größte Gruppe schlicht, um ein besseres Leben zu haben, Arbeitslose, Bauern und Tagelöhner, Handwerker, die sich neue Märkte erhoffen.

Schon die ersten Tage sind voller Hektik und Aktivität. Massenversammlungen in Bridgeport, Connecticut, der Hochburg der sozialistischen Arbeiterpartei, die von deutschen Mitgliedern dominiert wird, Vorträge vor Studenten und Professoren in New Haven und Yale, eine riesige Demonstration in New York, Polizei-Aufgebote. »Sozialistische Kundgebungen. Angespornt von einer Frau«, schreiben die Zeitungen. »Eine deutsch aussehende Dame mit Brille.«[4]

Am 2. Oktober 1886 beginnt die große Rundreise. Tussy und Aveling »machen«, wie die Amerikaner sagen, fünfunddreißig amerikanische Städte in zwölf Wochen, »von New York durch die Neuenglandstaaten, die Städte an den großen Seen und den Westen bis Kansas City«,[5] besuchen Fabriken, Zuchthäuser, Farmen, Krankenhäuser, Armenviertel, Gewerkschaftszentralen. Liebknecht, der eigentlich mit ihnen reisen sollte, geht auf Extra-Tour. Das Trio erweist sich als inkompatibel, wie die Fotos von dieser Reise zeigen: beide Männer stocksteif, in dunklen

Anzügen, ohne die Spur eines Lächelns oder eines Blickkontakts, Tussy zwischen ihnen, im langen, üppigen Samtkleid, die zarten Hände in den Schoß gelegt, das schwarze gelockte Haar lässig zurückgesteckt.

Liebknecht, ein ganzes Stück größer als Aveling und mit grauem Haar und Bart ziemlich wild aussehend, spricht ein schreckliches Englisch und wird von amerikanischen Arbeitern weder akzeptiert noch verstanden. Er redet hauptsächlich vor deutschen Genossen. Tussy dagegen versteht es, ein amerikanisches Publikum mitzureißen, besonders die Mitglieder der »Knights of Labour« (Ritter der Arbeit), der wichtigsten amerikanischen Arbeiterorganisation. Sie erweist sich überhaupt als der Star dieser Reise, wenn sie, ein Blumensträußchen am Ausschnitt, aufs Podium tritt und der Menge »Agitation! Education! Organisation!« zuruft. Bald wird sie von den Arbeitern geliebt und geachtet, vielleicht, weil sie so anders ist als die meisten amerikanischen Frauen, die zum großen Teil pietistischen Sekten angehören und sich strikt vom öffentlichen Leben fernhalten. Tussy dagegen ist eine »Lady Liberty«, mutig und unkonventionell, ohne deshalb unweiblich zu wirken. Dieses Frauenbild kennt man in Amerika noch nicht.

Chicago 1886

Chicago, wo sie am 5. November 1886 ankommen, ist der Höhepunkt der Tour. Sie haben das Zuchthaus von Cook Country besichtigt, in dem die verurteilten Demonstranten einsitzen. Die Presse wirft das Paar mit den vermeintlichen Bombenlegern in einen Topf, warnt davor, sich von Aveling »und seiner Giftbraut« verführen zu lassen,[6] kündigt Polizeieinsätze und die Gefahr von Aufruhr während ihrer Vorträge an. Trotzdem – oder gerade deshalb – sind die Säle, in denen die Avelings auftreten, voll besetzt. Die Emporen brechen unter der Last der Zuhörer fast zusammen. Zuerst redet Aveling. Sehr ausführlich. Kaum eine seiner amerikanischen Reden ist kürzer als eine Stunde. Er versucht, das *Kapital* von Karl Marx zusammenzufassen in Sätzen wie:»Die unterbezahlte Arbeit ist der Fluch unserer modernen Zivilisation – das ist der Kern des Problems in einer Nussschale.«[7]

Dann kommt Tussy. Schön, enthusiastisch, temperamentvoll. Sie spricht in der Regel viel kürzer als Aveling und schafft es doch, die Menschen mehr zu überzeugen. Sie spricht zuerst über die angeblichen »Anarchisten« von Chicago:

Wenn diese Männer exekutiert werden, wäre das Mord, nichts als Mord. Ich bin keine Anarchistin, aber gerade deshalb fühle ich mich verpflichtet, das zu sagen ... Heute morgen zum Beispiel finden Sie in der »Chicago Tribune« die Bemerkung, dass die »Anarchisten von Chicago aufgehängt werden sollen«. Das heißt, dass sie diese Männer nicht aufhängen wollen, weil sie mordende Bombenleger, sondern weil sie Anarchisten sind. Auf genau diese Bemerkung haben wir gewartet ... Wenn diese Männer umgebracht werden sollten, dürfen wir über ihre Richter sagen, was mein Vater, Karl Marx, über die gesagt hat, die 1871 das Volk von Paris massakriert haben: »Sie sind schon jetzt an jenen ewigen Pranger geschmiedet, von dem alle Gebete ihrer Priester sie nicht befreien werden.«[8]

Großer Applaus. Die Frau hat recht. So haben viele die Sache noch nie gesehen. Dann macht sie eine kleine Pause, zupft das krause schwarze Haar zurecht, rückt die Blumen am Mieder gerade, raucht. Sie wird jetzt erklären, was Sozialismus ist. In einfachen, aber eindringlichen Worten, denn allzu viel Bildung kann sie bei ihrem Publikum nicht erwarten:

Als Erstes wird man Ihnen immer wieder sagen, dass wir Sozialisten das Privateigentum abschaffen wollen; dass wir die »heiligen Rechte« des Eigentums nicht anerkennen. Aber das Gegenteil ist der Fall. Die *Kapitalisten* konfiszieren Ihren Privatbesitz, und gerade weil wir an das »heilige Recht« auf Eigentum glauben, möchten wir euch zurückgeben, was sie euch abgenommen haben. Wir haben in Dr. Avelings Rede gehört, wie aller Wohlstand, alles, was wir heute »Kapital« nennen, von Ihrer Hände Arbeit hervorgebracht wird, wie aus der unterbezahlten Arbeit des Volkes eine kleine privilegierte Klasse reich wird, und dass wir dem ein Ende setzen wollen, indem wir allen Privatbesitz an Land, Maschinen, Fabriken, Minen, Eisenbahnen usw. auflösen ... Dann wird Ihnen erzählt, dass Sozialisten kein Gesetz, keine Ordnung wollen. Falsch. Wir wollen *das* nicht, was heutzutage »Ordnung« genannt wird, da die heutige Ordnung Unordnung ist. Männer, die Millionäre sind, und Männer, die hungern, Frauen, die ... Abertausende besitzen und Frauen, die zwischen Hunger und Prostitution wählen müssen. Das ist für uns keine Ordnung. Wir glauben nicht, dass es in Ordnung ist, wenn Menschen zehn, zwölf, vierzehn und mehr Stunden am Tag arbeiten und wenn doch am Ende ihres Lebens nur das Armenhaus auf sie wartet ... Und jetzt zum »Gesetz«: Wir wollen »Gesetz«. Aber Gesetz, das Gerechtigkeit für *alle* Männer und Frauen bedeutet ... Manchmal werden wir auch gefragt, ob die Sozialisten nicht alle Menschen ... gleichmachen wollen. Wie könnten wir alle Menschen gleichmachen? Aber wenn es darum geht, Männern *und* Frauen eine Chance, sich zu entwickeln, zu geben, und das Beste aus sich zu machen – wenn das bedeutet, sie herabzuwürdigen, müssen wir uns schuldig bekennen.

Es gibt noch einen anderen Punkt, den ich berühren muss, weil wir so oft danach gefragt werden ... Ob es wahr sei, dass »Sozialisten sich die Frauen teilen möchten«? So eine Idee ist nur in einer Gesellschaft möglich, die Frauen als Gegenstände ansieht. Tatsächlich ist die Frau heute leider nicht viel mehr. Zu oft muss sie ihre Weiblichkeit für Brot und Geld verkaufen. Aber für den Sozialisten ist die Frau ein menschliches Wesen und kann ebenso wenig gemeinschaftlich »gehalten« werden wie eine sozialistische Gesellschaft die Sklaverei anerkennen würde ... Wir Sozialisten wollen gemeinsames Eigentum an Produktion und Distribution, und weil eine Frau keine Maschine ist, sondern ein menschliches Wesen, soll sie ihre Rechte und Pflichten haben wie ein Mann und von niemandem mehr wie ein Stück Eigentum »gehalten« werden.[9]

Sozialistischer Luxus

Am 19. Dezember 1886 sind sie wieder in New York, wo sie vor ihrer Rückreise Station machen wollen, um sich mit den deutschen Parteigenossen zu besprechen. Doch obwohl diese Tour so ein großer Erfolg war, obwohl Tussy unzählige Arbeiter, Frauen, Studenten, Rechtsanwälte und Ärzte für die Bewegung gewonnen hat und zuletzt sogar von der Presse geliebt und gelobt worden ist, verhält sich die deutsche Parteileitung kühl. Irgendetwas stimmt nicht. Irgendetwas scheinen sie falsch gemacht zu haben. Aber was?

Die deutschen Genossen, an der Spitze der Parteisekretär Wilhelm Ludwig Rosenberg, sind beleidigt. Da haben sie Tausende von Dollars für diese Rundreise ausgegeben, und die Avelings haben überall gegen das Deutschtum polemisiert. »Die Bewegung muss«, sagt Aveling in einem Interview mit der *New Yorker Volkszeitung*, »falls sie Erfolg haben will, amerikanisch werden und aus den Händen der deutschsprachigen in die der englischsprachigen Bevölkerung übergehen.«[10]

Das ist dreist. Das wollen sich die deutschen Sozialisten von zwei Engländern nicht bieten lassen. Aber es gibt noch etwas anderes, was ihnen missfällt: Avelings lässiger Umgang mit Geld, das ihm nicht gehört, und sein höchst unsozialistischer Hang zum Luxus. Sie sind im Pullman-Salonwagen gefahren, haben immense Wein- und Champagnerrechnungen gemacht, im Theater auf den besten Plätzen gesessen und teure Miedersträußchen gekauft, die Tussys Dekolleté zieren sollten. Sogar das Geld für ihre Zigaretten – sie raucht Kette – wollen sie erstattet haben. Das empört die Deutschen besonders. So sehr, dass sogar die Zeitungen darüber berichten. Es ist ein herrlicher Stoff. Klatsch und Tratsch pur. Bestens geeignet, um die Glaubwürdigkeit dieser sogenannten Sozialisten zu erschüttern. Aveling habe tatsächlich versucht, philosophische Erklärungen über den Wert floraler Dekorationen beim »Einfangen eines Publikums« abzugeben. Aber Rosenberg habe erwidert, das interessiere ihn nicht![11]

Dreizehn Wochen. Dreizehnhundert Dollar. Dieser Preis scheint den Auftraggebern »recht happig«. Und dass sie, anstatt bei Arbeitern oder Parteigenossen zu übernachten, »das Phänomen der Armut in einem First-class-Hotel in Baltimore« studiert haben, will auch niemandem so recht einleuchten. Aveling meint, sich wortreich verteidigen zu müssen, weil er sich als Opfer einer kleinlichen Intrige fühlt. Das seien Polizei-Methoden, die die Partei gegen ihn anwende, schreibt er in einem Rundbrief an die Mitglieder. Lieber als vor dem Rechnungsausschuss eines Herrn Rosenberg möchte er vor dem Geschworenengericht in Chicago stehen, Seite an Seite mit den vermeintlichen Anarchisten.[12] Doch Rosenberg lässt sich durch dieses Pathos nicht beeindrucken, sondern wirft ihm eine Hundert-Dollar-Note ins Gesicht mit der Empfehlung, diese gut aufzuheben und für die auf der Rückfahrt entstehenden Rechnungen zu verwenden.[13]

Am 24. Dezember 1886 treten sie die Rückreise an. In warme Mäntel gekleidet, werfen sie einen letzten Blick auf die Freiheitsstatue. Tussy ist ein wenig traurig und muss daran denken, dass auch sie in Amerika zu einer Art »Freiheitsstatue« geworden ist, dass die amerikanischen Arbeiter sie liebevoll »Lady Liberty« genannt haben. Doch die Avelings haben noch nicht ganz den Atlantik überquert, da ist die Geschichte von ihren Geldausgaben auch schon in England angekommen. Engels hat wütende Anfragen von Parteigenossen zu beantworten. Der Londoner *Evening Standard* schreibt einen langen, hämischen Bericht: Die Sozialisten drüben in Amerika seien nach diesen Erfahrungen fest entschlossen, »nie wieder einen Berufsagitator aus den abgenutzten Monarchien Europas zu importieren«. Die Sache sei einfach zu teuer. Auf die Vorwürfe der entsetzten Parteileitung habe Aveling fröhlich geantwortet, nun, das sei englische Art, echt englisch![14] Tussy kommt relativ ungeschoren davon, obwohl sie Avelings Luxusleben geteilt hat. Doch man sieht sie wohl eher als Opfer und sucht die Schuld offenbar allein bei ihm.

Obdachlos

Dennoch verfällt sie nach dieser Reise in tiefe Depression, die sich am deutlichsten in ihrem Schweigen zeigt. Sie unternimmt nichts, um sich zu verteidigen, schreibt keine offenen Briefe, keine Zirkulare, was recht untypisch für sie ist, denn noch vor kurzem hatte sie ein langes Schreiben an Bismarck geschickt, der Marx verdächtigt hatte, »Mörder gezüchtet« zu haben.[15] Nur der Gräfin Gertrude Guillaume-Schack, einer Sozialistin, die vor Bismarcks Repressalien nach London geflohen ist, schleudert sie lange Tiraden entgegen, weil sie zu Engels und anderen gesagt habe, Aveling ziehe durch sein Verhalten nicht nur den Sozialismus, sondern auch sie, Tussy, in den Schmutz. Auch Engels stellt sich sofort gegen die Gräfin und schreibt an Laura:

Am 30. schreibt sie mir einen Brief: sie könne mich nicht mehr besuchen, weil sie mit Aveling nicht zusammentreffen könne, da er unrechte Handlungen begangen hätte und auch wen verleumde? – Tussy! Ich antwortete und fragte nach Einzelheiten und Beweisen ... Erwiderung: sie ... fordere mich auf, mich über Edwards Charakter und Vorleben ... zu erkundigen, wobei sie mir helfen würde ... Sie ... warnt mich, »der Ruf meines Hauses« werde darunter leiden, wenn ich die Verantwortung für Edward übernähme usw. ... Die Beschuldigung, dass Edward Tussy verleumde, reduziert sich auf die Andeutung, er verbreite das Gerücht, Tussy sei im höchsten Grade eifersüchtig! ... Ich antwortete ihr ..., ich könnte ihr für ihren Entschluss, mich nicht mehr zu besuchen, nur sehr dankbar sein.[16]

Und trotzdem. Die Sache lässt ihm keine Ruhe. Tussy war in Amerika ständig an Avelings Seite. Sie *muss* von seinen Geldausgaben gewusst haben. Das gefällt Engels nicht. Von diesen Vorwürfen möchte er Tussy reinwaschen. An eine Amerikanerin, Florence Kelly, die seine *Lage der arbeitenden Klassen in England* übersetzt hat, schreibt er:

Hätte er die Partei zu beschwindeln versucht, wie hätte er das während der Reise tun können, ohne dass seine Frau darum wusste? Und in diesem Fall träfe die Anschuldigung auch auf sie zu. Und dann wird sie völlig absurd, wenigstens in meinen Augen. Ich kenne sie von Kindesbeinen an, und in den letzten siebzehn Jahren ist sie ständig unter meinen Augen gewesen. Außerdem hat Marx mir als Vermächtnis die Verpflichtung hinterlassen, seinen Kindern beizustehen, wie er es selbst getan hätte, und darauf zu achten ..., dass ihnen kein Unrecht geschieht. Und das werde ich tun ... Marx' Tochter die Arbeiterklasse beschwindeln – das ist wirklich zu stark![17]

Um Kosten zu sparen, haben Tussy und Aveling ihre Londoner Wohnung vor der Amerikareise aufgegeben. Nach ihrer Rückkehr sind sie bei Engels und Lenchen untergekommen, wo sie aber nicht ewig bleiben können, da sie viel rauchen und trinken, keine Ordnung halten, und vor allem: die Nacht zum Tag machen, was der allmählich älter werdende »General« als störend empfindet. Überhaupt lernt er Aveling jetzt etwas besser kennen. Während Tussy auf die öffentlichen Angriffe mit Depressionen reagiere, habe Edward sich eine Mandelentzündung zugelegt und sei nach Hastings zur Kur gefahren, schreibt er sarkastisch an Laura.[18] Seine bereits angekündigten Vorträge über die Amerikareise müsse nun Tussy für ihn halten.[19]

Im East End

Doch noch ist sie unbeirrbar. Noch stürzt sie sich weiter in politische Aktionen mit ihm, und zwar wieder im East End, in dem unbeschreibliches Elend herrscht, nicht nur in den jüdischen Schneiderwerkstätten und nicht erst seit den Masseneinwanderungen aus Osteuropa. 1805 sind hier die Docks, die riesigen Warenlager, gebaut worden. Wie ganze Städte dehnen sich die endlosen Gebäudemassen am Ufer der Themse aus, Magazine, Packöfen, Brücken und Kräne, Quais und Landeplätze, alles, was zum Ein- und Ausladen britischer Kolonialwaren benötigt wird. Hier arbeiten Menschen nahezu aller Hautfarben für einen Hungerlohn, schleppen Fässer, Ballen und Kisten, verladen Tee, Kaffee, Zucker und Tabak, Wein, Öl, Häute und edle Hölzer, prügeln sich um die paar Shilling, die sie hier, wenn sie Glück haben, verdienen können. Fast niemand von ihnen ist fest angestellt. Fast alle arbeiten als Tagelöhner, auf dem »Arbeiterstrich«, wie man heute sagen würde. Nur wer kräftig, ausdauernd und brutal ist, hat hier eine Chance.[20]

»Tagsüber herrscht der Höllenabgrund am Eingang der Docks«, schreibt Tussy in einem Brief an Freunde in Russland. »Hier drängen sich Menschen, aus diesem oder jenem Grund aus der regulären Arbeitsarmee ausgestoßen, bar jeder Hoffnung. Am Tor der Docks vergaßen die Unglücklichen alles Menschliche und stürzten aufeinander wie wilde Tiere. Ich sah, wie sie losstürmten, einander stießen und schlugen, um vorwärts zu kommen. Und wehe dem Geschlagenen! Blutüberströmt, zerschlagen blieb er zurück, während sein glücklicher Besieger in das Tor eintrat. Das alles, um im günstigsten Fall einige Pence zu verdienen!«[21]

Um Platz für die riesigen Docks zu schaffen, sind ganze Wohnviertel abgerissen worden. Ersatzwohnraum gibt es kaum, nur schmutzige Elendsquartiere in schmalen Gassen mit niedrigen Häusern, keine Kanalisation, viele Betrunkene, Dirnen und Taschendiebe, hungernde, halbverwahrloste Kinder, dazwischen Nachtasyle für die Obdachlosen, in denen sich Bett an Bett reiht, belegt mit ausgemergelten Männern und Frauen. Man ernährt sich von Tabak, Schnaps, Tee, Brot und getrocknetem Schellfisch, der sein besonders fauliges Aroma erhält, wenn man ihn zwischen den Matratzen im Bett lagert.

Edward, inzwischen von seiner »schweren Mandelentzündung« genesen, hält flammende Reden auf den Straßen oder in politischen Clubs. Tussy aber geht allein oder mit einer ihrer Freundinnen mitten in diese »Hölle« hinein, besucht die Armen und Ausgestoßenen, versucht, mit ihnen zu sprechen, ihnen zu helfen. Ob sie zum Dank in die »Socialist League« eintreten oder nicht, ist ihr egal. An Laura schreibt sie darüber:

Manchmal wundere ich mich, wie ich mit all diesem Leid, das mich umgibt, überhaupt weiterleben kann. Ich habe immer wieder diesen einen Raum vor Augen. Aber was heißt hier schon »Raum«? Ein dunkler Keller – darin liegt eine Frau auf ein bisschen Stroh, ihre Brust von Krebs halb zerfressen. Sie ist nackt, bis auf ein altes rotes Taschentuch, das über ihrer Brust liegt, und ein Stück Segeltuch über ihren Beinen. Neben ihr ein dreijähriges Kind und vier andere, das älteste gerade neun Jahre alt. Ihr Mann versucht, ein paar Pence in den Docks zu verdienen, die letzte Zuflucht der Verzweifelten, während die Kinder um Brot betteln … Was für einen Mut hat diese arme Frau, die in all ihrer Todesangst versucht, sich um ihre Kleinen zu kümmern. Wir haben sie in ein Krankenhaus gebracht. Sie wollte erst nicht wegen der »little ones«. Jetzt ist sie tot. Was aus den Kindern geworden ist, mag der Himmel wissen. Aber das ist nur ein Fall unter Tausenden und Abertausenden. So ein Besuch in den Docks kann Dich wirklich verrückt machen.[22]

Vielleicht ist es gerade diese Empathie, die ihre Agitation, wie Engels schreibt, so »famos« macht. Für die Leute im East End tue sie mehr als alle anderen, die vor Ort tätig seien, mehr als die Heilsarmee und alle christlichen Wohlfahrtsorganisationen zusammen, berichtet er stolz an einen deutschen Freund.[23] Mit den »Leuten« im East End meint er nicht nur die Dockarbeiter und ihre Familien, sondern auch die jüdischen Schneider, Schuster und Sweater, deren Schicksal Tussy immer mehr berührt, vielleicht, weil sie selbst jüdischer Herkunft ist und sich ihnen seltsam verwandt fühlt.[24] Sie wohnen hauptsächlich in Whitechapel und haben sich ihre eigene traditionelle Welt aufgebaut. Viele von ihnen tragen die Kleidung und Haartracht der Orthodoxen. Man sieht hebräische Ladenschilder, kleine Talmudschulen, koschere Bäckereien, hört fast nur Jiddisch. Es riecht nach traditionellen jüdischen Speisen. Wenn man Whitechapel durchquert, ist man mitten in London wie in einer fremden Welt, fühlt sich fast wie in Odessa, Czernowitz oder Lemberg. Auf ihren Recherche-Gängen, die den Charakter aktiver Sozialarbeit haben, wird Tussy oft von Olive Schreiner begleitet; oder von Margaret Harkness, einer 1854 geborenen Autorin, die unter dem männlichen Pseudonym »John Law« sozialkritische Romane, Reportagen und Novellen schreibt. Sie ist Tochter eines anglikanischen Pfarrers, der sie wegen ihrer politischen Haltung »verstoßen« hat. Genau wie Tussy definiert sie sich als »Sozialistin«. Harkness kennt die Verhältnisse im East End besonders gut, weil sie ganz in der Nähe wohnt. Übrigens zusammen mit Beatrice Potter, Tussys alter »Feindin« aus dem British Museum,[25] mit der sie entfernt verwandt ist. Doch der aggressive Antisemitismus von Beatrice Potter* ist Margaret Harkness fremd. Im Gegenteil, sie karikiert und attackiert ihn sogar, indem sie eine »christliche« Engländerin über die Ostjuden sagen lässt: »Sie sollen zur Hölle gehen, warum sind sie überhaupt hergekommen? Sie sprechen kein Englisch, sie essen nicht englisch, sie ernähren sich von Abfällen, die wir nicht einmal unseren Schweinen geben würden.«[26]

Als es 1888 in Whitechapel zu den berühmten Jack-the-Ripper-Morden an Prostituierten kommt, geht der englische Mob auf die Juden los. Das können keine englischen Christen gewesen sein, das waren die Juden! Da werden Geschäfte zertrümmert, Orthodoxen die Bärte abgeschnitten, Frauen und Kinder auf der Straße geschlagen. Einige Londoner Zeitungen empören sich über so viel Intoleranz, so viel Antisemitismus. Doch im Handelsministerium ist man der Meinung, dass das Elend im East End hauptsächlich auf das Konto der Juden selbst gehe und dass sich deshalb der berechtigte Volkszorn gegen sie richte: »Diese Fremden waren vor allem deutsche und russische Juden, und es besteht kein Zweifel, dass das im Ergebnis dazu geführt hat, den Arbeitsmarkt im Londoner East End mit billigen Arbeitskräften so zu überfluten, dass Tausende von einheimischen Arbeitern an den Rand bitterster Not gebracht wurden«, schreibt ein Sachverständiger, um relativierend hinzuzufügen: »Die Lebensbedingungen der unglücklichen Ausländer, die verjagt wurden oder aus eigenem Entschluss hierhergekommen sind, waren in ihrer Heimat so, dass sie hier mit viel geringeren Mitteln auskommen können als unsere englischen Arbeiter.«[27]

So ähnlich sieht es auch Tussy. Bescheidenheit, Demut, Gottergebenheit, Armut und Fleiß: Den Juden in den Londoner Elendsvierteln fehle es am elementarsten Klassenbewusstsein.

»Ist es nicht merkwürdig, dass diese Leute lieber vor Hunger sterben als sich zusammenzurotten und sich zu *nehmen*, was sie brauchen?«, schreibt sie an Laura.[28]

---

* Besser bekannt unter ihrem späteren Ehenamen Beatrice Webb

In der Heimat Shakespeares

Tussy und Aveling haben Mitte 1887 das Haus von Engels verlassen können und eine Wohnung in einem Mietshaus auf der Chancery Lane Nr. 65 gemietet. Es nennt sich »New Stone Buildings«, aber nichts ist »new« hier. Die langen Treppenhäuser sind von schwachem Gaslicht beleuchtet. Die kleine Wohnung ist grau und schäbig möbliert. Die wenigen Freunde und Freundinnen, die sie besuchen kommen, fühlen sich wie in einem Roman von Charles Dickens. Viel besser als im East End sieht es hier auch nicht aus.

Kein Wunder, dass Tussy sich auf den Sommer freut, den sie in Dodwell, einem kleinen Bauerndorf in der Nähe von Stratford-on-Avon, verbringen wollen, in der Heimat ihres geliebten Shakespeare. Sie haben dort ein Cottage, ein leerstehendes Häuschen für Erntearbeiter, gemietet, das sie auf einer ihrer Reisen entdeckt haben, eine alte Bruchsteinkate mit großem Garten. Tussy fühlt sich wohl hier, sammelt neue Kräfte. Zum ersten Mal seit dem Tod ihres Vaters wirken ihre Briefe an Laura wieder richtig glücklich:

Unten haben wir eine große Küche – der Boden natürlich aus Steinplatten – dann Spülküche und Waschküche ... und eine Speisekammer. Oben drei Zimmer – zwei natürlich sehr klein. Außerdem haben wir einen Viertelhektar Garten, wo wir mehr Gemüse ziehen können, als wir selber brauchen werden. Edward geht raus und buddelt unsere Kartoffeln aus ... und wir haben alles mögliche gesät ... Ich kann Dir gar nicht sagen, wie einen das Landleben nach dem ganzen Rennen, Retten und Hasten in London entzückt. Es ist, wie Scott es nennt, »das schöne Land« – englisch durch und durch, versteht sich, wie es Shakespeares Heimat wohl ansteht. Denk doch, Laura, die Heimat Shakespeares! Wir arbeiten zwei-, dreimal die Woche in seinem »Geburtshaus« ... und wir haben sein Wohnhaus angeschaut und die alte Gildenkapelle ... und die alte Grammar School – unverändert – wohin er »widerstrebend zur Schule« ging, und sein Grab in der Trinity Church ... Seit ich in diesem verschlafenen, kleinen Stratford bin, weiß ich, wo die ganzen Dogberries ... herkommen. Man kann ihnen auch heutzutage

hier begegnen ... Ich hatte vorher keine Ahnung, wie stratfordisch Shake-
speare war. Alle Blumen sind Stratforder Blumen ... Du musst einfach
herkommen und Dir die Gegend ansehen, und Du wirst Dich in sie verlieben,
wie wir es getan haben.[29]

Sie erzählt weiter, dass sie beide sehr viel arbeiten – an einer Zusammenfassung ihrer Eindrücke in Amerika, einer Artikelserie über Shakespeare in Stratford usw. Aveling schreibe außerdem an einem Einakter mit dem Titel *Dregs* (Letzter Rest, Abschaum), der demnächst von einer Schauspielerin namens Rose Norrey aufgeführt werden solle. Tussy schreibt, sie sei »sehr populär«, aber in Wahrheit ist sie wohl noch recht unbekannt, allerdings jung und hübsch, was Aveling gut gefällt. Er »muss« oft nach London zurückfahren, um mit ihr zu proben, sicher nicht nur an seinem Theaterstück. Zu dumm, dass Olive Schreiner sich auch auf der Chancery Lane eingemietet hat und genau registriert, was er dort treibt.

The Working-Class-Movement in America

Trotz Avelings häufiger »Ausflüge« ist das in Dodwell entstandene Gemeinschaftswerk über die Arbeiterbewegung in Amerika eines der besten des Autorenduos, vielleicht das beste überhaupt. Es erscheint auf Englisch im Verlag Sonnenschein und auf Deutsch in der *Neuen Zeit*,[30] findet hier wie dort ein enormes, wohlverdientes Echo.

Die weitverbreitete Ansicht, in Amerika gebe es keine Arbeiterfrage, weil die Geschichte der Klassengegensätze fehle, sei falsch, beginnen die Autoren. Im Gegenteil, die Klassenunterschiede seien noch viel krasser als in Europa, in sozialer wie in intellektueller Hinsicht.

Es fehlt dort an jeglichen Übergangsstadien und Übergangsklassen. Es gibt keine Mittelklasse, auch nicht in geistiger Beziehung. Der wirklich gebildete und kultivierte Amerikaner ist vielleicht das liebenswürdigste Wesen der Welt. Die Sitten und Gebräuche des Durchschnittsamerikaners sind dagegen unbeschreiblich unangenehm. Jene Klasse von gewöhnlichen, aber angenehmen Leuten, ... mit denen man einen gemütlichen Abend verbringen kann, wenn sie auch nicht den Wunsch erregen, das ganze Leben mit ihnen zu verbringen, diese Klasse ist in Amerika augenscheinlich unbekannt ... Gleich unvermittelt ist der Klassengegensatz in ökonomischer Beziehung ... Auf der einen Seite der Millionär, der erbarmungslos jede Existenz vernichtet, die ihm im Wege steht ... Auf der anderen Seite der hilflose, verhungernde Proletarier ... Die kapitalistische Produktionsweise ist in Amerika nicht aus der feudalen erwachsen, sie kam fertig herüber und mit all ihrer Rücksichtslosigkeit verkündet sie es laut in den Straßen, dass in der amerikanischen Gesellschaft nur zwei Klassen bestehen und dass beide Feinde sind.[31]

Zwar verdienten die amerikanischen Arbeiter durchschnittlich etwas mehr als die englischen. Aber sie müssten auch viel härter dafür arbeiten, um die fünfunddreißig Tage mehr im Jahr. Auch seien die Lebenshaltungskosten wesentlich höher, besonders in New York, wo selbst für Slums Wucherpreise verlangt würden. Tussy und Aveling haben diese Slums offenbar nicht »besichtigt«, vielleicht, weil man sie nicht hineinlassen wollte, zitieren aber aus einem anonymen zeitgenössischen Bericht:

Ich sah Familien von sechs und acht Mitgliedern in dem herkömmlichen Vorderzimmer und Hinterraum wohnen. Wo sie alle schliefen, war mir ein Räthsel, das ich mir nur dadurch erklären konnte, dass ein Theil von ihnen auf dem Fußboden schlafen musste. Die Hitze in diesen Räumen ist entsetzlich, und der Geruch von Kloakengasen, so ekelerregend er auch ist, dünkt einem erfrischend, verglichen mit den erstickenden Dünsten, die jeden Winkel ... erfüllen. Die Leute kochen, essen und schlafen in demselben Raum, Männer, Weiber und Kinder durcheinander. Abfälle jeder Art machen den Fußboden feucht und schlüpfrig und die schwächlichen halbnackten Kinder kriechen oder rutschen darauf herum.[32]

Wegen der größeren »Arbeitsintensität« und des damit verbundenen Existenzdrucks betrage die Lebenserwartung eines amerikanischen Gießers rund vierzig Jahre, die eines englischen immerhin etwa fünfzig. Es gebe keinen Kündigungsschutz, praktisch kein Arbeitsrecht. Streik sei in den meisten Fabriken verboten. Wer streike, werde auf eine schwarze Liste gesetzt und bekomme nirgendwo mehr einen Job. Viele Fabrikanten verlangten vom Arbeiter die Zusicherung, dass er keiner Arbeiterorganisation angehöre und niemals streiken werde. Die Bleiarbeiter hätten noch 1884 den »eisernen Eid« leisten müssen: »Ich erkläre hiermit feierlichst, dass ich nicht Mitglied einer Arbeiterorganisation bin und … keiner der bestehenden Arbeiterorganisationen in Zukunft angehören werde. Für die Wahrheit dieser Erklärung verpfände ich mein Wort und meine Ehre als Mann.«

Nicht wenige Unternehmer beuteten ihre Arbeiter doppelt aus, indem sie in eigenen Läden Kleidung und Lebensmittel anböten, die auf Pump gekauft werden könnten. Die entstehenden Schulden würden vom Lohn abgezogen. In einigen dieser Geschäfte würden sogar Bier und Schnaps angeboten, oft zu absurd hohen Preisen. Die Verbreitung des Alkoholismus sei enorm, selbst in Prohibitionsstaaten.

Die Lage der schwarzen Arbeiter wird in der Schrift nicht berührt, vermutlich, weil Tussy und Aveling nur die Staaten nördlich von New York besucht haben und nicht die großen Agrargebiete im Süden. Sehr ausführlich wird dagegen die Lage der weiblichen Arbeiter behandelt.

»Wir beschäftigen nie Männer, wenn wir Frauen finden«, zitieren sie einen Werkführer aus Fall River. »Das tun wir nicht nur, weil das billiger kommt, sondern auch, weil sie weniger Ungelegenheit durch Streiks verursachen oder durch unnötige Beschwerden.«

Allerdings sei die Lage dieser Frauen keineswegs rosig. Eine gewöhnliche Näherin erhalte fünfzig Cent für sechzehn Arbeitsstunden, die sie mit fünf anderen Frauen in einer Stube, »verpestet von Kloakengasen«, verbringen müsse. Die Seidenweberinnen in Connecticut müssten fünfundzwanzig Cent Strafe zahlen, wenn sie sich während der Arbeit die Hände wüschen, der Verzehr einer Scheibe Brot koste einen Dollar Strafe. Wenn sie es wagten, über ihr Schicksal zu klagen oder mehr Lohn zu verlangen, würden sie mit zynischen Ratschlägen abgefertigt:

In einem amerikanischen Blatte wurde einmal eine Unternehmerin aus Philadelphia erwähnt, die einem Fabrikmädchen auf die Klage, es könne von dem gezahlten Lohn nicht leben, den guten Rath ertheilte, es den andern Mädchen nachzumachen und sich einen ›Freund‹ anzuschaffen.[33]

Viele amerikanische Arbeiterinnen seien schwer krank. Besonders häufig: Fehlgeburten, nervöse Beschwerden und Brustkrebs. Noch schlimmer das Schicksal der Kinder, die ohne gesetzliche Auflagen beschäftigt werden dürften, zu Hungerlöhnen natürlich. Mehr als fünfundzwanzig Prozent der Zigarrenmacher in New York seien Kinder zwischen acht und vierzehn Jahren, die nie eine Schule besucht hätten oder besuchen würden. Kritische Stimmen beklagten, dass der Tierschutz in Amerika wichtiger sei als der Kinderschutz. So schreibe etwa ein New Yorker Regierungsinspektor:

Ich verlange Mitleid für die Kleinen! In diesen Tagen gesetzlicher Intervention, wo der Staat das Vieh vor der Peitsche des Treibers schützt, wo er des überarbeiteten Pferdes gedenkt und es von seiner Qual befreit … da wäre es erbärmlich, wenn das Bedürfnis der Kindheit nach Muße … und nach Erziehung und Erquickung des Geistes keine Erhörung finden sollte … Die Kinder haben Rechte, die der Staat verpflichtet ist zu achten. Es ist ihr Recht zu spielen und sich zu belustigen, in der Schule und auf dem Spielplatz zu sein, anstatt sich in der Fabrik zu schinden.

Merkwürdigerweise gebe es in Amerika fast keine fiktionale Literatur über die Arbeiterklasse. Es fehlten die großen dokumentarischen Romane eines Charles Dickens, einer Margaret Harkness oder eines John Mackay. Vielleicht müsse erst ein Roman wie *Onkel Toms Hütte* über den Kapitalismus geschrieben werden, damit die Welt die Leiden der amerikanischen Arbeiter und ihrer Kinder zur Kenntnis nehme.

Die Hinrichtung der »Anarchisten«

Das Thema »Amerika« lässt die Avelings in diesen Wochen nicht los. Denn inzwischen ist es trotz aller internationalen Proteste so gut wie sicher, dass man die »Chicagoer Anarchisten« zum Tode verurteilen wird. Zurück aus Dodwell, beteiligen sich Tussy und Edward an Protestkundgebungen und verfassen mit William Morris, Stepniak und anderen eine Resolution, in der es heißt,»dass das Schicksal dieser sieben Männer … uns englische Arbeiter tief betrifft, weil ihr Schicksal das unserer irischen Kameraden ist, und morgen unseres sein wird, wenn nicht alle Arbeiter auf beiden Seiten des Atlantiks einstimmig erklären, dass alle, die das Recht auf freie Versammlung und freie Rede unterbinden, ungesetzlich und auf eigene Gefahr handeln«.[34]

Tussy schreibt einen langen Artikel in der Zeitschrift To-Day,[35] nennt die zu erwartende Exekution eine »Klassen-Exekution«, sagt klar und deutlich, dass es bei der Arbeiterkundgebung in Chicago im Grunde um nichts anderes gegangen sei als um den Kampf für den Achtstundentag, weshalb der Terminus »Anarchisten« nicht zutreffe. Die gemeinsam verfasste Resolution wird an den Obersten Gerichtshof der USA und an den amerikanischen Präsidenten, Grover Cleveland, geschickt – vergeblich. Vier der sieben Angeklagten, darunter auch August Spies, werden am 11. November 1887 hingerichtet. Zeitungen schreiben, dass sie nicht geweint oder geklagt hätten, sondern aufrecht und stolz in den Tod gegangen seien. Einer von ihnen habe im Moment vor der Hinrichtung die *Marseillaise* gesungen. August Spies habe, schon von seinem Henker vermummt, auf Englisch gesagt: »Die Zeit wird kommen, da unser Schweigen im Grabe mächtiger sein wird als unsere Reden.«[36]

Nach der Hinrichtung – die Männer sind bestialisch langsam erdrosselt worden – übergibt man die Leichen den Angehörigen. Am nächsten Tag findet in Chicago ein Trauerzug statt, dem über zwanzigtausend Menschen folgen. In London kommt es zu schweren Unruhen, obwohl die Polizei jede Versammlung, jede öffentliche Rede verboten hat. In die Empörung über die Hinrichtungen in Chicago mischen sich Proteste der Arbeitslosen und Demonstrationen der Irish National League, der ehemaligen, inzwischen verbotenen irischen Landliga. Tussy und Aveling stehen am Sonntag, dem 13. November 1887, mitten unter den ungezählten Demonstranten, darunter auch George Bernard Shaw, als fünfhundertfünfzig königliche Wachen und etwa zweitausend Polizisten erscheinen, beritten und zu Fuß.[37] Auch das britische Militär mischt sich ein. Hunderte Demonstranten werden verhaftet und zum Teil verurteilt. Mehr als zweihundert kommen verletzt ins Krankenhaus, mindestens drei davon sterben. Der 13. November 1887 wird als »Bloody Sunday« in die englische Geschichte eingehen.

»Ich habe nie eine derartige polizeiliche Brutalität erlebt«, schreibt Tussy am nächsten Tag in der Pall Mall Gazette. Viele Emigranten hätten ihr gesagt, dass sie so etwas nicht einmal in »Polizeistaaten« wie Deutschland oder Österreich erlebt hätten. Sie selbst habe natürlich »inmitten des Gefechtes« auf der Parliament Street gestanden und sei »ganz hübsch in die Mangel genommen« worden: Hut und Mantel völlig zerfetzt, Schlagstockhiebe auf Kopf und Arme, Sturz auf den Boden, Rettung durch einen alten blutüberströmten Iren, der sie im letzten Moment davor bewahrt habe, von Pferdehufen zertrampelt zu werden.[38] Engels, bei dem sie schwer malträtiert Zuflucht gesucht hat, sieht die Sache allerdings etwas anders: Sie sei nicht nur Opfer, sondern auch Angreiferin gewesen, was ihn stolz, aber auch besorgt macht, denn die Sache könnte ein unangenehmes polizeiliches Nachspiel haben.[39]

Theater und Opium

Gegen Ende des Jahres 1887 wenden Tussy und Aveling sich wieder ihren literarischen Aktivitäten zu. Ein Stück von Aveling – By the Sea, die Bearbeitung einer französisch-schottischen Vorlage – wird auf einer kleinen Bühne in der Londoner Ladbroke Hall aufgeführt. Es ist die Geschichte einer Seemannsbraut namens Jeannie, die nach dem vermeintlichen Seetod ihres Geliebten einen viel älteren Mann heiratet. Nach Jahren kommt der Seemann unerwartet zurück. Für Jeannie beginnt ein Konflikt zwischen Liebe und Treue. Doch die Treue siegt. Jeannie bleibt bei ihrem ungeliebten, aber gutherzigen Mann. Dem Seemann bleibt nichts anderes übrig, als mit gebrochenem Herzen auf die Weltmeere zu entschwinden.

Aveling, der nur wenig Erfahrung als Schauspieler hat, spielt den Ehemann, Tussy die Jeannie. Sie tritt unter ihrem richtigen Namen auf, er dagegen als »Alec Nelson«, ein Pseudonym, das er sich neuerdings gewählt hat, um seine politische von seiner künstlerischen Karriere zu trennen. Tussy ist glücklich, endlich wieder Theater spielen zu dürfen, wenn ihr auch klar gewesen sein muss, dass das Stück nicht viel taugt. Es ist langweilig und unglaubwürdig. Ausgerechnet Aveling, der kein sexuelles Abenteuer auslässt und vor dem Gesetz immer noch verheiratet ist, muss das Loblied der ehelichen Treue singen?

Die Presse urteilt vernichtend. Tussy hat als Jeannie nicht überzeugt. Man habe ihr die Beklommenheit ansehen, anhören können. »So klein das Theater auch war, sie war oft unhörbar, selbst für die, die in der Nähe der Bühne saßen, und schien auch nicht einen Augenblick lang zu begreifen, dass sie von jedermann, der weiter als ein paar Meter entfernt war, gehört werden sollte«, schreibt der Kritiker des *Dramatic Review*. »Einige ihrer Sätze wurden gut gesprochen, aber sie machte weder die reuige Ehefrau … noch die treue Gattin glaubhaft.«[40]

Aveling mag ein guter Naturwissenschaftler sein. Als Dramatiker und Literat aber taugt er nichts. Das findet auch George Bernard Shaw, der, inzwischen ein prominenter Journalist, schlimme Verrisse über die literarischen Vorträge schreibt, die Aveling neuerdings hält. Eins seiner Lieblingsthemen ist »Shelley als Sozialist«. Tussy ist tief gekränkt über diese allgemeine Ablehnung, spricht von »gesellschaftlicher Verrufserklärung«.

»Ich gewöhne mich daran, boykottiert zu werden«, schreibt sie im Dezember 1887 an Shaw. »Ich wundere mich jetzt viel mehr darüber, wenn ich *nicht* boykottiert werde. Sie besuchen uns jetzt nie, und ich habe mich manchmal gefragt, ob Sie uns nicht auch boykottieren.«[41]

Sie wird wieder traurig, verliert wieder den Lebensmut. Vielleicht, weil Edward sie häufig allein lässt, um mit jungen Schauspielerinnen zu proben. Oder weil ihr der Winter in London so endlos lang vorkommt, besonders seitdem sie New England im Frühherbst gesehen hat, die großen, lichtdurchfluteten Ebenen, den Indian Summer, die bunten Laubwälder. Jetzt herrscht wieder der Londoner Smog, und auch ihre Seele verdüstert sich.

In den Tagen vor Weihnachten empfinde sie besonders bitter, dass sie keine Kinder habe, schreibt sie an Dollie und Ernest Radford, die gerade zum zweiten Mal Eltern geworden sind, denn Weihnachten ohne Kinder sei ein riesiger Fehler.[42] Sie bemüht sich, die trostlose Wohnung zu renovieren, streicht nicht nur Wände und Böden, sondern auch Stühle und Tische an, würde sich am liebsten »selbst anstreichen«, wie sie sarkastisch an Laura schreibt.[43] Dank Avelings notorischer Neigung zum Geldausgeben hat auch sie sich verschuldet, hat immer wieder für ihn gezahlt, um Skandale abzuwenden. Jederzeit kann der »Pfänder« vor der Tür stehen und sein Siegel auf alles kleben, was nur den geringsten Wert hat. Aber sie streicht und streicht weiter, streicht Möbel und Wände an. Es soll doch schön sein, wenn er von seinen mysteriösen Ausflügen zurückkommt.

Irgendwann im Januar 1888 kann sie nicht mehr. »Sie nahm wissentlich eine große Überdosis Opium«, schreibt der Schriftsteller und Arzt Havelock Ellis. Zum Glück kommen Olive Schreiner und er früh genug vorbei, um sie zu retten. Sie drängen ihr Kaffee auf, zwingen sie, schnell im Zimmer herumzulaufen und sich zu erbrechen. »Ich habe nie erfahren, welches besondere Ereignis in ihrem häuslichen Leben den Anlass geboten hatte«, kommentiert Ellis. »Ihre Freunde waren bekümmert; sie waren kaum überrascht.«[44]

Henrik Ibsen

Während Dr. Donkin, der Arzt ihrer Kindheit und Jugend, ihr wahrscheinlich weitere Opiate verordnet hätte, um sie zu »beruhigen«, tut Ellis das, was schon immer die beste Therapie für sie war: Er gibt ihr Arbeit. Er weiß, dass sie sich leidenschaftlich für skandinavische Literatur interessiert, spätestens seit ihrer Freundschaft mit der Schwedin Charlotte Leffler-Erdgren. Schon seit längerem schwärmt sie für Ibsen, dessen Stücke gerade in Europa Furore machen, besonders *Nora oder ein Puppenheim*, ein Drama, in dem sie viel von sich selbst wiederfindet, vor allem die als »Liebe« deklarierte Entmündigung der Frau, erst durch den Vater, dann durch den Partner. Vor lauter Begeisterung hat sie sogar angefangen, Norwegisch zu lernen, wahrscheinlich angeregt von Engels und seinem Faible für skandinavische Sprachen. Ellis weiß von dieser Leidenschaft. Als der Verleger Vizetelly ihn beauftragt, einen Band mit Ibsen-Theaterstücken auf Englisch herauszugeben, engagiert er Tussy als Übersetzerin, wenn auch leider nicht für *Nora*, sondern für den *Volksfeind*, das wort- und personenreiche Stück über einen Kur- und Badearzt, der einen Umweltskandal bei der städtischen Wasserversorgung aufdeckt und den Kampf gegen Kapital und Korruption aufnimmt. Für die Übersetzung bekommt sie fünf Pence pro Seite, insgesamt fünf Pfund, also fast gar nichts. Tussy, die über die Leiden der ausgebeuteten Arbeiter schreibt, verdient selbst nicht mehr als ein jüdischer Lohnschneider oder eine Heimarbeiterin im Londoner East End.

An der Qualität dieser Arbeit scheiden sich die Geister. Die einen sind froh, Ibsen endlich auf Englisch lesen zu können. Die anderen, darunter auch Shaw, finden Tussys Sprache zu schwer, zu wenig bühnentauglich und zu unliterarisch. Tussy hatte keine Gelegenheit, Korrektur zu lesen. Man spürt die Hast, in der das Ganze entstanden ist. Vielleicht war auch ihr Norwegisch einfach nicht gut genug, da sie nie im Land war und die Sprache nie »aktiv« gelernt hat.

Wenig später übersetzt sie im Auftrag des Verlegers Thomas Fischer das 1888 geschriebene Ibsen-Drama *Die Frau vom Meer*, das ihrer Mentalität wesentlich mehr entspricht. Ellida, die Tochter eines Leuchtturmwärters, hat sich in einen Seemann verliebt, der fliehen muss, weil er einen Kapitän umgebracht hat. Er verspricht, wiederzukommen und sie zu holen. Sie solle nur warten. Sie aber heiratet einen Arzt, Dr. Wangel, der ihr ein sicheres, sorgloses Leben bietet, wenn er sie auch etwas langweilt. Eines Tages kommt der Seemann zurück und bringt sie in ein schweres Dilemma. Denn er übt, anders als Wangel, eine starke erotische Magie auf sie aus. Wangel sagt, dass sie selbst über ihr Leben entscheiden solle. Unglücklich und unfreiwillig wolle er sie nicht an seiner Seite haben. Erst in diesem Moment weiß sie, wohin sie gehört, nämlich zu ihm, und kann sich vom Zauber des Seemanns befreien.

Shaw, Ellis und Olive Schreiner sehen in diesem Stück eine Analogie zur Beziehung zwischen Tussy und Aveling. Auch er sei solch ein Magier. Auch er habe solche sexuelle Macht über sie und zerstöre ihr Leben, in dem es leider keinen guten »Doktor Wangel« gebe, der in selbstloser Liebe für sie da sei. Doch niemand wagt, ihr das offen zu sagen. Denn sie liebt ihren Edward immer noch über alles und betrachtet jeden Angriff auf ihn als gegen sich selbst gerichtet.

Wieder in Amerika

Im August 1888 gehen die Avelings wieder auf Amerikatour, diesmal zusammen mit Engels, der bester Stimmung ist. »Ich bin seit gestern auf einer kleinen Spritztour nach Amerika unterwegs«, schreibt er an einen Verwandten. »Wir sind eine fidele Gesellschaft ... Wir haben hübsche Kajüten, die Beköstigung ist vortrefflich, dazu amerikanisches Lagerbier, das gar nicht übel ist, ein langes Verdeck, um sich darauf herumzutreiben, nicht zu viel Passagiere.«[45]

Engels, der in Begleitung seines alten Freundes Karl Schorlemmer fährt, reist ganz bewusst nicht der Politik wegen, sondern um sich zu erholen. Er hat Rheumatismus in den Beinen und schwere Augenprobleme, wahrscheinlich, weil er sich beim Lesen von Marx-Manuskripten überanstrengt hat. Außerdem ist er noch nie in Amerika gewesen, obwohl Marx und er schon so viel darüber geschrieben haben.

Tussy und Aveling reisen aus anderen Gründen. Sie möchten für Avelings Theaterstücke werben, ob in New York, Chicago oder sonst wo. Tussy scheint sich zunächst geweigert zu haben, da sie die letzte Reise noch in übler Erinnerung hat, zumindest deren unangenehmes Nachspiel, doch Aveling vertreibt ihre Sorgen: Wenn es ihm gelänge, im amerikanischen Theater Fuß zu fassen, würde sich ihr ganzes Leben zum Guten wenden. Sie könnten umziehen und sie dürfe auch ihren Neffen Johnny für immer zu sich nehmen, wonach sie sich doch schon so lange gesehnt habe.[46]

Nach der Überfahrt mit der SS *City of Berlin* wohnen Engels und Schorlemmer bei sozialistischen Freunden, während Tussy und Aveling sich in einem Hotel am New Yorker Broadway einmieten, das viel zu teuer für sie ist. Doch Aveling hat Tussy davon überzeugt, ein billigeres Quartier passe nicht zu einem aufstrebenden Autor; außerdem würden seine potenziellen Auftraggeber alle Kosten für ihre Unterkunft übernehmen. Nachdem er seine »Verhandlungen« beendet hat, fahren sie gemeinsam mit Engels nach Kanada, eine Reise, die Tussy sehr genießt. Besonders die Gegend um Montreal überrascht sie wegen ihres exotisch-französischen Charakters.

»Der St. Lawrence ist ein wunderbarer Fluss, von dem wir uns in Europa keine Vorstellung machen«, schreibt sie in einem ihrer langen Reiseberichte an Laura, »überall von Inseln durchsetzt, einige sehr groß, andere winzige runde Dinger, mit Bäumen bestanden. In diesem sogenannten ›Land der tausend Inseln‹ haben vor allem reiche Kalifornier … ihre Sommerhäuser, und nachts sind diese Häuser von Hunderten chinesischer Lampen beleuchtet, was einen sehr merkwürdigen und schönen Eindruck gibt. Fast alle Leute sprechen Französisch, fast alle Geschäfte haben französische Namen … Es ist die unordentlichste, schmutzigste Stadt, die ich je gesehen habe. Die Häuser – alle aus Holz – scheinen nur dazu gebaut, um gleich wieder auseinanderzufallen … Aber die Stadt liegt wunderschön am St. Lawrence, und am Horizont siehst Du auf die weißen und grünen Berggipfel des Montreal-Gebirges.«[47]

Aveling wird kein einziges Stück in Amerika unterbringen, wird keine Kontakte knüpfen, keine Verträge abschließen. Man ist an ihm schlicht nicht interessiert. Er selbst wird das damit begründen, dass die amerikanische Bühne eben nichts tauge. Alle wichtigen Stücke seien aus Europa importiert worden, und wenn man die Yankees mit ihren dramatischen Kreationen allein ließe, käme nur kulturloser Kram dabei heraus.[48]

Die Bilanz dieser Reise ist – von ein paar touristischen Eindrücken abgesehen – derart ernüchternd, dass sogar der sonst so langmütige Engels nur noch über Aveling spottet. Wenn dessen Bühnenerfolge in diesem Tempo fortschritten, werde man demnächst wohl auf Kosten eines berühmten Impresarios nach Australien reisen müssen, um ihn dort feiern zu lassen, schreibt er an Laura.[49]

In London nehmen die Dinge ihren gewohnten Lauf. Edward geht seiner eigenen Wege. Tussy verbringt ihre Nächte allein, schreibend und brütend. Am letzten Abend des Jahres 1888 fasst sie in einem langen Brief an Laura zusammen:

Ich kann das alte Jahr nicht zu Ende gehen und das neue nicht anfangen lassen, ohne Dir zu schreiben, dass wir hoffen, es möge für Dich und für Paul ein glückliches sein. Ich hatte enorm viele Briefe zu schreiben, und nun ist es Zeit, zum Silvesterfest zu Pumps zu gehen ... Hier ist alles wie immer. Engels hat sich seit unserer Amerika-Tour enorm verjüngt ... Alle deutschen Flüchtlinge sind bei ihm ... sehr zum Missfallen von Pumps. Morgen fährt Edward nach Cornwall zu einigen Freunden, die mich unbedingt auch sehen wollen. Aber ich mache mir nichts aus reichen Leuten, obwohl ich fürchte, dass ich mitfahren muss. Ich habe eine Entschuldigung, weil ich nächsten Mittwoch nach Oxford will, um die einzige Abschrift eines elisabethanischen Stückes zu sehen, das ich ediere. Wenn ich nach Cornwall fahre, werde ich ein bisschen Zeit haben, Dir ausführlicher zu schreiben, wie die Dinge hier stehen. Sie bewegen sich – aber langsam! Unsere Liebe für Euch beide und die besten aller guten Wünsche – Deine Dich liebende Tussy.[50]

11

ICH BIN EINE JÜDIN!

1889–1891

»Brüder im Exil!«

Das Jahr 1889 markiert eine Wende in der englischen Arbeiterbewegung. Waren die alten »Trade Unions« noch weitgehend unpolitisch, nur auf konkrete Verbesserungen am Arbeitsplatz bedacht, so beginnen die Arbeiter sich jetzt immer mehr zu politisieren. Im August 1888 ist die schottische »Labour Party« gegründet worden. Drei Monate später hat in London ein internationales Gewerkschaftstreffen stattgefunden. Dabei wird der »Gründungskongress der Zweiten Sozialistischen Internationale« geplant, der am 14. Juli 1889, dem hundertsten Jahrestag der Erstürmung der Bastille, in Paris stattfinden soll.

Tussy Marx agiert als eine Art Schlüsselfigur, vermittelt zwischen rivalisierenden Gruppen, versucht, alte Widersacher zu beruhigen, spricht vor großen Versammlungen, in Fabriken, im Freien, empfängt unzählige Besucher in ihrer Wohnung auf der Chancery Lane, wird geliebt und gehasst, als »alte Mutter«, »alte Heizerin« und Anführerin einer »marxistischen Clique« bezeichnet, wird eine der einflussreichsten politischen Rednerinnen Englands. Sie genießt einen derartigen Ruf, dass sie die Presse bitten muss, ihren Namen nur anzukündigen, wenn es wirklich sicher sei, dass sie auch tatsächlich erscheine. Mehrmals sei er ohne ihr Wissen veröffentlicht worden, und die Leute seien unter Protest wieder nach Hause gegangen, als nicht sie, sondern jemand anders aufs Podium gekommen sei.[1]

Es sind aber weniger die Personen als die Verhältnisse, die diese Politisierung bewirkt haben: der Schock über die Hinrichtungen von Chicago, die Armut der englischen Landbevölkerung, die Unruhen in Irland und die Arbeitslosigkeit in den Londoner Slums. In dieser Stimmung fallen sozialistische Versprechungen auf furchtbaren Boden. Sogar die tief religiösen Lohn- und Heimarbeiter in den jüdischen Elendsvierteln lassen sich von den neuen Ideen anstecken.

Wortführer der Juden ist Israel Zangwill, 1864 geboren, Sohn russischer Einwanderer, Dramatiker, Romancier, Essayist, ein Mann, dessen Muttersprache das Jiddische ist. Tussy trifft ihn manchmal in einem Club von Theaterfreunden, wo sie über Ibsen diskutieren. Bald stellen sie fest, dass sie noch andere gemeinsame Interessen haben: vor allem das Engagement für die jüdischen Flüchtlinge im East End, eine Gruppe, zu der er selbst einmal gehört hat. – Jiddisch! Auch sie müsse unbedingt Jiddisch lernen, beschwört er sie, denn Jiddisch sei die lingua franca des Gettos, das verbindende Idiom, in dem sich alle Einwanderer aus Russland, Polen, Litauen, Holland und Deutschland verständigten. Jiddisch sei auch die Sprache der sozialistischen Zeitungen, die seit kurzem im East End erschienen, die *Arbaiter Fraint*, die *Fraye Welt*, der *Poilishe Yidel* und die *Tsukunft*.

Doch zunächst verschlingt Tussy Zangwills Romane, die auf Englisch geschrieben sind, *Children of the Ghetto* zum Beispiel, in dem ein jiddischer Dichter namens Pinkas seinen Glaubensgenossen zuruft:

Brüder im Exil! Die Stunde ist gekommen, um die Ausbeuter zu Boden zu werfen! ... Unser großer Lehrer Moses war der erste Sozialist. Die Gesetzgebung des Alten Testaments, das Landgesetz ... die zärtliche Sorgfalt für die Armen ... das alles ist der reine Sozialismus! ... Mit einem Wort, Sozialismus ist Judentum und Judentum ist Sozialismus. Und Karl Marx und Lassalle, die Gründer des Sozialismus, waren Juden! Das Judentum kümmert sich nicht um die nächste Welt, es sagt: ›Iss, trink und sei zufrieden und danke dem Herrn, deinem Gotte, der dich aus Ägypten, dem Land deiner Knechtschaft, geführt hat.‹ Aber wir haben nichts zu essen, wir haben nichts zu trinken, wir sind immer noch in dem Lande der Knechtschaft. Meine Brüder, wie können wir denn das Judentum halten in einem Lande, wo kein Sozialismus ist? ... Behaltet nicht eure Reichtümer für euch, sondern teilt sie! Esst nicht das Brot, das andere verdient haben, sondern verdient es euch selbst! Ja, Brüder, die einzigen echten Juden in England sind die Sozialisten; Gebetsriemen, Gebetbücher, das ist lauter Unsinn. Arbeitet für den Sozialismus, das ist dem Allmächtigen lieb. Der Messias wird ein Sozialist sein … So und nur so werdet ihr aus der Knechtschaft erlöst werden, werdet ihr aus Lasttieren Menschen, aus Sklaven freie Bürger, aus falschen Juden echte Juden werden! … So und nur so wird Judäa die Welt bedecken wie das Wasser das Meer bedeckt![2]

Tussy tut, was Zangwill und andere ihr raten: Sie lernt die alte, fremde und doch vertraute Sprache, die Sprache ihrer Vorfahren, das Idiom, das die Mutter von Marx zeitlebens nie ganz abgelegt hat.

»Meine letzte linguistische Erwerbung ist Jiddisch«, erzählt sie einer Besucherin aus Russland. »Ich halte sogar Vorträge auf Jiddisch und benutze dabei die deutsche Grammatik, sodass mein Publikum mich besser verstehen kann!«[3]

Das Ganze ist übrigens auch eine Frage der Solidarität mit den Juden im East End. Denn die Londoner jüdische Bourgeoisie, theologisch angeführt von dem aus Hannover stammenden Oberrabiner Dr. Hermann Naftali Adler, die reichen Bankiers, Kaufleute und Börsenmakler, mögen das Jiddische nicht, selbst wenn es in ihrer eigenen Sprechweise noch so oft durchklingt. Für sie ist es die Sprache der Rückständigen, Ungebildeten, die sich nicht assimilieren wollen, die Sprache des ostjüdischen Proletariats. Ein Grund mehr für Tussy, sie gründlich zu lernen. Sie »liege ihr im Blut«, sagt sie der russischen Besucherin. Im April 1889 bezeichnet sie sich ihrer Schwester Laura gegenüber zum ersten Mal als »eine Jüdin«.[4]

Auf dem Pariser Kongress

Am 7. Juli 1889, eine Woche vor Eröffnung des Kongresses der Zweiten Sozialistischen Internationale, treffen die Avelings in Paris ein. Aveling als Korrespondent für eine sozialistische Zeitung und Delegierter eines »Radikalen-Clubs«, Tussy als offizielle Übersetzerin aus dem Englischen und Französischen ins Deutsche und umgekehrt. Sie ist außerdem Mitglied des englischen Kongresskomitees und hat sich die Finger an Einladungen wund geschrieben. Über fünfhundert Briefe an Gewerkschafter in England, Irland und Schottland, zum ersten Mal auf einer Schreibmaschine, die sie nach langem Zögern gekauft hat, um sich Arbeit zu sparen.

Schon im Vorfeld des Kongresses hat es großen Ärger gegeben. Denn nicht nur die Sozialisten, auch die »Possibilisten«, eine von der französischen Arbeiterpartei abgespaltene Gruppierung, die sich für praktische soziale Reformen in der nächsten Umgebung einsetzt, planen zum 14. Juli 1889 eine Veranstaltung. Außerdem gibt es lange Debatten über die Frage, ob man die »Anarchisten« zulassen solle oder nicht. Diese Querelen halten den inzwischen neunundsechzigjährigen Engels davon ab, nach Paris zu kommen, obwohl er sich an der Vorbereitung aktiv beteiligt hat.

Tatsächlich finden zwei konkurrierende Kongresse statt, der kleinere, »possibilistische« in der Rue Lancry, der größere, »marxistische« in der Salle Pétrelle, die mit rotem Tuch ausgeschlagen und mit roten Fahnen geschmückt ist. Hinter den Rednerpulten, an der Stirnwand, prangt ein riesiges Transparent, auf dem in goldenen Lettern die Schlussworte des *Kommunistischen Manifestes* stehen: »Proletarier aller Länder, vereinigt Euch!«

Es sind große Tage für Tussy. Jeder kennt sie. Fast jeder verneigt sich vor ihr. Über vierhundert Delegierte aus den USA und vierundzwanzig europäischen Ländern sind gekommen, um über den Stand der Bewegung in ihrer Heimat zu berichten, aus Deutschland, der wie immer stärksten Fraktion, allein über achtzig. Es sind Männer wie Bebel, Liebknecht und Bernstein darunter, alles alte Bekannte von Tussy, einige jüdische Gewerkschafter aus Amerika, die über die Lage der ostjüdischen Schneider, Schriftsetzer, Seidenweber usw. in den Staaten sprechen wollen, aber auch eine kleine, zarte rothaarige Frau, der Tussy bis jetzt noch nie begegnet ist. Ihr Name ist Clara Zetkin.

Nach langen Diskussionen, die Tussy geduldig übersetzt, beschließt der Kongress, sich für folgende Ziele einzusetzen: Abschaffung der stehenden Heere; Verbot der Arbeit für Kinder unter vierzehn Jahren; Verbot der Nachtarbeit für Frauen und Minderjährige; ein obligatorischer Ruhetag pro Woche; Einführung des Achtstundentages; regelmäßige internationale Kundgebungen zum ersten Mai, dem Jahrestag des Massakers auf dem Haymarket von Chicago.[5]

Clara Zetkin

Clara Zetkin, die 1857 geborene Tochter eines sächsischen Lehrers und einer Französin, ist zwar als Sprecherin der Berliner Arbeiterinnen zum Kongress entsandt worden, lebt aber zur Zeit nicht in Deutschland, sondern im Pariser Exil. Der Mann, dessen Namen sie trägt, ohne jemals offiziell mit ihm verheiratet gewesen zu sein, ist vor kurzem an Tuberkulose gestorben. Er war ein berühmter russisch-jüdischer Revolutionär, Ossip Zetkin, Vater ihrer beiden Söhne Maxim und Kostja.

Am 19. Juli 1889, einen Tag vor dem Ende des großen Kongresses, referiert Clara Zetkin über die Frage der Frauenarbeit. Das Thema ist wichtiger denn je, denn einige »Genossen« haben tatsächlich den Antrag gestellt, der Kongress möge sich für ein *Verbot* der Frauenerwerbstätigkeit aussprechen! Die Rednerin wirkt erst ein wenig unsicher, da unter den über vierhundert Delegierten nicht einmal zehn Frauen sind, ein grandioses Missverhältnis. Doch je länger sie spricht, umso mehr gewinnt sie an Selbstbewusstsein:

»Es ist … nicht zu verwundern, dass die reaktionären Elemente eine reaktionäre Auffassung haben über die Frauenarbeit. Im höchsten Grade überraschend aber ist es, dass man auch im sozialistischen Lager einer irrtümlichen Auffassung begegnet, indem man die Abschaffung der Frauenarbeit verlangt«, womit sie auf Bebel und seine Schrift *Die*

Frau und der Sozialismus anspielt, in der er vehement für ein »Zurück an den Herd« plädiert, denn weibliche Berufstätigkeit schade, so Bebel, der ganzen Familie:

> Die Kinder sind sich selbst oder der Überwachung der älteren Geschwister überlassen, die selbst der Überwachung und Erziehung bedürften. In fliegender Eile wird in der Mittagsstunde das meist elende Essen hinuntergeschlungen, vorausgesetzt, dass die Eltern überhaupt Zeit haben, nach Hause zu eilen ... Müde und abgespannt kehren beide abends heim. ... Die Frau des Arbeiters ... hat von neuem alle Hände voll zu tun. ... Die Kinder werden eiligst ins Bett gebracht, die Frau sitzt und näht und flickt bis in die späte Nacht. Der Mann geht ins Wirtshaus, um dort die Annehmlichkeiten zu finden, die ihm zu Hause fehlen.[6]

Clara Zetkin wendet sich gegen diese Thesen. Im Haushalt werde die Frau derzeit kaum noch gebraucht, weil es fast alles, was früher selbst gemacht werden musste, fertig zu kaufen gebe, Lebensmittel, Kleidungsstücke, Seife usw. Andererseits mache es die moderne, oft mehr Geschicklichkeit als Muskelkraft erfordernde Produktionsweise in den Fabriken möglich, Männer *und* Frauen einzustellen. Das Argument, Frauen lieber nicht zu beschäftigen, weil sie die Löhne der Männer drückten, sei »ebenso logisch begründet«, wie die »Abschaffung der Maschinen und Wiederherstellung des mittelalterlichen Zunftrechtes« zu fordern.

Nach diesen Ausführungen klingt es aus heutiger Sicht etwas befremdlich, wenn Clara Zetkin bemerkt, dass sie rein gar nichts von der »bürgerlichen« Frauenbewegung erwarte, einer Bewegung, die für das Frauenstimmrecht und die volle Zulassung zu allen Berufen plädiere. »Das Stimmrecht ohne ökonomische Freiheit« sei nämlich »nicht mehr und nicht weniger als ein Wechsel, der keinen Kurs« habe. »Die Emanzipation der Frau wie die des ganzen Menschengeschlechtes« werde »ausschließlich das Werk der Emanzipation der Arbeit vom Kapital sein«.[7]

Lebhafter Beifall, der sich wiederholt, nachdem Tussy den Vortrag ins Englische und Französische übersetzt hat. *Das* ist der Standpunkt der marxistischen Orthodoxie. *Das* ist der Standpunkt, den auch Tussy und Aveling 1886 in »The Woman Question« vertreten haben: Es gebe keine Frauen-, sondern nur eine Klassenfrage. Die Frauenfrage werde sich mit dem Sieg des Sozialismus von selbst erledigen.[8] Am Rande des Kongresses erfährt sie allerdings Dinge von Clara Zetkin, die gegen diese banale These sprechen. Dass Ossip Zetkin ihr die ganze Sorge um den Familienunterhalt, die Kindererziehung und den Haushalt aufgebürdet hat, damit er sich selbst der Weltrevolution widmen konnte. Dass sie sich manchmal wie ein »Hofschneider«, eine »Wäscherin« und ein »abgerackerter Droschkengaul« fühlte.[9] Dass er ihr erst »erlaubte«, für verschiedene Zeitungen zu schreiben, als er krank wurde und vor dem wirtschaftlichen Ruin stand, dabei aber keine andere Pflegerin an seinem Bett duldete als sie. Doch so etwas klagen und schreiben sich die Frauen allenfalls untereinander, wenn kein männlicher Journalist oder Delegierter zuhört.

Anarchistische Abweichler

Weniger einverstanden als mit der Rede von Clara Zetkin ist Tussy Marx mit den Ausführungen von Francesco Saverio Merlino, Italiener und Delegierter des Zirkels »Eisen und Feuer« aus dem ägyptischen Alexandria, der dem Kongress in perfektem Französisch erklärt, warum der Marxismus alter Schule ausgedient habe und die Ära des *Anarchismus* angebrochen sei.

Der Mann ist Rechtsanwalt und Philosoph. Er argumentiert gut und sieht auch gut aus, schlank, drahtig, teuer gekleidet, mit pechschwarzem Schnäuzer und blitzenden Augen. Man kann ihn nicht einfach ausbuhen. Man muss ihn zu Wort kommen lassen. Zumal er zunächst genau dasselbe sagt, was auch Tussy seit dem Massaker auf dem Chicagoer Haymarket immer wieder betont hat: dass es nicht angehe, alle Anarchisten pauschal als »Übeltäter«, als »malfattori« zu bezeichnen. Doch dann sagt er, die Sozialisten seien Verfechter einer zentralistischen, autoritären Ordnung. Sie imitierten im Grunde den Staat, den sie bekämpften. Achtstundentag, Mindestlohn: ihre Forderungen seien kleinlich, ja banal. Wenn es gelänge, die Herrschaft des Kapitals durch die Herrschaft der Arbeiterklasse zu ersetzen, würden sich die Verhältnisse nur verschieben, nicht verändern. Die Chefs würden sich künftig aus Arbeitern rekrutieren statt aus Kapitalisten, und für Korruption sei weiterhin Tür und Tor geöffnet. »Die Staatssozialisten« würden sich Räte oder Ausschüsse schaffen »und die Masse in einen Zustand der Sklaverei, schlimmer als die gegenwärtige, versetzen«.

Merlino wird vom Vorsitzenden mehrmals ermahnt. Lautes Gelächter stört seine Rede. Niemand hört mehr genau zu, als er sagt, dass es auch ihm um eine »wirkliche Verbesserung der Lage der Menschheit« gehe, nur ohne Komitees, Paragraphen und Parteisekretariate, sondern um freie Vereinbarungen, Selbstorganisation, Solidarität.[10]

Das ist ungeheuerlich. Das ist Blasphemie. Das ist ein Dolchstoß ins Herz der deutschen Delegierten, die sehr genau spüren, dass *sie* gemeint sind, *sie* und ihr Hang, keine abweichenden Meinungen zu dulden, sondern alles zu reglementieren und zu organisieren wie die preußischen Ordnungsbehörden. Nur einige Franzosen und Engländer wagen es zu applaudieren, während ein paar Italiener fordern, Tussy möge diese Rede sogleich übersetzen, und zwar vollständig, worauf Tussy süffisant bemerkt, »dass Merlino fließend Englisch und Deutsch spreche, daher sei es das einfachste, dass er selbst seine Rede in diese Sprachen übersetze«, was dann auch geschieht.[11]

Mit dieser Weigerung fällt ein Schatten auf ihre Integrität. Statt eine kontroverse Diskussion zuzulassen, betreibt sie Zensur und vertieft die Kluft. Zwei Parteien, die Sozialisten und »Anarchisten«, die im Grunde mehr Gemeinsames als Trennendes haben, scheiden feindselig und ohne Verständigung voneinander.

Die Docker streiken

Es mag Tussy mit einer Mischung aus Triumph und Enttäuschung erfüllt haben, als sie erfährt, dass kurz vor ihrer Rückkehr nach London eine große Demonstration der Gasarbeiter stattgefunden hat, mitten im Hyde-Park, eher Freudenfest als Protest. Denn die achtzigtausend Mitarbeiter der rivalisierenden Londoner Gas-Companies haben nach langem Streik den Achtstundentag durchsetzen können, müssen nun nicht mehr vom Morgen bis in die Nacht an Retortenöfen stehen, in giftigen Dämpfen, Rauch, Staub und Dunst, bei Temperaturen bis zu sechsundachtzig Grad. Die Fabrikherren haben versprochen, den Lohn nicht zu senken, ja sogar eine bescheidene Lohnerhöhung zu gewähren. Denn eine Fortsetzung des Streiks würde bedeuten: keine Beleuchtung der großen Straßen, Plätze und Brücken mehr, nächtliche Dunkelheit in den Theatern, kompletter Gasausfall in den Häusern der Reichen, in denen erst vor kurzem Gasherde und Gasbadeöfen installiert worden sind.

Dieser erste Sieg bleibt nicht ohne Folgen. Am 15. August 1889 beginnen auch die Dockarbeiter zu streiken. Zuerst sind es nur viertausend Männer. Ein paar Tage später schon hunderttausend. Am 3. September 1889 haben hundertachtzigtausend Docker die Arbeit niedergelegt, sodass im Hafen das Chaos ausbricht. Hunderte von Schiffen warten auf ihre Abfertigung, Lebensmittel verfaulen, der Handel im ganzen Land droht zu stagnieren. Reeder, Bankiers und Fabrikanten fürchten um ihre Existenz. Auch im Parlament bricht Panik aus. Die Politiker rechnen mit Hungersnöten und Seuchen. Niemand hat diesen Aufruhr für möglich gehalten. Denn die Docker sind ungelernt, größtenteils Analphabeten. Dass sie sich jemals zusammenraufen und organisieren, eine »New Union«, eine neue Gewerkschaft, bilden würden, hat keiner geglaubt.

Zwei Männer aus der Gruppe um Tussy und Aveling, John Burns und Tom Man, führen die Streikenden an. Tussy sitzt im Büro und organisiert, sammelt dreißigtausend Pfund Sterling an Spenden ein, die von Sozialisten aus aller Welt, sogar aus Australien, geschickt werden, stellt

Essensbons für die Frauen der Streikenden aus, tröstet, ermutigt, gibt Direktiven.

Die Docker, diese Ärmsten der Armen, mit deren Schicksal sie sich nun schon seit langem befasst, fordern mehr Lohn: sechs Pence die Stunde, das sind zwei Shilling pro Tag; sie wollen fest angestellt werden, richtige Arbeitsverträge haben, nicht mehr Morgen für Morgen vor den Toren der Lagerhäuser stehen und sich um den Hungerlohn, der dort zu verdienen ist, prügeln müssen.

Die Arbeitgeber machen verschiedene Angebote, die John Burns sämtlich ablehnt. Keine Almosen für die Docker, sondern den Sixpence! Tussy spricht vor riesigen Menschenmengen im Hyde Park, vor allem zu den Frauen. Ihre Reden, die mitten ins Herz dieser Notleidenden treffen, machen auch Außenstehenden großen Eindruck. »Bemerkenswert«, schreibt der *Labour Elector*, »die Augen der Frauen an sie gefesselt, als sie über das Elend in den Wohnungen der Docker sprach. Liebenswert, wie sie ihren schwarzbehandschuhten Finger gegen die Unterdrücker richtete, und eindrucksvoll, die herzlichen Beifallsrufe zu hören, mit denen ihre glänzende Rede aufgenommen wurde.«[12]

Als die Lage in London so dramatisch wird, dass der Generalstreik auszubrechen droht, gehen der Oberbürgermeister und ein Kardinal auf die Streikenden zu. Am Ende erhalten dreißigtausend der hundertachtzigtausend Docker die geforderte Lohnerhöhung, Bezahlung von Überstunden und die Garantie einer geregelten täglichen Arbeitszeit.

»Der Dockstrike war grandios«, schreibt Engels stolz an einen Freund. »Tussy hat schwer mitgearbeitet, der Neid auf die Stellung, die sie sich dadurch gemacht, bricht schon an verschiedenen Ecken hervor ... Wenn Marx nur noch lebte, um das sehen zu können!«[13]

Tussy hält sich jetzt fast nur noch im East End auf. Ihre literarischen Arbeiten ruhen. Sie schreibt in diesem Jahr (1889) keinen größeren Aufsatz, keine größere Übersetzung, scheint sich endgültig der Politik an der Basis verschrieben zu haben. Dazu Engels an Laura:

Seit dem Dockstreik ist Tussy eine richtige East-Enderin geworden. Sie organisiert Trade Unions und unterstützt Streiks – am letzten Sonntag haben wir sie überhaupt nicht gesehen, da sie morgens und abends Reden zu halten hatte. *Diese neuen Trade Unions ungelernter Arbeiter und Arbeiterinnen unterscheiden sich völlig von den alten Organisationen der Arbeiteraristokratie und können nicht auf dieselben konservativen Wege geraten; sie sind zu arm, zu wacklig und zu sehr aus unbeständigen Elementen zusammengesetzt, denn jeder dieser ungelernten Leute kann jeden Tag seine Tätigkeit wechseln. Und sie sind unter ganz anderen Voraussetzungen organisiert – alle führenden Männer und Frauen sind Sozialisten und noch dazu sozialistische Agitatoren. In ihnen sehe ich hier den wirklichen Anfang der Bewegung.*[14]

Die Frauen von Silvertown

Nach diesem ersten fulminanten Erfolg als Gewerkschaftsführerin – »was Tussy leistet, ist ja unglaublich, sie kann mit jedem Mann konkurrieren«, schreibt Natalie Liebknecht an Engels[15] – ist sie in ihren Aktivitäten nicht mehr zu bremsen und stürzt sich nun doch auf das heikle Thema der »Frauenfrage«. In Silvertown, einem kleinen Nest im äußersten Osten Londons, sind die Arbeiterinnen einer Gummifabrik in den Ausstand getreten, junge Frauen und Mädchen, Mütter und Kinder. Sie wollen den gleichen Lohn wie die Männer, bessere Bezahlung von Akkordarbeit, Feiertagszulagen, Schutzfristen für Schwangere und Stillende. Die Bedingungen, unter denen sie arbeiten müssen, sind untragbar. Mindestens achtzig Stunden pro Woche, Umgang mit giftigen Substanzen, miserable Bezahlung ohne jeden Kündigungsschutz.

Der Protest der Frauen ist neu, unerwartet, schockierend. Es hat zwar schon einige kleine Frauengewerkschaften gegeben, aber noch nie haben Arbeiterinnen sich so einheitlich organisiert. Wie sollten sie auch, solange die klassischen Trade Unions ihre Aufnahme ablehnten? Erst jetzt – 1889 – wird diese Regel auf dem Gewerkschaftskongress von Dundee geändert.

Während des Streiks fährt Tussy Marx regelmäßig in die »Silver Town India Rubber Works«, ob mit der U-Bahn oder mit anderen Verkehrsmitteln. Oft bleibt sie bis Mitternacht und darüber hinaus. Wenn keine Busse und Bahnen mehr fahren, geht sie zu Fuß durch das nächtliche London nach Hause. Von montags bis samstags spricht sie täglich vor den Arbeiterinnen, in Werkhallen und Gaststätten, an Sonntagen in den großen Parks, manchmal vor zehntausend Menschen, die alle ein Gewerkschaftsabzeichen am Hut tragen. Um besser gehört und gesehen zu werden, klettert sie auf Tische und Stühle und hebt dabei ungeniert ihren Rock hoch, unter dem ein rotes Flanellunterkleid sichtbar wird.

Clara Zetkin kommt zu Besuch und ist tief beeindruckt. Könnte es vielleicht sein, dass sie sich getäuscht hat, dass Frauensolidarität doch etwas bewirken kann?

Doch der Streik zieht sich hin, dauert den ganzen Herbst bis in den Winter hinein, insgesamt über zehn Wochen. Jeden Morgen fährt Tussy nach Silvertown, redet bei Wind und Wetter, wird heiser und müde. Diesmal kommen keine Spenden von Sozialisten aus aller Welt, keine Solidaritätsbriefe von anderen Gewerkschaften. Es sind ja nur Frauen, die streiken. Sollen sie doch ausgesperrt werden, sollen sie doch nach Hause gehen, zurück an den Herd. Machen sie nicht die Männer zu Tausenden arbeitslos und drücken die Löhne?

Schließlich muss Engels sich einschalten. Er wacht noch immer wie ein Schutzengel über »seine« Tussy. Als die Leiter der Gummifabrik damit drohen, Arbeiterinnen aus einer Tochterfirma in Frankreich zu »importieren«, appelliert er an seine französischen sozialistischen Freunde:

Wir bitten Sie, alles in Ihrer Macht Stehende zu tun, um zu verhindern, dass französische Arbeiter die Arbeitsplätze der Streikenden in Silvertown einnehmen … und an das Klassenbewusstsein Ihrer Arbeiterinnen zu appellieren. Es wäre schrecklich, wenn durch die Ankunft französischer blacklegs [Streikbrecher, EW] der Widerstand der Streikenden gebrochen würde. Das hätte einen Wiederausbruch des alten nationalen Hasses zur Folge … Seit vier Monaten sind die Arbeiter des Londoner Ostens nicht nur mit Leib und Seele in die Bewegung eingetreten, sondern sie haben auch ihren Kameraden aus allen Ländern ein Beispiel an Disziplin, Opfermut, Kühnheit und Ausdauer gegeben, dem nur das Verhalten der von Preußen belagerten Pariser gleichkommt. Stellen Sie sich nun vor, welche Wirkung das hätte, wenn sich mitten in diesem Kampf französische Arbeiterinnen finden, die unter der Fahne der englischen Bourgeoisie kämpfen![16]

Doch der Appell verhallt. Die Arbeiterinnen von Silvertown können sich nicht durchsetzen. Viele verlieren ihre Stellungen, wissen nicht, wie sie den Winter überleben sollen. Trotz vieler Skrupel spricht Tussy sich dafür aus, eine Frauensektion innerhalb der Gewerkschaft zu gründen, obwohl sie eigentlich lieber die *Einheit* von Männern und Frauen gesehen hätte. Doch die Frauen bauen auf sie, schauen zu ihr auf, nennen sie fast zärtlich »our mother«. Im Dezember 1889 ist sie die wichtigste Figur innerhalb der Frauengewerkschaftsbewegung, »Sekretärin der Frauensektion der Gasarbeiter und der Gummi-Arbeiterinnen von Silvertown«, eine feministische Führerin wider Willen.[17]

Tussys erfolgreicher Einsatz für die Arbeiterinnen geht vielen »Herren« in den alten Trade Unions zu weit. Sie wollen keine gleiche Bezahlung und schon gar keine Sonderrechte für Frauen, etwa den Mutterschutz. Sie sind überhaupt gegen Frauenarbeit, wenn sie auch wissen, dass ihr Widerstand zwecklos ist, denn ohne die Frauen läge die englische Wirtschaft darnieder. Als sie im Sommer 1890 zum traditionellen Trade Union Congress einladen, der im Oktober in Liverpool stattfinden soll, schließt das Exekutiv-Komitee, dem Tussy selbst angehört, sie als Delegierte der Gas-Arbeiter aus. Begründung: Sie sei keine Gas-Arbeiterin, sie sei überhaupt keine *arbeitende Frau*, und nur *Arbeiterinnen* seien zugelassen. Tussy ist zunächst sprachlos und tief verletzt, denn die Schriftstellerin Clementina Black und die Kunsthistorikerin Emilia Dilke werden eingeladen, obwohl sie ja wahrlich auch keine »Arbeiterinnen« sind. Nachdem ihr erstes Entsetzen verklungen ist, beschließt sie, die Sache öffentlich zu machen und schreibt Leserbriefe an die Zeitung *People's Press*.[18] Sie sei durchaus eine »Arbeiterin«, nämlich Maschinenschreiberin, argumentiert sie. Clementina Black und Emilia Dilke dagegen hätten noch nie im Leben körperlich gearbeitet oder gar eine Fabrik betreten.

Die »Herren« finden schließlich den – faulen – Kompromiss, sie als Journalistin zu akkreditieren und ihr einen Platz unter den Presseleuten zuzuweisen, von wo aus sie für den *Sozialdemokraten*, die *Neue Zeit*, die *Time* und das *Volksblatt* schreibt. Sie tut es mit großer Akribie, ohne auf ihren eigenen Ausschluss hinzuweisen,[19] was ihr hoch anzurechnen ist. Aber ein paar schärfere Worte wären hier durchaus angebracht gewesen und hätten vielleicht doch für politische Unruhe gesorgt.

Verlust einer Freundin

So beliebt sie bei den Arbeiterinnen und Arbeitern ist, so schwierig gestalten sich ihre persönlichen Verhältnisse, und zwar immer aus demselben Grund: Edward Aveling. Sie lebt nun seit sieben Jahren mit ihm zusammen. Aber nichts wird besser. Sein Ruf ist und bleibt katastrophal. Olive Schreiner zum Beispiel schreibt an Havelock Ellis, dass dieser Mann alles tue, um ihre eigene Lebens- und Arbeitskraft zu »verkrüppeln«, wodurch auch die Freundschaft zu Tussy immer mehr leide.[20]

Margaret Harkness, die andere Schriftstellerfreundin, treue Begleiterin ihrer Recherche-Gänge ins East End, wird noch deutlicher. Im November 1889 schreibt sie an Engels, dass sie sein Haus nicht mehr betreten werde, solange Aveling darin manchmal zu Gast sei.[21] Eduard Bernstein wird später dazu ausführen, dass sich die »fein gebildete englische Sozialistin ... hartnäckig« weigerte, Engels die näheren Hintergründe zu erläutern.[22]

Doch obwohl Engels selbst auf Distanz zu Aveling gegangen ist, besonders seit der gemeinsamen Amerikareise, schwört er Margaret Harkness bittere Rache und diffamiert sie als Spießerin und Klatschtante. »Wir haben«, schreibt er an Laura, »eine neue Mutter Schack in Miss Harkness. Aber diesmal haben wir sie festgenagelt. Sie wird schon sehen, mit wem sie es zu tun hat.«[23]

Engels weiß wohl nicht, was er damit anrichtet, denn seitdem Olive Schreiner im Oktober 1889 wieder nach Südafrika gegangen ist und nun sozusagen am anderen Ende der Welt lebt, ist Margaret Harkness eine von Tussys letzten engen Freundinnen geblieben. Außerdem ist sie eine wichtige sozialkritische Schriftstellerin, deren Romane in diesen Jahren viel Beachtung gefunden haben. Nach ihrem grandiosen Erstlingserfolg *A City Girl* aus dem Jahr 1887 sind nacheinander die Bücher *Out of Work, Captain Lobe* und *A Manchester Shirtmaker* erschienen, die alle im Londoner East End spielen und mehr dokumentarischen als fiktionalen Charakter haben. Da werden Docker arbeitslos, weil sie an Demonstrationen teilgenommen haben, landen im Arbeitshaus oder im Gefängnis, verhungern. Da bringt eine ledige junge Näherin ihr schreiendes Kind mit Opiaten so lange zur »Ruhe«, bis es stirbt, worauf sie selbst verrückt wird und im Irrenhaus Selbstmord begeht. Engels ist nicht immer glücklich über diese Bücher gewesen. Denn er findet, dass die Arbeiterklasse darin als zu passive Masse erscheine, unfähig, sich selbst zu helfen. Alle Versuche, sie aus ihrem Elend herauszuziehen, kämen von außen, von oben. Möge dies nun für die Zeit zwischen 1800 und 1810 richtig gewesen sein, so könne sie »als solche … nicht einem Manne erscheinen, der fast fünfzig Jahre lang die Ehre gehabt« habe, »an den meisten Kämpfen des streitbaren Proletariats teilzunehmen«.[24]

Sie sind einander also nicht immer einig gewesen, der große Sozialist und die Schriftstellerin. Aber es war immerhin eine wichtige Diskussion, die plötzlich abrupt beendet wird, nicht aus inhaltlichen, sondern aus persönlichen Gründen. Wie ein autoritärer Theatermann habe Engels das Kapitel »Harkness« nicht nur für sich selbst, sondern auch für Tussy abgebrochen, schreibt die englische Literaturwissenschaftlerin Lynne Hapgood.[25] Der Vorhang fällt. Das Gespräch verstummt. Tussy hat eine Freundin weniger.

I'm a Jewess

Politischer Höhepunkt des Jahres 1890 sind die Arbeiterdemonstrationen zum Ersten Mai, die weltweit, von Russland bis Argentinien, stattfinden. Auch in London kommt es zu einer Kundgebung von rund dreihunderttausend Demonstranten, die sich, angeführt von Tussy, vom Themse-Ufer aus in den Hyde-Park bewegen. Der Text ihrer Rede ist zum Teil überliefert:

Wir sind nicht hergekommen, um die Arbeit der politischen Parteien zu tun, sondern für die Arbeiter, um sie zu verteidigen und ihre legitimen Rechte zu fordern. Ich kann mich an Zeiten erinnern, in denen nur ein paar Dutzend Leute in den Hyde Park kamen, um den Achtstundentag zu fordern, doch die Dutzenden sind auf Tausende, Hunderttausende angewachsen bis hin zu dieser prächtigen Demonstration … Diejenigen unter uns, die all die Sorgen des Dockerstreiks und besonders des Gasarbeiterstreiks mitgemacht haben, mit den vielen Männern, Frauen und Kindern um uns herum, haben genug von Streiks. Wir sind entschlossen, den Achtstundentag durch gesetzlichen Erlass durchzusetzen … Wir werden uns schuldig machen, wenn wir den Sieg nicht erreichen, den wir an solch einem Tag leicht erringen können … Ich spreche heute Nachmittag nicht nur als Gewerkschafterin, sondern auch als Sozialistin. Wir Sozialisten glauben, dass der Achtstundentag der erste und dringendste Schritt ist, den wir tun müssen … Dies ist nicht das Ende, sondern erst der Anfang des Kampfes. Es reicht nicht aus, nur hierherzukommen, um für den Achtstundentag zu demonstrieren. Wir sollten nicht wie einige Christen sechs Tage sündigen und am siebten in die Kirche gehen, sondern wir müssen täglich für unsere Sache sprechen. Und wir müssen all die Männer und besonders die Frauen, die um uns sind, in die Lage bringen, dass sie uns helfen können.[26]

Für Engels erfüllt sich ein Traum, an den er schon nicht mehr geglaubt hat. »Ich kann Dir versichern, ich sah ein paar Zoll größer aus, als ich von dem alten wackligen Güterwagen herabstieg, der als Tribüne diente – nachdem ich zum ersten Mal seit vierzig Jahren wieder die unmissverständliche Stimme des Proletariats gehört habe«, schreibt er an Laura.[27]

Unter den Demonstranten sind viele jüdische Handwerker aus dem East End, die nun endlich beschlossen haben, sich mit den nicht-jüdischen Sozialisten zusammenzutun und gegen die Arbeitsbedingungen zu protestieren, die Israel Zangwill in seinen Büchern beschreibt: Ganze Familien sitzen um einen Tisch und nähen Pelzboas für reiche

Damen, die Luft ist von feinem Flaum erfüllt, Millionen von Härchen schweben im Zimmer, kriechen in die Lungen, ins Essen, in die Getränke, machen krank. Auch über Nacht sticheln und sticheln die jüdischen Lohnschneider. Bis sie nicht mehr können und über den Pelzboas einschlafen, nachdem sie hastig ein haariges Butterbrot heruntergeschlungen haben.[28]

»Die Forderungen dieser armen Gehilfen ... waren mäßig genug«, wird sich Israel Zangwill später an die Demonstration im Hyde-Park erinnern. »Sie forderten eine Arbeitszeit von acht Uhr früh bis sechs Uhr abends, eine Stunde Ruhepause für das Mittagessen und eine halbe Stunde zum Vesper; außerdem sollten die Regierungslieferanten für den Mantel eines Polizisten zwei Shilling zahlen, statt eines Shilling und neun Pence ... Ihre Absichten waren vollkommen friedlich. Alle Gesichter trugen den Stempel der Klugheit und Krankheit. Die schmutzige Blässe wurde vom Blitzen der Augen und Zähne belebt. Ihr Rücken war gebeugt, ihre Brust schmal, die Arme schlaff. An diesem Abend aber kamen sie zu Hunderten in die Vereinshalle.«[29]

Wo sie vor allem Tussy, ihrer neuen Führerin begeistert zuhören, die in ihrer Rede Deutsch, Englisch und Jiddisch miteinander vermischt und mehrfach betont, dass sie »a jewess«, eine Jüdin, sei, womit sie stark von der Position ihres Vaters abweicht, der von seinem Judentum nie etwas wissen wollte, auch wenn er es nicht expressis verbis ausspricht.

Parteitag in Halle

Fünf Monate später, im Herbst 1890, veranstaltet die deutsche sozialdemokratische Partei ihren ersten großen Kongress in Halle, wozu auch Tussy Marx eingeladen wird, und zwar als Vertreterin der Gasarbeiter von London. Das Ganze steht unter einem besonderen Stern. Denn Anfang 1890 ist die Ära des Kanzlers Otto von Bismarck zu Ende gegangen. Bis zum letzten Moment hat er versucht, neue, noch schärfere Sozialistengesetze einzuführen. Doch der junge Kaiser, Wilhelm II., hat »den Alten« in seine Schranken verwiesen und ihn im März 1890 endgültig in den Ruhestand geschickt. »Es ist ein Glück, dass wir ihn los sind«, hat der Schriftsteller Theodor Fontane gejubelt.[30] Auch den deutschen Sozialisten ist ein Stein vom Herzen gefallen, denn die alten Restriktionen sind ersatzlos gestrichen worden. Viele der nach London emigrierten Genossen können wieder nach Hause zurückkehren oder zumindest gefahrlos nach Deutschland reisen. Engels hat vor Freude darüber ein Fass deutsches Bier in seinem Haus aufgestellt und seine Londoner Freunde zum Feiern eingeladen.

Als Tussy in Halle ankommt, ist sie in Hochstimmung. Sie ist gerade im französischen Lille gewesen, wo sie mit Aveling vor der »Parti ouvrier« aufgetreten ist, hat die Arbeiter mit ihrem Temperament fasziniert und hofft nun auf ein ähnliches Echo in Deutschland. Doch die Atmosphäre, die ihr in Halle entgegenschlägt, ist betreten, beinahe feindselig, denn Avelings schlechter Ruf hat die Runde gemacht, teils durch verschiedene Artikel und Korrespondenzen, teils durch Margaret Harkness, die im Sommer bei August Bebel gewesen ist, um die deutsche Sprache und den deutschen Sozialismus zu studieren.[31] Dabei ist wohl auch das Thema »Aveling« zur Sprache gekommen. Tussy hat den Eindruck, dass alle schlecht über sie reden und fühlt sich mit einem Mal sehr beklommen. Sie wagt es kaum, Anträge einzubringen oder sich an Diskussionen zu beteiligen. Außerdem passt ihr das ganze politische Klima nicht. In Lille ist gelacht, geschrien und gefeiert worden. Hier in Halle aber herrscht der deutsche Ernst. Hier herrscht »die Tagesordnung«. Vielleicht stört es sie auch, dass außer ihr selbst nur zwei Frauen eingeladen sind, Emma Ihrer, die sie schon in Paris kennengelernt hat, und ein »Frl. Cohen« aus Amsterdam.[32]

»Tussy war … ganz entzückt von den Delegierten, aber nicht besonders von der Fraktion, worunter vielerlei Philister«, schreibt Engels an einen Freund.[33] Es verbleiben gemischte Gefühle.

»Da mein Vater ein Jude war ...«

Im Herbst 1890 kommt es wieder zu antisemitischen Ausschreitungen in Russland, die in der Vertreibung der Juden aus Moskau gipfeln. Wieder müssen Tausende fliehen, diesmal bis nach Palästina. Auch im Londoner East End suchen russische Juden Zuflucht, was zur Verschärfung der sozialen Spannungen führt. Mehrere jüdische Sozialistenführer beschließen, auf einer großen Versammlung zu protestieren: gegen die Pogrome in Russland, gegen die Situation im East End, gegen das Schweigen der englischen Regierung, der bürgerlichen Presse und der Kirchen.

Für die Kundgebung, die am 1. November 1890 stattfinden soll, ist eine Halle in der Mile End Road angemietet worden. Die Polizei ist verständigt, die Ordnungsbehörden sind informiert. Es ist alles legal. Als Tussy gebeten wird, eine Rede zu halten, ist sie begeistert: »Lieber Genosse, ich bin sehr glücklich, auf der Versammlung ... sprechen zu dürfen, um so mehr, als mein Vater ein Jude war.«[34]

Doch es gibt Widerstände. Nicht von der Kirche oder der Regierung, sondern von einer Seite, von der man es am wenigsten erwartet hätte: dem Londoner Oberrabiner Dr. Hermann Naftali Adler.

»Es gibt unglücklicherweise«, sagt er in der Synagoge auf der Princess Street, die hauptsächlich von reichen Londoner Juden besucht wird, »einige Leute unter den Slumbewohnern im East End, die durch Armut, Unwissenheit und Unzufriedenheit mit ihrem harten Los den Verführungen böser Charaktere erlegen sind und sich von ihrer heiligen Religion abwenden; die anarchistische und revolutionäre Clubs frequentieren und von den pestartigen Doktrinen dort verseucht sind. Sie müssen es als Ihre Pflicht ansehen, Ihre Arbeiter von diesen bösen Einflüssen fernzuhalten, und Sie müssen danach streben, sie zu befreien, bevor sie dieser Verführungsgefahr erliegen.«[35]

Diese Worte wirken. Der Eigentümer der Halle in der Mile End Road schickt den Veranstaltern ein Telegramm, in dem es heißt: »Versammlung abgesagt. Dr. Adler verurteilt Ihre Aktion.«[36]

Das sorgt nun erst recht für Aufruhr. Über tausend jüdische Demonstranten formieren sich vor verschlossenen Türen und wollen das Meeting im Freien abhalten. Unter den Rednern sind Aveling, Tussy, William Morris und Stepniak. Letzterer spricht russisch. Star des Meetings ist wieder einmal Tussy, die, Hand in Hand mit Aveling, eine improvisierte Bühne besteigt und gegen die Intoleranz Hermann Adlers protestiert: Dieser Mann sei ein Feind seines eigenen Volkes![37]

Engels und der Antisemitismus

In diesem Jahr, 1890, geschieht dank Tussys unablässiger Überzeugungsarbeit das bis dahin Undenkbare: Engels, der wie Marx sein Leben lang keine Gelegenheit ausgelassen hat, über Juden und vermeintlich jüdische Eigenschaften zu spotten, korrigiert sein Verhältnis zum Judentum und erklärt:

Der Antisemitismus ist das Merkzeichen einer zurückgebliebenen Kultur und findet sich deshalb auch nur in Preußen und Österreich respektive Russland. Wenn man hier in England oder in Amerika Antisemitismus treiben wollte, so würde man einfach ausgelacht. Der Antisemitismus ... kennt nicht einmal die Juden, die er niederschreit. Sonst würde er wissen, dass hier in England und Amerika, dank den osteuropäischen Antisemiten, es Tausende und Abertausende jüdischer Proletarier gibt; und zwar sind diese jüdischen Arbeiter die am schlimmsten ausgebeuteten und die allerelendsten. Wir haben hier in England in den letzten zwölf Monaten drei Streiks jüdischer Arbeiter gehabt, und da sollen wir Antisemitismus treiben als Kampf gegen das Kapital? Außerdem verdanken wir den Juden zu viel. Von Heine und Börne zu schweigen, war Marx von stockjüdischem Blut; Lassalle war Jude. Viele unserer besten Leute sind Juden. Mein Freund Victor Adler ... Eduard Bernstein ... Paul Singer ... Leute, auf deren Freundschaft ich stolz bin, alles Juden! Bin ich doch selbst von der »Gartenlaube« zum Juden gemacht worden, allerdings, wenn ich wählen müsste, dann lieber Jude als »Herr von«![38]

Damit ist alles gesagt. Von jetzt ab keine antisemitischen Hasstiraden mehr, nicht einmal gegen den ehemaligen Todfeind, Ferdinand Lassalle, keine Tabuisierung der Tatsache, dass Marx Jude war, Schluss mit der pauschalen Gleichsetzung von »Judentum« und »Kapital«, dem traurigen Vermächtnis der Marx-Schrift »Zur Judenfrage«, die Antisemiten jeder Couleur so viel Zündstoff geliefert hat und noch liefern wird. Manches sieht Engels sicherlich etwas zu rosig. Zum Beispiel, dass es in England oder Amerika keinen Antisemitismus gebe, sondern dass dieser ein »Privileg« der Deutschen und Russen sei. Aber egal. Ein erster Schritt ist getan. Das Thema »Antisemitismus« ist hiermit für Engels erledigt.

Lenchen und Freddy

Am 4. November 1890 stirbt Lenchen Demuth im Haus von Engels. Sie ist siebzig Jahre alt geworden. Sie hatte Darmkrebs. Tussy hat diese Frau, die fast vier Jahrzehnte Dienstmädchen in ihrem Elternhaus war, abgöttisch geliebt, denn sie hat ihr Zärtlichkeit, Wärme und Geborgenheit gegeben, hat für Ordnung gesorgt, wenn die Mutter an den chaotischen Verhältnissen zu verzweifeln drohte, hat gekocht, gebacken, Kinder gehütet, Hühner und Gemüse gezüchtet, ja sogar hitzige Diskussionen mit Sozialisten geführt, die von ihrem politischen Scharfsinn oft überrascht waren.

»Mohr sagte immer über Helena«, schreibt Tussy an Wilhelm Liebknecht, »dass sie bei einer vernünftigen Ordnung der Gesellschaft für diese genauso wertvoll gewesen wäre, als sie es im Kleinen für uns war. Sie war ein echtes Talent der Organisation und Wirtschaftsführung, und er sagte, ihre ›Demut, Wehmut, Hochmut‹ könnte das Universum lenken.«[39]

Um Lenchens Sterbebett haben sich Engels, Tussy, Aveling, ein Arzt und zwei Dienstboten versammelt. Und Frederick Demuth, ihr einziger Sohn, der inzwischen neununddreißig Jahre alt ist. Trotz seiner schwierigen Kindheit im Londoner East End hat er es zu etwas gebracht. Er ist Büchsenmacher, Maschinenschlosser und Mechaniker geworden, manchmal heißt es auch: »Stellenmacher« und Ingenieur,[40] ist gewerkschaftlich sehr aktiv, in verschiedenen Arbeitervereinen engagiert und liest – der »Familientradition« folgend – sogar Shakespeare. Er sieht aus wie ein Gentleman, förmlich, beinahe übertrieben korrekt gekleidet, »eine respektable Erscheinung«, wie Nachbarn sich später erinnern werden. »Wenn er zur Arbeit ging, hatte er sein Mittagessen in einer Arzttasche bei sich, und statt der Ballonmütze trug er eine Melone.«[41]

Er ist seit 1873 verheiratet mit einer Irin und hat einen Sohn namens Harry, den er 1882 adoptiert hat. Zu seiner Mutter hat er in seiner Kindheit wenig Kontakt gehabt. Zu Marx oder Engels gar keinen. Erst als Lenchen Haushälterin bei Engels wurde, durfte er gelegentlich zu Besuch kommen, als erwachsener Mann von über dreißig also. Dabei soll nie erwähnt worden sein, dass er Lenchens Sohn war. Mit dem Hausherrn, Friedrich Engels, habe er sich aber gut verstanden, wie er selbst Jahre nach dessen Tod an Jean Longuet, Tussys Neffen, schreiben wird. Es sei viel über Politik und »die Bewegung« gesprochen worden. Persönliches offenbar weniger.[42]

In ihrem Testament vermacht Lenchen alles, was sie besitzt, ihre gesamten kleinen Ersparnisse also, die sie als »Gelder, Zinsen und anderes Eigentum« bezeichnet, »ihrem« Frederick Lewis Demuth, wohnhaft in Hackney. Das Wort »Sohn« fehlt in diesem Schriftstück.[43] Offenbar ist sie zu dieser Auslassung gedrängt worden, denn auch nach ihrem Tod wird Engels nicht zugeben, dass Freddy ihr Sohn war, obwohl alle, die ihn näher kennen, darüber Bescheid wissen, vor allem natürlich Tussy und Laura. An einen Neffen von Lenchen schreibt Engels: »Die Verstorbene hat ein Testament gemacht, worin sie den Sohn einer verstorbenen Freundin, den sie von klein auf sozusagen an Kindesstatt angenommen und der sich allmählig zu einem braven und tüchtigen Mechaniker herangebildet, Frederick Lewis, zu ihrem alleinigen Erben eingesetzt. Derselbe hat seit längerer Zeit aus Dankbarkeit und mit ihrer Einwilligung den Namen Demuth angenommen.«[44]

In seinem Brief an Jean Longuet erinnert sich Freddy, die letzten, an wen auch immer gerichteten Worte seiner Mutter seien gewesen: »Bereinige Fredericks Namen.« Dieser Satz habe für große Verwirrung gesorgt, vor allem bei Engels, der sein Verhältnis zu ihm von diesem Tag an schlagartig geändert habe, was auch Tussy in einem Brief an Laura bestätigt: Engels' »Gereiztheit« ihm gegenüber sei sehr ungerecht, aber verständlich, weil Lenchens Worte ihm die Tatsache seiner (vermeintlichen) Vaterschaft noch einmal deutlich gemacht hätten.[45] Tussy glaubt also zu dieser Zeit selbst noch daran und scheint auch bei Durchsicht der Korrespondenz ihrer Eltern nichts gefunden zu haben, was auf den *wahren* Erzeuger hinwies. Trotzdem ist ihr klar, dass hier rein menschlich etwas nicht stimmt. Denn beim Begräbnis von Lenchen auf dem Friedhof von Highgate – sie wird im Grab der Familie Marx beigesetzt – spricht Engels, nicht Freddy. Freddy ist ja angeblich nur ein Adoptivkind. Engels sagt, Lenchen habe Freude und Sonne in sein Haus gebracht. Nun sei es dunkel geworden.

Freddy hat von diesem Tag an das Gefühl, im Hause Engels nicht mehr erwünscht zu sein und kommt immer seltener, schließlich gar nicht mehr.[46] Tussy, die ihn sehr gern hat, fühlt sich schlecht dabei. »Ich habe Freddy gegenüber jedes Mal Schuldgefühle oder das Gefühl, Unrecht getan zu haben«, schreibt sie an Laura. »Was für ein Leben dieser Mann gehabt hat! Wenn ich ihn davon erzählen höre, fühle ich mich ungeheuer elend und beschämt.«[47]

Sie schreibt das, weil sie das East End sehr genau kennt, weil sie weiß, wie es dort zugeht. Musste man ihn unbedingt in diese Hölle abschieben? Hätte man seiner Mutter nicht wenigstens erlauben sollen, sich um ihn zu kümmern, anstatt nur zu schweigen und zu vertuschen, während sie, Tussy, Lenchens Ersatzkind wurde und all die Liebe und Fürsorge von ihr bekam, die eigentlich Freddy verdient hätte?

Louise Kautsky

Helene Demuth ist noch nicht ganz unter der Erde, da verlangt Engels schon nach einer neuen Haushälterin, die diesmal auch intellektuelle Qualitäten haben soll, denn er wird bald siebzig und braucht eine Sekretärin, eine rechte Hand. Schon bald ist die Österreicherin Louise Kautsky, geborene Strasser, im Gespräch, die frisch geschiedene Frau von Karl Kautsky, die manchmal als politische Journalistin arbeitet, hauptamtlich aber Hebamme in Wien ist. Engels kennt sie bereits aus London, wo sie eine Zeit lang mit Kautsky gewohnt hat. Die beiden waren öfter bei ihm zu Besuch, bevor sie 1888 wieder nach Wien gingen, wo sie sich endgültig trennten, da Kautsky sich in eine junge Frau namens Ronsperger verliebt hatte, die zufällig auch »Louise« hieß. Als Engels davon hörte, war er empört, denn er mochte die blonde wohlgerundete Louise Nummer eins und redete Kautsky schwer ins Gewissen, sich seinen Schritt doch noch einmal zu überlegen:

Dem Mann schadet die Trennung gesellschaftlich absolut nichts, er behält seine ganze Lebensstellung, wird bloß wieder Junggesell. Die Frau verliert ihre ganze Stellung, muss wieder von vorn anfangen, und das unter erschwerten Umständen ... Uns allen ... ist die Sache rein unbegreiflich. Während Du mit Louise unzufrieden wurdest, hat sie sich Freunde über Freunde hier erworben, haben wir alle sie immer lieber gewonnen, hat man Dich um sie beneidet. Und ich bleibe dabei: Du hast den dümmsten Streich Deines Lebens begangen. [48]

Auch Tussy hat kein Verständnis für diese Trennung, denn sie hegt große Sympathie für Louise, ohne sie allerdings mehr als flüchtig zu kennen. Als Engels die junge Frau bittet, zu ihm nach London zu kommen, um seine Stütze im Alter zu sein, ahnt er nicht, dass er einer Intrige auf den Leim geht, denn August Bebel und Victor Adler haben ihre eigenen Pläne mit Louise. Sie soll der Partei den Nachlass von Karl Marx sichern, der sich zwar fast vollständig im Haus von Engels befindet, dessen rechtmäßige Eigentümerinnen aber Tussy und Laura sind, sodass man für fast jede Recherche ihre Erlaubnis braucht und nicht einmal eine Biographie über ihn schreiben könnte. Tussy und Laura sollen also ausgeschaltet werden, und zwar mit Hilfe ihrer vermeintlichen Freundin Louise, die den Auftrag hat, sie dem »General« zu entfremden.

»Ich habe Louise geraten, vor allen Dingen ein paar Monate dort zu bleiben, sich alles anzusehen und dann ganz offen ... mit Engels sich zu verständigen«, schreibt Bebel an Adler. [49] Dem seinerseits doch nicht ganz wohl bei der Sache ist, sei es aus einem Rest von Loyalität Tussy und Laura gegenüber oder weil er als ehemaliger Armen- und Nervenarzt auch die problematischen Seiten von Louise Kautsky sieht: Sie sei hingebend und treu, neige aber auch zum »Fanatismus«, schreibt er an Engels. Sie werde sein »Schatten« sein und ihren Auftrag mit einer Leidenschaft erfüllen, die der Sache der Partei vielleicht mehr schaden als nützen werde.[50]

Doch zunächst muss Louise Kautsky von Wien nach London geschafft werden. Dazu braucht sie Fahrgeld. Engels gibt Aveling den Betrag in bar und beauftragt ihn, ihr einen Scheck zu schicken, was bedeutet, den Bock zum Gärtner gemacht zu haben. Denn Aveling hat nichts Eiligeres zu tun, als das Geld für sich selbst auszugeben, sodass Louise nun ohne Fahrkarte dasitzt. Engels bringt natürlich alles wieder in Ordnung und bemüht sich, die Sache komisch zu finden. »Es ist die Unordnung der literarischen Bohème bei Aveling«, schreibt er an Victor Adler. »So jung und schon a Böhm‹, kann man da auch sagen. Übrigens melden sich beide soeben zum Essen bei uns an, und dann kann ich ihm den Kopf waschen wegen dieser Bummelei.«[51]

Als Louise Kautsky schließlich in London ist, kann Engels sein Glück über ihre Tüchtigkeit kaum fassen. »Sie ist eine prächtige Frau, und Kautsky muss nicht bei Trost gewesen sein, als er sich von ihr trennte«, schreibt er an einen Freund.[52] »Eigentliche Hausarbeit soll und darf sie gar nicht tun – schon der Mägde wegen, die sie dann nicht für eine volle Lady ansehen würden. Sie hat nur zu dirigieren und zu beaufsichtigen. Daneben übernimmt sie das Sekretariat bei mir, ich diktiere ihr oder gebe ihr Sachen zum Abschreiben, sodass ich meine Augen schonen kann, und dann treibe ich allerlei mit ihr, zunächst Chemie, dann Französisch, sie wünscht auch Latein, und dem kann abgeholfen werden.«[53]

Tussy dagegen ist skeptisch. Das geht ihr alles zu schnell. Jahrelang hat er Pumps für die Beste der Welt gehalten, danach Lenchen, jetzt also Louise, über deren Leben, wie sie findet, von den »Genossen« einfach »verfügt« wird:

»Bebel und die anderen haben ihr gesagt, es wäre ihre Pflicht gegenüber der Partei, in Wien aufzuhören«, schreibt sie an Laura. »Das kann man wohl kaum fair finden. Sie kam so gut voran in Wien, und die ganze Karriere zu opfern, ist ja keine Kleinigkeit. Von einem Mann würde das niemand verlangen. Sie ist noch jung, gerade erst dreißig. Es ist irgendwie nicht recht, sie einzusperren und ihr jede Chance auf ein erfüllteres und glücklicheres Leben zu verwehren.«[54]

Tussy über Engels

Am 28. November 1890 wird der »General« siebzig Jahre alt. Louise Kautsky richtet ihm ein rauschendes Fest aus, dem noch viele weitere folgen werden. Täglich fließt Wein und Bier, meistens schon in den Morgenstunden. Der sonst so disziplinierte Engels ist fast ständig betrunken und fühlt sich in seine rheinische Jugend zurückversetzt, dank Louise Kautsky, die er schon bald auf eine Stufe mit Tussy stellt: sie sei ihm genauso »teuer« und ans Herz gewachsen – fast wie ein »eigenes Kind«.[55] Tussy ist nun wirklich sehr verärgert über ihn und rächt sich mit einem Artikel in der *Sozialdemokratischen Monatsschrift*.[56] Eigentlich sollte es eine Laudatio zu seinem Geburtstag sein. Aber es wird im Grunde eine Art Schmähschrift. Keines seiner Werke, nicht einmal *Die Lage der arbeitenden Klasse in England* oder *Der Ursprung der Familie, des Privateigentums und des Staates* wird erwähnt oder gar besprochen, obwohl sie alle diese Schriften sehr gut kennt. Er erscheint nur als Alter Ego von Marx, an dem im Grunde nur eines bemerkenswert ist – sein gutes Aussehen:

Diese zwei Männer waren nie bloß geistige Führer, theoretische Lehrer, Philosophen, welche isoliert ... vom Arbeits- und Alltagsleben standen. Sie waren immer Kämpfer ... ebensowohl Soldaten als Generalstäbler der Revolution ... Eine meiner ersten Erinnerungen ist die Ankunft von Briefen aus Manchester. Die beiden schrieben einander beinahe täglich, und ich erinnere mich noch, wie oft Mohr ... zu den Briefen sprach, als wäre der Schreiber zugegen: »Nein, so ist's nun doch nicht«; »da hast Du recht« etc. Aber am besten erinnere ich mich daran, wie Mohr manchmal über die Briefe von Engels lachte, dass ihm die Tränen über die Wangen liefen ... Häufig gingen sie miteinander spazieren, und ebenso oft blieben sie daheim und gingen in meines Vaters Zimmer auf und ab; jeder auf seiner Seite des Zimmers und jeder höhlte seine besonderen Löcher in seinem eigenen Winkel aus, wo sie mit einem seltsamen Schwung sich auf den Absätzen umdrehten. Hier diskutierten sie über mehr Dinge, als sich die Philosophie der meisten Menschen träumen lässt, und nicht selten gingen sie auch lange schweigend nebeneinander auf und ab. Oder aber jeder sprach von dem, was ihn gerade hauptsächlich beschäftigte. Bis sie sich gegenüberstanden und mit lautem Lachen einander gestanden, dass sie die letzte halbe Stunde ganz entgegengesetzte Pläne erwogen hatten ... Engels ist nun ein Siebziger, aber er trägt seine dreimal zwanzig Jahre und zehn Jahre dazu sehr leicht. Er ist ebenso körperlich als geistig aufrecht. Er trägt seine sechs Fuß und noch etwas darüber so leicht, dass man ihn gar nicht für so groß halten würde. Er trägt einen Vollbart, der eine seltsam seitliche Richtung hat und nun beginnt grau zu werden. Seine Haare sind hingegen braun ohne einen grauen Stich darin, wenigstens hat eine genaue Untersuchung kein graues Haar zu entdecken vermocht ... Er ist tatsächlich der jüngste Mann, den ich kenne. Und soweit ich mich erinnern kann, ist er in den letzten zwanzig Jahren nicht älter geworden.[57]

Engels empfindet diese »schauerliche Lobhudelei« mit Recht als sehr unfair. Er habe vor, ihr »den Kopf [zu] waschen«, schreibt er an Victor Adler. An dem ganzen Artikel sei eigentlich nur eines richtig: »Dass mein Bart kurios nach einer Seite steht – aus übrigens sehr zureichenden Gründen, womit ich Dich verschone.«[58]

12

DIE KLASSEN-, DIE FRAUEN- UND DIE JUDEN-FRAGE

1891–1893

Kongress in Brüssel

1891. Die Arbeitskämpfe in England dauern an, werden zur Massenbewegung, zur Mode. Anfang Januar streiken die schottischen Eisenbahner, Mitte Juni die englischen Brikettmacher. Die Gasarbeiter treffen sich im Mai zu Konferenzen in Dublin und wählen Tussy zu ihrer Vertreterin auf dem Zweiten Kongress der Sozialistischen Internationale, der im August 1891 in Brüssel stattfinden soll. Angesichts solcher Erfolge hat Engels seinen Ärger über Tussy schnell vergessen und ist wieder so stolz wie ein Vater auf sie.

»Tussy«, schreibt er an Natalie Liebknecht, »steht im nicht ganz unverdienten Ruf, die Union der Gasarbeiter und Tagelöhner zu dirigieren, und war vorvorige Woche auf acht Tage im Norden von England zur Agitation.«[1]

Er ist so glücklich über die Entwicklung »seiner« Tussy, dass er einem alten Marx-Freund, Max Oppenheim, meint versichern zu müssen, sie sei jetzt bei weitem nicht mehr so nervös und mager wie früher, sondern »sehr glücklich verheiratet und recht rund geworden«.[2]

Doch schon vor dem Brüsseler Kongress kursieren wieder Gerüchte über Tussy und Aveling, gestreut von Ferdinand Gilles, einem nach England emigrierten deutschen Journalisten, Mitglied der »Social Democratic Federation« in London. An die aus Deutschland anreisenden Delegierten verteilt er Flugblätter, auf denen es heißt, Aveling sei überhaupt nicht »der Schwiegersohn von Karl Marx«, sondern behaupte das nur, um sich als Bewahrer der reinen Lehre aufzuspielen. Marx hätte diesem Mann, wenn er ihn kennengelernt hätte, nicht einmal die Hand, geschweige denn die seiner Tochter gegeben. Im Übrigen sei Aveling Bigamist, der seine Frau und drei kleine Kinder schmählich verlassen und sich seitdem nie wieder um sie gekümmert habe.[3]

Diese Geschichte ist falsch. Jedenfalls zum großen Teil. Aveling ist zwar wirklich nicht mit Tussy verheiratet, hat aber auch keine drei kleinen Kinder verlassen, ja nicht einmal welche gezeugt. Auch seine Frau, Isabell Campbell Frank, hat er nicht ins Elend gestürzt, als er sie verließ. Sie war im Gegenteil glücklich, ihn loszuwerden, und hätte sich nur zu gern von ihm scheiden lassen, was er aber ablehnte, weil er ihr Geld – sie besaß ein kleines Vermögen – erben wollte, falls er sie, wie er hoffte, überleben würde.[4] Doch wie auch immer: Das Gerücht sitzt. Tussy und Aveling werden zum Kongressthema Nummer eins, über das man hinter vorgehaltener Hand mehr diskutiert als über Aufrüstung, Antisemitismus und Frauenarbeit, die drei Hauptthemen des Brüsseler Treffens.

Tussy, die einzige Frau unter den englischen Delegierten, Vertreterin von über hunderttausend Gasarbeitern und Tagelöhnern, hat einen langen Bericht vorbereitet, den sie auf Englisch, Deutsch und Französisch vorträgt.[5] Die englischen Gasarbeiter seien seit 1889 organisiert. Sie hätten als erste englische Gewerkschaft den Achtstundentag erstritten und nähmen als eine der ersten auch Frauen auf, was besonders zu betonen sei, da »selbst der größte Teil der Arbeiter … die Frau noch als Haustier, als persönliches Eigentum« betrachte. Dann äußert sie sich kritisch über den Stand des Sozialismus in England, indem sie bedauert, dass man noch weit davon entfernt sei, von *einer* britischen Arbeiterpartei sprechen zu können. Der Sozialismus breite sich zwar immer mehr aus – sogar unter den Landarbeitern, die besonders arm und »unwissend« seien und zum Teil in »schrecklicher Abhängigkeit« von Pfarrern und Grundbesitzern lebten. Doch leider gebe es zu viele kleine, miteinander zerstrittene Fraktionen, die fast alle etwas Intolerantes, Sektiererisches hätten.

Über die Lebens- und Arbeitsbedingungen der Gasarbeiter sagt sie nichts, was sehr irritiert, denn hier hätte es wirklich viel zu berichten gegeben: chronische Leuchtgasvergiftungen, Lähmungen, Lungen- und Gehirnblutungen, schwere, durch Ammoniak hervorgerufene Augenkrankheiten, Unfälle beim Bedienen von Dampfkesseln, die Gefahr, unter Bergen von Kohlen verschüttet zu werden. Damit stellt sie ihr eigenes Licht gewaltig unter den Scheffel. Denn tatsächlich hat sie sich sehr konkret mit diesen Missständen befasst und in Wort und Tat immer wieder dagegen angekämpft. Sie hat sogar an die amerikanische »Federation of Labour« geschrieben und um Unterstützung der Gasarbeiter und Brikettmacher gebeten. Ausländische Spenden in englische Streikkassen seien ein Zeichen der internationalen Solidarität, ein Zeichen gegen den Ausländerhass, der auf einer Insel wie England leider immer noch sehr verbreitet sei, sogar unter »Genossen«.[6]

Von alldem erwähnt sie in Brüssel nichts. Vielleicht, weil sie zu wenig selbstbewusst, zu bescheiden ist? Oder haben die Gerüchte auf dem Flugblatt sie zu sehr erschüttert? Glaubt sie, dass man nicht mehr Eleanor Marx, die Vertreterin der Gasarbeiter, sondern nur noch die Frau des »Bigamisten« Edward Aveling in ihr sieht?

»Proletarier aller Länder und Rassen«

Auch in der auf dem Kongress diskutierten »Judenfrage« bleibt sie merkwürdig still, ganz anders, als man es von ihr gewohnt ist. Ein junger amerikanischer Journalist namens Abraham Cahan, Delegierter der jüdischen Arbeiter in New York, der »Hebrew Labour Organisations«, 1882 vor Pogromen aus dem weißrussischen Vilna* geflohen, schlägt vor, das Thema aus neuer Perspektive zu sehen. Für ihn als Sozialisten gebe es zwar ebenso wenig eine »Juden«- wie eine »Militär«-Frage. Er stehe hier nicht als Jude, sondern als Arbeiter. De facto aber würden die jüdischen Arbeiter in Amerika zu einer besonderen Klasse gemacht, ständig »verfolgt« und »gehetzt«, weshalb sie ihren »Platz in der Sozialdemokratie« verlangten, »um gemeinsam den großen Kampf für

---

* Heute Vilnius

die Befreiung der Menschheit zu führen«.[7] Er beantragt eine besondere Behandlung dieses Punktes auf dem Kongress.

Nach seiner Rede bleibt es ruhig unter den Delegierten. Verdächtig ruhig. Keine Bravorufe wie noch vor zwei Jahren auf dem Kongress in Paris, als über die jüdische Gewerkschaftsbewegung in Amerika berichtet wurde. Hat Engels vielleicht doch unrecht gehabt, als er sagte, dass es in Amerika keinen Antisemitismus gebe und im internationalen Sozialismus schon gar nicht?[8]

Endlich gibt der belgische Vorsitzende, Jean Volders, Vertreter der »Parti ouvrier belge«, eine Erklärung ab, in der es heißt, der Antisemitismus sei eine Erscheinung, »die ihre Wurzeln ausschließlich in den bürgerlichen Parteien« habe und von den Juden übrigens selbst verschuldet sei, da »die jüdischen Ausbeuter die pfiffigeren Ausbeuter« seien. Trotzdem empfiehlt er, künftig nicht mehr von »Proletariern aller Länder«, sondern von »Proletariern aller Länder *und Rassen*« zu sprechen, ein Zugeständnis, das seinerseits beinahe »rassistisch« ist. Zur Abstimmung über den Antrag von Cahan aufgefordert, beschließt der Kongress mehrheitlich, »unter Verurteilung der antisemitischen ... Hetzereien, welche nur ein Manöver der Kapitalistenklasse sind zu dem Zweck, die Arbeiter zu spalten ... eine Erörterung des von den amerikanischen Genossen jüdischer Zunge beantragten Punktes ... für überflüssig« zu erklären und geht zur Tagesordnung über.[9]

Tussy – so sagt es zumindest das Kongressprotokoll – erhebt keinen Einspruch gegen diesen Beschluss, stellt sich nicht hinter Cahan, den sie noch kurz vorher in den Arm genommen hat mit den Worten: »Wir Juden haben eine besondere Pflicht, für die Arbeiterklasse zu wirken.«[10] Wahrscheinlich hat sie Angst vor der männlichen Mehrheit, die gegen alle Erwartung nicht bereit ist, sich den Bericht Cahans objektiv anzuhören und die Lage der jüdischen Arbeiter in Amerika zu erörtern.

Eine etwas bessere Erfahrung macht sie am nächsten Tag, als die wenigen weiblichen Delegierten den Antrag stellen, »der Kongress möge beschließen, die sozialistischen Parteien aller Länder aufzufordern, in ihren Programmen dem Streben für völlige Gleichstellung beider Geschlechter bestimmten Ausdruck zu geben und ganz besonders zu fordern ... der Frau auf zivilrechtlichem wie politischem Gebiete dieselben Rechte wie dem Manne zu gewähren«.[11]

Dazu sagt der deutsche Sozialdemokrat Paul Singer, einer von Tussys engsten Vertrauten auf diesem Kongress: »Wir brauchen nicht zu betonen, dass wir nicht den beschränkten Standpunkt der Frauenrechtlerinnen einnehmen, die sich damit begnügen, für eine Handvoll Bourgeois-Frauen Zulassung zu einzelnen Berufen wie Medizin, Advokatur etc. zu erlangen.« Davon abgesehen unterstütze er – wenn auch widerstrebend – den Antrag. Ein Belgier namens Eric Vandervelden meint sogar kritisch ergänzen zu müssen, dass es »die erste Pflicht der Frau sei, dem Hause zu leben«. Es erhebt sich leises Gemurmel, schwacher Widerspruch. Dann wird der Antrag der weiblichen Delegierten angenommen.[12]

Als Tussy und Aveling nach London zurückkommen, besteht Avelings erste Amtshandlung darin, Ferdinand Gilles, den Denunzianten, zu besuchen und ihm »zwei herzhafte Faustschläge« ins Gesicht zu verpassen. Die Polizei erscheint. Aveling bekommt eine Anzeige und muss vierzig Shilling Strafe zahlen. Verschiedene englische Zeitungen berichten, unter anderem *Justice* und *The Workman's Times*. Fast alle vermuten einen Parteistreit dahinter und verurteilen die Aktion als unwürdig, die Faustschläge wie die Denunziation.

Tussy ist müde. Politik ist ein frustrierendes Geschäft. Sie erlebt es jetzt immer wieder. Zwar wird in allen Gegenden und Branchen Englands gestreikt, unter den Bergarbeitern, den Baumwollarbeitern, den Maschinenbauern. Doch so sehr sie auch für ihre Hauptforderung, den Achtstundentag, kämpfen: Im März 1892 wird sie vom britischen Unterhaus abgelehnt, weil »kein allgemeines Verlangen danach« bestehe. Tussy beschwört die Arbeiter, ihren Antrag erneut einzureichen. Vergeblich. Im Oktober stimmen achtundzwanzigtausend Bergarbeiter dagegen und nur zwölftausend dafür. Tussy glaubt, dass die reine Not den Ausschlag gegeben habe, die panische Angst, ihre erbärmliche Existenz zu verlieren, die rußige Kate, den kümmerlichen Garten, das kleine Zubrot, das die arbeitenden Kinder nach Hause bringen. So bricht der Kampf, der so erfolgreich begonnen hat, wieder in sich zusammen.

»Ich weiß nicht, wie irgendjemand, der nur christlichen Glauben hat, den Anblick all dieses Elends ertragen kann und nicht wahnsinnig wird«, schreibt sie an Dollie Radford. »Wenn ich keinen Glauben an den Menschen und das irdische Leben hätte, könnte ich nicht leben.«[13]

Frederick Demuth in Not

Im Februar 1892 wird Frederick Demuth von seiner irischen Frau Ellen Murphy nach zwanzigjähriger Ehe verlassen. Sie soll sich, so Harry, sein Adoptivsohn, in einen Berufssoldaten verliebt haben und diesem kurz entschlossen gefolgt sein. Ganz beiläufig habe sie ihn, Harry, gefragt, ob er mit ihr gehen wolle. Doch er, damals etwa zehn, habe nein gesagt und sich dafür entschieden, bei seinem Vater zu leben. Bei ihrem Verschwinden habe sie vierundzwanzig Pfund Sterling aus einer Wohlfahrtskasse entnommen, die ihr Mann für seine Kollegen verwaltet habe.[14] Frederick steht jetzt als Betrüger, ja noch schlimmer: als Dieb da, der seine eigenen Kollegen bestohlen hat. In seiner Not wendet er sich an Tussy, die ihm seit dem Tod seiner Mutter immer näher gekommen ist. Tussy alarmiert Laura:

Freddy hat wieder und wieder an Longuet geschrieben, doch der antwortet nicht einmal auf seine Briefe, und deshalb bat mich Fred, ob ich nicht versuchen könnte, Paul dazu zu bringen, dass er die Sache vor die Vormünder bringt. Natürlich habe ich Longuet diese ganzen Fakten nicht alle erzählt, denn Freddy möchte nicht, dass es irgend jemand erfährt – vor allem Engels nicht. Kann sein, dass ich sehr sentimental bin, aber ich komme nicht darum herum, dass Freddy sein ganzes Leben lang viel Ungerechtigkeit erfahren hat. Geht es nicht seltsam zu, dass wir ... selten all die schönen Dinge praktizieren, die wir – anderen – predigen?[15]

Was ist hier gemeint? Von welcher »Sache«, welchen »Vormündern« ist die Rede? Warum sollen Charles Longuet und Paul Lafargue involviert werden, die doch rein gar nichts mit Freddy zu tun haben, sofern er – wie bislang angenommen – der Sohn von Engels ist? Hat Tussy unter den nachgelassenen Papieren ihrer Eltern nun doch »Beweise« dafür gefunden, dass Karl Marx der Vater von Freddy sein könnte? Will sie, dass Freddy in die Reihe der Marx-Erben aufgenommen wird, gleichberechtigt mit Laura, ihr selbst und den Longuet-Kindern? Doch »die Sache« verläuft, wie es scheint, im Sande. Es gibt kein Verfahren, keine offizielle Erörterung. Die Lafargues schicken Frederick fünfzig französische Franc, und auch Tussy hofft, etwas beisteuern zu können, damit seine Kasse bald wieder stimmt.[16]

Louise Kautsky und die Wiener Arbeiterinnen-Zeitung

Unterdessen tut Louise Kautsky alles, um Engels bei Laune zu halten, indem sie die Köchinnen herumkommandiert und dafür sorgt, dass seine Lieblingsspeisen, zum Beispiel »Wildbraten auf walisische Art«, auf den Tisch kommen und der Alkoholvorrat ständig ergänzt wird, ob mit Bier, Wein oder scharfen Getränken.

»Sie haben gar keine Vorstellung davon, was das Frauchen wieder für einen Übermut entwickelt«, schreibt Engels im März 1892 an August Bebels Frau Julie. »Sie sollten einmal hier sein, wenn wir auf unseren Frühschoppen Pilsener Bier vertilgen, was da für Unsinn und Gelächter getrieben wird. Ich freue mich, dass ich diese jugendlichen Torheiten noch so mitmachen kann … Und ich kann Louise nicht genug dafür danken, dass sie alles tut, um meine alte rheinische Heiterkeit nicht einrosten zu lassen.«[17]

Ihre Aufgaben als Sekretärin und Assistentin erfüllt »das Frauchen« dagegen höchst mangelhaft. Ihr Englisch ist nach zwei Jahren immer noch falsch in Satzbau und Orthographie, hölzern und treu-deutsch im Ausdruck. Sie *kann* keine englischen Briefe für Engels schreiben, allenfalls an den Metzger oder Kohlenhändler. Doch auch ihr Deutsch ist nicht das der Journalistin, die sie vorgibt zu sein. Sie macht Engels glauben, dass sie alleinverantwortlich eine Wiener *Arbeiterinnen-Zeitung* herausgebe, für die sie auch Tussy und Laura um Beiträge bittet. Allerdings ist sie nur eine ganz normale freie Mitarbeiterin, die gelegentlich Berichte aus England schreibt. Das Blatt, das seit Januar 1892 erscheint, hat in Wahrheit zwei ganz andere »Chefinnen«, Adelheid Dworak und Viktoria Kofler, was Tussy, Laura und Engels aber von London bzw. Paris aus nicht durchschauen können.[18]

»Eleanor Marx-Aveling« gibt ihr Debüt mit einem Artikel über die Erörterung der »Frauenfrage« auf dem Kongress der Internationalen in Brüssel. Sie betont darin nochmals die altbekannte These, es bestehe eine »Verschiedenheit« zwischen der »Partei der Frauenrechtlerinnen einerseits«, die, der »besitzenden Klasse« angehörend, »keinen Klassenkampf anerkennen, sondern nur einen Kampf des Geschlechtes«. Und »der wirklichen Frauenpartei andererseits – der sozialistischen Partei –, welche den ökonomischen Ursachen der heutigen ungünstigen Lage der Arbeiterinnen auf den Grund geht und die Arbeiterinnen auffordert, Hand in Hand mit den Männern ihrer Klasse« gegen den Kapitalismus zu kämpfen.[19] In den folgenden Nummern wird diese These allerdings von ihr selbst relativiert, wenn nicht widerlegt. Tussy Marx beklagt, dass in vielen Bereichen der Textilindustrie die Frauen noch »gar keine Stimme« in ihren eigenen Trade Unions hätten, für die sie doch regelmäßig Beiträge zahlten. Die Vertretung liege »gänzlich in den Händen der männlichen Arbeiter«. Wenn die Frauen sich nicht oder zu wenig gegen diese Zustände wehrten, habe das immer wieder denselben Grund:

Dass die Frauen auch heute noch zwei Pflichten zu erfüllen haben. Sie sind Proletarier in der Fabrik, verdienen ihren täglichen Lohn, von dem zum großen Theile sie und ihre Kinder leben, sie sind aber auch Haussklaven: die unbezahlten Dienstboten ihrer Väter, Männer und Brüder. Die Frauen haben, selbst bevor sie am frühen Morgen in die Fabrik gehen, soviel gethan, dass falls den Männern die Arbeit obläge, sie diese für ein recht tüchtiges Stück … ansehen würden. Die Mittagsstunde, die den Männern doch einigermaßen Ruhe verspricht, bedeutet keine Ruhe für die Frau. Und schließlich den Abend, welche der arme Teufel von Mann für sich in Anspruch nimmt, der noch ärmere Teufel von Frau muss auch diesen zur Arbeit verwenden. Die Hausarbeit ist zu machen, die Kinder sind zu verpflegen, die Kleider müssen gewaschen und geflickt werden.

Mit einem Wort, wenn in einer englischen Fabrikstadt der Mann 10 Stunden arbeitet, hat die Frau mindestens 16 zu arbeiten. Wie kann sie dann an irgend etwas ein reges Interesse bekunden?[20]

So verdienten etwa die weiblichen Zigarrenarbeiter in London 25 bis 50 Prozent weniger als ihre männlichen Kollegen, ohne sich dagegen aufzulehnen. Ganz anders seien die Verhältnisse in den Berufen, die hauptsächlich von Frauen ausgeübt würden, bei den Wäscherinnen zum Beispiel, deren 1889 gegründete Union sich vehement für den Achtstundentag einsetze:

> Kürzlich wurde diese Frage unter den Londoner Wäscherinnen mit folgendem Resultate abgestimmt: Von 67300 Frauen haben sich 65900 absolut für den gesetzlichen Arbeitstag erklärt, 1100 blieben neutral, während 300 dagegen stimmten oder eigentlich, wie sie sich ausdrückten, ›nicht damit geplagt werden wollten‹ ... Von 67300 Frauen war nicht eine Einzige gegen die gesetzliche ›Einmischung‹. Wie nothwendig eine solche ›Einmischung‹ ist, wissen nur diejenigen, die mit den schrecklichen ... Arbeitsbedingungen dieser Frauen vertraut sind. Ich habe selbst Plätze gesehen, wo ... 18, manchesmal 20 Stunden gearbeitet wurde. Die Frauen stehen bis über die Knöchel im Wasser, der Geruch in manchen – besonders kleinen Wäschereien ist unbeschreiblich.[21]

Insgesamt sind Tussys Beiträge für dieses Blatt – Friedrich Engels nennt es »Louises Hyänen-Zeitung«[22] – von einer Deutlichkeit und Präzision, die sie nur aufbringt, wenn sie selbstständig schreibt, d. h. ohne Aveling. Louise Kautsky hat zwar stark übertrieben, als sie behauptete, »Chefin« der Zeitung zu sein, aber immerhin hat sie Tussy die Möglichkeit gegeben, sich in Deutschland und Österreich so ausführlich über die englische »Arbeiterinnen-Bewegung« zu äußern, wie es bis dahin noch in keiner anderen Zeitung der Fall war.

Intrigen im Hause Engels

Im Mai 1892 kommen August Bebel und Paul Singer, die beiden Chefs der deutschen Sozialdemokratie, zu Besuch nach London, um bei Engels persönlich nach dem Rechten zu sehen. Sie wollen die Marx-Manuskripte für die Partei sichern. Die große Privatbibliothek mit den vielen wertvollen Erst- und Originalausgaben, darunter Heine-Gedichte mit persönlichen Widmungen, haben sie bereits dem Zugriff von Tussy zu entziehen versucht, indem sie sie für das Archiv ihrer Partei reklamierten. Bebel appelliert an Engels, sie nach seinem Tod nur ja nicht dem British Museum, sondern »der Bewegung« zu vermachen. »Deine Bibliothek ist ein Unikum, in Deutschland würde sie großen Nutzen schaffen, im British Museum käme sie nur ganz exklusiven Kreisen zu statten.«[23]

Louise Kautsky hat inzwischen Zugang zu allen Marx-Manuskripten, die sich im Hause Engels befinden, ob zu politischen oder privaten. Tussy hat keine Ahnung davon. Sie ist immer noch voller Vertrauen in Louise, mit der sie ausführlich über ihre Artikel diskutiert und der sie von Vortragsreisen lange herzliche Briefe schickt.[24] Bebel, zweiundfünfzig Jahre alt, ein gertenschlanker vollbärtiger eleganter Herr in schmalen karierten Hosen, langem Gehrock und blanken Stiefeln, hat in Louise eine willige Handlangerin. Denn obwohl er verheiratet und extrem konservativ ist, was »Sitte und Anstand« der Frau angeht, beginnt er in diesem Mai 1892 eine leidenschaftliche Affäre mit ihr, wozu das weitläufige Engels-Domizil mit seinen vielen Mädchen- und Gästezimmern reichlich Gelegenheit bietet. Engels merkt nichts davon, oder es ist ihm egal. Jedenfalls vorläufig. Denn er sei ständig betrunken »vom Bier und vom Maiwein«, schreibt Tussy an Laura. Sie fürchte, der Katzenjammer werde noch kommen, wenn »diese ganzen Festivitäten vorüber« seien.[25]

Tussy soll recht behalten. Schon im August, drei Monate später, ist Engels' Hochstimmung verflogen. Es geht ihm so schlecht wie schon lange nicht mehr. Er ist kurzatmig und hat starke Leberschmerzen, Rheumatismus in den Gelenken und kann kaum noch laufen. Bebel, der die Gelage zwar angezettelt, sich selbst aber mit dem Trinken zurückgehalten hat, um seine Manneskraft für Louise Kautsky zu bewahren, mahnt ihn nun ernsthaft, »dem Alkohol Valet [zu] sagen«, was er nicht nur sich selbst, sondern auch »der Partei« schuldig sei.[26]

Im Juli 1892 nimmt Louise »Urlaub« von ihren Sekretärinnenpflichten und fährt zu ihrer Familie nach Wien. Dort bekommt sie schon im August Besuch von August Bebel, der es vor Sehnsucht nach ihr nicht mehr aushalten kann. In seinen Briefen an Engels nennt er sie nur noch »die Hexe«, »das Frauchen« oder »unsere Louise« und beneidet ihn, dass er in seinem Alter »noch so ein Prachtweibchen« als Haushälterin um sich habe. Angeblich ist er nur nach Wien gefahren, weil er Victor Adler helfen will, dem es finanziell sehr schlecht geht, seitdem er seine Praxis als Armen- und Nervenarzt aufgegeben hat, um Politiker und Journalist zu werden. Doch in Wirklichkeit verbringt Bebel jede freie Minute mit Louise. Er habe sich in Wien nicht nur nach den männlichen Zeitgenossen, sondern »pflichtschuldigst auch nach den ›Menschinnen‹ umgesehen«, wie das vom Verfasser eines Buches über *Die Frau und der Sozialismus* zu erwarten sei, schreibt er an Engels, dem er »im tiefsten Vertrauen« erklärt: »Es kommt doch keine über unsere Hexe. Ich habe mich in Wien noch mehr in sie verliebt, als ich es vorher schon war, und am liebsten ließe ich sie gar nicht mehr fort ... Ein ganz besonderes Vergnügen hat es mir bereitet, sie in der Versammlung ... sprechen zu hören; ... am liebsten wäre ich ihr am Schlusse vor versammeltem Kriegsvolk um den Hals gefallen und hätte sie abgeküsst. Ich hab's später nicht daran fehlen lassen. Dies wieder entre nous.«[27]

Engels weiß nun also Bescheid. Aber er schweigt. Er schreibt weder warnende Worte an Bebels Frau Julie, noch stellt er Bebel oder gar Louise zur Rede. Vielleicht will er sich nicht einmischen. Oder kein Spießer sein. Außerdem ist ihm seine »Haushälterin« viel zu wichtig, als dass er einen offenen Streit provozieren würde.

August Bebel und die »Frauenfrage«

Nach dem Liebessommer in Wien packt Bebel seine »Hexe« ins Reisege-
päck und fährt mit ihr nach Berlin. Sie ist knapp über dreißig und ganz
versessen auf Babys, die ihr in der Ehe mit Kautsky versagt geblieben
sind. »Wenn man ihr nur zu einem verhelfen könnte«, schreibt Bebel
vielsagend an Engels.[28]

In Berlin wartet Ehefrau Julie. Sie ahnt nichts, sondern vertraut Louise und ihrem August vollkommen. Sie ist zu dieser Zeit neunundvierzig
Jahre alt, eine resolute, lebenskluge Frau, die, so Tussy an Laura, mehr
für die »Bewegung« getan habe als Bebel selbst.[29] 1869 ist ihre einzige
Tochter, Frieda, geboren worden. Frieda hat als eine der ersten Frauen
ihrer Generation Abitur gemacht und in Zürich ein Medizinstudium
begonnen. Jetzt ist sie mit einem sozialistischen Arzt, Dr. Ferdinand
Simon, verheiratet.

Während ihrer Kindheit ist Bebel immer wieder verhaftet worden,
wegen »Verbreitung staatsgefährdender Lehren«, »Majestätsbeleidi-
gung«, »Hochverrat« usw. Bis zu ihrem Abitur hat er insgesamt fünf
Jahre im Gefängnis gesessen. Seine Frau, alleinerziehende Mutter wider
Willen, führte das Geschäft, einen Drechslerbetrieb, nahm als Zuhöre-
rin an Reichstagssitzungen teil, erledigte Korrespondenz, überbrach-
te politische Geheiminformationen an Genossen und verwaltete die
Kasse, in die Spenden für die Opfer des Sozialistengesetzes eingezahlt
wurden.[30] »Eine liebevollere, hingebendere, allezeit opferbereitere Frau
hätte ich nicht finden können«, schreibt Bebel scheinheilig in seinem
Buch *Aus meinem Leben.* »Leistete ich, was ich geleistet habe, so war dieses in erster Linie durch ihre unermüdliche Pflege und Hilfsbereitschaft
möglich.«[31]

Auch als Mutter hat Julie Bebel schwere Zeiten erlebt. Tochter Frieda,
durch die Verhaftungen ihres Vaters schwer traumatisiert, wurde schon
als Kind depressiv und paranoid. Mit neunzehn musste sie in eine Ner-
venklinik im Schwarzwald. Schizophrene Anwandlungen werden sie
später immer wieder heimsuchen und wie ein Damoklesschwert über
der Familie hängen.

Bebel betrügt seine solidarische Frau also schamlos. Aber betrügt tatsächlich nur sie? Betrügt er im Grunde nicht auch Louise Kautsky, seine kleine »Hexe«? Benutzt er sie nicht nur, um sich bzw. seine Partei in den Besitz des Nachlasses von Karl Marx zu bringen, den er den legalen Erbinnen, Tussy und Laura, entziehen will?

13

DAS LANGE STERBEN DES GENERALS
1893–1895

Zwischen Partei und Fabrik

Am 13. Januar 1893 ist die Geburtsstunde der ersten großen englischen Arbeiterpartei, der »Independent Labour Party«, die der diffusen Parteien- und Gewerkschaftslandschaft Großbritanniens ein Ende machen und die Arbeiter unter *einem* Dach vereinigen will. George Bernard Shaw und Edward Aveling sind bei der Gründung in Bradford / Yorkshire dabei. Tussy fehlt. Sie steht an diesem Tag den englischen Glasarbeitern zur Seite, die von den Arbeitgebern zu Tausenden ausgesperrt worden sind.

Obwohl Aveling mit seinem eigentümlichen Marxismus nicht wirklich zu der neuen Partei passt, gelingt es ihm, Mitglied zu werden und eine gewisse Position in ihr einzunehmen. Er ist ein erfahrener, wenn auch umstrittener Agitator und kennt die Facetten der englischen Arbeiterbewegung seit vielen Jahren. Diese Vorzüge will sich die Parteiführung zunutze machen. Tussy wird kein Parteimitglied, sondern beobachtet Edwards Aktivitäten mit Skepsis. Vielleicht will sie die Entwicklung der neuen Organisation erst noch abwarten. Oder sie befürchtet, dass das Ganze eine politische Eintagsfliege sein könne wie ihre eigene Partei, die »Socialist League«, die immer mehr auseinanderbricht, auch wenn sie dem Namen nach noch existiert. Es missfällt Tussy, dass »Religion« oder »Konfession« in der neuen Partei eine so große Rolle spielen, dass die protestantischen Mitglieder versuchen, die katholischen zu dominieren und die führende Rolle im Sozialismus zu übernehmen. Immer wieder fühlt sie sich in diesen Wochen bemüßigt zu sagen, dass der Himmel Karl Marx vor seinen Freunden bewahren möge![1]

Während Aveling Parteikarriere zu machen versucht, geht sie selbst auf Recherche- und Agitationsreisen durch die Industriezentren der englischen Provinz, um die Arbeiter zu noch mehr politischem Engagement zu bewegen. Allerdings trifft sie dort oft so deprimierende Verhältnisse an, dass jeder Kampf aussichtslos scheint, ob für Männer oder für Frauen. Am 17. März 1893 berichtet sie für die Wiener *Arbeiterinnen-Zeitung* über eine Fahrt durch Mittelengland, ein Gebiet fernab aller touristischen Attraktionen, wo es ganz »unbeschreiblich abscheulich« sei:

Dieser Teil von England ist unter dem Namen Black Country ... bekannt und er verdient die Bezeichnung. Der Himmel ist schwarz von dem Rauch, der von tausend und tausend Fabrikrauchfängen und Schmelzöfen aufsteigt; die Erde dieses Kohlenlandes ist schwärzer als irgend eine, die ich je gesehen; die Einwohner träumen nicht einmal davon, ihre Straßen zu reinigen, und ihr Leben selbst ist noch düsterer als ihre Umgebung. Erscheint das »Black Country« bei Tag hoffnungslos traurig und schmutzig, so wird es bei Nacht gespensterhaft und schrecklich. Wenn der Eisenbahnzug von einer kleinen Stadt zur anderen rast, sieht man nichts als Riesenfabriken und große Schmelzöfen, die sich an beiden Seiten aneinander reihen. Sie treten aus der Dunkelheit hervor, beleuchtet durch die lodernden Flammen, halb nackte Männer werden im Rauch sichtbar, von einem Platz zum anderen eilend, das glühend rothe Eisen schlagend oder hämmernd. Wenn sie so mit brennenden Stangen bald hier, bald dort auftauchen, erscheinen sie für alle Welt wie Seelen in der Verdammnis. Und Körper in der Hölle der kapitalistischen Verdammnis sind sie allerdings.[2]

Mit diesem fast filmhaft plastischen Bericht, der an eine Fahrt durch das Ruhrgebiet der fünfziger Jahre erinnert, endet Tussys Tätigkeit für die Wiener *Arbeiterinnen-Zeitung*, in der von nun an Louise Kautsky die Berichte aus England schreibt. Tussy wird ab jetzt mit Karl Kautsky, Louises Exmann, zusammenarbeiten und ihm für die *Neue Zeit* Beitrag um Beitrag liefern. Damit kündigt sich der Beginn einer tiefgreifenden Feindschaft an, die noch äußerst schwerwiegende Folgen haben wird, nicht nur für die beiden Frauen selbst, sondern auch für das geistige Vermächtnis von Marx und Engels, das zum Spielball zweier rivalisierender Fraktionen werden wird: der Fraktion um Tussy, Bernstein und Kautsky und der um Louise Kautsky und August Bebel.

Der böse Maitag

Im März 1893 spricht Tussy Marx vor der Socialist Society im schottischen Aberdeen über eines ihrer Lieblingsthemen, die Pariser Kommune. Doch sie verweilt diesmal nicht bei den Ereignissen in Frankreich, sondern behandelt auch das Schicksal der Kommunarden im englischen Exil, das ihr als Zeitzeugin bestens bekannt ist:

> Einige von Ihnen werden sich sicher noch an die geradezu verzweifelte Wut der ganzen Mittelklasse gegen die Kommune erinnern. Und es wird Ihnen seltsam erscheinen, wenn ich Ihnen ins Gedächtnis rufe, dass – ganz ernsthaft – der Vorschlag gemacht wurde, man solle die Kommunarden, die nach England geflüchtet waren, den Ärzten und Krankenhäusern übergeben, damit dort Vivisektionen an ihnen gemacht werden könnten. Dieser Vorschlag drückt in seiner ungeheuerlichen Brutalität die wahren Gefühle der »besseren Gesellschaft« aus. Doch am traurigsten ist die Tatsache, dass in England auch die Arbeiter – mit wenigen Ausnahmen – genau solche erbitterten Feinde der Kommune waren wie ihre Ausbeuter.[3]

Damit ist Tussy bei einem dunklen Kapitel in der englischen sozialistischen Bewegung: dem Mangel an internationaler Solidarität, dem Misstrauen gegen alles Französische und alles Deutsche, der Angst, von billigen jüdischen Arbeitskräften überrollt zu werden, die sich in nicht nur latentem Antisemitismus äußert.

Schon seit langem arbeitet sie an einer Geschichte der englischen Arbeiterbewegung, die allerdings erst 1895 – und zwar auf Deutsch – vollständig erscheinen wird, da sich in England kein Verleger dafür findet. Sie recherchiert intensiv, versucht, das Phänomen der proletarischen

Fremdenfeindlichkeit nicht nur beschreibend, sondern auch analysierend darzustellen. Als Vorstudie bringt Karl Kautsky 1893 in der *Neuen Zeit* ihre Abhandlung über den »bösen Maitag« von 1517:

Es war gegen Ende April, und die Stadt London befand sich in ungewohnter Aufregung. Denn nicht nur war der erste Mai vor der Tür – jener Tag, der zwar der Jugend Vergnügen, dem gesetzten, friedliebenden Bürger jedoch stets so manche Unbehaglichkeit mit sich brachte –, sondern es schwirrten auch allerlei Gerüchte durch die Stadt, unheimliche Vorahnungen, leise Drohungen. Man sagte, dass die so oft … angedrohte Erhebung nun wirklich stattfinden würde, die … Erhebung gegen die überseeischen Ausländer, jene Verderben bringenden Fremden, die die Stadt, ja, das ganze Königreich England … überschwemmten. Jetzt aber, sagte das Gerücht, würde man sich … von all diesen Ausländern befreien; sie sollten einfach niedergemacht [oder] … wieder eingeschifft werden nach den Ländern, von denen sie gekommen waren.[4]

Die Geschichte spielt in der Zeit der Tudors, in der Ära Heinrichs VIII., einer Zeit, in der viele Ausländer in England lebten, flandrische Weber, französische Bergarbeiter, hugenottische Mechaniker und italienische Kaufleute, vor Jahrhunderten von englischen Königen angeworben oder vor Kriegen und religiösem Fanatismus geflohen. Gegen diese »Fremden« richtet sich der Hass der englischen Gilden und Zünfte. Viele Handwerke und Geschäfte werden ihnen verboten, zum Beispiel der Handel mit Geflügel, Butter und Käse, weil man fürchtet, dass sie die Einheimischen vergiften könnten. »Ihr sollt keinem Fremden gestatten, … dass er die Freiheiten dieses Handwerks genieße«, zitiert Tussy aus spätmittelalterlichen Eidesformeln. Doch sie betont auch, dass dieser Hass seine Wurzeln nicht nur in schierem Vorurteil, sondern in der Not, in der Existenzangst hat:

Die Zeit war aus den Fugen gegangen. Das Elend des Volkes nahm täglich zu; in den Städten wurden Handwerksmeister, Gesellen und Lehrlinge durch »labourers« – Tagelöhner – ersetzt, während auf dem

Lande die Schafe dabei waren, die Menschen zu verschlingen oder vielmehr, was noch schlimmer, sie in die Städte zu treiben. Fast fortwährend herrschten Teuerung und Krankheiten. Manche Städte wurden schon öde und leer … die Hauptstraßen waren mit viel … Schmutz gefüllt; die Zahl der arbeitslosen Landstreicher und kräftigen Bettler nahm rasch zu, und selbst in der Stadt London, einer der Blüten der Welt in Bezug auf weltlichen Reichtum, fingen die Armen an … öffentlich bettelnd auf den Straßen zu sitzen. Das Volk indessen, das an solches Elend nicht gewöhnt war, murrte laut, und während einige von der empörenden Behandlung sprachen, welche die Reichen den Armen zuteil werden ließen, erfasste die große Masse einen ganz zufälligen Umstand, um die Notlage zu erklären: es war alles die Schuld des Ausländers, des Fremden, wenn es britischen Männern und Frauen an Kleidung und Nahrung fehlte.

In der Nacht zum 1. Mai 1517 rotten sich über zweitausend Londoner Lehrlinge und Arbeitslose zusammen, stürmen die Viertel, in denen ausländische Handwerker wohnen, zünden Häuser an, plündern Geschäfte, Werkstätten und Kirchen. Vor den Häusern italienischer Kaufleute bauen sich Horden auf, rufen »Tod den Ausländern«, werfen Scheiben ein, versetzen die Nachbarn in Angst und Schrecken. Wie viele Tote es in der »bösen Mainacht« gegeben hat, ist nie gezählt worden. Immerhin: Die Anführer werden vor Gericht gestellt, mindestens zwanzig zum Tode verurteilt, darunter auch Unschuldige, was dem Fremdenhass neue Nahrung gibt. »Die Engländer besitzen meist keine Lebensart und verachten den Fremden, weil sie ihn als ein elendes Wesen, als einen halben Menschen (semi hominem) betrachten«, zitiert Tussy Marx einen italienischen Reisebericht aus dem sechzehnten Jahrhundert.

Solche Szenen lassen den deutschen Leser zusammenzucken, weil sie ihn an die »Reichspogromnacht« von 1938, an Pegida-Aufmärsche oder Anschläge auf Asylantenheime erinnern. Auch Verbindungen zum heutigen Großbritannien drängen sich auf, zur Brexit-Hysterie und dem Wunsch, das Land gegen jeden Einfluss von außen abzuschirmen. Doch am Schluss steht ein Passus, der gar nicht zum kritisch-analytischen Tenor des Textes passt, eine Hymne auf den englischen Arbeiter der Gegenwart, der sich am ersten Mai völlig anders verhalte als seine Ahnen vor vierhundert Jahren:

Und jetzt wieder fangen die Londoner an, ein Maifest zu feiern ... Wenn ihren Umzügen auch die Pracht der alten Hoffestlichkeiten fehlt, so sind sie doch geschmückt durch die bunten Flaggen und Banner der Arbeiterschaft. Sie versammeln sich nicht, um dem »Fremden«, dem »Ausländer« Krieg zu erklären, sondern um zu erklären, dass es für den Arbeiter keinen »Fremden« und keinen »Ausländer« gibt; um zu verkünden, dass für sie die Arbeiter aller Länder Brüder sind und ihr einziger Feind die Kapitalisten aller Länder.

Dass sie selbst an das glaubt, was sie hier sagt, ist sehr zu bezweifeln, denn gerade erst hat sie an ihre Schwester Laura geschrieben, »die Engländer« stünden »allen ausländischen Bewegungen feindlich« gegenüber, was ihr große Sorgen mache.[5] Doch das öffentlich zuzugeben, wäre Blasphemie, wäre Verrat an der Arbeiterbewegung. Möglich, dass Aveling ihr zu diesem »happy end« geraten hat. Oder Karl Kautsky, der gern heftig in die Texte seiner Autoren eingriff. Schade eigentlich. Denn der Aufsatz hätte dieses Pathos gar nicht nötig gehabt.

Der General macht sein Testament

Am 29. Juli 1893 macht Engels, assistiert von Bebel und Louise Kautsky, sein Testament. Er fragt Tussy, die er beinahe täglich sieht, nicht um Rat, macht auch in seinen Briefen an Laura keinerlei Andeutungen darüber. Der SPD vermacht er ein Legat von tausend Pfund. Weitere dreitausend Pfund sollen an Pumps, seine ehemalige Haushälterin, gehen. Die gesamte Hausbibliothek – mit den Büchern von Marx – wird dem Parteiarchiv überschrieben, ein klarer Rechtsbruch, denn diese Bücher gehören Tussy und Laura. »Ich vermache alle meine Bücher ... und alle meine Urheberrechte ... August Bebel und Paul Singer«, heißt es wörtlich.[6]

Seine Manuskripte sollen vollständig an die Partei gehen, das Haus samt sämtlichen Einrichtungsgegenständen der »Hexe« überschrieben werden, Louise Kautsky also. Sie soll auch ein Viertel seines Vermögens erben. Der verbleibende Rest, Dreiachtel der Gesamtsumme, ist für Tussy, Laura und die Kinder von Jenny Longuet bestimmt.

Über das Herzstück, die Marx-Manuskripte, die ihm von Tussy nach dem Tod ihres Vaters anvertraut worden sind, verfügt Engels: »Ich bestimme, dass alle Manuskripte literarischer Natur in der Handschrift meines verstorbenen Freundes Karl Marx und alle von ihm geschriebenen oder an ihn gerichteten Familienbriefe, die zum Zeitpunkt meines Todes in meinem Besitz sind … von meinen Testamentsvollstreckern an Eleanor Marx-Aveling … gegeben werden.«[7] Ein gutes Jahr später, am 14. November 1894, ergänzt er, dass sein »Leichnam eingeäschert« und seine Asche »bei erster Gelegenheit ins Meer versenkt« werden soll. Außerdem verfügt er noch deutlicher als im Juli 1893: »Alle Papiere in der Handschrift von Karl Marx, mit Ausnahme seiner Briefe an mich, sowie alle an ihn gerichteten Briefe, mit Ausnahme meiner Briefe an ihn, sind an Eleanor Marx-Aveling zurückzugeben.« Doch er macht, quasi im gleichen Atemzug, die seltsame Einschränkung, dass diese Verfügung »lediglich seine Wünsche« ausdrücke und »seine Testamentsvollstrecker in keiner Weise rechtlich binden« solle.[8]

Damit ist also die Zersplitterung des Nachlasses verfügt worden, was konkret bedeutet: Ein Teil – die Manuskripte von Engels – geht an die »Partei«, der andere – die Manuskripte von Marx – an Laura und Tussy, ungeachtet der Tatsache, dass es sich vielfach um Gemeinschaftswerke handelt, die gar nicht zu teilen *sind.* Karl Kautsky hat das später mit Recht reklamiert:

Nichts wäre leichter gewesen, als diesen Nachlass ungeteilt zu erhalten. Es bedurfte dazu nur eines Abkommens mit den Marx'schen Erben, seinen Töchtern Laura und Eleonore … Diese hätten sicher keine Einwendungen dagegen gehabt, wenn der gesamte literarische Nachlass einem Trifolium vermacht worden wäre, bestehend aus Tussy und zwei erprobten Marxisten. … Bernstein und ich hatten uns in engster Gemeinschaft zum Marxismus durchgerungen, den wir damals besser beherrschten als sonst einer der deutschsprechenden Marxisten unserer Generation ... Neidlos und harmonisch hatten wir aufs Beste miteinander gearbeitet, uns auch vortrefflich mit Tussy verstanden. Ich erwartete daher, dass zur Herausgabe des Nachlasses auch wir beide im Verein mit Tussy bestimmt würden.[9]

Was stand hinter der Entscheidung, den Nachlass zu teilen? Schiere Unüberlegtheit? Raffiniertes Kalkül? Ein wesentlicher Aspekt war sicher der Einfluss von Bebel und Louise Kautsky, die wohl insgeheim darauf spekulierten, als namentlich eingesetzte Testamentsvollstrecker auch die Marx-Manuskripte einfach nicht mehr an Tussy zurückzugeben, sondern sie dem Parteiarchiv zuzuführen, wozu ihnen der Zusatz im Testament scheinbar freie Hand ließ. Bei dieser Prozedur wollten sie sich nicht ins Handwerk pfuschen lassen, besonders nicht von Kautsky und Bernstein, die ihnen aus verschiedenen Gründen suspekt waren: Kautsky als geschiedener Mann von Louise, Bernstein als Nestbeschmutzer und »Revisionist«, der in jüngster Zeit manchmal Kritik an Marx und am orthodoxen Marxismus geäußert hatte.[10] So kam es zu einer der größten Fehlentscheidungen in der Geschichte des Marxismus. Denn hätte man Tussy, Bernstein und Kautsky die Edition übergeben, die Welt müsste wahrscheinlich nicht bis heute auf eine vollständige Ausgabe der Schriften von Marx und Engels warten.

Zürich 1893

Im August 1893 findet der dritte Kongress der Zweiten Sozialistischen Internationale in Zürich statt. Zuerst geht es um die altbekannte Frage: Ausschluss oder Zulassung der »Anarchisten«? Dann wird darüber diskutiert, wie sich die Sozialdemokratie im Fall eines Krieges zu verhalten habe, ein sehr naheliegendes Thema, denn das deutsche Heer war gerade um sechzigtausend Mann verstärkt worden, Russland und Frankreich hatten eine Militärkonvention abgeschlossen, zwischen China und Japan bahnten sich schwere Konflikte an, und die

Friedrich Engels 1893

Engländer spekulierten auf die südafrikanische Burenrepublik Transvaal. Doch der Antrag eines holländischen Genossen, im Kriegsfall in Generalstreik zu treten, ist bald vom Tisch, mit der sattsam bekannten Begründung: Nach Aufhebung der Klassenherrschaft werde das Phänomen »Krieg« zwangsläufig verschwinden. Aveling, Delegierter der englischen Gasarbeiter, soll dazu leicht kryptisch gesagt haben: »Wenn wir stark genug sind, um einen Militärstreik durchzuführen, dann können wir noch was ganz anderes tun. Dann wird sich für uns die Frage stellen, den Kapitalismus entweder in den Himmel oder in die Hölle zu fördern.«[11]

In diesem Punkt kommt man also nicht weiter. In der Frauenfrage wird dagegen einiges erreicht, wozu nicht zuletzt George Bernard Shaw beiträgt, der als Vertreter der englischen Fabier Anträge der weiblichen Delegierten unterstützt und sogar verschärft: achtstündiger Maximalarbeitstag für erwachsene Frauen, sechsstündiger für Mädchen unter achtzehn, Verbot der Arbeit in gesundheitsschädigenden Betrieben, Einstellung von weiblichen Fabrikinspektoren, sechswöchiger Mutterschutz vor und nach einer Niederkunft. Der Antrag, auch die Forderung nach gleichem Lohn für gleiche Arbeit auf die Tagesordnung zu setzen, wird von den Männern allerdings mehrheitlich abgelehnt.

Am Rand des Kongresses geht es lustig zu, auch für Tussy, die unter jüdischen Genossen aus England und Amerika viele Freunde findet. Man zieht singend und skandierend durch die Stadt, fährt bei herrlichem Wetter über den Zürichsee. »Die Sonne schien, das Wasser blitzte, die Flaggen wehten, die Pfropfen knallten«, schreibt die *Neue Zürcher Zeitung* leicht sarkastisch. »Auf der Ufenau taten die Herrschaften genau wie eine Gesellschaft von ›Ausbeutern‹ …: Sie rissen die halbreifen Haselnüsse herunter, schmückten sich die Hüte mit Vogelbeersträußen … Sie tranken den Wein des Klosters von Einsiedeln … und aßen dazu das Brot und den helvetischen Käse des wackern Wirtes Peter Beck.«[12]

Tussy, offizielle Vertreterin der Gasarbeiter, ist, wie üblich, auch Simultanübersetzerin. Für ihre Leistung erhält sie von den englischen Delegierten eine goldene Uhr zum Geschenk. Louise Kautsky vertritt die Arbeiterinnen aus Wien. Ihr geschiedener Mann Karl hat seine neue Louise, geborene Ronsperger, mitgebracht, auch sie eine intelligente, attraktive Frau, eine Jüdin aus Wien, die aber, so Tussy, wie eine deutsche Kopie von Pumps aussieht. Sie mischt sich lebhaft in die Diskussion ein und wird sofort eine gute Freundin von Clara Zetkin. Vor Ärger über die gleichnamige Konkurrentin zeigt Louise, die Erste, allen, die es wissen oder nicht wissen wollen, dass sie die Geliebte von August Bebel ist, gibt Küsschen, hält Händchen, tauscht verliebte Blicke mit ihm aus, obwohl seine Frau Julie und seine Tochter Frieda, Letztere im dritten Monat schwanger, unter den Zuhörerinnen sind. Tussy findet das ziemlich geschmacklos, denn sie mag beide, Frieda und Julie Bebel. Auch Clara Zetkin, bestimmt keine Spießerin, ist empört. So sind diesmal nicht Tussy und Aveling, sondern Bebel und seine Louise das zentrale Klatschthema des Kongresses.

Am letzten Tag tritt, für die Delegierten völlig überraschend, Friedrich Engels auf und wird mit tosendem Beifall begrüßt. Natürlich muss er sich wieder als kleinerer Bruder von Marx darstellen, als Teil einer Symbiose, die auch durch dessen Tod nicht beendet worden ist. »Der unerwartet glänzende Beifall, den Sie mir bereitet haben«, sagt der sonst so Sprachgewandte in auffallend stockendem Englisch, Französisch und Deutsch, »ich nehme ihn an nicht für meine Person, sondern als Mitarbeiter des großen Mannes, dessen Bild dort oben hängt. Gerade fünfzig Jahre ist es her, als Marx und ich in die Bewegung eintraten ... Von kleinen Sekten damals hat sich der Sozialismus seither zu einer gewaltigen Partei entwickelt, welche die ganze offizielle Welt erzittern lässt. Marx ist gestorben, aber wenn er jetzt noch lebte, so wäre nicht *ein* Mann in Europa und Amerika, der mit solchem gerechtem Stolz zurückblicken könnte auf seine Lebensarbeit ... In diesem Sinne müssen wir fortfahren ... Wir müssen die Diskussion zulassen, um nicht zur Sekte zu werden, aber der gemeinsame Standpunkt muss gewahrt bleiben ... Auf Ersuchen des Büros erkläre ich den Kongress für geschlossen. Hoch lebe das internationale Proletariat!«[13]

Nochmals Hochrufe, Jubel. Nur Tussy bleibt still. Vermutlich sind ihr die Tränen gekommen. Zum Schluss singen alle Anwesenden stehend die *Marseillaise*.

Heine- und Lassalle-Briefe

Zwischen den Sitzungen haben Tussy und Kautsky lange über den Nachlass von Marx gesprochen. Es müsse mindestens ein Brief von Heine darunter sein, meint Tussy. Heine und ihr Vater seien im Pariser Exil eng befreundet gewesen und hätten einander auch später mehrmals geschrieben. Wieder in Stuttgart in seiner Redaktion, kommt Kautsky auf die Sache zurück und bittet Tussy, den Brief in der *Neuen Zeit* abdrucken zu dürfen. Doch nun muss sie sich an Engels und Louise Kautsky wenden, die den Nachlass bewachen. Es kommt zum Wortwechsel. Sie rücken den Brief nicht heraus, geben ihn Tussy nicht einmal zu lesen.

»Zu meinem Bedauern erwiderte sie mir«, schreibt Kautsky an Engels, »sie wäre ganz gern bereit, mir den Brief zu übermitteln, aber sie könne ... ohne Deine Zustimmung nicht verfügen.«[14] Worauf Engels fast zwei Monate später antwortet: »Was den Heine-Brief angeht, so sagt mir Tussy, sie habe Dir gegenüber auch Lauras Einwilligung sich vorbehalten. Ich habe Tussy die letzte Zeit ... gar nicht ... gesehen, sie sind beide kolossal beschäftigt und fast keinen Sonntag zu sehen gewesen wegen Meetings.«[15]

Engels redet sich also heraus, sagt nicht ja und nicht nein und verschleiert die wahren, ziemlich dubiosen Hintergründe, die ihm vielleicht nicht einmal wirklich bewusst sind: dass er selbst nicht mehr Herr über den Nachlass ist, sondern sich von Bebel und Louise hat manipulieren lassen.

Immerhin überlassen Engels und Louise Kautsky Tussy die Briefe von Lassalle an Marx und umgekehrt, nicht etwa im Vorgriff auf das Testament, sondern um sie später wieder zurückzufordern. Sie solle sie auf der Maschine abschreiben, eine Arbeit, der Louise Kautsky sich nicht unterziehen mag, da es ihr zu mühselig ist, die Handschriften der beiden Korrespondenten zu entziffern. Die Kosten für Tussys Arbeit trägt die Partei in Berlin, die behauptet, in absehbarer Zeit eine Teiledition des Briefwechsels herausbringen zu wollen.

Tussy hat nun zum ersten Mal Gelegenheit, sich ausführlich mit der Persönlichkeit Lassalles zu befassen, den sie nur einmal, als sie noch ein kleines Kind war, gesehen hat und über den so viel geflucht und gelästert worden ist. Was sie da liest, ist tief beeindruckend und bewegend, der »Gedankenaustausch der markantesten Geister des deutschen Sozialismus«, wie ein späterer Herausgeber schreiben wird.[16] Es sind weniger »Briefe« als persönliche Stimmungsbilder und lange ökonomische und politische Abhandlungen, denen der leicht männerbündische Ton der Marx-Engels-Korrespondenz völlig fehlt.

»Mein lieber Marx«, schreibt Lassalle im Oktober 1849 aus einem Düsseldorfer Gefängnis, wo er als Anführer der revolutionären Bürgerwehr für sechs Monate einsaß, »jeder in Deutschland lebende rote Demokrat erfährt doch nur einmal, was es auf sich hat, ein Roter zu sein. Er wird abgesetzt oder gefangen genommen oder brotlos gemacht oder vernichtet. Wir aber werden im eigentlichsten Sinne des Wortes verstümmelt. Heute schneidet man uns eine Nase ab, morgen ein Ohr, übermorgen ein Bein ... und vor allem schneiden uns die Herren Richter ... von allem Lebensproviante ab! ... Das ist ... für einen Dichter der Poesie des Leidens ein höchst interessanter Stoff, ein neues Christusgeschick ... aber es ist sehr anstrengend!«[17]

Doch es geht nicht nur um Politik in diesen Briefen, um die deutsche Revolution, das russische Zarenregime oder den Krimkrieg. Lassalle erkundigt sich auch nach Ehefrau Jenny, der »wackeren Arbeiterin«, die die Familie so reichlich vermehrt habe und der er »sehr gut« sei, ohne dass Marx eifersüchtig sein müsse,[18] kondoliert tief bewegt zum Tod des kleinen Edgar, fragt nach den alten gemeinsamen Freunden in London: »Ach! Ihr seid nicht exiliert, ich bin es! Denn ihr seid doch viele der alten Kampf- und Gesinnungsgenossen in einer Stadt zusammen! Aber ich lebe nun jetzt alle diese Jahre hindurch so ganz allein, ganz vereinsamt von den früheren Waffenbrüdern, der Letzte der Mohikaner.«[19]

Als Marx dem »Jüdchen« wegen banaler Geldstreitigkeiten[20] nicht mehr antwortet, schreibt Lassalle nach London: »Und muss ich Dir wirklich sagen, dass, so fremd mir sonst Sentimentalität ist, mich dies geschmerzt hat, denn ich ... weihe Dir noch immer dieselbe Liebe und Achtung wie früher. Du aber scheinst mich vergessen zu haben, was nicht allzu gerecht ist.«[21]

Es ist schwer, sich der Wirkung dieser Briefe zu entziehen, ihrer

Menschlichkeit, ihrer schönen Sprache, ihrer Gefühlstiefe. Noch viel mehr als Marx zeigt sich Lassalle als ein »Bruder« Heines, ein Poet, der bei allem Kampfgeist seine zarten, verletzlichen Seiten hat. Sogar Bibelzitate finden sich bei Lassalle, der seine jüdische Religion niemals aufgegeben hat, ohne sie aktiv zu praktizieren: »Hundert Jahre sind, nach dem Psalmisten, vor Gott wie ein Augenblick. Demnach sind zwei Jahre vor der Weltgeschichte gewiss nur ein Tag?«[22]

Während Tussy noch an der Sichtung und Abschrift der Briefe arbeitet, gibt Eduard Bernstein ihr den Auftrag, eine längere Abhandlung über Lassalle zu übersetzen, die er bei Sonnenschein in London herausbringen will, »Ferdinand Lassalle as a Social Reformer«, eine Mischung aus Biographie und politischer Analyse. Da das Buch erst elf Jahre später auf Deutsch erscheinen wird,[23] ist die Übersetzung als Urfassung zu betrachten. Tussy muss auch inhaltlich daran mitgewirkt haben, denn das Buch stützt sich hauptsächlich auf die von ihr selbst transkribierte Korrespondenz Ferdinand Lassalles mit ihrem Vater. Das Buch beginnt mit Lassalles Herkunft und Jugend, seinen Tagebüchern, seinem Verhältnis zum Judentum, schildert die Beziehung zur Gräfin von Hatzfeld, die Zusammenarbeit mit Marx in den rheinischen Revolutionsjahren, den Inhalt seiner Studien über Heraklit und Fichte, seine Position in der deutschen Arbeiterbewegung, seine ökonomischen Hauptwerke, seine letzte Liebesgeschichte und seinen Tod.

Über die Beziehung zwischen Marx und Lassalle heißt es u. a., bei aller Intensität ihrer Korrespondenz habe es »nie eine tiefere Freundschaft« gegeben, dazu seien ihre Naturen »zu verschieden« gewesen. Es wird aber nicht verschwiegen, dass Lassalle stark dazu beitrug, das Werk von Marx auf dem deutschen Markt bekannt zu machen, ja, dass er Marx sogar Informationen über geheime Vorgänge in der preußischen Politik zuspielte, die er seinerseits von der Gräfin Sophie von Hatzfeld bekommen hatte. Denn trotz ihrer offen bekundeten Sympathie für die Revolution und den Sozialismus stand sie in besten Beziehungen zum Königshaus und zum Kabinett. Dieser Austausch zwischen Lassalle und Marx habe vor allem im Jahr 1854, dem Jahr des Krim-Krieges, stattgefunden.[24] In der englischen Fassung des Buches heißt es nur, dass Marx diese Informationen dankbar aufnahm; in der elf Jahre später erscheinenden deutschen dagegen, dass er Lassalles Briefe eins zu eins übersetzt und in der *New York Tribune* als seine eigenen Beiträge herausgebracht habe.[25] Obwohl die englische Variante wesentlich freundlicher mit Marx umgeht als die spätere deutsche, enthält sie doch Neuigkeiten, die besonders Engels nicht gepasst haben dürften, vor allem Details über den regen geistigen Austausch zwischen den beiden Männern. Außerdem wird ziemlich deutlich gesagt, dass viele Briefe aus den Jahren 1859 und 1860, in denen Marx und Lassalle besonders intensiv miteinander korrespondierten, spurlos verschwunden seien, dass man nicht wisse, »in wessen Händen« sie sich befänden und ob »ihr derzeitiger Eigentümer bereit sei, sie zu publizieren oder nicht«.[26]

Das richtet sich eindeutig gegen Engels und seine »Clique«, August Bebel und Louise Kautsky, der hier, wahrscheinlich mit Recht, unterstellt wird, sie habe die Briefe nicht vollständig an Tussy übergeben, sondern eine politische Selektion vorgenommen. Trotzdem macht Tussy aus alter Ergebenheit gegenüber dem »General« den großen Fehler, ihm die Originale und Abschriften der Briefe wieder auszuhändigen, ohne zu ahnen, dass sie sie nie mehr wiedersehen wird.

Hochzeit im Hause Engels

Im Herbst 1893 erscheint ein gewisser Ludwig Freyberger im Hause Engels, ein junger österreichischer Arzt, der Tussy auf den ersten Blick unsympathisch ist. Er stammt aus Krems an der Donau, ist Sohn eines Steuerinspektors und lebt seit kurzem in London, wo er an verschiedenen Krankenhäusern arbeitet. Zum Sozialismus und zur Lehre von Marx hat er keine Beziehung, sondern nur zu Engels persönlich, weil er ihn seit dem Tod des alten Hausarztes Edward Gumpert manchmal medizinisch betreut. Rasch kommt man sich näher und entwickelt die Idee, dass Freyberger Louise Kautsky heiraten soll, denn nach dem Kongress in Zürich, auf dem die ganze sozialistische Welt von ihrer Affäre mit Bebel erfahren hat, muss eine Lösung gefunden werden. Hinzu kommt, dass Louise im Februar 1894 schwanger wird, was ihr ziemlich schnell klar geworden sein muss. Sie ist schließlich gelernte Hebamme und kennt sich aus. Tussy hält Bebel für den Vater,[27] aber der war zum fraglichen Zeitpunkt nicht in England. Andere vermuten den »Urheber« in Victor Adler. Es käme aber auch jemand ganz anderes, nämlich Engels persönlich, infrage, wie der Marx-Forscher Terell Carver spekuliert hat,[28] auch wenn »der General« schon seit Jahren darüber klagt, dass er so »lahm« und zu »Ehelichem und Außerehelichem«[29] nicht mehr imstande sei. Jedenfalls wird schon Anfang März 1894, Freyberger ist erst ein paar Monate in London, die Hochzeit bekannt gegeben. Es gibt keine Verlobung, keine Feier. Die Ziviltrauung hat ganz im Stillen in Eastbourne stattgefunden, weit weg von den sozialistischen Freunden. Acht Monate später, am 8. November 1894, bringt Louise ein Kind, Louisa, genannt »Lulu«, zur Welt, das mit Zweitnamen »Frederica« heißt. Reine Anhänglichkeit oder Wink mit dem Zaunpfahl?

Tussy, die bis zu der plötzlichen Hochzeit immer noch mit Louise in Kontakt stand, wenn sich das Verhältnis auch deutlich abgekühlt hatte, fühlt sich übergangen. Ob dieser Schritt nicht reichlich unüberlegt sei, schreibt sie ihr. Sie kenne den Bräutigam doch kaum. Er sei fünf Jahre jünger als sie, ein Mann ohne große Lebenserfahrung. Und ob sie denn Zürich schon ganz vergessen habe? Die Demonstration ihrer Liebe zu Bebel vor der ganzen sozialistischen Welt?

Darauf Louise in ihrem fehlerhaften, kaum verständlichen Englisch: »Was Du über Zürich schreibst, machte mich lächeln. Ich weiß am besten, wie meine Freunde versuchen, sich in mein Leben einzumischen. Du schreibst: ›Die Ehe ist eine Lotterie, ganz gleich, in welcher Gesellschaft.‹ Darf ich aus meiner Erfahrung hinzufügen, dass *keine* Gesellschaft eine Freundschaft zwischen Mann und Frau toleriert, ohne Häme und Kommentare. Ich habe wieder und wieder gehört, was über mich geredet wurde ... All dieser ›Klatsch‹ zeigte mir, dass ich diesen Schritt unternehmen muss ... Ich habe Ludwig ... alles ... über mein früheres Leben erzählt ... Ich bin jetzt glücklich und hoffe, dass wir es bleiben werden. Ich bin so unabhängig wie vorher.«[30]

Doch Tussy traut der Sache nicht. Sie ist nicht nur misstrauisch gegenüber dem »neuen Bräutigam«, von dessen »tiefem Scharfsinn und glänzendem Witz« sie nicht viel hält,[31] sondern beginnt auch langsam, aber sicher zu ahnen, was die Clique Bebel / Louise / Freyberger mit ihr vorhat: »Sollte General etwas zustoßen ...«, schreibt sie an Laura, »ist Freyberger durchaus in der Lage, alles, was er kann, an sich zu bringen und es zu verkaufen! Denn Du musst wissen, Freyberger ist ganz einfach ein Antisemit, obgleich ich meinen jüdischen Kopf dagegen wette, dass er ein Jude ist, und er hat mit der Bewegung nichts zu tun ... Sam Moore ... schien auch Bedenken zu haben ... Er sagte mir, er würde eine Gelegenheit suchen, mit dem General zu sprechen, ... um alle Manuskripte sicherzustellen ... Mohrs Manuskripte sind Sachen, auf die wir mit der größten Sorgfalt achten müssen.«[32]

Nach der Hochzeit denkt Louise Kautsky, nunmehr Freyberger, gar nicht daran, mit ihrem Mann einen eigenen Hausstand zu gründen, sondern bleibt in der Villa am Regent's Park wohnen. Allerdings gibt sie Engels zu verstehen, man müsse bald umziehen. Das alte Haus sei für eine Familie nicht geräumig genug. Tussy ist empört. Das Haus sei zwanzig Jahre lang gut genug gewesen, habe Gäste aus aller Welt beherbergt und große Feste gesehen. Wozu dieser hektische Umzug? Auch neue Möbel, verlangt Louise, müssten angeschafft werden. Will sie Engels etwa nur ausnehmen? Oder sucht sie eine Gelegenheit, alles um- und auszuräumen, um einen besseren Überblick über die Marx-Manuskripte zu bekommen, nach deren Wert auf dem Autographenmarkt sich der junge Ehemann verdächtig ausführlich erkundigt?[33]

»Ich weiß nur, dass man uns dem General entfremdet«, schreibt Tussy an Laura. »Nicht, dass ich konkrete Gründe dafür angeben könnte, aber Du weißt, man spürt manchmal tausend Kleinigkeiten, die man gar nicht beschreiben kann.«[34]

Bebel schäumt

Freyberger, Louise und Bebel stehen jetzt kurz vor ihrem Ziel. Engels ist ein misstrauischer alter Mann geworden, der zu viel Alkohol trinkt, einen Schlaganfall erlitten hat und unter chronischen Halsschmerzen leidet. Es kommen kaum noch, wie früher, Gäste ins Haus. Freyberger und Louise halten jeden von ihm fern, der ihn beeinflussen könnte.

Ihre charmante Art hat Louise jetzt, wo sie sich sicher ist, dass sie erben wird, endgültig aufgegeben. Sie kommandiert Engels herum, erklärt ihm, dass er dieses oder jenes nicht mehr tun könne, weist ihn bei jeder Gelegenheit auf sein Alter hin, sperrt ihn regelrecht ein. Als Tussy ihn einmal für Sekunden allein erwischt, kommt sie sofort dazu und schreit ihn an, warum er sie nicht gerufen habe, es sei »zum Verrücktwerden, dass er ganz das Gedächtnis verliere« und sich nicht einmal fünf Minuten lang daran erinnern könne, dass sie ihm eben noch gesagt habe, sie sei nur für einen Moment oben in ihrer Stube![35]

Offenbar hat sie Angst, Tussy könnte in ihrer Abwesenheit auf das leidige Thema zu sprechen kommen: das Schicksal des Nachlasses. Doch bevor dies geschieht, führt sie den endgültigen Bruch mit der einstigen Freundin herbei und bezichtigt Tussy, Intimitäten über ihr Verhältnis mit Bebel ausgeplaudert zu haben. »Liebe Tussy«, schreibt sie am 15. September 1894, »ich teile Dir hiermit mit, was ich aus sehr glaubwürdiger Quelle über den Vertrauensbruch, dessen Du Dich mir gegenüber schuldig gemacht, erfahren. Liebknecht hat Deine Herzensergüsse Singer mitgeteilt, und dieser hat selbstverständlich die Sache Bebel mitgeteilt … Über die Sache selbst will ich kein Wort verlieren, nur das eine möchte ich sagen, dass ich alles Vertrauen zu einem intimen Verkehr verloren habe. Mit Gruß, Louise Freyberger.«[36]

Diese Vorwürfe sind völlig aus der Luft gegriffen, da von Victor Adler bis Clara Zetkin alle um die Affäre gewusst haben und Louise selbst alles getan hat, um sie publik zu machen. Trotzdem hat Tussy das Gefühl, sich verteidigen zu müssen, und bittet Liebknecht und Singer um eine Art Leumundszeugnis, das sie postwendend bekommt: Sie habe nicht geplaudert, nichts weitergegeben. Die Sache sei auch so »leider ziemlich bekannt«.[37]

Nun meldet sich auch Bebel, inzwischen Großvater geworden, zu Wort, schäumend vor Wut, in unsäglich schlechtem Deutsch, rechthaberisch und jedes geistige Niveau vermissen lassend:

Es ist richtig, dass ich Louise geschrieben, Du habest Liebknecht gegenüber Mitteilungen von unseren früheren Besprechungen gemacht. Ich hatte Singer so verstanden, der mir Mitte Juli auf der Fahrt nach Stuttgart mitteilte, dass

Liebknecht ihm zwei Tage zuvor Mitteilungen gemacht, dass er mein früheres
Verhältnis zu Louise ja kenne und ihm weiter mitgeteilt habe eine Reihe von
Äußerungen, die Du über Freyberger und Deine Stellung zu ihm gemacht.
Da nun meines Wissens niemand in London von Dir jenes Verhältnis kannte
und alles in Verbindung mit Dir erzählt wurde, kam ich ganz naturgemäß
zu der Ansicht, dass Liebknecht diese Kenntnis nur von Dir haben konnte.
Und Singer, der heute bei mir war und mir seine Unterhaltung mit Lieb-
knecht erzählt … sagte ja selbst, dass Liebknecht nicht gesagt, dass er seine
Kenntnis bezüglich Louise und mir von Dir habe, dass er aber nach der Art
wie Liebknecht erzählte und Deinen Äußerungen über Freyberger … auch
des Glaubens gewesen sei, dass Liebknecht seine Mitteilungen nur von Dir
gehabt habe. Dass ich von diesen Nachrichten … nicht erbaut war, kannst
Du Dir wohl denken. Es verstand sich auch ganz von selbst, dass ich Louise
davon unterrichtete … Im Übrigen werde ich mich an das Geschwätz, das,
wie es scheint, von der Z[etkin] und noch anderen ausgegangen ist, nicht
mehr kehren, da die Angelegenheiten für die Nächstbeteiligten, die sie allein
angehen, erledigt sind. Mögen männliche und weibliche Klatschbasen hinter
meinem Rücken schwätzen, was sie wollen. Ich hoffe, Louise denkt wie ich.[38]
… Du kannst ruhig sein, Louise wird nie das Geringste tun oder zulassen,
was Deine Interessen … schädigt; andererseits ist ganz unmöglich und
undenkbar, dass General etwas täte, das wider Dich und Laura ginge. Ich
meine, wenn Du über irgend etwas im Zweifel bist eben bezüglich der Anord-
nungen des Generals für die Zukunft, es nur besser wäre, Du erbätest Dir
vom General selbst Auskunft … Die Ordnung des etwaigen literarischen
Nachlasses für künftig gelangt in Hände, denen Du volles Vertrauen
schenken musst … Mit herzlichem Gruß, Dein August.

Diese Formulierung bringt Tussy erst recht in Rage. Wer oder was sind
die »guten Hände«? Bebel selbst? Engels? Louise Freyberger? »Du erin-
nerst Dich, dass Bebel schrieb, dass sich die Manuskripte ›in guten Händen‹ befinden«, schreibt sie an Laura. »Wenn Außenstehende darüber
Bescheid wissen, müssten wir es ebenfalls wissen … Die Manuskripte,
besonders die Privatbriefe, sind unsere Sache; sie gehören *uns* – nicht
einmal Engels.«[39]
Was hat August Bebel eigentlich plötzlich gegen Tussy, die sich, wie

Liebknecht bestätigt, sehr diskret verhalten, sein hochproblematisches Buch *Die Frau und der Sozialismus* über Gebühr gelobt und immer nur Gutes und Respektvolles über ihn gesagt hat? Er hat vermutlich eine gehörige Portion Angst vor ihr, denn sie erinnert ihn fatal an seine Tochter, an Frieda. Der geht es seit der Geburt ihres Sohnes Werner sehr schlecht, sie hat Wochenbettdepressionen und Wahnvorstellungen und befindet sich in einer geschlossenen Anstalt am Bodensee. Tussy und Frieda mögen sich, das weiß Bebel. Haben sie vielleicht in Zürich über ihn gesprochen? Hat der neue Ausbruch ihrer Krankheit etwas mit ihm und seinem Verhältnis zu Louise zu tun?

Im Oktober 1894, einen Monat vor Louises Niederkunft, zieht Engels mit dem Ehepaar Freyberger und allen Dienstboten um, ein paar Häuser weiter, auf die Regent's Park Road Nr. 41, in eine noch größere, noch elegantere Villa, die fast vollständig neu eingerichtet wird. Freyberger eröffnet dort auch eine Arztpraxis – mit einem eigenen großen Schild an der Tür. Gemeinsam mit seiner Frau verbreitet er das Gerücht, Tussy und Aveling seien von Engels»hinausgeworfen« worden und dürften das neue Haus nicht mehr betreten. Auch Freunde von Tussy werden erfolgreich ferngehalten, Eduard Bernstein und der polnische Sozialist Stanisław Mendelson zum Beispiel.

Tussy gerät langsam in Panik und bittet Laura in verzweifelten Briefen, sofort zu kommen: »Bei allem, was man General schuldig ist, können wir uns nicht alles gefallen lassen. Du bist die einzige Person, vor der sich Louise fürchtet, Du allein könntest helfen. Wenn Du nicht willst, dass die Freybergers die einzigen literarischen Nachlassverwalter sind, musst Du handeln, und zwar auf der Stelle!«[40]

Auch Aveling, sonst ein eher träger Korrespondent, schließt sich an und unterstützt Tussy. »Komm! Komm! Komm!«, schreibt er an Laura. »Du machst Dir keine Vorstellung von der *unmittelbaren* Dringlichkeit. Der General ist in einer so gefährlichen Stimmung. Er wird keinerlei Einmischung dulden, außer von Euch beiden Frauen, denen er das Recht einräumen muss, Rechenschaft über die Papiere Eures Vaters zu verlangen. Ihr müsst diese Forderung stellen und ohne Umschweife Euren Beweggrund nennen; dass Ihr nämlich den Freybergers nicht traut. Glaub mir – es ist der einzige Weg, die Manuskripte zu retten!«[41]

Laura kommt trotz seines dringenden Appells nicht nach London. Sie scheint den Ernst der Lage nicht zu erkennen, glaubt vielleicht gar, was dank Bebel, Freyberger und Louise so viele annehmen: dass Tussy unter einer leichten Form von Verfolgungswahn leide und »hysterisch« sei.

»Meine lieben Mädels!«

Im Frühjahr 1894 hat man Aveling aus der »Independent Labour Party« ausgeschlossen. Sein Gastspiel hat kaum vierzehn Monate gedauert. Als formellen Grund gibt man Unstimmigkeiten während der letzten Mai-Demonstration im Hyde-Park an. In seiner Funktion als Koordinator des Ganzen habe er versäumt, der Partei eine eigene Bühne zu beschaffen, habe außerdem gefordert, dass die englische Monarchie abgeschafft werden solle, was selbst den äußersten Linken zu weit ging. In Wirklichkeit liegen aber schon wieder Gerüchte über sein Sexualleben in der Luft. Man spricht sogar von Beziehungen zu Kindern.

Tussy wirkt in dieser Zeit sehr nervös und verletzlich, zumal sie fast kein Geld hat und ihr Brot immer wieder als »Type-writer« verdienen muss. Sie hat kaum noch Kraft, ihre Vorträge zu halten. Zu den Gerüchten um Aveling, die sie sehr bedrücken, kommt ihre große Angst um die Marx-Manuskripte. Leider tut Engels nichts, um ihr diese Angst zu nehmen, im Gegenteil. Im November 1894 lässt er eine knappe Notiz in den *Vorwärts* setzen, dass der vierte Band des *Kapitals* von Karl Marx *nicht* erscheinen werde. Tussy hatte nicht die leiseste Ahnung davon. Er hat mit ihr überhaupt nicht darüber gesprochen.

»Nun hat der General«, schreibt sie an Laura, »wieder und wieder gesagt ..., dass der vierte Band ihm vergleichsweise wenig Schwierigkeiten bereiten würde, da er weit fortgeschrittener sei als der dritte. Und nun erfahren wir plötzlich – durch eine öffentliche Bekanntmachung und nicht durch eine private Mitteilung an Dich und an mich ... dass die Daten unzureichend seien und Engels ihn nicht herausgeben will.«[42] Offenbar hat man ihr nicht einmal das Manuskript zu lesen gegeben; ein grober Affront gegenüber Tussy.

325

Am 14. November 1894 lässt Engels sich endlich dazu herab, seine »lieben Mädels« Laura und Tussy über seine aktuellen Pläne bezüglich des Marx'schen Nachlasses zu unterrichten. Dabei geht es zunächst »nur« um die Bibliothek:

Erstens werdet Ihr feststellen, dass ich mir erlaubt habe, über alle meine Bücher, einschließlich der nach Mohrs Tod von Euch erhaltenen, zugunsten der deutschen Partei zu verfügen. Diese Bücher stellen in ihrer Gesamtheit eine so einzigartige ... Bibliothek für die Geschichte ... des modernen Sozialismus ... dar, dass es schade wäre, sie wieder auseinanderzureißen. Sie zusammenzuhalten und gleichzeitig denen zur Verfügung zu stellen, die sie benutzen möchten, ist ein schon vor langer Zeit geäußerter Wunsch Bebels und anderer Führer der deutschen Sozialistischen Partei.[43]

Kein Wort darüber, dass auch Tussy eine eingeführte sozialistische Autorin ist, dass sie die Bücher braucht, um richtig arbeiten zu können, vom rechtlichen und moralischen Standpunkt ganz zu schweigen. Engels' eigenmächtiger Schritt bedeutet eine brutale Enteignung der Marx-Töchter. Er kommt weder auf seine frühere Idee zurück, die Bibliothek dem British Museum zu vermachen, wo Tussy sie leicht hätte nutzen können, noch darauf, Laura und ihr wenigstens die literarischen und philosophischen Titel zurückzugeben, die seltenen Ausgaben von Shakespeare, Heine und Hegel, mit denen »die deutsche Partei« kaum etwas anfangen kann.

»Die nächste Sache«, fährt Engels fort, »ist nun die Veröffentlichung von Lassalles Briefen an Mohr. Tussy hat sie auf der Maschine abgeschrieben, sie liegen in meinem Schreibtisch, aber infolge des Umzugs bin ich nicht in der Lage gewesen, sie auch nur anzurühren. Das bedeutet Anmerkungen, das Nachschlagen längst vergangener Fakten sowie Durchsicht meines eigenen alten Briefwechsels mit Mohr – und ein diplomatisch geschriebenes Vorwort.«[44]

Das heißt konkret: Tussy hat sich die mühselige Arbeit der Entzifferung – hier von »Abschreiben« zu sprechen, ist schon fast bösartig – ganz umsonst gemacht. Engels hat nämlich gar nicht vor, die Korrespondenz in absehbarer Zeit herauszugeben. Hunderte von Briefen liegen, praktisch druckfertig, bei ihm unter Verschluss, ohne dass etwas mit ihnen geschieht. Man ahnt, warum: Die Welt soll weiter an eine Erzfeindschaft zwischen Marx und Lassalle glauben, soll von dem engen geistigen Austausch der beiden nichts wissen und schon gar nichts von den geistigen Anleihen, die Marx bei Lassalle gemacht hat.[45] »Dann zu Band IV«, schreibt Engels weiter:

Davon gibt es nur ein sehr unfertiges Manuskript … Ich selbst kann mich nicht wieder an die Entzifferung machen und das Ganze diktieren, wie ich es mit Band zwei und drei getan habe. Meine Augen würden völlig versagen, noch ehe ich die Hälfte durch hätte. Ich habe das schon vor Jahren festgestellt und einen anderen Ausweg gesucht. Ich glaubte, es würde nützlich sein, ein oder zwei intelligente Leute der jüngeren Generation an die Entzifferung von Mohrs Handschrift zu gewöhnen. Ich dachte an Kautsky und Bernstein. Kautsky war damals noch in London … Ich fragte ihn und er willigte ein … Er fing an. Dann fuhr er weg von London, nahm ein Heft mit, und ich hörte jahrelang nichts mehr davon. Er war zu sehr mit der Neuen Zeit beschäftigt, und darum ließ ich mir das Manuskript … zurückschicken … Auch Bernstein ist nicht nur sehr beschäftigt, er ist sogar überlastet, er hat bis jetzt seine Neurasthenie noch nicht ganz überwunden.[46]

Zunächst zum Hauptargument: Engels' schlechte Augen. Er ist vierundsiebzig Jahre alt. Die Entzifferung der Marx'schen Hieroglyphen wäre in der Tat ein mühsames Geschäft für ihn. Andererseits kann außer Tussy, die erst gar nicht darum gebeten wird, niemand die Handschrift von Marx so gut lesen wie er. Außerdem kann es um seine Augen kaum so schlimm stehen, wenn er, wie er in demselben Brief stolz berichtet, immer noch »die Arbeit von zwei Vierzigjährigen« leistet, eine umfangreiche Korrespondenz führt, »die Bewegung« in Europa und Amerika verfolgt und regelmäßig »sieben Tageszeitungen und zweiundzwanzig Wochenzeitschriften« liest, manche davon in Sprachen, »die er sich erst anzueignen im Begriffe« sei.

Auch das zweite Argument, dass Kautsky aus der Edition ausgestiegen sei, scheint nur vorgeschoben. Richtig ist, dass Kautsky als Herausgeber regelrecht vor die Tür gesetzt worden ist, dass Engels ihm ausdrücklich verboten hat, die Transkription fortzusetzen.[47] Der Grund: seine Scheidung von Louise. Und Grund drei, die »Neurasthenie«, sprich: Nervenschwäche oder Depression, von Bernstein, wirkt ebenfalls nicht überzeugend, denn Bernstein ist glücklich verheiratet mit der jüdischen Übersetzerin Regina (»Gine«) Zadek, die zwei Kinder, Käte und Ernst, mit in die Ehe gebracht hat. Er ist England-Korrespondent des *Vorwärts* und der *Neuen Zeit*, für die er Beitrag um Beitrag schreibt. In seinen Briefen an Kautsky[48] ist keine Spur einer psychischen Beeinträchtigung zu erkennen. Allerdings eine starke Parteinahme für Tussy, die er gerade in dieser Zeit heftig gegen Engels verteidigt:

> *Es geht ihr, glaube ich, schlechter als je ... General ist ... total von seiner direkten Umgebung abhängig, und Tussy ist von allem intimeren Verkehr, wie er früher bestand, abgeschnitten; es herrscht nur noch kühle Freundschaft. Abgesehen davon, dass Tussy seelisch unter dieser Änderung sehr leidet, dürfte dieselbe sie auch materiell stark schädigen. Es ist ein Jammer mitanzusehen, wie sich diese begabte Person quälen muss, um nur das Nöthigste zu verdienen – durch Typewriter-Arbeit.[49]*

Engels verschweigt in seinem Brief an die Marx-Töchter, dass er einfach keine Lust mehr hat, den vierten Band des *Kapitals* herauszugeben, zumal er voraussieht, dass er dafür nicht gelobt werden wird. Schon über den dritten Band, *Der Gesamtprozess der kapitalistischen Produktion*, der gerade bei Meissner erschienen ist, hat Eduard Bernstein in der *Neuen Zeit* geschrieben, er sei nur ein »Rohbau« des komplizierten Gedankengebäudes, das Marx zu errichten gedacht habe, eine unbefriedigend ausgeführte Skizze also.[50]

Als Tussy erkennt, dass »der General« nicht beabsichtigt, etwas wegen der Edition von Band IV zu unternehmen, ist sie sofort bereit einzuspringen. Sie wolle das Werk entziffern, sich um die Herausgabe kümmern, schlägt sie vor. Engels gerät nun in ernsthafte Argumentationsnöte.

»Ich bin durchaus bereit und werde mich freuen, ihr zu helfen, wenn sie es auf sich nehmen will, das Originalmanuskript abzuschreiben«, versichert er Laura.[51] Doch dazu kommt es nicht mehr. Das Manuskript wird Tussy einfach nicht ausgehändigt, jedenfalls nicht mehr zu Engels' Lebzeiten.

Da Tussy jetzt kurz vor einem Nervenzusammenbruch steht, fühlt Aveling sich verpflichtet, ihr beizustehen. Er ist gerade aus dem Krankenhaus entlassen worden, wo man ihm einen Nierenabszess entfernt hat. Trotzdem rafft er sich am ersten Weihnachtstag des Jahres 1894 auf und macht, ohne Tussy, einen Besuch bei Engels. Er wird freundlich empfangen, bleibt zum Essen, man plaudert. Dann zieht er wie zufällig einen Brief von Laura an Tussy aus der Tasche, der die Fragen der Schwestern noch einmal zusammenfasst, gipfelnd in der einen, zentralen: Was wird mit den Marx-Manuskripten? Engels, schon leicht betrunken, zeigt sich auskunftsfreudig. Er gibt, schreibt Aveling später an Laura,»die überaus gelassene, würdevolle Erklärung, dass Marx' Manuskripte und Papiere *selbstverständlich* für seine Töchter sicher aufbewahrt würden und ausschließlich für sie bestimmt seien. In seiner bitter-ironischen Art erzählt Aveling weiter:

Das war alles klar und deutlich ... Doch nun ahnet und vermutet. Und denkt fein nach! ... Man bedenke dabei, dass ich nach dem Essen mit dem General um die Wette schlief, und derweil ich wettschlief, hatte der männliche Frey-berger Zeit, ihn auf seine Seite zu ziehen und die weibliche Freyberger in Tränen aufgelöst zu selbigem Zwecke herunterzuholen. Jedenfalls, als ich in aller Unschuld wieder erschien, sagte der General in seinem militärischstem Tonfall:»Zeig mir den Brief von Laura nochmal!«Welchselbiges ich tat. Dann brach der Sturm los. Da gab es eine Verschwörung ..., man hätte Dich genötigt, das hier zu schreiben ..., Du und Eleanor misstrautet ihm – ob Ihr eine gesetzliche Verfügung wolltet ... Das alles stammelnd und unter großen Gewissensqualen und viel Auf- und Abgehen ... Ich sagte, es hätte keinen Zweck, mich zusammenzustauchen. Ich sei bloß der Bote, und er müsse die Sache mit Euch beiden Frauen klären.[52]

Jetzt endlich entschließt sich auch Tussy, mit Engels das längst überfällige Gespräch zu führen, das sie aus Angst und Loyalität bisher immer vermieden hat. Dabei legt sie ihre letzte Trumpfkarte auf den Tisch, den Brief von Bebel, in dem er versichert, dass sie sich um die Manuskripte keine Sorge zu machen brauche, sie seien in nicht näher benannten »guten Händen«. – Engels ist peinlich berührt. Sein bis dahin kühler, ja feindseliger Tonfall verändert sich. Er streitet nicht ab, dass es vielleicht ein Komplott zwischen Louise und Bebel gebe oder gegeben habe, und beeilt sich, Tussy zu versichern, was er schon Aveling zugesagt hat: dass die Manuskripte und Briefe alle an sie zurückgingen, mit Ausnahme der Korrespondenz zwischen Marx und ihm selbst.

Der General spottet

Tussy denkt über diese Einschränkung nicht weiter nach und fängt an, sich zu beruhigen. Sie kann jetzt endlich wieder konzentriert arbeiten, ist voller Aktivität, fast wieder die Alte. 1895 übersetzt sie ein Buch des russischen Theoretikers Georgi Plechanow – *Anarchismus und Sozialismus* – aus dem Deutschen ins Englische. Sie kennt Plechanow, einen 1856 geborenen russischen Aristokraten, persönlich, hat sich mit ihm auf dem Pariser Kongress der Zweiten Sozialistischen Internationale angefreundet. Mit der Übersetzung seines Buches hat sie sich eine große Aufgabe gestellt, denn Plechanow, einst den russischen Revolutionären zugetan, jetzt ein in Genf lebender politischer Schriftsteller, der Gewalt dezidiert ablehnt, hat ein kompliziertes philosophisches Werk verfasst. Er zitiert Saint-Simon, Hegel, Feuerbach, Stirner und viele andere, vertritt die These, dass der Sozialismus in Russland von der Arbeiterschaft, nicht von den Bauern, ausgehen müsse, da diese noch zu unaufgeklärt und zu rückständig seien, appelliert an die russischen Arbeiter, sich der internationalen Bewegung anzuschließen, um nicht von einem autoritären kommunistischen Regime überrollt zu werden. Er ist *gegen* den Anarchismus und dessen Befürworter, die er für bourgeoise, »von der Geschichte ausgeleerte Säcke« hält, für »eingebildete Ignoranten, die ins Blaue hineinreden«, aber er ist immer und überall *für* Karl Marx, den »genialen«, nur mit Kopernikus vergleichbaren Deutschen, der die Geschichts- und Gesellschaftswissenschaft revolutioniert und auf die Ebene der exakten Naturwissenschaften gestellt habe.[53]
Engels lacht, als er von Tussys Vorhaben hört. Wo sie denn das dazu

nötige Wissen aufgeschnappt habe?[54] Das tut weh und zeigt, dass die Entfremdung längst noch nicht überwunden ist.

Tussy lässt sich trotzdem nicht entmutigen, übersetzt weiter, schreibt »Briefe aus England« für eine in Petersburg erscheinende Monatsschrift, verfasst für ein österreichisches Volkslexikon einen Grundsatz-Essay über die Arbeiterbewegung in England,[55] der mit Vorwort von Liebknecht auch als Separatum erscheint. Eine enorm dichte, materialreiche Schrift, die vom Zeitalter Heinrichs I. über den Bauernaufstand von 1381 bis zur Einführung von Seidenspinn- und Webmaschinen am Anfang des sechzehnten Jahrhunderts führt. Sie dokumentiert die Anfänge der Kinderarbeit, die Entstehung der Trade Unions, die Gründung der Ersten Internationale, das Wirken von Marx in England und den Kampf um gesetzliche Beschränkung der Arbeitszeit bis hin zu den jüngsten Streikbewegungen.

Außerdem veröffentlicht sie erste Vorarbeiten zu einer Marx-Biographie: »Karl Marx – lose Blätter«.[56] Sie bestehen hauptsächlich aus Kindheitserinnerungen wie den Geschichten über den Zauberer Röckle, Schilderungen der sonntäglichen Ausflüge in die Heide, der scheinbar ernsthaften politischen Diskurse, auf die Marx sich mit seiner noch nicht sechsjährigen Tochter einließ. Jeder in der Familie, erzählt Tussy, habe seinen Spitznamen gehabt. Karl Marx sei der »Mohr« gewesen, ihre Mutter die »Möhme«, Helene die »Nimmy«, sie selbst »Zwerg Alberich«, »Miss Lilliput« oder »Tussy«. Und die, fügt sie leicht schmunzelnd hinzu, sei sie noch heute …

Dieser Text, der so leicht geschrieben daherkommt, ruft Erinnerungen an alte Zeiten in ihr wach, an Zeiten, in denen noch alles »heil« war, während um sie herum die Harmonie immer mehr auseinanderbricht und das Haus von Engels ihr kein zweites Zuhause mehr ist wie früher. Daran kann auch die Aussprache, die scheinbare Wiederannäherung nichts ändern. Denn solange Louise und Freyberger im Haus sind, fühlt Tussy sich ausgegrenzt, unerwünscht. »Heute vor zwölf Jahren starb Mohr«, schreibt sie an Wilhelm Liebknecht, »und ich glaube, ich vermisse ihn und meine Mutter Jenny mehr als damals, als wir sie verloren.«[57]

Die letzten Wochen des Generals

Friedrich Engels, mit dem es gesundheitlich schon seit langem bergab ging, leidet unter einer ähnlichen Krankheit wie seinerzeit Karl Marx. Er hat schweren Speiseröhren- und Kehlkopfkrebs, den er selbst für chronische Angina hält. Freyberger, sein Leibarzt, macht ein Geheimnis um die Diagnose, aber Tussy weiß besser, wie es um ihn steht, denn sie hat ihre Erfahrungen mit Krebskranken. Obwohl so vieles unausgesprochen und ungeklärt ist, gibt es seit Anfang des Jahres 1895 keine bösen Briefe, keine Szenen mehr. Tussy und Aveling wollen ihn nur noch schonen. Der Kampf um den Nachlass hat nicht nur Tussy stark angegriffen. Er scheint auch den Lebenswillen von Engels gebrochen zu haben. Denn im Grunde ist er treu und loyal, unfähig, der Tochter seines besten Freundes etwas Böses anzutun. Doch das Problem ist: Er fühlt sich auch Bebel, Louise und »der Partei« eng verbunden, schafft es nicht, diesen Konflikt für sich zu lösen. Zum Schluss kann der einst so eloquente Mann kaum noch sprechen, wenn auch sein Verstand bis zum letzten Tag klar und wach bleibt.

Im Juni 1895 fahren Tussy und Aveling mit Engels nach Eastbourne in Sussex, einen seiner Lieblingsorte, wo er versuchen will, sich inmitten bizarrer Kreidefelsen zu erholen. Auch die Lafargues kommen für ein paar Tage dazu. Sie lachen viel, gehen am Strand spazieren, sammeln Muscheln und Austern. Louise Freyberger ist diesmal nicht dabei, denn sie ist sehr mit ihrer kleinen Tochter Lulu beschäftigt, einem kränklichen Kind, das viel Pflege braucht.

Noch in Eastbourne, am 26. Juli 1895, ändert Engels im Beisein einer Köchin und einer Krankenschwester zum wiederholten Mal sein Testament, indem er Freyberger mit erheblichen Summen für seine ärztliche Hilfe bedenkt und noch einmal deutlich klarstellt, dass »alle von … Karl Marx geschriebenen oder an ihn gerichteten Briefe (mit Ausnahme meiner Briefe an ihn und seiner Briefe an mich)«, die zum Zeitpunkt seines Todes in seinem Besitz seien, von den Testamentsvollstreckern »der erwähnten Eleanor Marx Aveling als der gesetzlichen persönlichen Vertreterin des erwähnten Karl Marx übergeben werden sollen«.[58]

Aus Eastbourne zurückgekehrt, gibt Tussy ihre Londoner Wohnung auf und zieht mit Aveling nach Orpington, in einen dörflichen Ort am Stadtrand. Hier, in einem Bauernhaus an der Green Street Green Nr. 1, hofft sie auf Ruhe und Frieden, fern vom Londoner Klatsch. Vielleicht hofft sie auch, dass Aveling ein anderer wird, wenn er den Versuchungen der Großstadt entzogen ist. War er nicht sehr solidarisch in den letzten Monaten? Hat er nicht Laura und ihr treu zur Seite gestanden? Noch immer scheint Engels Hoffnung zu haben, dass seine Krankheit »nur« chronische Angina sei. »Bis Sonntag abend ging es mir ganz gut«, schreibt er an seine »liebe Tussy«, »dann aber hatte ich zwei böse Nächte und Tage, teils vielleicht wegen des von der Seeluft beschleunigten Ausscheidungsprozesses, der in meinem Halse vor sich geht, aber hauptsächlich durch die nachlassende Wirkung der schmerzbetäubenden Mittel, die ich nun seit acht Wochen täglich und in zunehmenden Mengen angewandt habe. Andererseits habe ich einige schwache Seiten meines launischen Appetits herausgefunden und nehme lait de poule* mit Brandy, Eierrahmspeise mit Kompott, Austern bis zu neun täglich usw.«[59]

An Laura, die er »sein liebes Löhr« nennt, schreibt er gar, die Schwellungen in seinem Hals seien erfolgreich geöffnet worden, und es trete Erleichterung ein – endlich! Es sei aber auch höchste Zeit, da er kaum noch etwas essen könne, fühle er sich elend und heruntergekommen.[60]

Das ist der letzte Brief, der von ihm überliefert ist.

Zwölf Tage später, am 5. August 1885, schläft er in seiner Wohnung für immer ein.

Kurz vor Mitternacht erhält Tussy einen auf Deutsch geschriebenen Brief von Louise Freyberger, den ersten seit dem schweren Zerwürfnis um den Nachlass:

Liebe Tussy, der liebe alte General ist heute um zehn Uhr dreißig friedlich und schmerzlos eingeschlafen. Ich ging aus dem Zimmer, um mich für die Nachtwache umzuziehen, war nicht sechs Minuten fort, wie ich wiederkam, war alles vorbei. Deine Louise.[61]

---

* geschlagenes Eigelb mit Zucker

14

SIE IST BEREIT ZU GEHEN
1895–1898

Abschied von Engels

Am Morgen des 10. August 1895 findet die Trauerfeier für Friedrich Engels statt. Nicht auf dem Friedhof von Highgate, wo die Familie Marx begraben ist, sondern in der Necropolis-Station auf dem Bahnhof Waterloo. Tussy hat mehr als achtzig Einladungen geschrieben, nur an enge Freunde und Verwandte, so wie Engels es sich ausdrücklich gewünscht hat. Da er keine kirchliche Zeremonie wollte, hält Wilhelm Liebknecht die Rede an seinem Sarg. »Seit Karl Marx uns genommen war, ist kein solcher Schlag auf uns niedergefallen. In Friedrich Engels ist Marx zum zweiten Mal gestorben.«[1] Er beschwört also wieder die Doppelgestalt, die Untrennbarkeit. Nicht einmal im Tod wird Engels als autonomes Wesen behandelt. »Selbstlos, sich stets der Sache unterordnend, bis zu Marx' Tod und noch nach Marx' Tod seine Person dem großen Freund aufopfernd, hat er stets der Pflicht gelebt … Wir trauern um Dich, wie wir um Karl Marx getrauert … Wir setzen … Euch beiden kein Denkmal von Erz und Stein. Ihr seid zu groß für ein solches Denkmal.«

Nach der Trauerfeier wird der Sarg mit dem Zug nach Woking überführt, wo sich seit 1878 ein Krematorium befindet, das erste und modernste von England. Dort wird die Einäscherung vorgenommen. Knapp zwei Wochen später, am 25. August 1895, fahren Tussy, Bernstein und Aveling nach Eastbourne, um sich ein Boot zu mieten und die Urne mit der Asche von Engels ins Meer zu versenken. Obwohl Eastbourne für sein mildes Klima bekannt ist und sich die »sunshine-coast« nennt, pfeift ein kalter Wind, der das Boot fast zum Kentern bringt. Sonst weiß man kaum etwas über diesen Tag. Tussy hat sich nie mehr dazu geäußert. Sie schreibt auch keinen Nachruf für den *Vorwärts* oder die *Neue Zeit*, obwohl sie sicherlich darum gebeten worden ist und den »General« viel besser gekannt hat als Clara Zetkin, die sich mit einem forschen »Vorwärts in den Kampf! Vorwärts zum Sieg!« in der Zeitschrift *Die Gleichheit* von ihm verabschiedet.[2] Allerdings begnügt sie sich nicht damit, seine Symbiose mit Marx zu betonen. Sie weist vielmehr deutlich darauf hin, was Engels für das »Emanzipationsringen« der Frauen, besonders der »Proletarierinnen« getan hat: Nicht Marx, sondern Engels sei es vorbehalten gewesen, »Spießbürgers Köhlerglauben an die vaterrechtliche Familie für immer zu zertrümmern«. Seine »meisterhafte Studie« über den *Ursprung der Familie, des Privateigentums und des Staates* sei von »grundlegender Bedeutung für den Befreiungskampf des gesamten weiblichen Geschlechts« gewesen.

»Eine schreckliche Verantwortung«

Nach dem Abschied von Engels geht Tussy wieder an die Edition des väterlichen Nachlasses. Sie will als Erstes den vierten Band des *Kapital* herausgeben, und zwar gemeinsam mit Kautsky, dem sie am 22. August 1895 deshalb schreibt. Ob er dazu bereit sei? Eduard Bernstein würde ihnen sicher helfen, doch das Manuskript sei derzeit noch in der Villa am Regent's Park unter Verschluss.[3]

Kautsky sagt zu, glücklich, nach der langen Zäsur endlich weitermachen zu können. Tussy ist erleichtert, aber auch besorgt, denn sie spürt eine »schreckliche Verantwortung« auf sich lasten und weiß nicht, ob sie ihr gewachsen sein wird.[4]

Louise Freyberger schikaniert sie unterdessen, wo sie nur kann, und tut alles, um die Herausgabe der Manuskripte zu verzögern. Sie stellt immer wieder neue Bedingungen, zieht Anwälte zu Rat. Die Lassalle-Briefe, die Tussy selbst transkribiert hat, behauptet Louise nicht finden zu können oder nicht zu haben: »Die Briefe sind zuletzt in Deinen Händen gewesen, als Du sie abgeschrieben hast, und es war klar, dass sie in der Vorwärts-Buchhandlung gedruckt werden sollten. Sie können also nicht unter den Manuskripten und Briefen sein, die schon 1892 in Ordnung gebracht wurden.«[5]

Das ist eindeutig falsch. Denn Engels selbst hatte noch am 17. Dezember 1894 an Laura geschrieben, dass die Briefe unberührt in seinem Schreibtisch lägen und vorerst nicht weiterbearbeitet werden könnten.[6] Tussy wird diese Briefe nie zurückbekommen und um die Früchte ihrer Arbeit betrogen werden. Irgendwann wird sie den Kampf darum aufgeben.

Am 28. August 1895 wird das Testament von Engels eröffnet. Tussy erfährt, dass sie etwa fünftausend Pfund erbt und aus ihren finanziellen Nöten befreit ist. Bebel findet, dass Engels der Partei viel zu wenig und Tussy viel zu viel Geld vermacht habe. Er schreibt an Victor Adler: »Eine Verringerung des Geldbetrages, der in private Hände fällt, würde niemand ein Unrecht zugefügt haben. Mit Ausnahme dessen, was Louise erhält, wird das Geld ... bald verschwendet sein, und von diesem Geld wird der Menschheit genauso wenig Nutzen erwachsen wie von den vielen tausend Pfunden, die bereits in dieselben Hände gewandert sind.«[7]

Bebel grübelt immer noch darüber nach, wie er es anstellen könnte, Tussy die Kontrolle über den Nachlass zu entziehen, was sich als komplizierter erweist als erwartet. Er schreibt darüber an Adler:

Wie es mit dem Nachlass wird ... darüber kann ich Dir augenblicklich noch nicht viel schreiben. Nachher muss aber allerlei geordnet werden: Die Übernahme und Verwaltung der Marx-Engels-Bibliothek ... für die Partei ... die Frage der Herausgabe des Nachlasses von General. Letztere steht wieder in inniger Beziehung zu der Herausgabe des Nachlasses von Marx, da einfach der eine Nachlass nicht herausgegeben werden kann ohne den anderen, über den Marxschen Nachlass verfügt aber Tussy.[8]

Marx und Heine

Im September 1895 sind die Manuskripte endlich wieder in Tussys Händen, was konkret heißt: die Handschriften der Bücher, Artikel und Vorträge ihres Vaters, die Familienbriefe und die Briefe *an* Marx, mit Ausnahme der von Louise Freyberger auf die Seite geschafften Lassalle-Korrespondenz und des gesamten Briefwechsels zwischen Marx und Engels, also der eigentlichen Herzstücke des Nachlasses, ohne die jede Forschung Fragment bleiben muss. Tussy mietet ein Archiv auf der Londoner Chancery Lane und beginnt mit der Aufarbeitung. Um die Nachwelt nicht noch länger warten zu lassen, veröffentlicht sie Stück für Stück aus der Hinterlassenschaft ihres Vaters, als Erstes den Heine-Brief vom 21. September 1844, dessen Abdruck Engels seinerzeit verhindert hatte, was Tussy dem Leser aber nicht mitteilt, um den »General« nicht bloßzustellen. In ihrer Vorrede schreibt sie vielmehr, »dringendere Arbeiten« seien ihm dazwischengekommen und hätten die Publikation immer weiter verzögert, bis sich »der Mund für immer schloss, der uns in diesem und manchem wichtigeren Punkte noch so vieles zu sagen hatte«. Einem Abdruck des folgenden Briefes von Heine an Marx stehe jetzt – »leider« – nichts mehr im Wege:[9]

Liebster Marx!
Ich leide wieder an meinem fatalen Augenübel und nur mit Mühe kritzle ich Ihnen diese Zeilen. Indessen, was ich Ihnen Wichtiges zu sagen, kann ich Ihnen Anfang nächsten Monats mündlich sagen, denn ich bereite mich zur Abreise* beängstigt durch einen Wink von oben – ich habe nicht Lust, auf mich fahnden zu lassen, meine Beine haben kein Talent, eiserne Ringe zu tragen.
Mein Buch (Wintermärchen) ist gedruckt, wird aber erst in zehn bis vierzehn Tagen hier herausgegeben, damit nicht gleich Lärm geschlagen wird. Die Aushängebogen ... schicke ich Ihnen heute ... in dreifacher Absicht. Nämlich erstens, damit Sie sich damit amüsieren, zweitens, damit Sie schon gleich

* von Hamburg nach Paris, EW

Anstalten treffen können, für das Buch in der deutschen Presse zu wirken, und drittens, damit Sie, wenn Sie es ratsam erachten, im Vorwärts das erste aus dem neuen Gedichte abdrucken lassen können ... Den Anfang des Buches bringe ich Ihnen nach Paris mit, der nur aus Romanzen und Balladen besteht, die Ihrer Frau gefallen werden. (Sie herzlichst von mir zu grüßen, ist meine freundlichste Bitte; ich freue mich darauf, sie bald wieder zu sehen. Ich hoffe, der nächste Winter wird minder melancholisch für uns sein wie der vorige). Von dem großen Gedichte macht jetzt Campe noch einen besonderen Abdruck, worin die Zensur einige Stellen gestrichen ... Den Nationalen habe ich darin aufs Entschiedenste den Fehdehandschuh hingeworfen ... Leben Sie wohl, teurer Freund, und entschuldigen Sie mein verworrenes Gekritzel ... aber wir brauchen ja wenige Zeichen, um uns zu verstehen! Herzinnigst – Heinrich Heine.[10]

Der Brief erscheint zwei Monate nach dem Tod von Engels in der Oktobernummer der *Neuen Zeit* 1895, begleitet von einer einleitenden biographischen Notiz von Tussy. Sie erzählt, wie Heine und Marx sich 1844 in Paris kennengelernt, wie sie gemeinsam für die *Deutsch-Französischen Jahrbücher* gearbeitet haben, wie sie Freunde geworden sind und einander auf der Rue Vaneau 38, in der Wohnung der Marxens, oft getroffen haben:

Es gab eine Zeit, wo Heine tagaus, tagein bei Marxens vorsprach, um ihnen seine Verse vorzulesen und das Urteil der beiden jungen Leute einzuholen. Ein Gedichtchen von acht Zeilen konnten Heine und Marx unzählige Male durchgehen, beständig das eine oder andere Wort diskutierend und so lange arbeitend und feilend, bis alles glatt und jede Spur von Arbeit und Feile aus dem Gedicht beseitigt war. Dabei hieß es aber sehr geduldig sein, denn Heine war krankhaft empfindlich für jede Kritik. Er kam mitunter buchstäblich weinend zu Marx, weil irgendein obskurer Literat in einem Blatt ihn angegriffen. Marx wusste sich dann nicht anders zu helfen, als ihn zu seiner Frau zu schicken, deren Witz und Liebenswürdigkeit den verzweifelten Poeten bald zur Raison brachten. Aber nicht immer kam Heine Hilfe suchend, mitunter auch Hilfe bringend. Ein Fall wurde in der

Marxschen Familie besonders gut in Erinnerung gehalten: Die kleine Jenny Marx, ein Säugling von einigen Monaten, wurde eines Tages von heftigen Krämpfen befallen, die das Kind zu töten drohten. Marx, seine Frau und ihre treue Gehilfin ..., Helene Demuth, standen verzweifelt und ratlos um die Kleine herum. Da kam Heine, sah sie an und sagte: »Das Kind muss in ein Bad!« Mit eigener Hand richtete er das Bad her, legte das Kind hinein und rettete, wie Marx sagte, Jennys Leben ... Marx war ein großer Verehrer Heines. Er liebte den Dichter ebenso sehr wie seine Werke und urteilte auf das Nachsichtigste über seine politischen Schwächen. Dichter, erklärte er, seien sonderbare Käuze, die man ihrer Wege wandeln lassen müsse. Man dürfe sie nicht mit den Maßstäben gewöhnlicher ... Menschen messen.

Tussy berichtet all das nur aus »zweiter Hand«, da sie 1843 noch nicht geboren war. Aber man spürt deutlich: Heine muss ein wichtiges Thema bei ihr zu Hause gewesen sein, für ihren Vater nicht weniger als für ihre Mutter, wenn sie auch vieles, was zu sagen gewesen wäre, *nicht* sagt, vielleicht, um es sich für eine spätere Marx-Biographie aufzuheben: dass Karl Marx schon als Neunzehnjähriger Zitate aus der »Nordsee« benutzt hat, dass seine frühen Liebesgedichte an Jenny stark von Heine beeinflusst sind, dass sie beide getaufte Juden waren, die im weitesten Sinne aus dem »Rheinland« stammten und einander bis zu Heines Tod eng verbunden blieben. Als Marx im März 1848, von Brüssel kommend, noch einmal nach Paris zurückkehrte, besuchte er den inzwischen schwer kranken Freund in seiner »Matratzengruft«. Heine soll, während eine Krankenschwester ihn ins Bett trug, bitter selbstironisch zu Marx gesagt haben: »Sehen Sie, lieber Marx, die Damen tragen mich noch immer auf Händen.«[11]

Heine war einundzwanzig Jahre älter als Marx und siebzehn Jahre älter als dessen Frau Jenny, die er schwärmerisch verehrt und bewundert haben soll, nicht zuletzt wegen ihrer großen poetischen Begabung. Sie dagegen mied den Kontakt mit seiner Frau Mathilde, einer ehemaligen Schuhverkäuferin, die sie für nicht ganz standesgemäß hielt. Was Heine, Marx und auch Tussy nicht wussten, war, dass sie entfernt miteinander verwandt waren. Heinrich Heine und Henriette Presburg, die Mutter von Marx, hatten nämlich gemeinsame Ururgroßeltern, Simon und Hanna Presburg.

»Revolution und Konterrevolution«

Beinahe täglich geht Tussy ins British Museum, um sich über den »Journalisten« Karl Marx kundig zu machen, der, wie sie meint, der Welt noch zu wenig bekannt sei. Von 1851 bis 1862 sind viele Hundert Artikel unter seinem Namen erschienen, in der *Neuen Oder-Zeitung*, der *Wiener Presse*, der englischen *Free Press*, dem *People's Paper*, vor allem aber in der *New York Daily Tribune*, die in den ersten englischen Exiljahren sein Hauptarbeit- und Geldgeber war.

Es ist sehr viel Arbeit, diese Texte zu sammeln oder auch nur zu sichten. Nicht alle Zeitungen sind im British Museum vorhanden, viele Artikel namentlich nicht gezeichnet, andere gekürzt oder zensiert. Leider fehlt ihr das wichtigste Instrument für die eindeutige Zuordnung, die Korrespondenz zwischen Marx und Engels, die fest verschlossen in der Villa am Regent's Park liegt, bewacht von Louise und Ludwig Freyberger. So bleibt es Tussy verborgen, dass viele unter dem Namen »Marx« erschienene Artikel in Wirklichkeit von Friedrich Engels stammen, der damals wesentlich besser Englisch sprach als ihr Vater und dem das journalistische Schreiben leichter von der Hand ging. »Was nun die New York Tribune betrifft«, schrieb Marx ihm am 14. August 1851, »so musst Du mir jetzt, wo ich mit der Ökonomie die Hände voll habe, helfen. Schreibe eine Reihe von Artikeln über Germanien, von 1848 an. Jeistreich und ungeniert.«[12]

Das war der Beginn der großen Fortsetzungsserie *Revolution und Konterrevolution in Deutschland*, die von Oktober 1851 bis Oktober 1852 in neunzehn Folgen erscheinen würde, ohne dass Marx auch nur einen einzigen dieser Artikel selbst verfasst hätte.

Tussy sitzt also einem fatalen Irrtum auf, wird das Opfer der Intrigen von Bebel und Louise Freyberger. »Unter den Artikeln für die New York Tribune finde ich ... Beiträge über ›Revolution und Konterrevolution in Deutschland‹, die eine wirklich unschätzbar wertvolle historische Arbeit sind«, schreibt sie im September 1895 an Kautsky. »Ich kann Dir nicht sagen, wie schön diese Artikel geschrieben sind – sie sind der Schlüssel zu Papas Beitrag zur Geschichte Deutschlands.«[13]

Sie veröffentlicht die Texte auf Englisch im Londoner Verlag Sonnenschein und bittet Kautsky, sie ins Deutsche zu übertragen. Der sagt ihr zwar zu, bringt aber die deutsche Version erst 1913 heraus, vielleicht wegen der darin enthaltenen Attacken auf jüdische Geldverleiher, Schankwirte und Hausierer in Russland, deren Muttersprache ein »schauderhaft verdorbenes Deutsch« sei.[14] Das Buch beschreibt in neunzehn Abschnitten Ursachen, Geschichte und Scheitern der deutschen Revolution vom Vormärz bis zu den Kölner Kommunistenprozessen von 1852. Engels hat sich darin der Sprache von Marx so perfekt angepasst, dass nicht einmal Tussy Verdacht schöpft. Hier zwei Beispiele:

Dem Kleinbürgertum, groß im Prahlen, fehlt die Kraft zur Tat, und es scheut ängstlich vor jedem Wagnis zurück. – Aber es ist das Schicksal aller Revolutionen, dass dies Bündnis verschiedener Klassen … nicht von langer Dauer sein kann. Kaum ist der Sieg über den gemeinsamen Feind errungen, da beginnen die Sieger sich in verschiedene Lager zu scheiden und die Waffen gegeneinander zu kehren.[15]

Solche Sätze, die »die« Revolution keineswegs blind verherrlichen, sondern als nur bedingt taugliches Instrument der Gesellschaftsveränderung bezeichnen, sind in ihrem Kern bis heute gültig. Wenn Tussy Marx auch, was die Autorschaft angeht, einem Fehleindruck erlegen ist, war es doch eindeutig *ihr* Verdienst, die Texte wiederentdeckt, zusammengefügt und als geschlossene Studie lesbar gemacht zu haben, mit allen Widersprüchen und Schattenseiten, wozu auch die Antisemitismen gehören.

Versöhnung mit einem Feind

Nach dem Tod von Engels ist Tussy sofort wieder in die »Social Demo-cratic Federation«, die Partei Henry Hyndmans, eingetreten und hat sich mit ihrem ehemaligen Feind versöhnt. Hyndman ist glücklich, sie wieder bei sich zu haben. Denn so skeptisch er auch ihrem Lebensge-fährten, Edward Aveling, gegenübersteht, so sehr schätzt er Tussy, als Person wie als Politikerin. »Ihre ... Arbeitskraft war unerschöpflich«, schreibt er in seinen Erinnerungen, »und da sie alle wichtigen europä-ischen Sprachen sprach und über die Einzelheiten der Bewegung in al-len Ländern genau informiert war ... war sie besonders wertvoll für die Sache.«[16]

Er schickt sie auf Vortragsreisen durch England und Schottland, wo sie in Bergwerken und Textilfabriken, vor Frauen und Kindern, vor Mit-gliedern der »Social Democratic Federation« und der »Independent La-bour Party« spricht, und betraut sie mit Vorbereitungen für den vier-ten Kongress der Zweiten Sozialistischen Internationale, der 1896 in London stattfinden soll. Als auch Aveling wieder in die Partei eintreten will, reagiert er vorsichtig. Auch das gesamte Exekutivkomitee hat Be-denken, aus den altbekannten Gründen wahrscheinlich – seine Schul-den, seine Skandale, sein Sexualleben. Doch da man nicht alles ausspre-chen kann, ohne Tussy und den Namen Marx zu belasten, werden an-dere Argumente benutzt. Man wirft Aveling vor, er habe seine guten Beziehungen zur deutschen Bewegung missbraucht, um das Verhält-nis zwischen der Sozialdemokratischen Partei Deutschlands und der Partei Hyndmans zu stören, was de facto falsch ist. Kautsky, Bernstein und Liebknecht, alle bestimmt keine guten Freunde Avelings, stellen die Sache in verschiedenen Parteizeitungen richtig. Am Ende bleibt Hyndman nichts anderes übrig, als Aveling wieder aufzunehmen, wenn auch zähneknirschend.

Doch er bewährt sich, erweist sich als brauchbar. Als im Oktober 1895 Teile der englischen Arbeiterbewegung an das britische Unter-haus appellieren, Gesetze zur Begrenzung der Einwanderung, beson-ders der jüdischen Einwanderung aus Osteuropa, zu erlassen, weil der

englische Arbeitsmarkt dadurch geschädigt werde, organisiert er mit
Tussy und Stepniak eine Protestveranstaltung im Londoner East End,
auf der Tussy erklärt: »Juden! Die englischen Antisemiten haben es so
weit gebracht, dass die Arbeiterorganisation die Regierung auffordert,
Englands Grenzen für die armen Ausländer zu verschließen, das heißt
vor allem: für die Juden! Ihr dürft nicht länger stillhalten! Ihr müsst zu
Tausenden zu unserer Versammlung kommen!«[17]

Schikanen, Schikanen

Tussy und Laura, nach dem Tod von Engels wieder eng zusammenge-
wachsen, suchen weiter nach verschollenen Briefen ihres Vaters und
beginnen, europaweit Aufrufe in Zeitungen zu setzen:

> Dürfen wir uns in diesem Blatt an alle jene wenden, die Briefe von
> Karl Marx haben sollten? Wir möchten die Briefe unseres Vaters
> möglichst vollständig herausgeben. Alle Briefe und Dokumente, die
> uns zugeschickt werden, werden natürlich mit der größtmöglichen
> Sorgfalt behandelt und auf Wunsch der Absender sofort zurückge-
> schickt, wenn wir sie kopiert haben. Wir werden jede Anweisung der
> Besitzer berücksichtigen, falls sie die Veröffentlichung bestimmter
> Passagen nicht wünschen.[18]

Währenddessen hören die Schikanen von Bebel und den Freybergers
nicht auf. Am 4. Oktober 1895 schickt Ludwig Freyberger einen unver-
schämten Brief, in dem er Tussy auffordert, »jene Gegenstände, die ihr
gehörten«, sofort abzuholen, da sie sonst in ein Lagerhaus kämen.[19] Es
sind Engels' alte Erinnerungsstücke an die Familie Marx: der Sessel, in
dem der Freund gesessen hat, als er starb, sein liebster Zeitungsständer,
gerahmte Fotos, Briefe und Kinderzeichnungen der drei Mädchen und
des kleinen »Musch«. Auch Louise schickt Hunderte von Nachrichten
voller Gemeinheiten an Tussy. So fragt sie etwa, was mit den Weinfla-
schen geschehen solle, die Engels ihr vermacht habe? Ob sie ihr zugeschickt, verkauft oder in einer Weinhandlung gelagert werden sollten?[20]

Wenig später erscheint im *Vorwärts* die, so Tussy, »sehr kühle und unrichtige Mitteilung«, das Archiv der SPD in Berlin habe siebenundzwanzig Bücherkisten aus dem Nachlass von Engels erhalten. Tussy ist »mehr als überrascht ..., dass Bebel und Singer« ihren Vater nicht einmal erwähnt hätten. Es hätte sich doch wohl gehört, wenigstens »zu sagen, dass gut die Hälfte der Kisten die bewundernswerte Bibliothek von Marx enthielten, die der deutschen Partei von Marx' Kindern ... vermacht« worden seien. Durch die Notiz werde der falsche Eindruck erweckt, dass Louise Freyberger die Bücher der Partei »geschenkt« hätte.[21]

Tussys Testament

Am 16. Oktober 1895 macht Tussy Marx mit erst vierzig Jahren ihr Testament. In dem maschinenschriftlich aufgesetzten Schriftstück heißt es:

Dies ist mein letzter Wille und Testament. Ich, Eleanor Marx Aveling, Ehefrau von Edward Aveling, wohnhaft in Green Street, Orpington, Kent, ernenne meinen erwähnten Ehemann zum alleinigen Testamentsvollstrecker. Ich vermache meine gesamten Einkünfte aus den Werken meines Vaters Karl Marx den Kindern meiner verstorbenen Schwester Jenny Longuet gegen Bezahlung meiner Begräbnis- und Testamentskosten. Mein Vermögen und meine Zinsen vermache ich meinem erwähnten Ehemann ... Sollte mein Ehemann vor mir sterben, soll mein Vermögen unter den Kindern meiner verstorbenen Schwester aufgeteilt werden. Ich ernenne für diesen Fall meinen Freund Eduard Bernstein zum Testamentsvollstrecker und vermache ihm alle meine Bücher und die Summe von fünfundzwanzig Pfund für seine Unkosten. ... Zeugen: Arthur Crosse und Richard Morgan, Rechtsanwälte.[22]

An dem Schriftstück fällt auf, dass es im Original zwar mit der Maschine, aber ohne Punkt und Komma geschrieben ist, eigentlich untypisch für die Journalistin Tussy Marx, die sich einer sehr klar strukturierten Sprache zu bedienen pflegte. Nicht enden wollende, ineinander übergehende Sätze kennt man vor allem aus ihrer Jungmädchenzeit, aus Phasen extremer psychischer Krisen. Es fällt außerdem auf, dass sie Aveling wiederholt als ihren »husband«, ihren »Ehemann« also, bezeichnet, obwohl er sie immer noch nicht geheiratet hat. War das Testament also überhaupt rechtsgültig? Und wenn nicht: Wieso haben zwei Rechtsanwälte es unterschrieben? Vielleicht, weil Aveling ihnen für den Fall, dass er Tussy beerben würde, Provisionen versprochen hatte?[23]

Eduard Bernstein, einer von Tussys besten Freunden, wird später jedenfalls seine Zweifel an diesem letzten Willen haben. Nicht an seiner Echtheit, sondern an der Verfassung, in der Tussy ihn niederschrieb. Er wird nicht glauben, dass sie ihrer Sinne ganz mächtig war, wird von der »Aufregung des letzten Momentes« sprechen, die nicht den Wert einer »in aller Ruhe überlegten Handlung« beanspruchen könne. Hätte sie sonst nicht Freddy, der ihr so nahe stand und der, wie sie meinte, so viel Unrecht erfahren hatte, irgendwie bedenken müssen, ganz gleich, ob er nun der Sohn von Marx oder Engels war?[24]

Es spricht viel dafür, dass sie bei der Abfassung unter der Wirkung von Chloral, Opium oder einer anderen Droge, wenn nicht kurz vor einem Selbstmordversuch stand. Denn nicht einmal über den Verbleib und die Herausgabe der ihr so wichtigen Marx-Manuskripte hat sie eine Verfügung getroffen, ebenso wenig wie über die ihrer eigenen Briefe und Schriften und die Tantiemen daraus, was jeder Journalist oder Schriftsteller getan hätte.

Über die Gründe kann man natürlich nur spekulieren. Sie hatte gerade geerbt, viel geerbt, über fünftausend Pfund, für damalige Verhältnisse ein Vermögen. Hat Aveling sie erpresst, unter Druck gesetzt, ihr mit Trennung gedroht, falls sie ihn nicht zum Alleinerben einsetzen würde? Für diese These spricht ein Zusatz, den sie ein gutes Jahr später, am 28. November 1896, macht: In diesem enterbt sie die Kinder ihrer verstorbenen Schwester Jenny, ihre eigenen Neffen und Nichten also, und überträgt alle Nutzungs- und Eigentumsrechte am Werk von Karl Marx an Edward Aveling,[25] der sich immer noch weigert, sie zu heiraten, obwohl seine Frau, Isabell Campbell Frank, 1892 gestorben ist, was Tussy aber nicht weiß oder nicht wissen will.[26] Eduard Bernstein wird später nur *eine* Erklärung für ihr Verhalten haben: »Sie hoffte immer wieder auf Besserung, sobald nur erst *ihre* Verhältnisse sich bessern würden.« Aber die »Besserung« kam nicht, ganz im Gegenteil: Das unerwartet große Erbe von Engels »brachte statt der moralischen Hebung den totalen moralischen Zusammenbruch des Mannes, für den Eleanor Marx die besten Jahre ihres Lebens in Tagelöhnerarbeit hingeopfert hatte«.[27]

Trautes Heim?

Im Oktober 1895, um dieselbe Zeit, in der sie die erste Fassung ihres Testaments niederschreibt, unternimmt sie einen weiteren Schritt, um Aveling für immer an sich zu binden. Sie will ein Haus kaufen, das er selbstverständlich erben soll, stadtnah und doch in der Natur, ein Haus mit eigenem Arbeitszimmer, Garten, Gästezimmern und der Möglichkeit, Haustiere zu halten.

Nach längerem Suchen scheint im Oktober 1895 das Richtige gefunden zu sein, eine Villa in Sydenham im Südosten von London, roter Backstein mit weißem Stuck, spitzgieblig, neogotisch, mit schmalen, hohen Fenstern, einem Turm und einem üppig bepflanzten Blumengarten, in der Nähe von Bus- und Bahnhaltestellen. Eigentlich viel zu groß für sie, meinen gute Freunde, aber Laura hat sich von ihrem Erbe etwas noch viel Größeres in Draveil-sur-Seine gekauft, ein schlossähnliches Anwesen mit über dreißig Zimmern! Tussys »Schloss« kostet 525 Pfund. Ungefähr zehn Prozent ihres Erbes. Sie träumt von Gesellschaften, Theateraufführungen, einer Bibliothek. Das Schönste aber ist die Adresse: »Jew's Walk 7«, »Judenweg Nr. 7«. Aveling meint, dies sei ausschlaggebend für ihre Wahl gewesen.

»Ich bin stolz wie nur eine Jüdin auf mein Haus am Jew's Walk«, schreibt sie an Laura. »Erdgeschoss: Großes Zimmer … Esszimmer, Küche, Spülküche, Speisezimmer, Kohlenkeller und Weinkeller, Schränke und große Diele; eine bequeme Treppe: Schlafzimmer, Gästezimmer, Mädchenzimmer, Badezimmer und *mein Arbeitszimmer!* Überall haben wir elektrisches Licht, das, da wir in der Nähe des Crystal Palace sind, weit billiger ist als Gas, obwohl auch Gas da ist und ich einen Gasherd habe und Gaskamine in den meisten anderen Räumen!«[28]

Hier will sie endlich zur Ruhe kommen. Hier ist ihre Höhle, »The Den«, wie sie ihr neues Heim nennt. Doch der Plan, Edward hier enger an sich zu binden, geht nicht auf, denn er mag das Haus nicht. Er sei weder ein Jude noch eine Höhle, sondern ein gottverdammter Non-Konformist, schreibt er grimmig an Kautsky.[29] Er passt einfach nicht hierher, fühlt sich in der Falle, sucht wie gewohnt oft das Weite, kommt nachts nicht zurück. Tussy hat nun endlich ihr komfortables Nest, aber sie ist allein. Kaum eingezogen, sucht sie schon wieder ein neues Haus. Ihre »Höhle« sei zu weit weg von London und habe nicht ausreichend Platz für Gäste, schreibt sie an Wilhelm Liebknecht.[30]

Es wird November, es wird Dezember. Weihnachten – das erste Mal ohne Engels – steht vor der Tür. Es wird finster und nebelig. Tussy bekommt wieder ihre Winterdepression. Doch jetzt gibt es kein British Museum, in das sie flüchten könnte, kein Theater, keinen Pub mehr wie in London. Selbst gute Freunde scheuen um diese Jahreszeit den relativ weiten Weg und finden immer neue Gründe, um nicht kommen zu müssen: Familie, Arbeit, Krankheiten, das scheußliche Wetter. Nicht einmal ihre Schwester Laura ist bisher zu Besuch gekommen. Sie hat keine Lust oder keine Zeit, weil sie ihr eigenes Haus zu renovieren hat. Nur Frederick ist ein häufiger Gast. Tussy und er sind einander immer näher gekommen und vertrauen sich viel von ihren Sorgen und Nöten an.

Ausgerechnet jetzt kommt Stepniak, alias Kravčinskij, ums Leben. Noch vor ein paar Wochen haben sie zusammen im East End demonstriert. Er war vierundvierzig Jahre alt, vier Jahre älter als Tussy. Eine Eisenbahn habe ihn überrollt, während er, seiner Gewohnheit folgend, im Gehen in einem Buch gelesen habe, schreiben die Zeitungen. War es Selbstmord? Mord? Ein tragischer Unfall? Es ist zwölf Jahre her, dass Tussy sein Buch *Underground Russia* übersetzt hat, in dem unter anderem der Satz stand: »Die Unterjochung der Frau ist nur durch die Liebe möglich.«

Gilt das auch für sie, die Tochter der Revolution? Hat sie sich durch die Liebe, durch Aveling »unterjochen« lassen? Wäre sie mit Stepniak, Shaw oder Lissagaray glücklicher geworden? Sie weiß nicht, was sie Stepniaks Witwe Tröstendes sagen soll. Sie ist ja selber so traurig. »Die schmerzlichste Wahrheit ist die, dass wir einander nicht wirklich helfen können und dass jeder seinen Kummer allein tragen muss«, schreibt sie schließlich.[31]

Doch es ist tröstlich, dass sie endlich Platz genug hat, einen Teil ihrer alten Möbel aufzustellen, vor allem den Sessel, in dem ihr Vater gestorben ist. Darin sitzt sie jetzt oft, lesend und schreibend, während ein paar kleine Katzen auf ihren Schoß springen.

Das »Kapital«, Band vier

Zu Beginn des Jahres 1896 sind die finsteren Stimmungen wieder verflogen. Das waren nur Albträume. Das Leben muss weitergehen. Die Verantwortung für den väterlichen Nachlass, der in ihrem Testament eigentlich gar keine Rolle gespielt hat, wenn man von den reinen Nutzungs- und Eigentumsrechten absieht, tritt nun wieder in den Vordergrund und bestimmt Tussys weitere Pläne.

Louise Freyberger hat endlich das Manuskript des sogenannten vierten Bandes vom *Kapital* herausgerückt, eine Sammlung »von gewissen Notizen, die der Herausgeber auszuarbeiten hat«,[32] wie Tussy an Kautsky schreibt, riesige Materialmengen, teils englisch, teils deutsch, teils in anderen Sprachen geschrieben, genauso schwer zu entziffern und zu verstehen wie die Manuskripte zu Band zwei und drei.

Kautsky sollte jetzt eigentlich sofort nach London kommen, um ihr zu helfen. Aber er kommt nicht, wird, da er inzwischen Vater von drei Söhnen ist, zu Hause festgehalten, muss Arbeiten für die *Neue Zeit* machen usw. Er hat das Manuskript noch gar nicht gesehen, da tritt Tussy auch schon in Verhandlung mit Verleger Otto Meissner, der bereits Band eins bis drei publiziert hat. Meissner sagt zu, ohne den Text gelesen zu haben, in vollem Vertrauen auf den Namen Marx, der für Qualität bürgt. Doch seine Bedingungen sind, so Tussy, unzumutbar für die Editoren und »enorm vorteilhaft für ihn selbst«.[33] So soll Kautsky als Mitherausgeber praktisch kein Honorar bekommen. Das kann nicht angehen. Tussy erregt sich, konsultiert Rechtsanwälte, kämpft. Zehn Prozent für die beiden Herausgeber, oder das Buch erscheine überhaupt nicht! Die Verhandlungen, die sie in ungewohnt scharfem Ton führt, ziehen sich hin. Um das Manuskript kümmert sich niemand. Tussy erwähnt es schließlich gar nicht mehr. Sie hat einfach zu viel im Kopf. Es wird zu ihren Lebzeiten nicht mehr erscheinen. Erst 1905 bringt Kautsky eine erste Lieferung unter dem Titel *Theorien über den Mehrwert* heraus. Rosa Luxemburg wird sie im *Vorwärts* enthusiastisch rezensieren.[34] Heute weiß man, dass ein »vierter Band« des *Kapitals* nie geschrieben worden ist. Engels hat damit ein Manuskript aus den Jahren 1861–63 gemeint, das Materialien zur Geschichte der Ökonomie enthielt.[35] Er hatte eine Zeit lang die Absicht, dieses als »vierten Band« herauszugeben, wovon er dann jedoch Abstand nahm. Inwieweit Tussy über diese schwierige Quellenlage Bescheid wusste, ist nicht bekannt.

Liebknecht in London

Ende Mai 1896 kommt Tussys alter Freund Wilhelm Liebknecht nach London, um Vorträge vor englischen Arbeitern zu halten. Er ist siebzig Jahre alt, der Veteran unter den deutschsprachigen Vertretern der Bewegung. Tussy hat ihn dringend gebeten zu kommen, denn in England machen sich starke antideutsche Aggressionen bemerkbar, auch unter ihrer eigenen Klientel, den Dockern im East End. Es geht um konkurrierende koloniale Interessen in Südafrika, um Kaiser Wilhelm II., der sich mit Königin Viktoria streitet, um ein deutsch-britisches Flottenwettrüsten, das bedenklich nach Krieg »riecht«. Deutsche Matrosen werden von englischen Dockern angepöbelt und umgekehrt, deutsche Geschäfte im Londoner East End geschlossen, politische Clubs, in denen Deutsche verkehren, stellen aus Angst vor Übergriffen ihre Arbeit ein. Nun soll Liebknecht vermitteln. Er hat sich sehr verändert seit der Amerika-Reise von 1886, sieht nicht mehr so wild und zerzaust aus, sondern würdig und aristokratisch, fast wie ein englischer Adliger, die Idealfigur, um für bessere Stimmung zu sorgen.

Er kommt, spricht und siegt, reist von London aus quer durch das Land, nach Southampton, Bristol, Oxford, Glasgow, Edinburgh, Manchester, zeitweilig begleitet von Tussy und Aveling, die auch bei seiner letzten Rede im Londoner East End dabei sind. Der Saal ist brechend voll. Im Publikum hauptsächlich osteuropäische Juden, die sich durch Liebknechts starken deutschen Akzent nicht gestört fühlen, da er fast wie Jiddisch klingt. Am nächsten Tag fährt er mit den Avelings nach Sydenham, um »die Höhle« zu besichtigen. Dann wird die Vergangenheit inspiziert, denn er hat vor, seine Erinnerungen an Karl Marx aufzuschreiben, was er in Form einer Anekdotensammlung auch alsbald tun wird.[36] In London besichtigen sie alle Orte, an denen Marx gelebt und gearbeitet hat, auch die Dean Street Nr. 28, Tussys Geburtshaus. Eine junge Frau lässt sie herein. Die beiden Wohnräume sind verschlossen, aber das Treppenhaus sieht noch genauso aus wie früher. Ja, dort sei er tausendmal gewesen, schreibt Liebknecht später. Dort habe er das Elend der Emigration und den Hass der Feinde miterlebt. Dort habe Marx für die New York Tribune gearbeitet und mit den Vorstudien für das Kapital begonnen. Dann nehmen sie einen Omnibus und fahren zum Friedhof von Highgate, gehen zu den Gräbern von Franziska, Guido, Musch, Helene, Jenny und Karl, besuchen das Haus an der Maitland Park Road, wandern durch Hampstead Heath, singen die alten Lieder, fangen an, melancholisch zu werden, trinken viel. Aber es sind auch Tage des Glücks, die mit schönen Erinnerungen gefüllt sind, zumindest für Tussy und Liebknecht. Weniger für Aveling, der in seinem grauen Quäker-Anzug im Abseits steht und ein finsteres Gesicht macht.

Avelings Unwohlsein

Er fühlt sich unwohl in diesen Tagen. Denn das ist nicht *seine* Vergangenheit, nicht *sein* Leben, eine Geschichte, die nichts mit ihm zu tun hat, was er schwer ertragen kann. Schon zum Abschluss der Liebknecht-Tour hat er eine ziemlich schlechte Figur abgegeben, unkonzentriert, missgelaunt, nörgelnd, weil von irgendwoher ein kaltes Lüftchen wehte. Die Zeitungen spotteten über ihn und den Ausdruck »tiefen Weltschmerzes« in seinem Gesicht, während Tussy als »glühend vor Gesundheit« beschrieben wurde.[37]

Aveling, 1849 geboren, geht jetzt auf die fünfzig zu. Er ist ein schwerkranker, physisch kaum noch belastbarer Mann, leidet an chronischer Nierenentzündung und Abszessen im Lendenbereich, die trotz Operationen immer wieder aufbrechen. Nicht nur im East End, auch bei anderen politischen Kundgebungen schleppt er sich mühsam aufs Podium, wird von Tussy gestützt, sieht wie der Tod aus. Die einen finden ihn schlichtweg abstoßend, die anderen nur noch erbärmlich. Alle wundern sich, wie die allseits beliebte Tussy es immer noch mit ihm aushält. Seit dem Umzug nach Sydenham ist er von Tag zu Tag unausstehlicher geworden. Von seinem Witz, mit dem er sich früher manchmal Sympathien verschafft hat, ist nicht mehr viel übrig geblieben. Er ist immer unzufrieden und schlecht gelaunt, demütigt Tussy, wo er nur kann, am liebsten in Gegenwart anderer. Ein junger sozialistischer Schriftsteller, Aaron Rosebury, geht einmal mit den beiden in einen Pub. Aveling bestellt sich reichlich zu essen und zu trinken, hat aber kein Geld, um die Rechnung zu bezahlen. Ungeniert bittet er Rosebury, ihm auszuhelfen. Doch der zögert. Da legt Aveling ihm die Hand auf den Arm und sagt, er könne ganz ruhig sein, er werde sein Geld bestimmt zurückbekommen, wenn nicht von ihm, dann von »Tussy«. Er spricht diesen Namen irgendwie bösartig aus, mit einem hämischen Grinsen. »Eleanor wurde rot, versuchte zu lächeln und erklärte, dass ihre Eltern sie früher immer so genannt hätten«, erinnert sich Rosebury. »Sie war offensichtlich verletzt.«

Später tritt Rosebury in Briefwechsel mit Tussy und fragt, warum sie Aveling, der sie derartig schlecht behandle, nicht verließe? »Ich kann das nicht«, antwortet Tussy. »Es würde ihn ruinieren und mir nicht helfen … Mein Vater sagte immer, dass ich eher ein Junge als ein Mädchen wäre. Es war Edward, der das Weibliche in mir geweckt hat.«[38]

Auf dem Höhepunkt seiner Midlife- oder besser: Endlife-Crisis hat Aveling sich einer jungen Schauspielerin, zugewandt, Eva Frye, der knapp zwanzigjährigen Tochter eines Musiklehrers. Sie kann ganz hübsch singen und wirkt in einigen seiner Theaterstücke mit, die er immer noch unter dem Künstlernamen »Alec Nelson« auf die Bühne bringt. Blond und blauäugig, ist sie äußerlich das totale Gegenteil von Tussy, fast noch ein Kind, das ihn bewundert und sich eine große Karriere von ihm verspricht. Viele Freunde bemerken, dass er »sehr vertraut«

mit ihr umgeht, nur Tussy tut so, als ob sie nichts merke. Ihr Vertrauen in Aveling sei schon fast »kriminell«, findet Hyndman.[39] Aber vielleicht weiß sie sehr wohl Bescheid und tröstet sich damit, dass es noch immer geistige Gemeinsamkeiten gibt. Im nächsten Jahr, 1897, wollen sie zusammen *The Eastern Question* herausbringen, eine Sammlung von Marx-Artikeln über den Krim-Krieg. Dann steht *Value, Price and Profit* auf dem Programm, das *Kapital* in volkstümlicher Kurzform. Sie sind also noch immer ein gutes Team! Sie sind bekannt und erfolgreich! Hat Edward nicht immer seine Affären gehabt und haben sie nicht immer wieder zusammengefunden? Und haben ihre Eltern ihr nicht vorgelebt, dass so ein Seitensprung nicht viel bedeutet, wenn es um die wahre, große »Liebe« geht, »die völlige Übereinstimmung in den Neigungen und in der Arbeit sowie das Streben nach einem gewissen Ziel, Menschen glücklich machen zu können«?[40]

Gertrude und Edith

Trotzdem versucht sie, darauf hinzuwirken, dass Aveling nicht mehr so oft nach London fährt, um sich mit anderen Frauen zu treffen. Vielleicht wird er sich ja ändern, wenn sie die »Höhle« noch schöner macht, wenn sie sich Hilfe holt, die sie dringend braucht, um mehr Ordnung in das häusliche Chaos zu bringen? Deshalb engagiert sie Ende 1896 eine Haushälterin, Gertrude Gentry. Nun ist das Thema »Haushalt« endlich erledigt für Tussy. Denn Gertrude Gentry wischt Staub, leert die Aschenbecher, putzt die Fenster, versorgt die Katzen, ordnet die Stapel von Büchern, Zeitungen und Manuskripten in Tussys Arbeitszimmer, bringt ihr etwas Kochen und Backen bei, erklärt ihr den Umgang mit Schminke und versucht, ihre krausen Haare zu zähmen. Auch einige Kleider – Tussy hasst es, Einkäufe zu machen – werden angeschafft, ein dunkelblaues Samtkleid für den Winter, ein braunes Baumwollkleid für den Sommer und ein weißes Musselinkleid für heiße Tage. Dieses Kleid wird Tussys Lieblingsstück werden. Sie wird es wieder und wieder anziehen, weil es so gut zu ihrem brünetten Typus passt.

Bald wird es behaglicher und sauberer in der »Höhle«. Politische

Gäste kommen jetzt öfter als früher, denn Gertrude versteht es, ausgezeichnet zu kochen. Sie bringt sogar Ordnung in den halbverwilderten Garten und verwandelt ihn in ein Paradies aus Rosen, Hortensien und Rhododendron. Es zeigt sich auch, dass sie keineswegs »dumm« ist, wie Tussy zu Anfang geglaubt hat, sondern sich sehr für ihre Arbeit interessiert und im kleineren Kreis durchaus mitdiskutieren kann – auch in diesem Punkt eine Parallele zu Helene Demuth.

Zeitweilig lebt auch noch eine dritte Frau in der »Höhle«: Edith Lanchester, 1870 geboren, Mitglied der »Social Democratic Federation«, ehemals Kandidatin für den Londoner »school-board«. Sie stammt aus einer angesehenen Architektenfamilie, hat an der University of London Pädagogik studiert und in sehr jungen Jahren schon Schlimmes erlebt: »Berufsverbot« als Lehrerin, weil sie Sozialistin ist, Drangsalierung durch den eigenen »Clan«, weil sie sich in einen irischen Arbeiter, James Sullivan, verliebt hat, mit dem sie zusammenzieht, ohne ihn zu heiraten. Sie ist fünfundzwanzig, also längst volljährig, als im Oktober 1895 plötzlich ihr Vater mit ihren drei Brüdern und einem Psychiater vor der Tür steht, um sie zu entführen. Sie versucht, sich zu wehren, aber man legt ihr Handschellen an, schleppt sie in einen Wagen und bringt sie in eine private Irrenanstalt, wo sie psychischen und sexuellen Demütigungen ausgesetzt wird. Der leitende Arzt erklärt sie für verrückt, weil ihre Entscheidung, mit einem Arbeiter zusammenzuleben, »sozialer Selbstmord« sei.

James Sullivan geht mit der Geschichte sofort an die Presse und versammelt sich mit einigen Genossen, darunter Tussy, vor dem Irrenhaus. Sie ballen die Fäuste und singen laute Protestlieder. Englische und amerikanische Zeitungen berichten. Aus den eigenen Reihen kommt jedoch nicht viel Unterstützung, ganz im Gegenteil. Henry M. Hyndman und Ernest Belfort Bax, die beiden Chefs der »Social Democratic Federation«, sind der Meinung, die Vermischung von Sozialismus und freier Liebe schade der Sache und wirke verunsichernd auf die Arbeiterklasse. Tussy fordert Bax zu einer öffentlichen Diskussion über die »sex question« auf, der er sich jedoch entzieht. Er verfüge nicht über genügend »rednerische Tricks« und befürchte, von einem Haufen kreischender Weiber übertönt zu werden.[41]

Da nach einem Gesetz von 1890 niemand länger als sieben Tage im Krankenhaus festgehalten werden darf, gelingt es Sullivan, neue Gutachter zu bestellen, die Edith Lanchester für gesund, aber irgendwie seltsam erklären – kein Grund, sie noch länger im Irrenhaus einzusperren. Doch die Ächtung besteht trotz Rehabilitation weiter fort. Edith Lanchester findet keine Arbeit und verliert ihre Wohnung. Tussy gibt ihr einen »Job« als Sekretärin und Assistentin, den sie mit großem Sachverstand ausfüllt. Sie übernimmt Teile von Tussys Korrespondenz, hilft ihr beim Vorbereiten von Reden und macht Recherchen im British Museum. Mit der Zeit wird sie zu einer engen Freundin, der Tussy fast alles anvertrauen kann, eine glückliche Fügung, denn seitdem Engels Margaret Harkness vergrault hat und Olive Schreiner nach Südafrika zurückgegangen ist, um einen Landwirt zu heiraten, ist es sehr einsam um sie geworden.

Der letzte Kongress

Die Probleme mit Aveling werden immer dramatischer. Er macht immer mehr Schulden, weil er denkt, dass Tussy jetzt eine reiche Frau ist und ihn schon retten wird. So pumpt er George Bernard Shaw um größere Summen an, pumpt die Radfords an, pumpt sogar Frederick an, der doch selbst nur ein kleines Gehalt hat. Mit Drohungen und Erpressungen übelster Art, die vermutlich das »Geheimnis seiner Herkunft« betreffen, gelingt es Aveling, ihm die letzten Ersparnisse aus der Tasche zu ziehen, denn er selbst muss immer mehr Schweigegeld zahlen, um, wie Eduard Bernstein später schreiben wird, »Dinge, die ihm … zum schwersten Vorwurf gereichen«, zu verschleiern, wahrscheinlich sexuelle Vergehen an Kindern und Prostituierten.[42]

Unter diesem Druck verliert Tussy ihre Selbstsicherheit, fängt wieder an, Opium und Chloral zu nehmen und macht Fehler bei öffentlichen Auftritten. Auf dem vierten Kongress der Zweiten Sozialistischen Internationale, der im Sommer 1896 in London stattfindet, bekommt sie zum ersten Mal eine katastrophal schlechte Presse, in England und Deutschland genauso wie in Frankreich und in der Schweiz.

»Singer lobt die politische Aktion als ›eines der wichtigsten Mittel‹ zur Befreiung der Arbeiterklasse – Frau Aveling ›übersetzt‹: ›das wichtigste Mittel‹; ihre erste Übersetzung – ihre erste Fälschung«, schreibt die Berliner Zeitschrift *Der Sozialist*. Tussy und Aveling befänden sich auf einem »Triumphmarsch durch die englischen Organisationen«, der im wesentlichen darin bestehe, »dass sie von einer zur anderen gehen, bis ihnen ... wieder einmal ... der Stuhl vor die Tür gesetzt« werde. 1884 unter Protest aus der »Social Democratic Federation« ausgetreten, hätten sie sich mit der Partei wieder versöhnt und bellten nun die »Independent Labour Party« an »wie Hunde den Mond«.[43]

Das ist starker Tobak. Diese Kritik aus den eigenen Reihen geht an die Substanz. Doch es soll noch schlimmer kommen. Der französische Anarchist Augustin Hamon wirft Tussy Unverschämtheit, Ungenauigkeit, Zynismus, Gewissenlosigkeit und Mangel an den simpelsten Umgangsformen vor, besonders bei der Behandlung politischer Gegner. Auf dem Kongress habe sie ganze Sätze, ja Diskussionen, die ihr nicht passten, »zerschnitten, zerstückelt, verändert, entstellt«, und in einem unbelauschten Moment zu ihm gesagt: »Alle Anarchisten sind Idioten.« Hamon führt dieses Verhalten auf ihre jüdische Herkunft zurück. »Die Herren Adler und Singer, Madame Aveling etc. sind Juden, und Taktlosigkeit ist eine der Eigenschaften der jüdischen Rasse.«[44] Tussy, die sich immer so leidenschaftlich für die Juden eingesetzt hat, wird nun zum ersten Mal selbst wegen ihres Judentums angegriffen.

Bekenntnis zu Frederick

Nach dem Kongress lädt Tussy Clara Zetkin, die unter den weiblichen Delegierten gewesen ist, in ihre »Höhle« nach Sydenham ein. Clara Zetkin sagt zu, denn sie sind inzwischen gute Freundinnen geworden. »Einen Abend verlebte ich in Tussys ›home‹«, wird sie 1929 einem russischen Genossen, David Borissowitsch Rjasanow, berichten, der eine Biographie über Marx schreiben will und dabei auch das Thema »Frederick Demuth« ansprechen möchte. »Als sie mich für den Abend einlud, sagte sie: ›Dear, du musst unbedingt kommen, ich habe eine große

Überraschung für dich.‹ Außer mir waren abends noch mehrere Freunde bei Avelings. Wir standen in Gruppen beieinander und plauderten. Tussy zog mich etwas abseits: ›Warte, meine Überraschung!‹ Sie führte dann an der Hand einen jüngeren, schmächtigen Mann auf mich zu, soviel ich mich erinnere, hielt er sich leicht vornübergebeugt. ›Hier, liebe Klara, stelle ich dir meinen Halbbruder vor, den Sohn von Nimmy und Mohr. Du kennst doch gewiss die Geschichte. Er ist ein guter Junge. Unterhalte dich ein wenig mit ihm.‹ Tussy ging davon. Freddy war augenscheinlich verlegen. Wir sprachen etwas vom Kongress und der neuen Trade-Unions-Bewegung. Freddy äußerte sich mit großer Wärme über William Thorne, der zu Tussys guten Freunden gehörte ... Etwas später kam Tussy auf den ›Halbbruder‹ zurück. ›Du weißt, dass Vater und der General aus Rücksicht auf unsere Mutter gelogen und geschwiegen haben. Sie haben recht daran getan. Ich glaube, trotz all ihrer großen, aufopfernden Liebe für ihren Karl hätte Mühmchen das nicht ertragen. Aber ich werde das Bedauern nicht los, dass der Junge nicht mehr von uns gehabt hat. Nach Mutters Tode hätte man mit uns, wenigstens mit mir, offen sprechen können. Dass Vater es nicht tat, verstehe ich noch. Er war durch Jennys und Mutters Tod zu tief getroffen und dachte vielleicht nicht mehr an die alte Geschichte. Aber ganz unverständlich ist mir, dass nach Mohrs Tod der General und die Nimmy weiter schwiegen. Wie gut wäre es für den Jungen gewesen, wenn wir damals ihn näher an uns herangezogen hätten. Ich gebe mir Mühe, ihn ... in unserem Kreise heimisch zu machen. Er hat Vertrauen zu mir, er ist ein anständiger, feinfühliger Mensch. Er fängt an, aufzuwachen.«[45]

Dieser Brief, den die zweiundsiebzigjährige Clara Zetkin an David Borissowitsch Rjasanow, Leiter des Marx-Engels-Instituts in Moskau und Mitherausgeber der ersten Marx-Engels-Gesamtausgabe, schrieb, lässt keinen Zweifel an Tussys klarem Bekenntnis zu Frederick als zu ihrem »Halbbruder«, dem Sohn von Marx. Er steht im Widerspruch zu Berichten von Louise Freyberger und Frederick selbst, die hartnäckig daran festhielten, Tussy habe Marxens Vaterschaft nicht wahrhaben wollen und sich heftig gegen alle Behauptungen dieser Art gewehrt. Freddy selbst schreibt 1912 an Jean Longuet, sie habe *immer* bestritten, dass Marx sein Vater sei,[46] während Louise Freyberger in einem Brief an

Bebel berichtet, dass Tussy es kurz vor Engels' Tod, im August 1895 also, erfahren und zunächst nur widerstrebend geglaubt habe:

Sonntag, also den Tag vor seinem Tode, hat es der General Tussy selbst auf die Schiefertafel geschrieben und Tussy kam so erschüttert heraus, dass sie all ihren Hass gegen mich vergaß und an meinem Hals bitterlich weinte.[47]

Beide Berichte sind äußerst zweifelhaft. Der von Frederick, weil Tussy selbst ihm Briefe geschrieben hat, in denen sie ihn sinngemäß als ihren Bruder bezeichnet.[48] Der von Louise, weil er erst drei Jahre *nach* Engels' Tod, 1898 also, geschrieben wurde, und außerdem nur als maschinenschriftliche Kopie existierte, deren Echtheit nicht sicher ist. Eduard Bernstein hielt übrigens auch den Inhalt für falsch:

»In dieser Hinsicht darfst du es mir nicht übel nehmen«, schrieb er 1898 an August Bebel, »wenn ich in Louise Freybergers Aussage Zweifel setze. Ich gehöre nicht zu denen, die ihr alles mögliche Schlechte nachsagen, aber von Einem kann ich sie nicht freisprechen, und das ist: eine ins Unangemessene gehende Einbildungskraft. Davon habe ich genügend Proben, um ihr Zeugnis als ein minderwerthiges zu betrachten.«[49]

Es spricht also alles dafür, dass Tussy vielleicht schon seit dem Tod von Helene, spätestens aber seit dem Tod von Engels über die Herkunft von Freddy Demuth Bescheid gewusst und kein Problem darin gesehen hat, mit sozialistischen Freunden und Freundinnen darüber zu sprechen. Wenn Frederick die Dinge später anders darstellte, so vielleicht deshalb, weil er die Kränkung, in ihrem Testament übergangen worden zu sein, nicht verwinden konnte.

The Eastern Question

Nach dem Londoner Kongress geht Tussy sofort wieder an ihre editorische Arbeit. Sie will jetzt weitere Marx-Texte aus der *New York Daily Tribune* herausgeben, zunächst *The Eastern Question*.[50] Es ging darin um den sogenannten Krim-Krieg (1853–1856), den Konflikt zwischen Russland und dem Osmanischen Reich, um den Expansionsdrang des russischen Zaren Nikolaus I., der vorhatte, Konstantinopel, den Balkan, das Heilige Land und große Teile Vorderasiens zu erobern. Dabei spielten auch religiöse und ethnische Konflikte eine Rolle, besonders zwischen Katholiken und Griechisch-Orthodoxen sowie Slawen und Türken, weshalb der Terminus »Krim-Krieg« eigentlich nicht zutraf und von Marx durch »orientalischer Krieg« ersetzt wurde. Fast ganz Europa, besonders Frankreich und England, stellte sich auf die Seite der Türken, um dem »Panslawismus« Einhalt zu gebieten und eine Ausdehnung des russischen Imperiums zu verhindern. Der Islam wurde als wesentlich geringere Gefahr angesehen als die russisch-griechische Orthodoxie und ihr Schutzherr, der Zar. Frankreich und England mischten sich aktiv in die Kriegshandlungen ein, während Preußen passiv, aber nicht wirklich »neutral« blieb. Denn auch dort machte sich eine heftige antirussische Stimmung bemerkbar, ein Gemisch aus Verachtung, Furcht, Hass und Rassismus. Der Krieg wurde im März 1856 mit dem »Frieden von Paris« beendet, ohne dass eine der beiden Parteien ihr Ziel erreicht hatte. Dafür waren Hunderttausende an Seuchen, Hunger und Wundinfektionen gestorben oder im Feld gefallen. Der Einsatz der modernen Telegraphentechnik machte es möglich, dass Kriegsnachrichten schnell in alle Teile der Welt gelangten, sodass auch Karl Marx regelmäßig seine Artikel schreiben konnte, die ihn zu einem angesehenen Journalisten machten. Mit tatkräftiger Unterstützung von Lassalle, wie man weiß, der ihn regelmäßig mit geheimen diplomatischen Nachrichten aus Preußen versorgte.[51]

Die Position von Marx war erstaunlich parteiisch und polemisch. Er war mit der Strategie Frankreichs und Englands keineswegs einverstanden, doch er teilte die allgemeine westeuropäische Russophobie ohne einen Hauch von Zweifel, nannte die Russen »eine barbarische Rasse«, »selbst halbasiatisch … in Anlage, Sitten, Traditionen«, fürchtete ernsthaft, diese »riesenhafte Macht« werde ganz Europa erobern, »von Danzig oder … Stettin bis Triest«, werde Ungarn, Preußen und Galizien annektieren, und, von »800 000 Bajonetten unterstützt«, das Werk der europäischen Kultur vernichten. Kein Wort über die Größe der russischen Architektur, Musik, Literatur. Er hielt den »russischen Bär[en]« für »zu allem fähig« und fürchtete den »Panslawismus« wie der Christ den Teufel.

Tussy und Aveling sehen in ihrer Edition diese Texte nicht im mindesten kritisch. Sie schreiben in ihrem Vorwort, es sei zwar unstreitig, dass sich seit dem Ende des Krim-Krieges vieles in Russland verändert habe: Zar Alexander II. sei umgebracht, die Leibeigenen befreit, die Kirche in weiten Teilen entmachtet worden. Etwas jedoch sei konstant geblieben: die Expansionspolitik der russischen Regierung und die Tatsache, dass Russland »wie in den fünfziger Jahren der größte Feind jedes Fortschritts, das größte Bollwerk der Reaktion« sei.[52]

Obwohl die beiden Herausgeber große Mühe hatten, das Buch zusammenzustellen – viele Artikel waren anonym erschienen, andere lagen in mehreren Fassungen vor –, stieß es allgemein auf wenig Begeisterung. Kautsky und Bernstein meinten, es sei nicht mehr zeitgemäß. Hyndman sagte, es sei »seines Autors nicht wert«, was Tussy sehr wütend gemacht haben muss. Er persönlich habe das mit ihrer »töchterlichen Hingabe« erklärt und ihr erlaubt, »das letzte Wort zu behalten«.[53]

Marx' Schrift über den Krim-Krieg hat übrigens später auch von russischer Seite herbe Kritik erfahren, vor allem von David Borissowitsch Rjasanow, der dem Verfasser vorwarf, »die inneren Entwicklungen des Absolutismus in Russland nicht beachtet« und mindestens »zwei Jahrhunderte russischer Geschichte, von Iwan III. bis Peter I.«, ausgelassen zu haben. Der Weg »zum Verständnis der äußeren Politik Russlands« sei ihm daher verschlossen geblieben.[54] Er, Rjasanow, wolle aber nicht »auf alle Fehler eingehen«, die in dieser Schrift enthalten seien.[55]

Hyndman lag also nicht ganz falsch, als er von »töchterlicher Hingabe« sprach, denn Kritik an Marx zuzulassen, ist Tussy, der Vater-Tochter, immer unmöglich gewesen. Seit Mitte der 1890er Jahre will sie am liebsten alles, was den Namen »Marx« trägt, sofort auf den englischen Markt bringen, eine Serie über geheime diplomatische Beziehungen zwischen Russland und England im 18. Jahrhundert, über das Leben des englischen Außenministers Lord Palmerston, einen Vortrag über »Lohn, Preis und Profit«. In jedem Brief an Kautsky und Bernstein teilt sie mit, dass sie schon wieder neues Material gefunden habe, trägt sich mit Editions- oder Übersetzungsplänen. Zum Inhalt, zur Qualität äußert sie sich kaum, sondern beschränkt sich auf pauschale Bewertungen wie »bewundernswert«, »großartig« oder »wichtig«. Bernstein und Kautsky brummen allmählich die Köpfe. So viel »Marx« können und wollen sie gar nicht herausgeben. Sie haben Familie, haben noch anderes zu tun, ein Argument, das Tussy nicht akzeptiert. Als Bernstein ihr eine Übersetzungsprobe von »Lohn, Preis und Profit« schickt, meint sie kühl, er müsse diese Arbeit schon »mit Liebe« machen. Wenn es ihm nur »um Geld« gehe, solle er es besser sein lassen.[56]

Sie ist so allein

Gegen Ende des Jahres 1896 wird Tussy schwer krank. Sie hält ihre Krankheit für »Influenza«, hat Kopf-, Rücken- und Halsschmerzen, kann nicht mehr sprechen und essen, nimmt nur noch Fleischbrühe zu sich, magert wieder ab. Ihre Briefe an Laura klingen besorgniserregend, ja bedrohlich: »Weißt Du, liebe Laura, während ich auf der einen Seite traurig bin, dass Du Dir Sorgen gemacht hast, bin ich auf der anderen auch froh, dass es jemanden auf der Welt gibt, dem ich so viel bedeute, dass er sich Sorgen um mich macht ... Ich schreibe Dir am Heiligabend. Ich erinnere mich noch an die Zeiten, als ihr beide, Jenny und Du, Puppen für mich ausstaffiert habt, an die Zeiten, als noch Weihnachtsbäume da waren. Weihnachten ist eine dumme und traurige Zeit, wenn keine Kinder da sind.«[57]

Kaum ist der Winter vorbei, geht es ihr wieder besser. Das war auch schon früher so, eigentlich jedes Jahr. Doch diesmal wirkt ihre Energie fast beängstigend, beinahe manisch. Sie gibt Sprachkurse für Mitglieder ihrer Partei, schreibt internationale Notizen für die Parteizeitung

Justice, hält Vorträge über die Verbrechen der Engländer in Indien und Südafrika, reist nach Holland, spricht vor niederländischen Studenten, nimmt Kontakte zur holländischen Verwandtschaft ihres Vaters auf.

Doch als Aveling sie im Sommer 1897 scheinbar überraschend verlässt und dabei alles Geld und alle Wertsachen, die er finden kann, mitnimmt, ohne eine Adresse zu hinterlassen, brechen ihre Kräfte zusammen. Sie will nur noch eines: ihn zurückhaben. Von Stolz oder Selbstbewusstsein keine Spur mehr. Sie sitzt nur noch wartend und brütend in ihrer »Höhle« und hofft auf ein Wunder. Freddy und Bernstein verlieren allmählich die Geduld mit ihr. Warum zieht sie nicht endlich einen Schlussstrich? Warum befreit sie sich nicht endlich von Aveling? Doch sie tut nichts dergleichen, sondern findet im Gegenteil immer wieder Argumente, die für ihn sprechen.

»Kein Zweifel, er ist schwach«, schreibt sie an Freddy. »Aber man kann vierzehn Jahre seines Lebens nicht auswischen, als seien sie nicht gewesen.«[58]

Als er am 1. September 1897 plötzlich wieder erscheint, ohne »ein Wort der Erklärung oder Entschuldigung« vorzubringen, hat sie immerhin die Kraft, ihn zur Rede zu stellen: »Ich habe daher ... gesagt, dass wir die geschäftliche Sachlage besprechen müssen – und dass ich die Behandlung, der ich unterworfen sei, nie vergessen würde. Er hat darauf nichts erwidert.«[59]

Doch die erwartete »Erklärung« soll in den nächsten Tagen noch kommen: Aveling hat am 8. Juni 1897 geheiratet! Eva Frye, seine junge Geliebte! Er hat sich vor dem Standesbeamten in Chelsea als »Alec Nelson« ausgegeben, dabei sein Alter, den Namen seines Vaters und seine Adresse gefälscht, und erklärt Tussy nun ernsthaft, zu dieser Ehe gezwungen worden zu sein, durch wen und weshalb, wird nirgendwo präzisiert. »Wie Aveling Eleanor überzeugte, diese verrückte Geschichte zu glauben, hat nie jemand begreifen können«, wird Hyndman später dazu schreiben.[60]

Ihre Briefe an Freddy machen deutlich, dass Aveling sie erpresst, unter Druck gesetzt hat, wahrscheinlich mit seinen eigenen sexuellen Schandtaten, die zu vertuschen immer mehr Schweigegeld gekostet haben muss:

Ich bin so allein und ich stehe vor der fürchterlichsten Situation: äußerster Ruin – alles, bis auf den letzten Pfennig, oder äußerste Schande vor aller Welt. Es ist entsetzlich. Schlimmer, als selbst ich es mir vorstellte ... Also, lieber, lieber Freddy, komme! Ich bin gebrochen. Deine Tussy.[61]

Freddy fährt noch am selben Abend nach Sydenham. Er liebt seine Halbschwester sehr. Er will Aveling zur Rede stellen, ihn auffordern, Tussys Haus sofort zu verlassen. Ihm gehört hier nichts. Noch nichts. Erst nach ihrem Tod wird er alles erben. Doch als Freddy kommt, hat Tussy schon wieder klein beigegeben. Sie kann ihm nicht alles erzählen, nicht einmal ihm, es ist alles zu schrecklich und zu beschämend. Traurig und ohne etwas erreicht zu haben, geht er wieder fort. Aveling bleibt. Es herrscht Frieden in Sydenham. Man beschließt, es noch einmal miteinander zu versuchen und in die zweiten Flitterwochen zu fahren.

»Wie Milch und Honig«

Sie besuchen Laura und Paul Lafargue auf ihrem Schloss in Draveil bei Paris: dreißig Zimmer, ein Atelier, ein Billard-Raum, ein Haus für den Gärtner, eine Orangerie, große Volieren und Gewächshäuser, Blumen, Obst und Gemüse jeder Art, ein prächtiger Park, Schweine, Ferkel, Kaninchen, Hühner, ein Lamm ...

Tussy ist beeindruckt, aber nicht neidisch. »Alles in allem glaube ich nicht, dass ich meine kleine Höhle mit diesem Palast vertauschen möchte«, meint sie zu Kautsky.[62]

Laura merkt nichts von einer Krise in der Beziehung der Avelings, ganz im Gegenteil, sie erlebt das Paar als besonders innig. »Sie waren unzertrennlich, und mit keinem Wort ... hat sie mich wissen lassen, dass es auch nur die geringste Missstimmung zwischen ihnen gab«, schreibt sie später an Bernstein. »Sie war wie Milch und Honig zu ihm.«[63]

Zurück in London, nehmen sie die politische Arbeit wieder auf, schreiben für den *Vorwärts*, unterstützen streikende Maschinenbauer, engagieren sich bei den Wahlen zum Londoner »school-board«, ergreifen Partei für den französisch-jüdischen Offizier Alfred Dreyfus, der wegen Verrats militärischer Geheimnisse an die Deutschen zu lebenslanger Haft auf die Teufelsinseln verbannt worden ist, obwohl seine Unschuld klar auf der Hand liegt. Sogar die deutsche Botschaft hat bestätigt, dass sie überhaupt keinen Kontakt zu ihm hatte. Der wahre Schuldige ist ein Offizier aus der Esterházy-Familie,[64] der aber nie belangt worden ist, obwohl er sich sogar selbst angezeigt hat. Doch die französische Mehrheit, besonders das Militär und die nationalistisch-klerikale Rechte, will unbedingt einen Juden als Schuldigen. Dazu ist jedes Mittel der Rechtsbeugung willkommen.

Tussy äußert sich nicht sehr ausführlich, aber eindeutig zur »Affäre Dreyfus«: Das sei ein Justizskandal! Das sei Antisemitismus übelster Sorte, schreibt sie im Januar 1898 im *Hamburger Echo*.[65] Noch deutlicher wird sie gegenüber Natalie Liebknecht, an die sie, auf Émile Zolas offenen Brief »J'accuse« anspielend, schreibt: »Es ist nicht erfreulich, dass die einzige klare, ehrliche Stimme ... nicht von einem aus unserer Partei, sondern von Zola kam! ... Es ist eine Schande, dass keiner unserer französischen Sozialisten gewagt hat, das zu tun, was Library, Edward und ich in Amerika taten: ... pure Gerechtigkeit fordern, selbst für den Gegner. Was spielt es für eine Rolle, ob Dreyfus ›sympathisch‹ ist oder nicht? Die einzige Frage ist: Hatte er selbst nach dem geltenden Recht einen fairen Prozess?«[66]

Doch so selbstbewusst Tussys Briefe aus dieser Zeit auch wirken: Es fällt auf, wie oft sie darin von Aveling spricht und sich ihm regelrecht unterwirft. »Edward sagt«, »Edward meint«, heißt es in beinahe jedem Abschnitt. Sie versucht, den Eindruck einer vollkommenen Symbiose zu erwecken. Den meisten guten Freunden geht es darum genau wie Laura – sie merken nichts. Doch vielleicht sehen sie einfach nicht genau genug hin. Denn William Collison, Anführer der streikenden Maschinenbauer, erlebt sie ganz anders. Er trifft sie eines Abends auf der Chancery Lane und erschrickt. Das ist nicht die Tussy, die er kennt, souverän, leidenschaftlich, überzeugend. Das ist eine resignierte, alternde Frau, die wie ein Schatten ihrer selbst auf ihn zugeht und ihn flüsternd beschwört, nur ja standhaft zu bleiben und sich von den Arbeitgebern nicht einschüchtern zu lassen. »Ich sagte wenig, als wir im windigen

Halbdunkel an der Ecke … standen und ich die verblühte Schönheit ihres Gesichts, die hoffnungslosen Augen und den Kummer bemerkte,
der sich tief in die Linien um ihren Mund eingegraben hatte.«[67]

Aveling hat sich bei Vorträgen im Freien eine Lungenentzündung zu-
gezogen und muss nach Hastings-on-Sea zur Kur. Tussy bezahlt alles,
sorgt sich schrecklich um ihn. Er sei nur noch ein Skelett, Haut und
Knochen, schreibt sie an Laura. Auch der Nierenabszess sei wieder aufgebrochen. Der Arzt habe ihr geraten, seine Familie zu benachrichti-
gen, was sie, da er mit allen zerstritten sei, natürlich nicht tun werde.
Nur Freddy gegenüber deutet sie an, dass sie allen Lebensmut aufgegeben habe. Der verschmähte Sohn ihres Vaters ist der Einzige, den sie
jetzt ins Vertrauen zieht:

*Ja – ich habe zuweilen das Gefühl wie Du, Freddy, dass nichts mit uns je
recht gehen will. Ich meine Dich und mich. Natürlich, die arme Jenny hatte
ihren vollbemessenen Anteil Sorge und Kummer, und Laura hat ihre Kinder
verloren. Aber Jenny war so glücklich, zu sterben, und so traurig das für ihre
Kinder war, so gibt es doch Zeiten, wo ich das für ein Glück halte. Ich hätte
Jenny nicht wünschen mögen, das durchzuleben, was ich durchlebt habe.
Ich glaube nicht, dass Du und ich besonders schlechte Leute gewesen sind –
und doch … sieht es wirklich so aus, als bekämen wir allein die ganze
Strafe … Du hast Deinen Jungen. Ich habe nichts – und ich sehe nichts,
wofür es sich lohnt, zu leben.*[68]

Die Biographin

Doch selbst in diesen finsteren Zeiten hat sie immer noch vor, eine
Marx-Biographie zu schreiben, ein Projekt, dem sich allerdings viele
Hindernisse in den Weg stellen. Engels hat den Nachlass in furchtbare
Unordnung gebracht. In einem Brief an Laura beklagt Tussy, dass er Ge-
drucktes und Handschriftliches wild miteinander vermischt habe. Anstatt mit Louise Kautsky System in die Sache zu bringen, habe er Briefe zerstückelt und in getrennte Schachteln verpackt, mal nach Datum,

mal nach Empfängern geordnet.[69] Dazu kommt, dass ihr das Herzstück immer noch fehlt: die Marx-Engels-Korrespondenz, die von Louise bewacht wird. Zwar hat Tussy inzwischen herausgefunden, dass man ihr die Briefe gar nicht verweigern *darf,* dass Engels' Testament in diesem Punkt ungültig ist, jedenfalls nach englischem Recht. »Das Gericht hat erneut erklärt, dass ein Brief Eigentum dessen, der ihn *geschrieben* hat, nicht desjenigen, an den er *gerichtet* ist«, schreibt sie an Laura.[70] Sie will sich an Bebel wenden, Einsicht verlangen. Sie will wenigstens Kopien der Briefe haben, denn die stünden ihr zu. Doch ob sie diese Absicht jemals realisiert hat, ist nicht bekannt.

Ein weiteres Hindernis sind die persönlichen Zweifel, die in ihr aufkommen. Vielleicht sei es ja gar nicht möglich, Marx als »Gesamtpersönlichkeit« richtig zu erfassen, schreibt sie an Kautsky. Er sei ja nicht, wie zum Beispiel Engels, nur ein vielseitiger »Intellektueller« gewesen, sondern auch begeistert für Kunst und Literatur. »Ich kann nur verzweifeln, wenn ich daran denke, wie schwer es sein wird, all diese losen Fäden zu sammeln und in ein Ganzes zu verweben. Aber es muss getan werden.«[71]

Dabei fragt sie sich immer wieder: Hätte Marx überhaupt gewollt, dass sie über ihn schreibt? Über seine Eltern, seine jüdischen Vorfahren, seine Liebe zu Jenny, über ihn als Privatperson? Als sie sich im Juli 1897 endlich entschließt, der *Neuen Zeit* einen Brief des jungen Marx an seinen Vater zu übergeben, hat sie fast das Gefühl, sich entschuldigen zu müssen. In ihrer biographischen Einleitung schreibt sie:

Der vorliegende Brief wurde mir vor einigen Monaten von meiner Kousine, Frau Karoline Smith, zugeschickt, die ihn unter den Papieren ihrer Mutter Sophie, der älteren Schwester von Karl Marx … gefunden hatte … Nur mit größtem Widerstreben übergebe ich der Welt einen Brief, der so deutlich einzig für den geliebten Vater bestimmt war, an den er geschrieben wurde. Ich beabsichtigte ihn in der That nur als Material für die Biographie von Marx zu benützen, die, wie ich hoffe, in absehbarer Zeit vollendet wird. Aber ich zeigte den Brief einigen guten Freunden, und diese überzeugten mich von der Nothwendigkeit, ja von meiner Pflicht, dieses außerordentliche ›document humain‹ zu veröffentlichen … Der Brief wurde offenbar sehr bald nach Marx'

Verlobung mit Jenny von Westphalen geschrieben. Karl war ein Junge von siebzehn Jahren, als er zuerst um sie warb ... Es ist leicht zu verstehen, dass Karls Eltern sich der »Verlobung« eines Jungen dieses Alters widersetzten, und ... der Eifer, mit dem er seinen Vater seiner Liebe trotz mancher Gegensätze versichert, erklärt sich durch die ziemlich heftigen Szenen, welche diese Angelegenheit hervorgerufen hatte. Mein Vater pflegte zu sagen, er sei damals ein wahrer rasender Roland gewesen. Aber bald wurde die Sache geordnet und ... die »Verlobung« förmlich acceptirt. Sieben Jahre diente Karl um seine schöne Jenny, und sie »däuchten ihn, als wären es einzelne Tage, so lieb hatte er sie«.

Am 19. Juni 1843 heiratheten sie, und die Beiden, die als Kinder zusammen gespielt, als Jüngling und Jungfrau sich verlobt, gingen nun tapfer Hand in Hand dem Kampfe des Lebens entgegen.

Und welchem Kampfe! Jahren bitterer, drückendster Noth ... Jahren brutaler Verdächtigung, infamer Verleumdung, eisiger Gleichgiltigkeit. Aber inmitten von alledem ... haben die beiden ... Liebenden nie geschwankt, nie gezweifelt, treu bis zum Tode. Und sie sind im Tode nicht getrennt ... Sicherlich ist der hier veröffentlichte Brief erstaunlich für einen jungen Menschen von neunzehn Jahren. Er zeigt uns den jungen Marx im Werden ... Wir sehen hier bereits jene fast übermenschliche Arbeitskraft und jenen Arbeitsdrang, die Marx sein Leben lang auszeichneten ... Wir sehen ihn, wie er sich und sein Werk aufs Strengste kritisirt ... ganz einfach, anspruchslos, aber mit außerordentlichem Scharfblick. Ja, wir sehen bereits ... Blitze jenes eigenartigen Humors, der ihn später so sehr charakterisirte. Und wir sehen ihn auch schon ... als alles umfassenden, alles verschlingenden Leser. Alles, Rechtswissenschaft, Philosophie, Geschichte, Poesie, Kunst, alles ist Wasser auf seine Mühle, und was immer er thut, er thut es ganz. Aber dieser Brief zeigt auch seine Seite von Marx, von der die Welt gar nichts oder wenig wusste – seine leidenschaftliche Zärtlichkeit für alle, die ihm nahe standen, sein Wesen voll Liebe und Hingebung.

Es war peinlich für mich, das Innerste dieses Herzens bloszulegen. Aber ich bedaure das nicht, wenn ich dadurch beitrage, dass man Karl Marx besser erkennt und dadurch auch mehr liebt und höher achtet. Eleanor Marx-Aveling.[72]

Es folgt ein mehrseitiger Brief des etwa achtzehnjährigen Marx an seinen »theuren Vater«, in dem er in gehobener Sprache über seine Studien in Berlin, seine poetischen Versuche, aber auch über seinen psychischen Zustand spricht: seit der räumlichen Trennung von Jenny sei er ein »bleichsüchtiger Schwächling« geworden, der ärztlicher Hilfe bedürfe, sich weder an der Natur noch an Hegel, Fichte und Feuerbach freuen könne und erst kürzlich alle seine Gedichte und Novellen verbrannt habe. Er bittet innig darum, wieder nach Trier zurückkommen zu dürfen, damit er endlich wieder mit Jenny vereint sei, aber man möge seiner »Engelsmutter« vorläufig nichts davon sagen, weil er nicht wolle, dass sie sich um ihn sorge. Unterschrift: »Dein Dich ewig liebender Sohn Karl.«

Sie ist bereit zu gehen

Doch aus Tussys Plan einer großen Marx-Biographie wird nichts mehr, und zwar nicht nur, weil sie sich »wie eine Verräterin« gegenüber ihrem Vater vorkäme.[73] Es geht ihr jetzt nur noch um Aveling, der scheinbar unheilbar krank ist und ihre ganze Liebe und Fürsorge braucht. Am 9. Februar 1898 wird er in einem Londoner Universitätshospital erneut an der Niere operiert. Die Kosten dafür trägt wie immer Tussy. Von »Krankenversicherung« kann im England dieser Zeit noch keine Rede sein, sodass sie unter der Last der Rechnungen für Medikamente, Ärzte, Kuren und Hilfsmittel fast zusammenbricht. Aus der einst wohlhabenden Erbin von Engels ist eine fast mittellose Frau geworden, die sich Sorgen um ihre Zukunft machen muss.

Auf dem Flur vor dem Krankenzimmer, wo sie Tag und Nacht Wache hält, trifft sie Henry M. Hyndman und dessen Frau Matilda, die gekommen sind, um Aveling zu besuchen. Henry Hyndman geht an sein Krankenbett, Matilda überredet Tussy zu einem Spaziergang, was schwer genug ist, denn sie weigert sich, von Edwards Seite zu weichen, da er ja jeden Moment sterben könne. Als sie endlich draußen sind, bricht sie in bittere Tränen aus. Sie sei vollständig am Ende. Sie halte dieses Leid nicht mehr aus. Matilda Hyndman beschwört sie, Aveling zu verlassen. Sie könne bei ihnen wohnen, essen und arbeiten, solange sie wolle. Tussy sagt, ja, das werde sie tun, wenn Aveling nur erst wieder gesund sei.[74]

Später ist davon keine Rede mehr. Überglücklich, dass er die Operation überstanden hat, reist sie mit ihm zur Erholung nach Margate in Kent, versorgt seine Wunde, liest ihm vor und fährt ihn täglich im Rollstuhl spazieren. »Mit der Hartnäckigkeit ihrer Rasse stand sie zu ihrem Mann«, erinnert sich Hyndman,[75] in dessen Aufzeichnungen bei aller Sympathie für Tussy immer leiser Antisemitismus mitschwingt.

In ihren Briefen wechseln nun Selbstmordankündigungen und Zukunftspläne einander ab. Während sie Freddy schreibt, sie sei bereit zu gehen und würde es mit Freuden tun, zwinge sich aber weiterzuleben, solange Aveling ihre Hilfe brauche,[76] quält sie sich durch eine dicke Shakespeare-Biographie von Georg Brandes, die sie für die *Neue Zeit* rezensieren will und gibt Kautsky detaillierte Hinweise zum Leben von Friedrich Engels. Eben noch plaudert sie fröhlich über Mary und Lizzy, dessen Lebensgefährtinnen, da schreibt sie plötzlich, es sei alles so »unsagbar traurig«, und sie sehne sich nach den guten alten Zeiten, als ihre Welt noch in Ordnung gewesen sei.[77]

Ihr Geist fängt nun an, sich zu verwirren. Sie fühlt sich von ihren besten Freunden verraten, vor allem von Bernstein, der, wie sie meint, dem Marxismus untreu geworden sei, Marx absichtlich falsch übersetze, unter dem Einfluss der Fabier stehe und hinter ihrem Rücken in der Marx-Engels-Korrespondenz schnüffle. Soll sie das dulden? Soll sie einen Rechtsanwalt einschalten? Sie bittet Kautsky, sofort nach London zu kommen, damit er den alten Freund wieder zur Vernunft bringe.[78] Doch Kautsky, der die Gefahr unterschätzt, bleibt zu Hause, zumal sie sich bald wieder mit Bernstein versöhnt und die Sache nicht mehr erwähnt.

Ihre Sehnsucht nach einem Kind nimmt jetzt wahnhafte Züge an. Sie küsst immer wieder die Fotos der drei kleinen Kautsky-Jungen Karl, Felix und Benedikt, schickt Waldo, dem Baby ihrer Freundin Edith Lanchester, eine teure Armbanduhr und schreibt ihm lange, ernsthafte Briefe. An Edith selbst schreibt sie: »Ich bin so verliebt in ihn wie noch nie, und ich bin eifersüchtig auf Dich, bitte versteh das! Ich denke, mein liebes kleines Affenschweinchen ist viel zu gut für Dich. – Aber Spaß beiseite, liebe Edith. Ich glaube wirklich, so ein süßes kleines Menschlein sein Eigentum nennen zu können, ist etwas Wunderbares, eine Gnade! ... Wenn Du hörst, dass in Battersea ein Baby gestohlen wurde, wundere Dich nicht und versuche nicht, es zu finden!«[79]

Edith Lanchester ist auch diejenige, der sie am 29. März 1898 mitteilt, dass sie sich umbringen wird:»Ich bin *vollkommen* erschöpft und kann nicht ausgehen ... Ich möchte am liebsten – nur, damit Du es weißt. Ich frage mich oft, warum man mit diesen schrecklichen Leiden immer so weiter macht. Natürlich sage ich nichts davon meinem armen Edward, aber ich denke oft, dass es viel einfacher wäre, ein Ende zu machen. Weißt Du, ich habe kein Kleines, so wie Du – für immer, Deine Eleanor.«[80]

Der letzte Morgen

Am Vormittag des 31. März 1898 – sie ist dreiundvierzig Jahre alt – setzt sie ihren Entschluss in die Tat um. Angeblich soll ein Brief, der ihr morgens gebracht worden ist, der Auslöser gewesen sein. Ihre Freunde vermuten, dass er etwas Ungeheuerliches enthalten haben muss.»Es musste sich um eine Sache handeln«, schreibt Eduard Bernstein später in der *Neuen Zeit*,»die alles Vorhergegangene in den Schatten stellte«, um etwas, das Tussy,»die sich nicht zur öffentlichen Bloßstellung Avelings entschließen konnte, nur den einen Schritt offen ließ: die Flucht aus dem Leben.«[81]

Nachdem sie diesen Brief kurz überflogen hat, ruft sie Gertrude Gentry, ihr Hausmädchen. Sie solle sofort in die Apotheke auf der Kirkdale Street gehen. Sie solle Gift holen.»Bitte, der Überbringerin Chloroform und eine kleine Quantität Blausäure für einen Hund zu geben, E. A.«, steht auf einem Zettel, den sie ihr mitgibt.[82] Wer ihn geschrieben hat, weiß man nicht. Tussy selbst oder Aveling – beides ist möglich. Sie haben eine ähnliche Handschrift und die gleichen Initialen. Aveling ist»Doktor«. Vielleicht hält man ihn in der Apotheke für einen Arzt. Gertrude Gentry kommt mit dem Gift – zwei Unzen Chloroform und eine Achtelunze Blausäure – wieder nach Hause und bringt ein Buch mit, in das einer von beiden sich einträgt: Sydenham, den 31. März 1898. Chloroform und Blausäure erhalten. E. A.

Bis jetzt ist Aveling noch im Haus gewesen. Aber während Gertrude noch einmal fortgeht, um das Giftbuch in die Apotheke zurückzubringen, wird es ihm langsam ungemütlich. Er, der tags zuvor noch im Rollstuhl gesessen hat, verlässt die »Höhle« auf zwei gesunden Beinen, fährt nach London und geht wie zufällig ins Büro der Partei, um später Zeugen zu haben. Dann besucht er seine »Ehefrau« Eva Frye.

Tussy trifft unterdessen weitere Vorkehrungen. Sie handelt absolut planmäßig. Zuerst schreibt sie einen Brief an ihren Anwalt, Sir Arthur Crosse, dem sie das Schriftstück, das ihr am Morgen gebracht worden ist, beilegt. Es ist möglich, dass sie in diesem Brief ihr Testament noch einmal geändert hat, vielleicht zu Ungunsten von Edward Aveling. Dafür könnte auch eine Nachricht an Laura sprechen, in der Aveling als Nachlassverwalter und -erbe nicht mehr auftaucht: »Meine liebe Laura! Ich ermächtige Dich hiermit, alle Papiere durchzusehen und für alle Manuskripte, Briefe usw. von Mohr Sorge zu tragen. Ich möchte, dass meine eigenen Briefe vernichtet werden … Einige Kleinigkeiten, die ich besitze, Bücher und andere Sachen, sollen bitte an Dollie Radford, … Olive Schreiner, … Gine und Ede Bernstein, an den lieben Liebknecht und Singer und meinen guten Freund William Thorne gehen. Tussy.«[83]

Als Nächstes schreibt sie einen Brief an Edward Aveling: »Lieber, jetzt wird bald alles vorüber sein. Mein letztes Wort an Dich ist dasselbe, das ich während all dieser langen traurigen Jahre gesagt habe: Liebe.«[84]

Nachdem sie diese Zeilen geschrieben hat, nimmt sie ein Bad, öffnet ihr langes Haar, zieht ihr geliebtes weißes Musselinkleid an, schluckt eine große Dosis Blausäure, lässt das Chloroform unberührt und legt sich ins Bett. Die Wirkung kommt schnell. Sie schläft bald ein, muss nicht stundenlang leiden wie Emma Bovary, ihre einstige Heldin, deren Selbstmord sie anscheinend reinszeniert. Als Gertrude Gentry gegen elf Uhr hereinkommt, weil die Katzen im Schlafzimmer so laut weinen, findet sie Tussy bewusstlos. Gesicht, Hände und Füße sind blau. Sie riecht nach Bittermandel. Ein Arzt, Dr. Henry Shackleton, der sofort gerufen wird, kann nur noch ihren Tod feststellen.

Avelings Ende

Aveling kehrt am 31. März 1898 gegen fünf Uhr nach Sydenham zurück. Als eine Nachbarin ihm aufgeregt entgegenläuft, fragt er sie: »Ist es vorbei?« Er versucht, die Briefe, die Tussy hinterlassen hat, an sich zu nehmen, wird aber zunächst von der Polizei daran gehindert. Bei der amtlichen Leichenschau in der Park Hall, Sydenham, muss er als Hauptzeuge aussagen. Er erklärt, dass er nicht gesetzlich mit Tussy verheiratet gewesen sei und ihr Alter, so ungefähr um die vierzig, nicht genau wisse. Dass sie kleine Differenzen, aber keinen Streit gehabt hätten. Dass Tussy allerdings, obwohl körperlich kerngesund, von »krankhafter Gemütsart« gewesen sei und immer wieder damit gedroht habe, Suizid zu begehen. Der Richter kommt zu dem Ergebnis: »Selbstmord im Zustand zeitweiliger Bewusstseinstrübung.«[85]

An der Trauerfeier, die am 5. April in der Necropolis Station von Waterloo stattfindet, dort, wo man sich drei Jahre zuvor von Engels verabschiedet hat, nehmen Sozialisten aus dem In- und Ausland teil. Von überall her sind rote Rosen geschickt worden, sogar aus Australien, Indien und Südafrika. Es herrschen Empörung und Fassungslosigkeit. »Wäre nicht die Parteirücksicht da, ich glaube, die Leute hätten den Aveling zerrissen«, schreibt Eduard Bernstein an Victor Adler.[86] Dennoch wagt Aveling es, eine Ansprache zu halten, melodramatisch, wie es seine Art ist, jedoch ohne dabei eine Träne zu vergießen.[87]

Laura ist nicht nach London gekommen, weil sie nach der Todesnachricht zusammengebrochen ist, aber Tussys Schwäger, Charles Longuet und Paul Lafargue, sind erschienen und gehen nach der Feier mit Aveling in einen Pub. Es war ihm gelungen, die Briefe, die Tussy Rechtsanwalt Crosse übergeben wollte, doch noch an sich zu bringen. Wahrscheinlich, weil er dem Anwalt Geld dafür gab. Denn Crosse, Tussys vermeintlicher Freund, war bestechlich. So wird das letzte Geheimnis nie aufgedeckt, auch wenn sich viele Freunde, besonders Kautsky, Hyndman und Bernstein, immer wieder nach dem »Warum« fragen und sich ihr Leben lang vorwerfen werden, Tussy nicht besser beschützt zu haben.

Da Aveling nicht in Woking erscheint, um die Urne mit Tussys Asche aus dem Krematorium abzuholen, ergreift Friedrich Lessner, ein alter Genosse, die Initiative und bringt sie ins Büro der »Social Democratic Federation« auf der Londoner Maiden Lane. Der Generalsekretär der Partei, Albert Inkpin, stellt sie in eine Vitrine, wo sie dreiundzwanzig Jahre lang zu sehen sein wird. Danach wird sie in die Marx Memorial Library in Clerkenwell Green gebracht. 1956 erhalten Karl und Jenny Marx und Helene Demuth ein Ehrengrab auf dem Friedhof in Highgate, in dem auch die Urne mit der Asche von Tussy beigesetzt wird.

Aveling erbt den Rest von Tussys Vermögen – das Haus am Jew's Walk mit allen Möbeln und 1467 Pfund Sterling. Er zieht endgültig zu Eva Frye, deren Wohnung er mit Büchern, Bildern und Hausrat aus dem Besitz von Tussy ausstattet. Die Marx-Handschriften gehen in die Hände von Laura über, die sich gemeinsam mit ihrem Mann Paul im November 1911 ebenfalls umbringen wird. Aveling gibt noch die Broschüre *Value, Price and Profit* heraus und gedenkt im Vorwort scheinbar liebevoll der Toten. Ein Prozess wegen Beihilfe zum Selbstmord wird ihm nicht gemacht, obwohl Kautsky und Bernstein darauf drängen. Er wird nicht einmal wegen Urkundenfälschung angezeigt. Die »Bewegung« fürchtet um ihren Ruf und beschränkt sich darauf, ihn künftig zu boykottieren. Im Juli bricht seine Narbe an der Niere wieder auf. Er stirbt am 2. August 1898 in seinem Arbeitszimmer.

ANHANG

Danksagung

Ich danke dem *Internationaal Instituut voor Sociale Geschiedenis*, Amsterdam; dem *Archiv der Sozialen Demokratie* in der Friedrich-Ebert-Stiftung, Bonn; dem *Russischen Zentrum für die Aufbewahrung und Erforschung von Dokumenten der neuesten Geschichte*, Moskau; der Bibliothek des Anglistischen Seminars sowie der *Bibliotheca Germania Judaica*, Köln, für freundliche Unterstützung. Frau Margret Dietzen vom Karl-Marx-Haus in Trier und Frau Marga Voigt, Berlin, haben die Entstehung dieser Neuausgabe mit wertvollen Hinweisen begleitet. Ganz besonders danke ich meinem Mann, Klaus Kammerichs, und meinen Literaturagenten Regina und Peter Molden für ihre Unterstützung während der Arbeit an dieser neuen Version meines Buches; vor allem aber Frau Elisabeth Müller vom Hoffmann und Campe Verlag für ihre engagierte und sachkundige Betreuung.

Editorische Notiz

Die in diesem Buch zitierten Briefe von Eleanor Marx an diverse Empfänger sind im Original größtenteils in englischer Sprache geschrieben, die von Marx, Engels, Liebknecht u. a. dagegen überwiegend in deutscher. Soweit mir die Handschriften aus Amsterdam und Moskau als Vorlage gedient haben, stammt die Übersetzung ins Deutsche von mir. Wo ich bereits vorhandene Ausgaben benutze, habe ich die Übersetzung der jeweiligen Herausgeber übernommen. Um die vielen unterschiedlichen Versionen und Schreibweisen einander anzugleichen, bin ich im Gebrauch von »ß« und »ss« der neuen deutschen Rechtschreibung gefolgt. Ansonsten blieb die Orthographie unverändert. – Obwohl seit den siebziger Jahren eine neue Marx-Engels-Gesamtausgabe (MEGA) erscheint, die im Rahmen einer internationalen Kooperation von der Marx-Engels-Stiftung Amsterdam, der Berlin-Brandenburgischen Akademie der Wissenschaften, dem Historischen Forschungszentrum der Friedrich-Ebert-Stiftung und anderen Institutionen betrieben wird, zitiere ich hier noch nach der älteren Ausgabe (Karl Marx / Friedrich Engels: Werke, Bd. 1–29, Berlin 1956 ff.), da diese Briefe von, an und über Eleanor Marx umfasst, die in der neuen Ausgabe noch nicht publiziert sind.

Werkverzeichnis Eleanor Marx

Schriften von Eleanor Marx-Aveling

Karl Marx, I, in: The Progress, April 1883
Karl Marx, II, in: The Progress, Juni 1883
Marx's Theory of Value, in: The Progress, Juni 1883
Underground Russia, in: The Progress, August / September 1883
Record of the International Popular Movement, in: Today, London 1884
The Working Class Movement in England, in: Today, London 1884
The Irish Dynamiters, in: The Progress, Mai 1884
Eleanor Marx: The Chicago Anarchists: A Statement of Facts, in: To-Day,
    London 1887
Friedrich Engels, in: Sozialdemokratische Monatsschrift, 30.11.1890
The Liverpool Congress, in: Time, Oct. 1890, p. 1088 – 1097
Report of Eleanor Marx's speech on the first May Day, Hyde Park, 4 Mai 1890,
    Marx Memorial Library and Worker's School, London
Literature Notes, in: Time, London, August 1890 – Februar 1891
Report from Great Britain and Ireland to the Delegates of the Brussels
    International Congress: The Gasworkers' and General Labourers' Union,
    London 1891
Die letzten englischen Strikes, in: Sozialpolitisches Centralblatt, Bd. 1,
    Berlin 1892
Wie sollen wir organisiren? In: Arbeiterinnen-Zeitung 1892, Nr. 4,
    Wien, 5.2.1892
Die Arbeiterinnen-Bewegung in England, in: Arbeiterinnen-Zeitung 1892,
    Nr. 5, Wien, 4.3.1892
Zur Arbeiterinnen-Bewegung in England, in: Arbeiterinnen-Zeitung 1892,
    Nr. 6, Wien, 18.3.1892
Zur Arbeiterinnen-Bewegung in England, in: Arbeiterinnen-Zeitung 1892,
    Nr. 10, Wien, 20.5.1892
Frauen-Gewerkvereine in England, in: Arbeiterinnen-Zeitung 1892, Nr. 17,
    Wien, 2.9.1892
Brief aus England, in: Arbeiterinnen-Zeitung 1893, Nr. 6, Wien, 17.3.1893
Der böse Maitag, in: Die Neue Zeit 12, 1893/94, 2. Bd., H. 31, S. 156 – 160
Wie Lujo Brentano zitirt, in: Die Neue Zeit 13, 1894–95, 1. Bd. (1895), H. 9,
    S. 260–266
Karl Marx – Lose Blätter, in: Österreichischer Arbeiterkalender 1895

Eleanor Marx: Die Arbeiterclassenbewegung in England, in: Emanuel Wurms
»Volks-Lexikon«, Wien 1895
Heine an Marx, in: Die Neue Zeit 14, 1895–96, 1. Bd., H. 1, S. 14 – 19
French and German Classes for the SDF, in: Justice, September 1896
The Gotha Congress, including Comments on Clara Zetkin's Speech,
    in: Justice, Oktober 1896
The Proletarian in the Home, in: Justice, November 1896
Socialist Municipalities and Communes in France, in: Justice, Januar 1897
Suggestions for Propaganda Work, in: Justice, Januar 1897
Ein Brief des jungen Marx, in: Die Neue Zeit 16, 1897–1898, 1. Bd., H. 1, S. 4 – 12

Gemeinsame Schriften von
Eleanor Marx-Aveling und Edward Aveling

The Factory Hell, London 1885
Prostitution, in: The Commonweal, September 1885
The Woman Question, London 1886
Campaign Against Child Labour, Social-Democratic Federation, 1887
Die Arbeiterbewegung in Amerika, in: Die Neue Zeit 5, 1887, H. 8. S. 355 – 362
Die Lage der Arbeiterklasse in Amerika, in: Die Neue Zeit 5, 1887, H. 7,
    S. 307 – 313
The Chicago Anarchists: A Statement of Facts, in: To-Day, November 1887
Shelley's Socialism, Two Lectures, London 1888
The Working Class Movement in America, London 1888
Die Kuhjungen, in: Die Neue Zeit 7, 1889, H. 1, S. 35 – 39
Dramatic Notes, in: Time, Februar 1890 – Februar 1891
Die Wahlen in Großbritannien, in: Die Neue Zeit 10, 1891–1892, H. 45,
    S. 596–603
Shelley und der Sozialismus (1), in: Die Neue Zeit 10, 1891–-92, 2. Bd., H. 45,
    S. 581–88
Shelley und der Sozialismus (2), in: Die Neue Zeit 10, 1891–92, H. 46 , S. 609–618

Übersetzungen

Nicolaus Delius: The Narrative in Shakespeare, in: The New Shakespeare
    Society's Transactions 1875 – 76, S. 332 ff.
Anne Charlotte Leffler-Erdgren: The Doctor's Wife, in: The Progress,
    Juli-Dezember 1884

Gustave Flaubert: Madame Bovary, London 1886
Hippolyte Prosper Lissagaray: History of the Commune of 1871, London 1886
Henrik Ibsen: An Enemy of Society, London 1888
Henrik Ibsen: The Lady from the Sea, London 1890
Alexander Kielland: Short Stories, in: Time 1890
Eduard Bernstein: Ferdinand Lassalle as a Social Reformer, London 1893
G. Plechanow: Anarchism and Socialism, London 1895
Alexander Kielland: Siesta, in: Social-Democrat 1898, S. 27 – 32

Editionen von Marx-Schriften

Karl Marx (eigtl. Friedrich Engels): Revolution and Counter-Revolution in
Germany, London 1896
Karl Marx: The Eastern Question: A Reprint of Letters Written 1853 – 56
dealing with the Events of the Crimean War, ed. by Eleanor Marx Aveling and
Edward Aveling, London 1897
Karl Marx: Value, Price and Profit, adressed to the Working Men, ed. by Eleanor
Marx Aveling and Edward Aveling, London 1898; eine deutsche Ausgabe von
Eduard Bernstein erschien 1908.
Karl Marx: Secret Diplomatic History of the Eigteenth Century, London 1899
Karl Marx: The Story of the Life of Lord Palmerston, London 1899

Quellenverzeichnis

Internationaal Instituut voor Sociale
Geschiedenis, Amsterdam:
Eleanor-Marx-Papers
Kautsky-Familienarchiv
Kautsky-Nachlass
Marx-Engels-Inventar
Nachlass Paul und Laura Lafargue
Nachlass Wilhelm Liebknecht
Nachlass Charles und Jenny Longuet

The Socialist League
Russisches Zentrum für die Aufbewahrung
und Erforschung von Dokumenten der
neuesten Geschichte, Moskau:
Nachlass Eleanor Marx-Aveling
Nachlass Edward Aveling

Literaturverzeichnis

Adler, Victor: Briefwechsel mit August Bebel und Karl Kautsky, Wien 1954

Ambrosi, Marlene: Jenny Marx – Ihr Leben mit Karl Marx, Trier 2015

Andréas, Bert: Briefe und Dokumente der Familie Marx aus den Jahren 1862 – 1873, in: Archiv für Sozialgeschichte, Bd. 2, Hannover 1962

Aveling, Edward B.: Die Darwin'sche Theorie, Stuttgart 1891

Badia, Gilbert: Clara Zetkin, Berlin 1994

Baedeker, Karl: London und Umgebung, Leipzig 1912

Bebel, August: Aus meinem Leben, 3 Bände, Stuttgart 1910 / 14

Bebel, August: Briefwechsel mit Friedrich Engels, hrsg. von Werner Blumenberg, London 1965

Bebel, August: Die Frau und der Sozialismus, Frankfurt / M. 1981

Berlin, Isaiah: Karl Marx: His Life and Environment, Oxford 1959

Bernstein, Eduard: Der dritte Band des »Kapital«, in: Die Neue Zeit Jg. 13, Bd. 1, 1895, H. 11, S. 333-38

Bernstein, Eduard: Eleanor Marx, in: Die Neue Zeit, Jg. 16., Bd. 2, 1898, S. 122 f.

Bernstein, Eduard: Was Eleanor Marx in den Tod trieb, in: Die Neue Zeit, Jg. 16, Bd. 2, 1898 / 99, S. 481 ff.

Bernstein, Eduard: Ferdinand Lassalle und seine Bedeutung für die Arbeiterklasse, Berlin 1904

Bernstein, Eduard: Aus den Jahren meines Exils, Berlin 1918

Bernstein, Eduard: Sozialdemokratische Lehrjahre, Berlin 1978

Bernstein, Eduard: Texte zum Revisionismus, hrsg. von Horst Heimann, Bonn 1990

Bidouze, René: Lissagaray, la plume et l'épée, Paris 1991

Blos, Wilhelm, Denkwürdigkeiten eines Sozialdemokraten, München 1914

Blumenberg, Werner: Marx, Reinbek 1996

Comyn, Marian: My Recollections of Karl Marx, in: The 19th Century and After, Vol. 91, Jan. 1922

Cronwright-Schreiner, S. C.: The Life of Olive Schreiner, Boston 1924

Delius, Nicolaus: The Narrative in Shakespeare, in: The New Shakespeare Society's Transactions 1875 – 76, S. 332 ff.

Delius, Nicolaus: Abhandlungen zu Shakespeare, Elberfeld 1878

Deutsch, Simon und Gräffer, Franz: Jüdischer Plutarch oder biographisches Lexicon der markantesten Männer und Frauen jüdischer Abkunft, Wien 1848

Diack, William: History of the Trades Council and the Trade Union Movement in Aberdeen, Aberdeen 1939

Die Geschichte der Zweiten Internationale, hrsg. von der Akademie der
Wissenschaften der UdSSR, Moskau 1983

Dornemann, Louise: Jenny Marx, Lebensweg einer Sozialistin, Berlin 1975

Draper, Hal (Hrsg.): Karl Marx's theory of Revolution, Vol. IV: Critique of
Other Socialisms, New York 1990

Eduard Bernsteins Briefwechsel mit Karl Kautsky, hrsg. von Till Schelz-
Brandenburg, Frankfurt / New York 2011

Ellis, Havellock: My Life, London 1940

Engels, Friedrich, Lafargue, Laura et Paul: Correspondance, Paris 1952

Engels, Friedrich: Briefwechsel mit Karl Kautsky, hrsg. von Benedikt Kautsky,
Wien 1955

Evans, Faith: Madame Bovary, in: John Stokes (Hrsg.), Eleanor Marx,
1855 – 1898, Life, Work, Contacts, Aldershot 2000

Geierhos, Wolfgang: Vera Zasulič und die russische revolutionäre Bewegung =
Studien zur modernen Geschichte Bd. 19, München / Wien 1977

Gemkow, Heinrich: Helena Demuth – »eine treue Genossin«, in: Marx-Engels-
Jahrbuch 11, Berlin 1989

Gemkow, Heinrich: Julie Bebel, in: Beiträge zur Geschichte der Arbeiterbewegung 31, 1989

Gielkens, Jan: Karl Marx und seine niederländischen Verwandten = Schriften
aus dem Karl-Marx-Haus Trier, Bd. 50, Trier 1999

Graetz, Heinrich: Geschichte der Juden von den ältesten Zeiten bis auf die
Gegenwart, Leipzig 1868

Haferkorn, Katja: Clara Zetkin in Paris (1882–1890), in: Beiträge zur Geschichte
der Arbeiterbewegung 26, 1984

Hamon, Augustin: Le Socialisme et le Congrès de Londres, Paris 1897

Hapgood, Lynne: Is this Friedship? Eleanor Marx, Margaret Harkness and
the Idea of Socialist Community, in: Eleanor Marx, Life, Work, Contacts,
hrsg. von John Stokes, Aldershot 2000

Harkness, Margaret: A City Girl, London 1887

Harkness, Margaret: Out of Work, London 1888

Hecker, Rolf und Limmroth, Angelika (Hrsg.): Jenny Marx – Die Briefe,
Berlin 2014

Holmes, Rachel: Eleanor Marx, London 2014

Holroyd, Michael: Bernard Shaw – A Biography, New York 1988

Hyndmann, H. M.: Further Reminiscences, London 1912

Jacobs, Jack: Sozialisten und die jüdische Frage nach Marx, Mainz 1994

Jokostra, Peter: Als die Tuilerien brannten – der Aufstand der Pariser Kommune 1871, Düsseldorf 1970

Kapp, Yvonne: Eleanor Marx, Bd. 1, London 1972

Kapp, Yvonne: Eleanor Marx, Bd. 2, New York 1976

Kaspar, Beate: Margaret Harkness – A City Girl. Eine literaturwissenschaft-
liche Untersuchung zum naturalistischen Roman des Spätviktorianismus
= Studien zur englischen Philologie, hrsg. von Lothar Fietz u. a., Bd. 23,
Tübingen 1984

Kautsky, Karl: Der Einfluss der Volksvermehrung auf den Fotschritt der
Gesellschaft, Wien 1880

Kautsky, Karl: Aus der Frühzeit des Marxismus, Prag 1935

Künzli, Arnold: Karl Marx, eine Psychographie, Wien 1966

Lafargue, Paul: Lob der Faulheit, Frankfurt / M. 1966

Lassalle, Ferdinand: Ausgewählte Texte, hrsg. von Thilo Ramm, Stuttgart 1962

Lassalle, Ferdinand und Marx, Karl: Briefwechsel, hrsg. von Gustav Mayer =
Ferdinand Lassalle, Nachgelassene Briefe und Schriften, Bd. 3, 1922

Lassalle, Ferdinand: Nachgelassene Briefe und Schriften Bd. 3, S. 121
(Online-Ausgabe der Historischen Kommission bei der Bayerischen
Akademie der Wissenschaften, München)

Le Congrès Marxiste de 1889, Genf 1967

Le Congrès International Ouvrier Socialiste tenu à Bruxelles, août 1891,
Genf 1977

Le Congrès International Socialiste de Travailleurs et des Chambres Syndicales
Ouvrières, London 1886 / Genf 1980

Liebknecht, Wilhelm: Briefwechsel mit Marx und Engels, hrsg. von Georg
Eckert, The Hague 1964

Liebknecht, Wilhelm: Die Grund- und Bodenfrage, Leipzig 1874

Liebknecht, Wilhelm: Zum Tod von Friedrich Engels, in: Vorwärts,
15. 8. 1895

Liebknecht, Wilhelm: Karl Marx zum Gedächtnis, Nürnberg 1896

Limmroth, Angelika: Jenny Marx – Die Biographie, Berlin 2014

Lissagaray, Hippolyte Prosper Olivier: Der Pariser Commune-Aufstand von
1871, Berlin 1931

Lorenzo, Anselmo: El Proletario Militante, Barcelona 1923

Lucas, Betty: Bei den Familien Freiligrath und Marx. Londoner Erinnerungen
aus dem Jahr 1852, hrsg. von Johanna Ludwig, Leipzig 1998

Marx, Karl und Engels, Friedrich: Werke, Berlin 1956 ff.

Marx, Karl: Die frühen Schriften, hrsg. von Siegfried Landshut, Stuttgart 1971

Meditz, Johanna: Die »Arbeiterinnen-Zeitung« und die Frauenfrage.
Ein Beitrag zur Geschichte der österreichischen sozialistischen Frauenbewegung der Jahre 1890 – 1918, Wien 1979

Meier, Olga (Hrsg.): Die Töchter von Karl Marx, unveröffentlichte Briefe,
Köln 1981

Mill, John Stuart, Taylor, Harriet und Taylor, Helen: Die Hörigkeit der Frau und andere Schriften zur Frauenemanzipation, Frankfurt M. 1976

Mohr und General. Erinnerungen an Marx und Engels, Berlin 1970 und 1982

Neffe, Jürgen: Marx – Der Unvollendete, München 2017

Nitsche, Jürgen, Friedrich Engels' Auftreten auf dem Züricher Kongress (1893) der Zweiten Internationale, in: Beiträge zur Marx-Engels-Forschung 29, 1990

Nuhn, Heinrich: August Spies – ein hessischer Sozialrevolutionär in Amerika, Kassel 1992

Omura, Izumi u. a.: Familie Marx privat. Die Foto- und Fragebogen-Alben von Marx' Töchtern Laura und Jenny, Berlin 2005

Omura, Izumi u. a.: Karl Marx is my father – The Documentation of Frederick Demuth's Parentage, Tokyo 2011

Pearson, Hesketh: George Bernard Shaw, Tübingen 1965

Plechanow, Georgi: Anarchismus und Sozialismus, Berlin (Verlag des Vorwärts) 1894

Protokoll des Internationalen Arbeiter-Congresses zu Paris, Nürnberg 1890

Protokoll über die Verhandlungen des Parteitages der Sozialdemokratischen Partei Deutschlands, abgehalten zu Halle an der Saale vom 12. bis 18. Oktober 1890, Berlin 1890

Quiller-Couch, Arthur: The Oxford Book of English Verse, Oxford 1919

Rapp, Eugen Ludwig: Epitaphien für Vorfahren von Karl Marx auf dem jüdischen Friedhof in Trier, in: Trierer Zeitschrift für Geschichte und Kunst des Trierer Landes und seiner Nachbargebiete, hrsg. vom Rheinischen Landesmuseum Trier, 33. Jg., 1970

Reminiscences of Marx and Engels, Moskau, o. D. (ca. 1956)

Rocker, Rudolf: Johann Most, das Leben eines Rebellen, Berlin 1924

Rosebury, Aaron: Eleanor, Daughter of Karl Marx, in: Monthly Review, New York, January 1973, S. 45 f.

Ruprecht, Wilhelm: Die Wohnungen der arbeitenden Klassen in London, Göttingen 1884

Schack, Renate (Hrsg.): Jenny Marx, ein bewegtes Leben, Berlin 1989

Schöncke, Manfred: Karl und Heinrich Marx und ihre Geschwister, Lebenszeugnisse – Briefe – Dokumente, Wuppertal 1993

Schoeps, Julius H.: Bismarck und sein Attentäter. Der Revolveranschlag Unter den Linden am 7. Mai 1866, Berlin 1984

Schonebohm, Dieter: Ostjuden in London, Frankfurt / M. 1987

Schreiner, Olive: Geschichte einer afrikanischen Farm, Zürich 1964

Schreiner, Olive: The Letters of Olive Schreiner, 1876–1920, hrsg. von S. C. Cronwright- Schreiner, London 1924

Schröder, Wolfgang (Hrsg.): »Sie können sich denken, wie mir oft zu Muthe
war«, Jenny Marx in Briefen an eine vertraute Freundin, Leipzig 1989
Schröder, Wolfgang: Ernestine, vom ungewöhnlichen Leben der ersten Frau
Wilhelm Liebknechts, Leipzig 1987
Schwerin von Krosigk, Lutz Graf: Jenny Marx, Wuppertal 1975
Shaw, George Bernard: Sechzehn selbstbiographische Skizzen, Frankfurt/M.
1971
Shaw, George Bernard: Collected Letters 1874–1897, Bd. 2, hrsg. von
D. H. Lawrence, London 1965
Silberner, Edmund: Eleanor Marx, ein Beitrag zu ihrer Biographie und zum
Problem der jüdischen Identität, in: Jahrbuch des Instituts für deutsche
Geschichte, 6. Bd., Tel Aviv 1977
Silberner, Edmund: Sozialisten zur Judenfrage, Berlin 1962
Stepniak (eigtl. Kravčinskij): Das unterirdische Rußland – La Russia sotteranea,
Revolutionäre Porträts und Skizzen aus der Wirklichkeit, Bern 1884
Stöcker, Heinrich Adolf: Christlich-sozial. Reden und Aufsätze, Berlin 1890
Stokes, John (Hrsg.): Eleanor Marx, Life, Work, Contacts, Aldershot 2000
Sutton, J. Maule: Infant Mortality in England, London 1876
Tsuzuki, Chushichi: Eleanor Marx, Geschichte ihres Lebens, Berlin 1981
Ullrich, Volker: Otto von Bismarck, Reinbek 1998
Vollgraf, Carl-Erich: Marx in Marx' Worten? Zu Engels' Edition des Haupt-
manuskripts zum dritten Buch des »Kapital«, in: MEGA-Studien 1994/2
Webb, Beatrice: Meine Lehrjahre, Frankfurt/M. 1988
Wheen, Francis: Karl Marx, München 2001
Worobjowa, Olga: Die Töchter von Karl Marx, Berlin 1988
Zangwill, Israel: Kinder des Ghetto, Berlin 1913
Zangwill, Israel: Die Jüdin, Wien 1905
Zetkin, Clara: Friedrich Engels – Nachruf zu seinem Tode, in: Die Gleichheit,
Zeitschrift für die Interessen der Arbeiterinnen, 21.8.1895
Zetkin, Clara: Die Arbeiterinnen- und Frauenfrage der Gegenwart, Berlin 1894
Zetkin, Clara: Ausgewählte Reden und Schriften, Bd. I, Berlin 1957

Bildnachweis

S. 13: Friedrich Engels um 1845 – ullstein bild – Roger Viollet

S. 41: Karl Marx 1861 – ullstein bild – Photo12

S. 49: Karl Marx, seine Töchter Jenny, Laura und Eleanor und Friedrich Engels – ullstein bild

S. 55: Ferdinand Lassalle – ullstein bild – Photo12

S. 67: Paul Lafargue – ullstein bild – SPUTNIK / Vitaliy Karpov

S. 68: Laura Marx mit achtzehn – ullstein bild

S. 90: Jenny Marx und Charles Longuet – ullstein bild – SPUTNIK / Vitaliy Karpov

S. 106: Eleanor Marx mit sechzehn – Internationaal Instituut voor Sociale Geschiedenis, Amsterdam

S. 227: Prosper Olivier Lissagaray – ullstein bild – Roger Viollet

S. 236: Wilhelm Liebknecht, Edward Aveling und Eleanor Marx Aveling 1886 – ullstein bild

S. 313: Friedrich Engels 1893 – ullstein bild – adoc-photos

Anmerkungen

1 Kindbett und Cholera (1850–1856)

1 Zit. nach Wilhelm Rupprecht: Die Wohnungen der arbeitenden Klassen in London, Göttingen 1884, S. 9 (Rupprecht 1884)

2 Zit. nach Jürgen Neffe: Karl Marx, München 2017, S. 279 (Neffe 2017)

3 Jenny Marx an Adolf Cluß, Brief vom 15.10.1852, MEW Bd. 28, S. 637

4 Jenny Marx an Joseph Weydemeyer, Brief vom 20.5.1850, zit. nach Rolf Hecker, Angelika Limmroth: Jenny Marx – Die Briefe, Berlin 2014, S. 96 f. (Hecker/Limmroth 2014)

5 Marlene Ambrosi: Jenny Marx – Ihr Leben mit Karl Marx, Trier 2015, S. 130 (Ambrosi 2015)

6 Izumi Omura u. a.: Familie Marx privat. Die Foto- und Fragebogen-Alben von Marx' Töchtern Laura und Jenny, Berlin 2005, S. 236 (Omura 2005)

7 Jenny Marx an Karl Marx, Brief vom August 1850, zit. nach Hecker/Limmroth 2014, S. 104

8 Neffe 2017, S. 281

9 Karl Marx/Friedrich Engels: Manifest der kommunistischen Partei, MEW Bd. 4, S. 479

10 Jenny Marx: Kurze Umrisse eines bewegten Lebens (1865), in: Mohr und General. Erinnerungen an Marx und Engels, Berlin 1982, S. 195 (Mohr und General)

11 Karl Marx an Friedrich Engels, Brief vom 31.7.1851, MEW Bd. 27, S. 293

12 Zit. nach Renate Schack (Hrsg.): Jenny Marx, ein bewegtes Leben, Berlin 1989, S. 36 (Schack 1989)

13 Die von Marlene Ambrosi angekündigte Biographie über Helene Demuth lag zum Zeitpunkt der Drucklegung dieses Buches noch nicht vor.

14 Frederick Demuth an Jean Longuet, Brief vom 10.4.1912, zit. nach: Karl Marx is my father – The Documentation of Frederick Demuth's Parentage, hrsg. von Izumi Omura, Shunichi Kubo, Rolf Hecker und Valerij Fomicev, Tokyo 2011, S. 161 (Omura 2011)

15 Ebd.

16 Maule J. Sutton: Infant Mortality in England, London 1876, S. 32

17 Zit. nach Schack 1989, S. 37

18 Ebd.

19 Karl Marx an Friedrich Engels, Brief vom 24.4.1852, MEW Bd. 28, S. 24

20 Wilhelm Liebknecht, in: Mohr und General, S. 98

21 Eleanor Marx, in: Karl Marx, in: Mohr und General, S. 271 f.

22 Karl Marx an Friedrich Engels, Brief vom 22.7.1854, MEW Bd. 28, S. 377

23 Karl Marx an Friedrich Engels, Brief vom 21.6.1854, MEW Bd. 28, S. 371

24 Jenny (Tochter) und Edgar Marx an Jenny Marx, Brief vom 24.7.1854, zit. nach Hecker/Limmroth 2014, S. 180

25 Karl Marx an Friedrich Engels, Brief vom 13.9.1854, MEW Bd. 28, S. 391

26 Karl Marx an Friedrich Engels, Brief vom 12.1.1855, MEW Bd. 28, S. 422

27 Karl Marx an Friedrich Engels, Brief vom 16.1.1855, MEW Bd. 28, S. 423

28 Karl Marx an Friedrich Engels, Brief vom 3.3.1855, MEW Bd. 28, S. 436

29 Jenny Marx an Wilhelm von Floren-
court, Brief vom 10. 8. 1855, zit. nach
Hecker / Limmroth 2014, S. 187 f.

30 Karl Marx an Friedrich Engels, Briefe
vom 30. 1. und 2. 2. 1855, MEW Bd. 28,
S. 426 und 432

31 Karl Marx an Friedrich Engels, Brief
vom 30. 3. 1855, MEW Bd. 28, S. 442

32 Karl Marx an Friedrich Engels, Brief
vom 6. 4. 1855, MEW Bd. 28, S. 443

33 Jenny Marx an Wilhelm von Floren-
court, Brief vom 10. 8. 1855, zit. nach
Hecker / Limmroth 2014, S. 187

34 Zit. nach Mohr und General,
S. 17 f.

35 Karl Marx an Friedrich Engels, Brief
vom 8. 3. 1855, MEW Bd. 28, S. 436

36 Zit. nach Olga Worobjowa: Die
Töchter von Karl Marx, Berlin 1988,
S. 22 (Worobjowa 1988)

37 MEW Bd. 16, S. 3 f.

38 New York Daily Tribune, 5. 5. 1856

39 Vgl. Ambrosi 2015, S. 97 f.

40 Lutz Graf Schwerin von Krosigk:

Jenny Marx, Wuppertal 1975, S. 42
(Krosigk 1975)

41 Brief vom 21. 6. 1856, zit. nach
Hecker / Limmroth 2014, S. 205 f.

42 Jenny Marx an Ernestine Liebknecht,
Brief vom Juli 1856, ebd., S. 208

43 Ebd., S. 209

44 Zit. nach Arnold Künzli: Karl Marx,
eine Psychographie, Wien 1966, S. 69
(Künzli 1966)

45 Zit. nach Eugen Ludwig Rapp: Epitaphien für Vorfahren von Karl Marx
auf dem jüdischen Friedhof in Trier,
in: Trierer Zeitschrift für Geschichte
und Kunst des Trierer Landes und
seiner Nachbargebiete, hrsg. vom
Rheinischen Landesmuseum Trier,
33. Jg., 1970, S. 177

46 Jenny Marx an Wilhelm von Floren-
court, Brief vom 4. 10. 1856, zit. nach
Hecker / Limmroth 2014, S. 225

47 Jenny Marx an Wilhelm von Floren-
court, Brief vom 4. 10. 1856, ebd.,
S. 225 f.

2 Kapitän Tussy (1857–1869)

1 Jenny Marx Ende 1862 an Bertha
Markheim. Zit nach Bert Andréas:
Briefe und Dokumente der Familie
Marx aus den Jahren 1862–1873, in:
Archiv für Sozialgeschichte, Bd. 2,
Hannover 1962, S. 177 (Andréas, 1962)

2 Jenny Marx an Ernestine Liebknecht,
Brief vom 13. 10. 1863, zit. nach Hecker /
Limmroth 2014, S. 324 f.

3 Vgl. Angelika Limmroth: Jenny
Marx – die Biographie, Berlin 2014,
S. 186 (Limmroth 2014)

4 Zit. nach Mohr und General, S. 222

5 Zit. nach Francis Wheen: Karl Marx,
München 2001, S. 266 (Wheen
2001)

6 Karl Marx an Friedrich Engels,
Brief vom 23. 4. 1857, MEW Bd. 29,
S. 129

7 Zit. nach Mohr und General, S. 129 f.

8 Zit. nach Louise Dornemann: Jenny
Marx, Lebensweg einer Sozialistin,
Berlin 1975, S. 177 (Dornemann 1975)

9 Zit. nach Wolfgang Schröder: Ernestine, vom ungewöhnlichen Leben der
ersten Frau Wilhelm Liebknechts,
Leipzig 1987, S. 58 f. (Schröder 1987)

10 Karl Marx an Friedrich Engels, Brief
vom 22. 5. 1857, MEW Bd. 29, S. 138

11 Zit. nach Ambrosi 2015, S. 225

12 Schack 1989, S. 43; Limmroth 2014,
S. 187 f.

13 Karl Marx an Friedrich Engels, Brief vom 8.7.1857, MEW Bd. 29, S. 150

14 Friedrich Engels an Karl Marx, Brief vom 11.7.1857, MEW Bd. 29, S. 151

15 Jenny Marx an Ernestine Liebknecht, Brief vom 2.11.1863, zit. nach Hecker/Limmroth 2014, S. 329f.

16 August Bebel: Die Frau und der Sozialismus, zit. nach der Ausgabe von 1981 (Frankfurt/M., Verlag Marxistische Blätter), S. 168f. (Bebel 1981)

17 Karl Kautsky: Der Einfluss der Volksvermehrung auf den Fortschritt der Gesellschaft, Wien 1880, S. 195

18 New York Daily Tribune, 22.4.1857

19 Zit. nach Dornemann 1975, S. 199f.

20 Lion Philips an Karl Marx, Brief vom 4.4.1864, zit. nach Jan Gielkens: Karl Marx und seine niederländischen Verwandten = Schriften aus dem Karl-Marx-Haus Trier, Bd. 50, Trier 1999, S. 129 (Gielkens 1999)

21 Ferdinand Lassalle an Karl Marx, Brief vom 26.3.1858, zit. nach: Ferdinand Lassalle: Nachgelassene Briefe und Schriften Bd. 3, S. 121 (Online-Ausgabe der Historischen Kommission bei der Bayerischen Akademie der Wissenschaften, München) (Lassalle/Marx online)

22 Jenny Marx an Ferdinand Lassalle, Brief vom 9.4.1858, ebd., S. 121f.

23 Ferdinand Lassalle an Karl Marx, Brief vom 31.1.1859, ebd., S. 137

24 Ferdinand Lassalle an Sophie Sontzeff, zit. nach Thilo Ramm (Hrsg.): Ferdinand Lassalle: Ausgewählte Texte, Stuttgart 1962, S. 247

25 Ebd., S. 248f.

26 Zit. nach Edmund Silberner: Eleanor Marx, ein Beitrag zu ihrer Biographie und zum Problem der jüdischen Identität, in: Jahrbuch des Instituts für deutsche Geschichte, 6. Bd., Tel Aviv 1977, S. 136f. (Silberner 1977)

27 S. dazu auch Neffe 2017, S. 346ff., der den Stand der Forschung zusammenfasst

28 New York Daily Tribune, 6.6.1859. Vgl. auch MEW Bd. 13, S. 335f.

29 Karl Marx: Zur Kritik der politischen Ökonomie, zit. nach MEW Bd. 13, S. 9

30 Ebd., S. 641f.

31 Jenny Marx an Louise von Westphalen, Brief vom 10.2.1859, zit. nach Hecker/Limmroth 2014, S. 247f.

32 Karl Marx an Friedrich Engels, Brief vom 22.7.1895, MEW Bd. 29, S. 462

33 Vgl. Wheen 2001, S. 284

34 Ebd., S. 284f.

35 Karl Marx: Herr Vogt, MEW Bd. 14, S. 626ff.

36 Ebd., S. 599f.

37 Friedrich Engels an Karl Marx, Brief vom 19.12.1860, MEW Bd 30, S. 129

38 Karl Marx an Friedrich Engels, Brief vom 28.11.1860, MEW Bd. 30, S. 117

39 Karl Marx an Friedrich Engels, Brief vom 23.11.1860, MEW Bd. 30, S. 113

40 Karl Marx an Friedrich Engels, Brief vom 5.12.1860, MEW Bd. 30, S. 121

41 Karl Marx an Nanette Philips, Brief vom 13.4.1861, MEW Bd. 30, S. 594f.

42 Ambrosi 2015, S. 288

43 Jenny Marx an Friedrich Engels, Brief vom 16.3.1861, MEW Bd. 30, S. 685

44 Karl Marx an Ferdinand Lassalle, Brief vom 8.5.1861, zit. nach Lassalle/Marx online, Bd. 3, S. 361

45 Karl Marx an Nanette Philips, Brief vom 13.4.1861, MEW Bd. 30, S. 594f.

46 Karl Marx an Ferdinand Lassalle, Vollmacht vom 12.4.1861, MEW Bd. 30, S. 690

47 Jenny Marx an Ferdinand Lassalle, Brief vom April 1861, zit. nach Hecker/Limmroth 2014, S. 289

48 Jenny Marx an Friedrich Engels, Brief vom 4.4.1861, ebd., S. 286

49 Jenny Marx an Ferdinand Lassalle, Brief vom April 1861, ebd., S. 289

50 Jenny Marx an Ferdinand Lassalle, Brief vom 5.5.1861, ebd., S. 296

51 Wheen 2001, S. 294

52 Jenny Marx an Ferdinand Lassalle, Brief vom 5.5.1861, zit. nach Hecker/Limmroth 2014, S. 295

53 Wheen 2001., S. 294

54 Karl Marx an Friedrich Engels, Brief vom 18.6.1862, MEW Bd. 30, S. 248 f.

55 Karl Marx an Friedrich Engels, Brief vom 30.7.1862, MEW Bd. 30, S. 257

56 Karl Marx an Friedrich Engels, Brief vom 7.9.1864, MEW Bd. 30, S. 432

57 Karl Marx an Friedrich Engels, Brief vom 7.11.1864, MEW Bd. 31, S. 17

58 Neffe 2017, S. 335

59 Karl Marx an Sophie von Hatzfeld, Brief vom 16.10.1864, MEW Bd. 31, S. 419

60 Karl Marx: Der Bürgerkrieg in den Vereinigten Staaten, in: Die Presse, 7.11.1861

61 Eleanor Marx an Lion Philips, Brief vom 21.6.1864, Russisches Zentrum für die Aufbewahrung und Erforschung von Dokumenten der neuen Geschichte (Moskau), im Folgenden abgekürzt als: Bestand Moskau, Nachlass Eleanor Marx

62 MEW Bd. 10, S. 648

63 MEW Bd. 1, S. 97

64 MEW Bd. 1, S. 49

65 Betty Lucas: Bei den Familien Freiligrath und Marx. Londoner Erinnerungen aus dem Jahr 1852, hrsg. von Johanna Ludwig, Leipzig 1998, S. 43 (Lucas 1998)

66 Zit. nach Wolfgang Schröder (Hrsg.): »Sie können sich denken, wie mir oft zu Mute war«, Jenny Marx in Briefen an eine vertraute Freundin, Leipzig 1989, S. 85 (Schröder 1989)

67 Neffe 2017, S. 504

68 Jenny Marx an Ernestine Liebknecht, Brief vom 16.1.1863, zit. nach Hecker/Limmroth 2014, S. 309

69 Karl Marx an Friedrich Engels, Brief vom 24.12.1862, MEW Bd. 30, S. 303

70 Friedrich Engels: Briefe aus London, in: Schweizerischer Republikaner, 16.5.1843

71 Vgl. Limmroth 2014, S. 111 f.

72 Friedrich Engels an Karl Marx, Brief vom 7.1.1863, MEW Bd. 30, S. 309

73 Karl Marx an Friedrich Engels, Brief vom 8.1.1863, MEW Bd. 30, S. 310

74 Ambrosi 2015, S. 112

75 Friedrich Engels an Karl Marx, Brief vom 13.1.1863, MEW Bd. 30, S. 312

76 Karl Marx an Friedrich Engels, Brief vom 24.1.1863, MEW Bd. 30, S. 315 f.

77 Jenny Marx an Bertha Markheim, Brief vom 28.1.1863, zit. nach Hecker/Limmroth 2014, S. 315

78 Jenny Marx an Ernestine Liebknecht, Brief vom 16.7.1864, ebd., S. 352

79 Mohr und General, S. 231

80 Jenny Marx an Friedrich Engels, Brief vom 6.1.1864, zit. nach Hecker/Limmroth 2014, S. 340

81 Karl Marx an Friedrich Engels, Brief vom 27.12.1863, MEW Bd. 30, S. 382

82 Jenny Marx an Karl Marx, Ende Dezember 1863, zit. nach Hecker/Limmroth 2014, S. 338 f.

83 Jenny Marx an Ernestine Liebknecht, Brief vom 16.7.1864, ebd., S. 353

84 Wilhelm Wolf, genannt »Lupus«

85 Vgl. Limmroth 2014, S. 203

86 Karl Marx an Lion Philips, Brief vom 25.6.1864, MEW Bd. 30, S. 665

87 Karl Marx an Friedrich Engels, Brief vom 7.8.1866, MEW Bd. 31, S. 147

88 Karl Marx an Paul Lafargue, Brief vom
13.8.1866, MEW Bd.31, S.518
89 Wheen 2001, S.344
90 Jenny Marx an Johann Philipp Becker,
Brief vom 5.10.1867, zit. nach Hecker/
Limmroth 2014, S.408
91 Eleanor Marx an Karl Marx, Brief vom
19.3.1866, zit. nach Olga Meier (Hrsg.):
Die Töchter von Karl Marx, Köln 1981,
S.5 (Meier 1981)
92 Eleanor Marx an Karl Marx, Brief vom
26.4.1867, ebd., S.22
93 Zit. nach Worobjowa 1988, S.25
94 Karl Marx an Eleanor Marx, Brief vom
3.7.1865, MEW Bd.31, S.477

95 Friedrich Engels an Karl Marx, Brief
vom 12.8.1869, MEW Bd.32, S.362
96 Friedrich Engels an Karl Marx, Brief
vom 1.7.1869, MEW Bd.32, S.329
97 Zit. nach Worobjowa 1988, S.55
98 Karl Marx an Friedrich Engels, Brief
vom 26.6.1868, MEW Bd.32, S.105
99 Die englische Regierung und die
eingekerkerten Fenier, MEW Bd.16,
S.401f.
100 Jenny Marx (jun.) an Louis Kugelmann, Brief vom 30.10.1869, zit. nach
Andréas 1962, S.202

3 Es lebe die Kommune! (1869–1873)

1 Karl Marx an François Lafargue,
Brief vom 10.7.1869, MEW Bd.32,
S.623
2 Eleanor Marx an Jenny Marx, Brief
vom 31.3.1869, Bestand Moskau,
Nachlass Eleanor Marx
3 In seiner Schrift »Der achtzehnte
Brumaire des Louis Bonaparte«
4 Jenny Marx an Louis Kugelmann,
Brief vom 15.9.1869, zit. nach Hecker/
Limmroth 2014, S.430
5 Karl Marx an Laura Lafargue, Brief
vom 25.9.1869, MEW Bd.32, S.632
6 Jenny Marx an Friedrich Engels,
Brief vom 17.1.1870, zit. nach Hecker/
Limmroth 2014, S.433
7 Karl Marx an Laura und Paul Lafargue,
Brief vom 5.3.1870, MEW Bd.32, S.655
8 »Zweite Adresse der Internationalen
über den Krieg«, 9.9.1870
9 Über Lissagarays Biographie ist bisher
wenig bekannt. Einige spärliche An-
gaben finden sich bei René Bidouze:
Lissagaray, la plume et l'épée, Paris
1991.

10 Histoire de la Commune de 1871,
Brüssel 1876
11 Geschichte der Kommune von 1871.
Zit. nach der deutschen Ausgabe »Der
Pariser Kommune-Aufstand«, Berlin
1931, S.81 (Kommune 1871)
12 Zit. nach Worobjowa 1988, S.98
13 Kommune 1871, S.156
14 Karl Marx an Louis Kugelmann, Brief
vom 12.4.1871, MEW Bd.33, S.205
15 Jenny Marx (Mutter) an Louis Kugelmann, Brief vom 12.5.1871, zit. nach
Hecker/Limmroth 2014, S.445
16 Kommune 1871, S.355ff.
17 Pall Mall Gazette, 20.7.1871
18 Karl Marx an Jenny, Laura und Eleanor
Marx, Brief vom 13.6.1871, MEW
Bd.33, S.233
19 Eleanor Marx an Wilhelm Liebknecht,
Brief vom 29.12.1871, MEW Bd.33,
S.692
20 Karl Marx an die Herausgeberinnen
von Woodhull und Clafkin's Weekly,
Brief vom 23.9.1871, zit. nach Wilhelm
Liebknecht: Briefwechsel mit Karl

Marx und Friedrich Engels, hrsg. von Georg Eckert, The Hague 1964, S. 411 (Liebknecht 1964)

21 Ebd., S. 411 ff.

22 Eleanor Marx an Nikolai Franzewitsch Danielson, Brief vom 23.1.1872, MEW Bd. 333, S. 697

23 Anselmo Lorenzo: El Proletariado Militante, Barcelona 1923, S. 201 (Lorenzo 1923)

24 Karl Marx an Louis Kugelmann, Brief vom 5.12.1868, zit. nach Peter Jokostra: Als die Tuilerien brannten – der Aufstand der Pariser Kommune 1871, Düsseldorf 1970, S. 52 (Jokostra 1970)

25 Iring Fetscher: Sammelleidenschaft und spielerische Neugier. Eine weltoffene Familie, in: Omura 2005, S. XXVI

26 Friedrich Engels an Laura Lafargue, Brief vom 11.3.1872, zit. nach Friedrich Engels/Laura und Paul Lafargue: Correspondance, Paris 1952, Bd. I, S. 51 (Engels/Lafargue 1952)

27 Jenny Marx (Mutter) an Wilhelm Liebknecht, Brief vom 26.5.1872, zit. nach Hecker/Limmroth 2014, S. 459

28 Paul Lafargue an Karl und Jenny Marx, Brief vom Juli 1870, zit. nach Meier 1981, S. 73

29 Karl Marx an Laura Lafargue, Brief vom 28.2.1872 MEW Bd. 33, S. 411

30 Zit. nach Hal Draper (Hrsg.): Karl Marx's theory of Revolution, Vol. IV: Critique of Other Socialisms, New York 1990, S. 296

31 Karl Marx/Friedrich Engels: Ein Komplott gegen die Internationale Arbeiterassoziation. Im Auftrage des Haager Kongresses verfasster Bericht über das Treiben Bakunins und der Allianz der sozialistischen Demokratie, MEW Bd. 18, S. 446

32 Neffe 2017, S. 541 f.

33 Ebd., S. 545

34 Ebd., S. 546

35 Wheen 2001, S. 408 ff.

36 Karl Marx an César de Paepe, Brief vom 28.5.1872, zit. nach Wheen 2001, S. 409

37 Jenny Marx (Mutter) an Wilhelm Liebknecht, Brief vom Juli 1873, zit. nach Hecker/Limmroth 2014, S. 482

38 Paul Lafargue: Lob der Faulheit, Frankfurt/M. 1966, S. 34 und 48

39 Omura 2005, S. XXX

40 Ebd., S. 219

41 Ebd., S. 284

42 Rachel Holmes: Eleanor Marx, London 2014, S. 112 f. (Holmes 2014)

43 Vgl. S. 176 ff.

44 Jenny Marx an Eleanor Marx, Brief vom 1.4.1873, zit. nach Hecker/Limmroth 2014, S. 470

45 Jenny Marx an Eleanor Marx, ebd. Meine Lesart nach dem Original im Marx/Engels-Nachlass, Internationaal Instituut voor Sociale Geschiedenis, Amsterdam, Marx-Engels-Nachlass (im Folgenden abgekürzt als: Bestand Amsterdam) weicht geringfügig von der von Hecker/Limmroth 2014 ab

46 Jenny Marx an Eleanor Marx, Brief vom 1.4.1873, zit. nach Hecker/Limmroth 2014, S. 470

47 Jenny Marx an Eleanor Marx, Brief vom 22.5.1873, ebd., S. 475

48 Karl Marx an Friedrich Engels, Briefe vom 26.5.1873 und 31.5.1873 MEW Bd. 33, S. 26 und 31

49 Jenny Marx an Eleanor Marx, Brief vom April 1873, zit. nach Hecker/Limmroth 2014, S. 471

50 Jenny Marx an Eleanor Marx, Brief vom 3.5.1873, ebd., S. 473

51 Jenny Marx an Eleanor Marx, Brief o. D., Bestand Amsterdam

52 Jenny Marx an Eleanor Marx,

Brief vom Mai 1873, zit. nach Hecker /
Limmroth 2014, S. 472

53 Jenny Marx an Eleanor Marx,
Brief vom 22.5.1873, ebd., S. 475

54 Karl Marx an Nikolai Franzewitsch
Danielson, Brief vom 12.8.1873, MEW
Bd. 33, S. 600

55 Eleanor Marx an Jenny Marx,
Brief vom 31.5.1873, zit. nach Hecker /
Limmroth 2014, S. 476

56 Eleanor Marx an Jenny Longuet,
Brief vom 9.5.1873, Bestand Moskau,
Nachlass Eleanor Marx

57 Eleanor Marx an Karl Marx, 23.3.1874
(Datierung zweifelhaft!), ebd.

58 Jenny Marx an Eleanor Marx,
Brief vom 22.5.1873, zit. nach Hecker /
Limmroth 2014, S. 475

59 Jenny Marx an Eleanor Marx,
Brief vom Juni 1873, ebd., S. 479

60 Jenny Marx an Eleanor Marx,
Brief vom Juni 1873, ebd., S. 477

61 Jenny Marx an Eleanor Marx,
Brief vom Juni 1873, ebd., S. 478

62 Jenny Marx an Eleanor Marx,
Brief vom Juni 1873, ebd., S. 478

4 Von der Pflicht, für andere zu leben (1873–1877)

1 Karl Marx an Friedrich Engels,
Brief vom 7.12.1873, MEW Bd. 33, S. 99

2 Karl Marx an Friedrich Engels, Brief
vom 30.11.1873, MEW Bd. 33, S. 96

3 Vgl. Wheen 2001, S. 422

4 Jenny Marx an Thomas Allsop,
Brief vom 12.9.1874, zit. nach Hecker /
Limmroth 2014, S. 487

5 Vgl. Wheen 2001, S. 422

6 Eleanor Marx an Jenny Longuet,
Brief vom 5.9.1874, zit. nach Meier
1981, S. 115

7 Karl Marx an Friedrich Engels, Brief
vom 14.8.1874, MEW Bd. 33, S. 110

8 Vgl. Wheen 2001, S. 422

9 Eleanor Marx an Jenny Longuet,
Brief vom 5.9.1874, zit. nach Meier
1981, S. 115

10 Karl Marx an Friedrich Engels,
Brief vom 18.9.1874, MEW Bd. 33,
S. 112

11 Simon Deutsch und Franz Gräffer:
Jüdischer Plutarch oder biographisches Lexicon der markantesten Männer und Frauen jüdischer Abkunft,
Wien 1848

12 Heinrich Graetz: Geschichte der Juden

von den ältesten Zeiten bis auf die
Gegenwart, Leipzig 1868

13 Karl Marx: Die frühen Schriften,
hrsg. von Siegfried Landshut, Stuttgart 1971, S. 201 (Marx 1971)

14 Karl Marx an Friedrich Engels, Brief
vom 6.7.1870, MEW Bd. 32, S. 524

15 Natalie Liebknecht an Friedrich
Engels, Brief vom 28.8.1877, zit. nach
Liebknecht 1964, S. 238

16 Zit. nach Wilhelm Blos: Denkwürdigkeiten eines Sozialdemokraten,
München 1914, S. 163 (Blos 1914)

17 Eleanor Marx an Natalie und Wilhelm
Liebknecht, Brief vom 23.10.1874,
zit. nach Liebknecht 1964, S. 417

18 Hippolyte Prosper-Olivier Lissagaray
an Wilhelm Liebknecht, Brief vom
12.10.1874, ebd., S. 416

19 Eleanor Marx an Wilhelm Liebknecht,
Brief vom 13.10.1874, ebd., S. 415 f.

20 Der deutsche Originaltext ist abge-
druckt unter dem Titel »Liebknecht's
Rede über den Antrag auf Beurlau-
bung der gefangenen sozialdemokratischen Abgeordneten« in: Der Volksstaat, 2. und 4.12.1874.

21 Wilhelm Liebknecht am 2.12.1874 in »Der Volksstaat«

22 Vgl. dazu Eleanor Marx an Wilhelm Liebknecht, Brief vom 20.11.1874, zit. nach Liebknecht 1964, S. 420

23 Der Volksstaat, 18.9.1874

24 Der Volksstaat, 13.12.1874

25 Eleanor Marx an Wilhelm Liebknecht, 23.10.1874, zit. nach Liebknecht 1964, S. 417 f.

26 Eleanor Marx an Carl Hirsch, Brief vom 10.6.1875, Bestand Moskau, Nachlass Eleanor Marx

27 Eleanor Marx an Carl Hirsch, Brief vom 25.10.1875, MEW Bd. 34, S. 519

28 Vgl. Schack 1989, S. 306 f.

29 Karl Marx an Friedrich Engels, Brief vom 19.8.1876, MEW Bd. 34, S. 24

30 Jenny Marx an Friedrich Adolph Sorge, Brief vom 21.1.1877, zit. nach Hecker/Limmroth 2014, S. 522

31 Eleanor Marx an Jenny Marx, Brief vom 19.8.1876, ebd., S. 515

32 Karl Marx an Wilhelm Bracke, Brief vom 23.9.1876, MEW Bd. 34, S. 203 f.

33 Eleanor Marx an Carl Hirsch, Brief vom 23.9.1876, MEW Bd. 34, S. 203 f.

34 Ebd.

35 Friedrich Engels an Ida Pauli, Brief vom 14.2.1877, MEW Bd. 34, S. 252 f.

36 John Stuart Mill, Harriet Taylor, Helen Taylor: Die Hörigkeit der Frau und andere Schriften zur Frauenemanzipation, Frankfurt/M. 1976, S. 148 f.

37 Karl Marx: Ökonomisch-philosophische Manuskripte, Kapitel XLI: Geld, zit. nach MEW, Ergänzungsband, 1. Teil, Berlin 1968, S. 563. Zur Bedeutung Shakespeares für Karl Marx s. auch: Isaiah Berlin: Karl Marx: His Life and Environment, Oxford 1959, S. 262

38 Nicolaus Delius: The Narrative in Shakespeare, in: The New Shakespeare Society's Transactions 1875–76, S. 332 ff.

39 Jenny Marx an Friedrich Adolph Sorge, Brief vom 21.1.1877, zit. nach Hecker/Limmroth 2014, S. 522 f.

40 Karl Marx an Wilhelm Alexander Freund, Brief vom 21.1.1877, MEW Bd. 34, S. 245

41 Holmes 2014, S. 132

42 Vgl. Worobjowa 1988, S. 143

5 Zwischen Bühne und Sozialismus (1877–1881)

1 George Bernard Shaw: Sechzehn selbstbiographische Skizzen, Frankfurt/M. 1971, S. 59 (Shaw 1971)

2 Zit. nach Hesketh Pearson: George Bernard Shaw, Tübingen 1965, S. 81

3 Eleanor Marx an Carl Hirsch, Brief vom 8.6.1878, MEW Bd. 34, S. 527

4 Karl Marx: Kritik des Gothaer Programms, MEW Bd. 19, S. 13–32

5 Jenny Marx an Eleanor Marx, Brief vom August 1878, Bestand Moskau, Nachlass Eleanor Marx

6 Jenny Marx an Friedrich Engels, Brief vom 12.9.1878, zit. nach Hecker/Limmroth 2014, S. 539

7 Bundesarchiv Berlin, Akte NY 4022/65 (Nachlass August Bebel)

8 Eleanor Marx an verschiedene Zeitungsredaktionen, Brief vom November 1880, zit. nach Liebknecht 1964, S. 258

9 Karl Marx an Friedrich Engels, Brief vom 25.8.1879, MEW Bd. 34, S. 96

10 Zit. nach Chushichi Tsuzuki: Eleanor

Marx, Geschichte ihres Lebens, 1855–1898, Berlin 1981, S. 59 (Tsuzuki 1981)

11 Eduard Bernstein: Aus den Jahren meines Exils, Berlin 1918, S. 172 (Bernstein 1918)

12 Ebd.

13 Ebd.

14 Eleanor Marx an Wilhelm Liebknecht, Brief vom 12. 2. 1881, zit. nach Liebknecht 1964, S. 258

15 Vgl. Limmroth 2014, S. 247

16 Zit. nach Tsuzuki 1981, S. 59 f.

17 Zit. nach Wheen 2001, S. 440

18 Eleanor Marx an Jenny Longuet, Brief vom 7. 4. 1881, zit. nach Meier 1981, S. 135

19 Zit. nach Tsuzuki 1981, S. 58 f.

20 Jenny Marx an Natalie Liebknecht, Brief vom 18. 1. 1876, zit. nach Hecker / Limmroth 2014, S. 504

21 Eleanor Marx an Natalie Liebknecht, Brief vom 12. 2. 1881, zit. nach Liebknecht 1964, S. 431

22 Jenny Longuet an Laura Lafargue, Brief vom 22. 4. 1881, zit. nach Meier 1981, S. 138 f.

23 Karl Marx an Jenny Longuet, Brief vom 29. 4. 1881, MEW Bd. 35, S. 186

24 Zit. nach Schack 1989, S. 306

25 Eleanor Marx an Jenny Longuet, Brief vom 18. 6. 1881, zit. nach Meier 1981, S. 140 f.

26 Karl Marx an Jenny Longuet, Brief vom 11. 4. 1881, MEW Bd. 35, S. 178

27 Friedrich Engels an Karl Marx, Brief vom 7. 7. 1881, MEW Bd. 35, S. 5

6 Das Geheimnis des Todes (1881–1883)

1 Vgl. Neffe 2017, S. 262

2 Vgl. dazu Julius H. Schoeps: Bismarck und sein Attentäter. Der Revolveranschlag Unter den Linden am 7. Mai 1866, Berlin 1984

3 Original englisch. Eleanor Marx an Karl Marx, Brief vom 7. 8. 1881, Bestand Moskau, Nachlass Eleanor Marx

4 Karl Marx an Friedrich Engels, Brief vom 16. 8. 1881, MEW Bd. 35, S. 21

5 Karl Marx an Friedrich Engels, Brief vom 18. 8. 1881, MEW Bd. 35, S. 26 f.

6 Laura Lafargue an Jenny Longuet, Brief vom Oktober 1881, zit. nach Meier 1981, S. 148 f.

7 Karl Marx an Nikolai Franzewitsch Danielson, Brief vom 13. 12. 1881, MEW Bd. 35, S. 245.

8 Eleanor Marx an Jenny Longuet, zit. nach Meier 1981, S. 147 f.

9 Ebd.

10 Ebd.

11 Eleanor Marx an Jenny Longuet, Brief vom 31. 10. 1881, ebd., S. 150 f.

12 Eleanor Marx an Olive Schreiner, Brief vom 16. 6. 1885, zit. nach Silberner 1977, S. 26

13 Laura Lafargue an Jenny Longuet, Brief vom Oktober 1881, zit. nach Meier 1981, S. 148 f.

14 Mohr und General, S. 153

15 Eleanor Marx an Karl Kautsky, Brief vom 3. 12. 1881, Bestand Amsterdam

16 Eleanor Marx an Jenny Longuet, Brief vom 4. 12. 1881, zit. nach Meier 1981, S. 153

17 Ebd.

18 Zit. nach: Der Sozialdemokrat, 8. 12. 1881

19 Karl Marx an Jenny Longuet, Brief vom 7. 12. 1881, MEW Bd. 35, S. 341

20 Karl Marx an Jenny Longuet, Brief vom 17.12.1881, MEW Bd. 35, S. 250
21 Karl Marx an Friedrich Engels, Brief vom 1.3.1882, MEW Bd. 35, S. 46
22 Eleanor Marx an Jenny Longuet, Brief vom 8.1.1882, zit. nach Meier 1981, S.154f.
23 Karl Marx an Laura Lafargue, Brief vom 4.1.1882, MEW Bd. 35, S. 255
24 Karl Marx an Friedrich Engels, Brief vom 12.1.1882, MEW Bd. 35, S. 34
25 Eleanor Marx an Jenny Longuet, Briefe vom 8.1.1882 und 15.1.1882, zit. nach Meier 1981, S.154f. und 159f.
26 Eleanor Marx an Jenny Longuet, Brief vom 15.1.1882, ebd., S.159f.
27 Eleanor Marx an Jenny Longuet, Briefe vom 8.1.1882 und 15.1.1882, ebd., S.154f. und 159f.
28 Eleanor Marx an Jenny Longuet, Brief vom 23.1.1882, Bestand Amsterdam
29 Zit. und übersetzt nach Arthur Quiller-Couch: The Oxford Book of English Verse, Oxford 1919, Nr. 654
30 Jenny Longuet an Laura Lafargue, Brief vom März 1882, zit. nach Meier 1981, S.164ff.
31 Neffe 2017, S. 576
32 Eleanor Marx an Jenny Longuet, Brief vom 15.1.1882, zit. nach Meier 1981, S.159f.
33 Eleanor Marx an Jenny Longuet, Brief vom 25.3.1882, ebd., S.167f.
34 Holmes 2014, S.173
35 Eleanor Marx an Jenny Longuet, Brief vom 1.7.1882, zit. nach Meier 1981, S.167f.
36 Karl Marx an Friedrich Engels, Brief vom 3.8.1882, MEW Bd. 35, S. 76
37 Karl Marx an Friedrich Engels, Brief vom 10.8.1882, MEW Bd. 35, S. 80
38 Eleanor Marx an Jenny Longuet, Brief vom 2.10.1882, zit. nach Meier 1981, S.170f.
39 Jenny Longuet an Eleanor Marx, Brief vom 8.11.1882, zit. nach Wheen 2001, S. 449
40 Karl Marx an Eleanor Marx, Brief vom 10.1.1883, MEW Bd. 35, S. 423
41 Vgl. Holmes 2014, S.181
42 Marian Comyn: My Recollections of Karl Marx, in: The 19th Century and After, Vol. 91, Jan. 1922 (Comyn 1922)
43 Eleanor Marx, in: Reminiscences of Marx and Engels, Moskau, o. D. (ca.1956), S.128
44 Friedrich Engels an Laura Lafargue, Brief vom März 1883, zit. nach Engels / Lafargue 1952, Bd. 1, S.105
45 Friedrich Engels an Wilhelm Liebknecht, Brief vom 14.3.1883, MEW Bd. 35, S. 281

7 Der rächende Arm des Terrorismus (1883–1884)

1 Sie wurde im November 1883 in die Provinzialanstalt Düren eingeliefert, wo die Diagnose »Dementia paralytica« gestellt wurde und starb dort drei Jahre später. Die Unterlagen sind im heutigen Landeskrankenhaus Düren noch vorhanden.
2 Eleanor Marx an Jenny Longuet, Brief vom 7.10.1881, Bestand Moskau, Nachlass Eleanor Marx
3 Emilie Conradi an Eleanor Marx, Brief vom 17.3.1883, Bestand Amsterdam
4 Comyn 1922
5 Zit. nach: Der Sozialdemokrat, 22.3.1883

6 Friedrich Engels: Entwurf zur Grabrede für Karl Marx, MEW Bd. 19, S. 33 f.

7 Wheen 2001, S. 436

8 The Progress, April 1883

9 Eleanor Marx an Laura Lafargue, Brief vom 26. 3. 1883, zit. nach Meier 1981, S. 177 f.

10 Ebd.

11 Hecker / Limmroth 2014, S. 16

12 Z. B. in: Der Sozialdemokrat, 3. 5. 1883

13 MEW Bd. 24, S. 351

14 Eduard Bernstein: Der dritte Band des »Kapital«, in: Die Neue Zeit 13, Bd. 1, 1895, H. 11, S. 333–38

15 Friedrich Engels an August Bebel, Brief vom 30. 8. 1983, MEW Bd. 36, S. 164

16 MEW Bd. 24 / II, S. 7 ff.

17 Ebd., S. 12

18 Friedrich Engels an Pjotr Lawrowitsch Lawrow, Brief vom 2. 4. 1883, MEW Bd. 36, S. 3

19 Laura Lafargue an Friedrich Engels, Brief vom 20. 6. 1883, zit. nach Engels / Lafargue 1952, Bd. I, S. 131

20 Friedrich Engels an Laura Lafargue, Brief vom 24. 6. 1883, MEW Bd. 36, S. 42 ff.

21 Zit. nach der Website der National Secular Society http://www.secularism.org.uk/history.html

22 The Progress, April 1883, S. 288 ff.

23 Zit. nach Kapp Bd. 1, 1972, S, 284

24 Zit. nach Silberner 1962, S. 254

25 Zit. nach Kapp Bd. 1, 1972, S. 284

26 MEW Bd. 26: 1, 2, 3. Dort irrtümlich als »4. Band« des »Kapital« bezeichnet.

27 Eleanor Marx: Karl Marx II, in: Progress, Juni 1883, S. 362 ff.

28 Vgl. S. 352

29 The Progress, Juni 1882

30 Vgl. S. 144

31 Karl Kautsky an Friedrich Engels, Brief vom 3. 10. 1883, zit. nach Friedrich Engels: Briefwechsel mit Karl Kautsky, hrsg. von Benedikt Kautsky, Wien 1955, S. 87 (Engels / Kautsky 1955)

32 Auf Deutsch erschienen als »Das unterirdische Russland« von Sergius Stepniak, Bern 1884

33 Zit. nach Wolfgang Geierhos: Vera Zasulič und die russische revolutionäre Bewegung = Studien zur modernen Geschichte, Bd. 19, München / Wien 1977, S. 87

34 Zit. nach Rudolf Rocker: Johann Most, das Leben eines Rebellen, Berlin 1924, S. 119

35 Adolf Stöcker: Christlich-sozial. Reden und Aufsätze, Berlin 1890, S. 367 ff. (Stöcker 1890)

36 Wilhelm Liebknecht: Die Grund- und Bodenfrage, Leipzig 1874, S. 9

37 Jack Jacobs: Sozialisten und die jüdische Frage nach Marx, Mainz 1994, S. 58

38 Eleanor Marx an Wilhelm Liebknecht, Brief vom 12. 2. 1881, zit. nach Liebknecht 1964, S. 430

8 Liebe, Wahnsinn und Dynamit (1884–1885)

1 Eleanor Marx an Laura Lafargue, Brief vom 14. 9. 1883, zit. nach Meier 1981, S. 180 f.

2 MEW Bd. 21, S. 9 ff.

3 Ebd., S. 25 ff.

4 Eleanor Marx an Laura Lafargue, Brief vom 18. 6. 1884, Bestand Moskau, Nachlass Eleanor Marx

5 Alle Zitate nach Olive Schreiner: Geschichte einer afrikanischen Farm, Zürich 1964

6 Zit. nach Manfred Schöncke: Karl und Heinrich Marx und ihre Geschwister, Lebenszeugnisse – Briefe – Dokumente, Wupptertal 1993, S. 553 f. (Schöncke 1993)

7 Ebd.

8 Friedrich Engels an Laura Lafargue, Brief vom 13.12.1883, MEW Bd. 36, S. 76

9 Edward B. Aveling: Die Darwin'sche Theorie, Stuttgart 1891, S. 161 und 177

10 Eleanor Marx: The Irish Dynamtikers, in: The Progress, May 1884

11 Friedrich Engels: Wie man Karl Marx nicht übersetzen soll, in: The Commonweal, Vol. I, Nr. 10. November 1885

12 Friedrich Engels an Laura Lafargue, Brief vom 26.5.1884, zit. nach Engels / Lafargue 1952, Bd. 1, S. 204

13 Friedrich Engels: Vorrede zur 4. Auflage des »Kapital«, Bd. I, MEW Bd. 23, S. 41

14 Sedley Taylor in: The Times vom 29.11.1885

15 National Reformer, 4.5.1884

16 Eleanor Marx an J. L. Mahon, Brief vom 8. Mai 1884, zit. nach Tsuzuki 1981, S. 99 f.

17 Eleanor Marx an Laura Lafargue, Brief vom 17.3.1884, zit. nach Meier 1981, S. 187

18 Karl Kautsky: Aus der Frühzeit des Marxismus, Prag 1935, S. 89

19 Bernstein 1918, S. 174

20 Eleanor Marx an Dollie Radford, Brief vom 30.6.1984, zit. nach Kapp Bd. 2, 1976, S. 16

21 Eleanor Marx an Dollie Radford, Brief vom 2.7.1884, zit. nach Tsuzuki 1981, S. 104

22 Vgl. ebd., S. 105 f.

23 Ebd.

24 Ebd.

25 Eleanor Marx an Laura Lafargue, Brief vom 22.9.1884, Bestand Moskau, Nachlass Eleanor Marx

26 Justice, 27.9.1884

27 Eleanor Marx an Wilhelm Liebknecht, Brief vom 12.1.1884, zit. nach Liebknecht 1964, S. 433

9 Gute Nacht, kleines Mädchen (1884–1887)

1 The Manifesto of the Socialist League, London 1885

2 Vgl. Kapp, Bd. 2, 1976, S. 47

3 Zit. nach Michael Holroyd: Bernard Shaw – A Biography, New York 1988, Bd. I, S. 154

4 George B. Shaw an Edward Aveling, Brief vom 17.3.1887, zit. nach George B. Shaw: Collected Letters 1874–1897, Bd. 2, hrsg. von D. H. Lawrence, London 1965, S. 168 (Shaw 1965)

5 Commonweal, März 1885

6 Eleanor Marx an Laura Lafargue, Brief vom 12.4.1885, zit. nach Meier 1981, S. 197 f.

7 Eleanor Marx an Laura Lafargue, Brief vom 10.3.1885, Bestand Moskau, Nachlass Eleanor Marx

8 Zit. nach Kapp, Bd. 2, 1976, S. 41

9 Eleanor Marx an Olive Schreiner, Brief vom 8.4.1885, zit. nach https://www.oliveschreiner.org/vre?view=collections&colid=137&letterid=73

10 Ebd., S. 75

11 Vgl. S. 247

12 Alle Zitate nach: Eleanor Marx Aveling und Edward Aveling: The Factory
Hell, 2. Auflage, Aberdeen 1891
13 Eleanor Marx Aveling und Edward
Aveling: The Woman Question,
London 1886. – Dieses Buch versteht
sich als kommentierende Erweiterung
zu August Bebels »Die Frau und der
Sozialismus«.
14 Vgl. S. 38
15 Es ist weiter davon die Rede, dass
Phänomene wie weibliche »Hysterie«,
»Nervosität« und Neigung zum Suizid
automatisch verschwänden, wenn
jedes Mädchen sexuell aufgeklärt
würde, ohne den Zwang, seine Libido
bis zur Ehe zu unterdrücken. Eine fast
schon an Sigmund Freud gemahnen-
de Position, allerdings ohne deren
wissenschaftliche und empirische
Fundierung.
16 Zit. nach Kapp, Bd. 2, 1976, S. 41
17 Ebd., S. 68
18 Eleanor Marx an George Bernard
Shaw, Brief vom 2. 6.1885, British
Library (Shaw Papers), Add. Ms. 50511

19 Eleanor Marx an Olive Schreiner,
Brief vom 15. 6.1885, zit. nach Kapp
Bd. 2, 1976, S. 27 f.
20 Eleanor Marx an George Bernard
Shaw, Brief vom 2. 6.1885, British Library (Shaw Papers), Add. Ms. 50511
21 Zit. nach Shaw 1965, Bd. 2, S. 96
22 Eleanor Marx an Laura Lafargue,
Brief vom 23. 4.1886, zit. nach Meier
1981, S. 203 f.
23 Anonymer Rezensent im »Athenäum«
vom 2.10.1886
24 William Sharp in: The Academy,
25. 9.1886
25 Z. B. Faith Evans: Madame Bovary,
in: Stokes 2000
26 Hippolyte Prosper-Olivier Lissagaray:
History of the Commune of 1871,
translated by Eleanor Marx, London
(Reeves and Turner) 1886
27 MEW Bd. 23, S. 280
28 Zit. nach Heinrich Nuhn: August
Spies – ein hessischer Sozialrevolutionär in Amerika, Kassel 1992, S. 12
(Nuhn 1992)
29 Ebd., S. 122

10 Bei den Yankees und in der Hölle von London (1886–1888)

1 Eleanor Marx an Laura Lafargue,
Brief vom 14. 9.1886, Bestand
Amsterdam
2 Eleanor Marx an Laura Lafargue,
Brief vom September 1886, zit. nach
Meier 1981, S. 208
3 New Yorker Volkszeitung, 11. September 1886
4 New York Herald Tribune, 21. und
23. September 1886
5 Eleanor Marx / Edward Aveling:
Die Lage der Arbeiterklasse in Amerika, in: Die Neue Zeit 5 , 1887, H. 7,
S. 307–313

6 Zit. nach Kapp Bd. 2, 1976, S. 158
7 Ebd., S. 171
8 Ebd., S. 161
9 Zit. nach »Knights of Labor«, 4.12.1886
10 New Yorker Volkszeitung, 22.12.1886
11 Zit. nach Kapp, Bd. 2, 1976, S. 171
12 New York Daily Tribune, 31.12.1886
13 Yvonne Kapp (Bd. 2, 1976, S. 172 ff.)
gibt einen langen Bericht über die
finanziellen Unregelmäßigkeiten und
Streitigkeiten, die hier nur im Kern
zusammengefasst werden können.
14 Evening Standard, 13.1.1887
15 Vgl. dazu Friedrich Engels an

Eleanor Marx und Laura Lafargue, Brief vom 28.4.1886, MEW Bd. 36, S. 473 f.

16 Friedrich Engels an Laura Lafargue, Brief vom 7.6.1887, MEW Bd. 36, S. 668 f.

17 Friedrich Engels an Florence Kelly-Wischnewetzky, Brief vom 9.2.1887, MEW Bd. 36, S. 605 f.

18 Friedrich Engels an Laura Lafargue, Brief vom 24.2.1887, MEW Bd. 48, S. 12

19 Friedrich Engels an Laura Lafargue, Brief vom 2.2.1887, MEW Bd. 36, S. 603

20 Vgl. Karl Baedeker: London und Umgebung, Leipzig 1912, S. 130 ff.

21 Zit. nach Worobwoja 1988, S. 175

22 Eleanor Marx an Laura Lafargue, Brief vom 24.6.1888, Bestand Moskau, Nachlass Eleanor Marx

23 Friedrich Engels an Friedrich Adolph Sorge, Brief vom 4.5.1887, MEW Bd. 36, S. 649

24 Vgl. S. 224

25 Vgl. S. 187 ff.

26 Margaret Harkness: Out of Work, London 1888

27 Zit. nach Beatrice Webb: Meine Lehrjahre, Frankfurt/M. 1988, S. 366 (Webb 1988)

28 Eleanor Marx an Laura Lafargue, Brief vom 16.11.1887, Bestand Moskau, Nachlass Eleanor Marx

29 Eleanor Marx an Laura Lafargue, Brief vom 30.8.1887, zit. nach Meier 1981, S. 213 ff.

30 1887, S. 241 ff.

31 Edward Aveling und Eleanor Marx-Aveling: Die Lage der Arbeiterklasse in Amerika, in: Die Neue Zeit 5, 1887, H. 7, S. 313

32 Ebd., S. 309

33 Ebd., S. 311

34 Zit. nach Kapp, Bd. 2, S. 214 ff.

35 Eleanor Marx: The Chicago Anarchists: A Statement of Facts, To-Day, November 1887

36 Vgl. Nuhn 1992, S. 13

37 Holmes 2014, S. 299

38 Pall Mall Gazette, 14.11.1887

39 Friedrich Engels an Natalie Liebknecht, Brief vom 29.11.1887, zit. nach Liebknecht 1964, S. 299 f.

40 Dramatic Review, 3.12.1887

41 Eleanor Marx an George Bernard Shaw, Brief vom 16.12.1887, Bestand Amsterdam

42 Eleanor Marx an Dollie und Ernest Radford, Brief vom 28.12.1887, Radford Archive, British Library

43 Eleanor Marx an Laura Lafargue, Brief vom 31.12.1887, Bestand Amsterdam

44 Havelock Ellis in Adelphi, Oktober 1935

45 Friedrich Engels an Hermann Engels, Brief vom 9.8.1888, MEW Bd. 37, S. 85

46 Eleanor Marx an Laura Lafargue, Brief vom 9.7.1888, Bestand Amsterdam

47 Eleanor Marx an Laura Lafargue, Brief vom 11.9.1888, Bestand Moskau, Nachlass Eleanor Marx

48 Dramatic Review, 15.1.1888

49 Friedrich Engels an Laura Lafargue, Brief vom 6.7.1888, MEW Bd. 37, S. 71

50 Eleanor Marx an Laura Lafargue, Brief vom 31.12.1888, Bestand Moskau, Nachlass Eleanor Marx

1 Vgl. Holmes 2014, S. 328
2 Israel Zangwill: Kinder des Ghetto, Berlin 1913, S. 314 ff. (Zangwill 1913)
3 Zit. nach Kapp, Bd. 2, 1976, S. 521
4 Eleanor Marx an Laura Lafargue, Brief vom 11.4.1889, Bestand Amsterdam
5 Die Geschichte der Zweiten Internationale, hrsg. von der Akademie der Wissenschaften der UdSSR, Moskau 1983, S. 258
6 Bebel 1981, S. 157 f.
7 Zit. nach: Protokoll des Internationalen Arbeiter-Congresses zu Paris, Nürnberg 1890, S. 128 ff. S. auch Clara Zetkin: Ausgewählte Reden und Schriften, Bd. I, Berlin 1957, S. 4 f. und 11
8 Vgl. S. 298
9 Clara Zetkin an Karl Kautsky, zit. nach Katja Haferkorn: Clara Zetkin in Paris (1882–1890), in: Beiträge zur Geschichte der Arbeiterbewegung 26, 1984, S. 188
10 Zit. nach: Le Congrès Marxiste de 1889, Genf 1967, S. 64 ff. und http://anarchistischebibliothek.org/library/saverio-merlino-die-zukunft-gehort-dem-experiment
11 Le Congrès Marxiste de 1889, S. 65
12 Labour Elector, 7.9.1889
13 Friedrich Engels an Friedrich-Anton Sorge, Brief vom 26.9.1889, MEW Bd. 37, S. 276
14 Friedrich Engels an Laura Lafargue, Brief vom 17.10.1889, MEW Bd. 37, S. 288
15 Natalie Liebknecht an Friedrich Engels, Brief vom 29.12.1889, zit. nach Liebknecht 1964, S. 357
16 Friedrich Engels an Jules Guesde, Brief vom 20.11.1889, MEW Bd. 37, S. 312
17 Friedrich Engels an Friedrich-Anton Sorge, Brief vom 30.4.1890, MEW Bd. 37, S. 396
18 Eleanor Marx an People's Press, Brief vom 31.8.1890
19 Eleanor Marx-Aveling: The Liverpool Congress, in: Time, Oct. 1890, S. 1088–1097
20 Olive Schreiner an Havelock Ellis, Brief vom 6.7.1888, zit. nach https://www.oliveschreiner.org/vre?view=collections&colid=137&letterid=73
21 Vgl. Lynne Hapgood: Eleanor Marx and Margaret Harkness, in: Stokes 2000)
22 Bernstein 1918, S. 219
23 Friedrich Engels an Laura Lafargue, Brief vom 6.11.1889, zit. nach Engels/Lafargue 1952, Bd. II, S. 357
24 Friedrich Engels an Margaret Harkness, Brief vom April 1888, MEW Bd. 37, S. 42 f.
25 Stokes 2000, S. 133
26 Report of Eleanor Marx's speech on the first May Day, Hyde Park, 4 Mai 1890, Marx Memorial Library and Worker's School, London
27 Zit. nach Tsuzuki 1981, S. 182
28 Israel Zangwill: Die Jüdin, Wien 1905, S. 10 ff.
29 Zangwill 1913, S. 309
30 Zit. nach Volker Ullrich: Otto von Bismarck, Reinbek 1998, S. 120
31 Beate Kaspar: Margaret Harkness – A City Girl, Tübingen 1984, S. 23
32 Protokoll über die Verhandlungen des Parteitages der Sozialdemokratischen Partei Deutschlands, abgehalten zu Halle an der Saale vom 12. bis 18. Oktober 1890, Berlin 1890
33 Friedrich Engels an Friedrich-Anton Sorge, Brief vom 26.11.1890, MEW Bd. 37, S. 505

34 Zit. nach Kapp, Bd. 2, 1976, S. 501
35 Zit. nach Dieter Schonebohm: Die
Ostjuden in London, Frankfurt/M.
1987, S. 112
36 Ebd., S. 121
37 Ebd.
38 Friedrich Engels: Über den Antisemitismus. In: Karl Marx und Friedrich Engels: Deutsche Geschichte
im 19. Jahrhundert, hrsg. von Iring
Fetscher, Frankfurt/M. 1969, S. 279 ff.
39 Eleanor Marx an Wilhelm Liebknecht,
Brief vom 4.11.1890, zit. nach Meier
1981, S. 190
40 Vgl. Tsuzuki 1981, S. 208
41 Marx: Ungeliebter Sohn, in: Der
Spiegel, 23.10.1972
42 Frederick Demuth an Jean Longuet,
Brief vom 10.4.1912, zit. nach Omura
2011, S. 161
43 Helene Demuths Testament, ebd.,
S. 86
44 Friedrich Engels an Adolf Rieber,
Brief vom 21.11.1890, MEW 30, S. 566
45 Eleanor Marx an Laura Lafargue,
Brief vom 19.12.1890, zit. nach Meier
1981, S. 246
46 Omura 2011, S. 161
47 Eleanor Marx an Laura Lafargue,

Brief vom 19.12.1890, zit. nach Meier
1981, S. 246
48 Friedrich Engels an Karl Kautsky,
Brief vom 17.10.1888, MEW 37, S. 114 f.
49 August Bebel an Victor Adler,
Brief vom 20.12.1890, zit. nach Tsuzuki 1981, S. 210
50 Victor Adler an Friedrich Engels,
Brief vom 9.12.1890, zit. nach Omura
2011, S. 62
51 Friedrich Engels an Victor Adler, Brief
vom 12.12.1890, MEW Bd. 37, S. 519
52 Friedrich Engels an Friedrich-Anton
Sorge, Brief vom 26.11.1890, MEW
Bd. 37, S. 505
53 Friedrich Engels an Victor Adler, Brief
vom 12.12.1890, MEW Bd. 37, S. 519
54 Eleanor Marx an Laura Lafargue,
Brief vom 19.12.1890, zit. nach Meier
1981, S. 246
55 Friedrich Engels an Karl Kautsky,
Brief vom 17.5.1892, zit. nach Tsuzuki
1981, S. 211
56 Eleanor Marx-Aveling: Friedrich
Engels, in: Sozialdemokratische
Monatsschrift, 30.11.1890
57 Ebd.
58 Friedrich Engels an Victor Adler, Brief
vom 12.12.1890, MEW Bd. 37, S. 519 f.

12 Die Klassen-, die Frauen- und die Juden-Frage (1891–1893)

1 Friedrich Engels an Natalie Liebknecht, Brief vom 2.12.1891, MEW
Bd. 38, S. 231
2 Friedrich Engels an Max Oppenheim,
Brief vom 24.3.1891, MEW Bd. 38, S. 65
3 Friedrich Engels an Friedrich-Anton
Sorge, Brief vom 14.9.1891, MEW
Bd. 38, S. 154
4 Vgl. Holmes 2014, S. 420
5 Bericht von Großbritannien und
Irland an die Delegierten des Inter-

nationalen Kongresses in Brüssel
1891 – überreicht von der »Gasworker's
and General Labourers Union«, der
»Legal Eight Hours and International
Labour League«
6 Eleanor Marx an Samuel Gompers,
Brief vom 11.6.1891, Bestand Moskau,
Nachlass Eleanor Marx
7 Le Congrès International Ouvrier
Socialiste tenu à Bruxelles, août 1891,
Genf 1977, S. 297 (Bruxelles 1891)

8 Vgl. S. 282.

9 Bruxelles 1891, S. 294 ff.

10 Silberner 1977, S. 27

11 Bruxelles 1891, S. 314

12 Ebd., S. 314 ff.

13 Eleanor Marx an Dollie Radford, Brief vom 25.1.1893, zit. nach Tsuzuki 1981, S. 198

14 Marx: Ungeliebter Sohn, in: Der Spiegel, 23.10.1972

15 Ebd.

16 Vgl. Tsuzuki 1981, S. 208

17 Friedrich Engels an Julie Bebel, Brief vom 8.3.1892, MEW Bd. 38, S. 522

18 Johanna Meditz: Die »Arbeiterinnen-Zeitung« und die Frauenfrage. Ein Beitrag zur Geschichte der österreichischen sozialistischen Frauenbewegung der Jahre 1890–1918, Wien 1979

19 Eleanor Marx-Aveling: Wie sollen wir organisieren? In: Arbeiterinnen-Zeitung 1892, Nr. 4, Wien, 5.2.1892

20 Eleanor Marx-Aveling: Die Arbeiterinnen-Bewegung in England, in: Arbeiterinnen-Zeitung 1892, Nr. 5, Wien, 4.3.1892

21 Eleanor Marx-Aveling: Die Arbeiterinnen-Bewegung in England, in: Arbeiterinnen-Zeitung 1892, Nr. 10, Wien, 20.5.1982

22 Friedrich Engels an Laura Lafargue, Brief vom 2.10.1891, zit. nach Tsuzuki 1981, S. 211

23 August Bebel an Friedrich Engels, Brief vom 26.12.1890, zit. nach August Bebel: Briefwechsel mit Friedrich Engels, hrsg. von Werner Blumenberg, London 1965, S. 405 (Bebel / Engels 1965)

24 Diese Korrespondenz befindet sich im Bestand Moskau, Nachlass Eleanor Marx

25 Eleanor Marx an Laura Lafargue, Brief vom 30.5.1892, zit. nach Meier 1981, S. 263

26 August Bebel an Friedrich Engels, Brief vom 14.8.1892, zit. nach Bebel / Engels 1965, S. 569

27 August Bebel am Friedrich Engels, Brief vom 7.8.1892, ebd., S. 572 f.

28 August Bebel an Friedrich Engels, Brief vom 8.7.1892, ebd., S. 560

29 Eleanor Marx an Laura Lafargue, Brief vom 7.9.1893, Bestand Moskau, Nachlass Eleanor Marx

30 Vgl. Heinrich Gemkow: Julie Bebel, in: Beiträge zur Geschichte der Arbeiterbewegung 31, Berlin 1989, S. 545 ff.

31 Ebd.

13 Das lange Sterben des Generals (1893–1895)

1 Zit. nach William Diack: History of the Trades Council and the Trade Union Movement in Aberdeen, Aberdeen 1939, S. 62

2 Eleanor Marx-Aveling: Brief aus England, in: Arbeiterinnenzeitung 1893, Nr. 6, Wien, 17.3.1893

3 Zit. nach Kapp, Bd. 2, S. 134

4 Eleanor Marx: Der böse Maitag, in: Die Neue Zeit 12, 1893 / 94, H. 30, S. 122–128.

5 Vgl. Eleanor Marx an Laura Lafargue, Brief vom 30. Mai 1892, Bestand Amsterdam

6 Omura 2011, S. 91 f.

7 MEW Bd. 39, S. 505 ff.

8 Ebd., S. 507 f.

9 Karl Kautsky: Aus der Frühzeit des Marxismus, Prag 1935, S. 395

10 Eduard Bernstein: Texte zum Revisionismus, hrsg. von Horst Heimann, Bonn 1990, S. 63 f.

11 Zit. nach Tsuzuki 1981 S. 201

12 Zit. nach Jürgen Nitsche: Friedrich Engels' Auftreten auf dem Züricher Kongress (1893) der Zweiten Internationale, in: Beiträge zur Marx-Engels-Forschung 29, 1990, S. 125

13 Ebd., S. 190

14 Karl Kautsky an Friedrich Engels, Brief vom 20. 9. 1893, zit. nach Engels / Kautsky, S. 386 f.

15 Friedrich Engels an Karl Kautsky, Brief vom 3. 11. 1893, ebd., S. 392

16 Ferdinand Lassalle und Karl Marx: Briefwechsel, hrsg. von Gustav Mayer = Ferdinand Lassalle. Nachgelassene Briefe und Schriften Bd. 3, Stuttgart / Berlin 1922, Vorwort (Lassalle / Marx 1922)

17 Ferdinand Lassalle an Karl Marx, Brief vom 24. 10. 1849, ebd., S. 13 f.

18 Ferdinand Lassalle an Karl Marx, Brief vom 12. 5. 1851, ebd., S. 30

19 Ferdinand Lassalle an Karl Marx, Brief vom 26. 5. 1857, ebd., S. 105

20 Vgl. S. 53

21 Ferdinand Lassalle an Karl Marx, Brief vom 17. 12. 1857, Lassalle / Marx, S. 108

22 Ferdinand Lassalle an Karl Marx 1922, Brief vom 24. 10. 1849, ebd., S. 10

23 Eduard Bernstein: Ferdinand Lassalle und seine Bedeutung für die Arbeiterklasse, Berlin 1904 (Bernstein: Lassalle)

24 Vgl. Kapitel II: Lassalle's youth and early manhood – The Hatzfeld lawsuit, 1848 – Franz von Sickingen. https://www.marxists.org/reference/archive/bernstein/works/1893/lassalle/chap02.htm

25 Bernstein: Lassalle, S. 17

26 Kapitel III: Lassalle and the Italien War. https://www.marxists.org/reference/archive/bernstein/works/1893/lassalle/chap03.htm

27 Clara Zetkin an D. B. Rjazanow, Brief vom 27. 2. 1929, zit. nach Omura 2011, S. 189

28 Ebd., S. 63

29 Friedrich Engels an Karl Kautsky, Brief vom 12. 2. 1894, MEW Bd. 39, S. 209; Friedrich Engels an August Bebel, Brief vom 2. 2. 1892, MEW Bd. 38, S. 264

30 Louise Kautsky an Eleanor Marx, Brief vom 22. 2. 1894, Bestand Moskau, Nachlass Eleanor Marx

31 Eleanor Marx an Laura Lafargue, Brief vom 22. 2. 1894, zit. nach Tsuzuki 1981, S. 221

32 Eleanor Marx an Laura Lafargue, Brief vom 22. 3. 1894, ebd., S. 222

33 Eleanor Marx an Laura Lafargue, Brief vom 16. 7. 1894, Bestand Moskau, Nachlass Eleanor Marx

34 Eleanor Marx an Laura Lafargue, Brief vom 12. 8. 1894, ebd.

35 Eleanor Marx an Laura Lafargue, Brief vom 16. 7. 1894, ebd. Eleanor Marx zitiert in diesem englisch geschriebenen Brief die Worte von Louise in deutscher Sprache.

36 Louise Freyberger an Eleanor Marx, Brief vom 15. 9. 1894, Bestand Moskau, Nachlass Eleanor Marx

37 Wilhelm Liebknecht und Paul Singer an Eleanor Marx, Brief vom 19. 09. 1894, ebd.

38 August Bebel an Eleanor Marx, Brief vom September 1894, ebd.

39 Eleanor Marx an Laura Lafargue, Brief vom 5. 11. 1894, zit. nach Tsuzuki 1981, S. 223 f.

40 Ebd.

41 Edward Aveling an Laura Lafargue,
Brief vom 22.1.1894, zit. nach Meier
1981, S. 289

42 Eleanor Marx an Laura Lafargue,
Brief vom 22.11.1894, ebd., S. 286 f.

43 Friedrich Engels an Eleanor Marx und
Laura Lafargue, Brief vom 14.11.1894,
MEW Bd. 39, S. 318

44 Friedrich Engels an Laura Lafargue,
Brief vom 17.12.1894, MEW Bd. 39,
S. 346

45 Vgl. S. 318 f.

46 Friedrich Engels an Laura Lafargue,
Brief vom 17.12.1894, MEW Bd. 39,
S. 347

47 Eleanor Marx an Karl Kautsky, Brief
vom 22.9.1895, Bestand Amsterdam

48 Eduard Bernsteins Briefwechsel mit
Karl Kautsky, hrsg. von Till Schelz-
Brandenburg, Frankfurt / New York
2011 (Bernstein 2011)

49 Eduard Bernstein an Karl Kautsky,
Brief vom 19.9.1894, zit. nach Bernstein 2011, S. 398

50 Vgl. dazu Carl-Erich Vollgraf: Marx in
Marx' Worten? Zu Engels' Edition des
Hauptmanuskripts zum dritten Buch
des »Kapital«, in: MEGA-Studien 2,
1994, S. 3 ff.

51 Friedrich Engels an Laura Lafargue,
Brief vom 29.12.1894, MEW Bd. 39,
S. 356

52 Edward Aveling an Laura und Paul
Lafargue, Brief vom 25.12.1894,
zit. nach Meier 1981, S. 291 ff.

53 Alle Zitate nach Georgi Plechanow:
Anarchismus und Sozialismus, Berlin
(Verlag des Vorwärts) 1894

54 Friedrich Engels an Eleanor Marx,
Brief vom 5.7.1895, Bestand Amsterdam

55 Eleanor Marx: Die Arbeiterclassenbewegung in England, in: Emanuel
Wurms »Volks-Lexikon«, Wien 1895

56 Österreichischer Arbeiter-Kalender
1895

57 Eleanor Marx an Wilhelm Liebknecht,
Brief vom 14.3.1895, zit. nach Liebknecht 1964, S. 440

58 Zit. nach Omura 2011, S. 93 f.

59 Friedrich Engels an Eleanor Marx,
Brief vom 9.7.1895, MEW Bd. 39,
S. 499

60 Friedrich Engels an Laura Lafargue,
Brief vom 23.7.1895, MEW Bd. 39,
S. 500

61 Louise Freyberger an Eleanor Marx,
Brief vom 5.8.1895, Bestand Moskau,
Nachlass Eleanor Marx

14 Sie ist bereit zu gehen (1895–1898)

1 Wilhelm Liebknecht: Zum Tod
von Friedrich Engels, in: Vorwärts,
15.8.1895

2 Clara Zetkin: Friedrich Engels –
Nachruf zu seinem Tode, in: Die
Gleichheit, Zeitschrift für die Inter-
essen der Arbeiterinnen, 21.8.1885

3 Eleanor Marx an Karl Kautsky,
Brief vom 22.8.1895, Bestand Amsterdam

4 Eleanor Marx an Karl Kautsky,
Brief vom 28.8.1895, ebd.

5 Louise Freyberger an Eleanor Marx,
Brief vom 13.9.1895, Bestand Moskau,
Nachlass Eleanor Marx

6 Vgl. S. 326

7 August Bebel an Victor Adler,
Brief vom 18.9.1895, zit. nach Tsuzuki
1981, S. 228

8 August Bebel an Victor Adler,

Brief vom 18.9.1895, zit. nach Victor
Adler: Briefwechsel mit August Bebel
und Karl Kautsky, Wien 1954, S.187
(Bebel/Kautsky 1954)

9 Vgl. S.316

10 Eleanor Marx: Heine an Marx, in:
Die Neue Zeit 14, 1895-96, Bd.1, H.1,
S.14–19

11 Zit. nach Louis Kugelmann: Kleine
Züge zu dem großen Charakterbild
von Karl Marx, in: Mohr und General,
S.256

12 Zit. nach Wheen 2001, S.223

13 Eleanor Marx an Karl Kautsky,
Brief vom 18.9.1895, Bestand Amsterdam

14 MEW Bd.8, S.50

15 MEW Bd.8, S.35

16 Henry M. Hyndman: Further Reminiscences, London 1912, S.140 (Hyndman
1912)

17 Justice, 15.10.1895

18 Aufruf von Eleanor Marx und Laura
Lafargue, Marx Memorial Library,
London

19 Ludwig Freyberger an Eleanor Marx,
Brief vom 4.10.1895, Bestand Moskau,
Nachlass Eleanor Marx

20 Holmes 2014, S.383

21 Eleanor Marx an Laura Lafargue,
Brief vom 24.10.1895, zit. nach Tsuzuki 1981, S.229

22 Zit. nach Omura 2011, S.101

23 Vgl. S.372

24 Eduard Bernstein an August Bebel,
Brief vom 11.9.1898, zit. nach Omura
2011, S.128f.

25 Ebd., S.101f.

26 Vgl. Homes 2014, S.420

27 Eduard Bernstein: Was Eleanor Marx
in den Tod trieb, in: Die Neue Zeit 16,
1898–1899, Bd.2, S.481ff. (Bernstein
1898/99)

28 Eleanor Marx an Laura Lafargue,

Brief vom 10.12.1895, zit. nach Meier
1981, S.313f.

29 Eleanor Marx und Edward Aveling
an Karl Kautsky, Brief vom 2.2.1896,
Bestand Moskau, Nachlass Eleanor
Marx

30 Vgl. Liebknecht 1964, S.444

31 Eleanor Marx an Fanny Kravćinskij,
Brief vom 25.12.1895, Bestand
Moskau, Nachlass Eleanor Marx

32 Eleanor Marx an Karl Kautsky,
Brief vom 30.4.1896, ebd.

33 Eleanor Marx an Laura Lafargue,
Brief vom 26.5.1896, ebd.

34 »Vorwärts«, 8.1.1905

35 Nach freundlicher Mitteilung von
Dr. Gerald Hubmann, Berlin-Branden-
burgische Akademie der Wissenschaften. Die für den »vierten Band«
gehaltenen Manuskripte sind in
Band II/3 der MEGA, der neuen Marx-
Engels-Gesamtausgabe, publiziert.

36 Wilhelm Liebknecht: Karl Marx zum
Gedächtnis, Nürnberg 1896

37 The Labour Leader, 6.6.1896

38 Aaron Rosebury: Eleanor, Daughter
of Karl Marx, in: Monthly Review,
New York, Januar 1973, S.45f.

39 Hyndman 1912, S.104

40 Vgl. S.210.

41 Vgl. Holmes 2014, S.390

42 Bernstein 1898/1899, S.483

43 Le Congrès International Socialiste
des Travailleurs et des Chambres
Syndicales Ouvrières, London 1986/
Genf 1980, S.499

44 Augustin Hamon: Le Socialisme et le
Congrès de Londres, Paris 1897, S.194

45 Clara Zetkin an D.B. Rjazanow,
Brief vom 21.11.1929, zit. nach Omura
2011, S.188f.

46 Frederick Demuth an Jean Longuet,
Brief vom 10.12.1912, zit. nach Omura
2011, S.189ff.

47 Louise Freyberger an August Bebel, Brief vom 2.–4.9.1898, ebd., S.105 ff.

48 Vgl. S.365

49 Eduard Bernstein an August Bebel, Brief vom 11.9.1898, zit. nach Omura 2011, S.129 f.

50 Karl Marx: The Eastern Question: A Reprint of Letters Written 1853–56 dealing with the Events of the Crimean War, ed. by Eleanor Marx Aveling and Edward Aveling, London 1897 (Eastern Question)

51 Vgl. S.319

52 Eastern Question, Preface

53 Hyndman 1912, S.139

54 David Borissowitsch Rjasanoff (sic!): Karl Marx über den Ursprung der Vorherrschaft Rußlands in Europa, in: Ergänzungshefte zur Neuen Zeit, Nr. 5, 5.3.1909, S.29

55 Ebd., S.46

56 Karl Marx: Value, Price and Profit, adressed to the Working Men, ed. by Eleanor Marx Aveling and Edward Aveling, London 1898; eine deutsche Ausgabe von Eduard Bernstein erschien 1908.

57 Eleanor Marx an Laura Lafargue, Brief vom 24.12.1896, zit. nach Tsuzuki 1981, S.227

58 Eleanor Marx an Frederick Demuth, o.D. Alle Briefe von Eleanor Marx an Demuth zit. nach Eduard Bernstein: Was Eleanor Marx in den Tod trieb, in: Die Neue Zeit 16, 1898/99, Bd. 2, H.42, S.481–498 (Bernstein 1898/99)

59 Eleanor Marx an Frederick Demuth, Brief vom 1.9.1897, zit. nach Bernstein 1898/99, S.485

60 Henry M. Hyndman: Further Reminiscences, London 1914, S.145

61 Eleanor Marx an Frederick Demuth, Brief vom 2.9.1897, zit. nach Bernstein 1898/99, S.485

62 Eleanor Marx an Karl Kautsky, Brief vom 28.9.1897, Bestand Moskau, Nachlass Eleanor Marx

63 Laura Lafargue an Eduard Bernstein, Brief vom 20.4.1898, Bestand Moskau, Nachlass Paul und Laura Lafargue

64 Ferdinand Walsin-Esterházy

65 Hamburger Echo, 20.1.1898

66 Eleanor Marx an Natalie Liebknecht, Brief vom 14.1.1898, zit. nach Liebknecht 1964, S.458. – Am 13.1.1898 hatte Émile Zola seinen berühmten Artikel »J'accuse«, einen offenen Brief an den französischen Präsidenten, veröffentlicht und damit eine Wiederaufnahme des Gerichtsverfahrens erzwungen.

67 Zit. nach Tsuzuki 1981, S.265

68 Bernstein 1898/99, S.490

69 Eleanor Marx an Laura Lafargue, Brief vom 12.11.1896, Bestand Moskau, Nachlass Eleanor Marx

70 Eleanor Marx an Laura Lafargue, zit. nach Meier, S.329 f.

71 Eleanor Marx an Karl Kautsky, Brief vom 28.12.1896, Bestand Moskau, Nachlass Eleanor Marx

72 Ein Brief des jungen Marx, in: Die Neue Zeit 16, 1897–98, Bd. 1, H.1, S.4–12

73 Eleanor Marx an Karl Kautsky, Brief vom 19.7.1897, Bestand Moskau, Nachlass Eleanor Marx

74 Hyndman 1912, S.145

75 Ebd., S.144

76 Eleanor Marx an Frederick Demuth, Brief vom 1.3.1898, zit. nach Bernstein 1898/99, S.489

77 Eleanor Marx an Karl Kautsky, Brief vom 15.3.1898, Bestand Moskau, Nachlass Eleanor Marx

78 Eleanor Marx an Karl Kautsky, Brief vom 15.3.1898, ebd.

79 Eleanor Marx an Edith Lanchester, Brief vom 23.1.1898, ebd.
80 Eleanor Marx an Edith Lanchester, Brief vom 29.3.1898, ebd.
81 Bernstein 1989/99, S. 489
82 Der Wortlaut dieses Zettels wurde verschiedentlich veröffentlicht, so z.B. in der North Eastern Daily Gazette vom 4. April 1898, S. 2, oder in der Manchester Weekly Times, 8. April 1898, S. 3.

83 Der Brief wird zitiert in einem Schreiben von Laura Lafargue an Eduard Bernstein, Brief vom 20.4.1898, Bestand Moskau, Nachlass Paul und Laura Lafargue.
84 Eleanor Marx an Edward Aveling, zit. nach Reynold's Newspaper, 10.4.1898
85 Zit. nach Tsuzuki 1981, S. 280
86 Eduard Bernstein an Victor Adler, Brief vom 5.4.1898, ebd., S. 281
87 »Labour Leader« und »Justice«, Ausgaben vom 30.7.1898

Personenregister

Adler, Hermann Nattali 265, 281, 282

Adler, Victor 282, 286, 287, 289, 301, 320, 322, 337, 356, 372

Alcott, Louisa May 173

Alexander III., Zar von Russland 192, 193, 194, 196

Alexander II., Zar von Russland 140, 193, 360

Alexandra von Russland 166

Al-Mahdi (Muhammad Ahmad) 219, 220

Armaignac, Ana Virginia 81

Auerbach, Berthold 113

Augusta von Sachsen-Weimar, Königin von Preußen 47

Aveling, Edward 97, 176, 177, 178, 184, 185, 189, 190, 191, 197, 199, 200, 203, 204, 207, 208, 209, 210, 211, 212, 213, 216, 218, 219, 220, 221, 222, 223, 224, 225, 226, 227, 228, 230, 232, 233, 237, 238, 239, 240, 242, 243, 244, 245, 246, 249, 250, 251, 252, 254, 255, 256, 257, 259, 260, 261, 266, 269, 271, 276, 280, 282, 283, 287, 291, 292, 293, 295, 299, 305, 306, 310, 314, 315, 324, 325, 329, 330, 332, 333, 335, 343, 345, 346, 347, 348, 350, 351, 352, 353, 355, 356, 360, 362, 363, 364, 365, 368, 369, 370, 371, 372, 373

Bakunin, Michail Alexandrovic 92, 93, 94, 217

Baudelaire, Charles 89

Bax, Ernest Belfort 354

Beaumarchais, Pierre-Augustin Caron de 108

Bebel, August 38, 119, 139, 140, 141, 143, 181, 209, 225, 266, 267, 268, 280, 286, 287, 297, 300, 301, 302, 303, 307, 310, 312, 315, 316, 319, 320, 321, 322, 323, 324, 325, 326, 329, 330, 332, 337, 341, 344, 345, 358, 366

Bebel, Frieda 302, 315, 324

Bebel, Julie 297, 301, 302, 303, 315

Beck, Peter 314

Becker, Johann Philipp 69

Beecher-Stowe, Harriet 56, 65

Bernstein, Eduard 139, 140, 141, 143, 159, 180, 195, 209, 266, 276, 282, 307, 311, 312, 318, 324, 327, 328, 335, 336, 343, 345, 346, 355, 358, 360, 361, 362, 363, 369, 370, 371, 372, 373

Bernstein, Regina 371

Besant, Annie 177, 184, 185, 190, 208

Biskamp, Elard 45

Bismarck, Otto von 81, 108, 114, 133, 135, 136, 137, 138, 142, 153, 194, 232, 244, 279

Black, Clementina 156, 275

Blackwell, Elizabeth 109

Blind, Ferdinand *siehe* Cohen-Blind, Ferdinand

Blind, Friederike 152

Blind, Karl 152

Blind, Mathilde 152, 153

Blos, Wilhelm 115, 117, 124, 136

Blum, Robert 152

Börne, Carl Ludwig 282

Bracke, Wilhelm 124

Bradlaugh, Charles 185, 208

Brandes, Georg 369

Breuer, Josef 111

Bright, John 207

Browning, Robert 140, 163, 166, 167, 190

Burns, John 271, 272

Burns, Lydia »Lizzy« 61, 72, 73, 74, 75, 88, 103, 108, 134, 135, 142, 167, 369

Burns, Mary 14, 60, 61, 62, 73, 135, 369

Burns, Mary Ellen »Pumps« 74, 135, 167, 190, 261, 287, 310, 315

Cahan, Abraham 293, 294

Campbell Frank, Isabell 177, 292, 346

Carver, Terell 320